KB071598

영유아교사를 위한

부모 교육 ^{2판}

이원영 · 이태영 · 전우경 · 강정원 공저

따뜻한 양육공동체로 가는 길

학지사

2판 머리말

"부모교육이 답이다"

세계경제포럼 World Economic Forum은 2015년 회의에서 2016년부터 제4차 산업혁명이 시작될 것이라고 선포했다. 실제로 2016년 3월 서울의 한 호텔에서 바둑 기사 이세돌 9단과 인공지능 알파고의 대결이 있었는데 이세돌 9단이 한 번 이기고 두 번 졌다. 사람들은 '아니, 사람이 기계에 밀려?'라며 경악했다. 그런데 이 와중에 미래학자들은 '연결, 사이버와 현실의 융합, 사물인터넷, 인공지능, 가상현실, 우버화, 인더스트리 4.0, 일자리와 노동, 지능정보사회, 거버넌스(국가경영/공공경영)', 이 10개의 개념을 주축으로 제4차 산업혁명 시대가 펼쳐질 것이며, 이에 대비하지 않는 나라는 극심한 빈부격차로 세계의 최빈국이 될 수 있다고 경고하였다. 무엇을 어떻게 대비해야 한단 말인가? 미래학자들은 우리 아이들이 다음과 같은 능력을 갖춰야 적응할 수 있을 것이라고 내다봤다. 양질의 양육과 교육이 답이다.

- 디자인(Design)하는 능력
- 정보 · 지식 · 맥락 · 감정을 연결해서 스토리(Story)를 만들어 내는 능력
- 조각을 모아 큰 그림을 구성해 내는 조화(Symphony) 능력
- 상대방의 마음을 헤아리는 공감(Empathy) 능력
- 즐겁게 활동하고 성취해 보는 놀이(Play) 능력
- 삶의 원동력이 되는 의미(Meaning)를 찾는 능력
- 에디슨처럼 만 번 이상의 실패에도 짓눌리지 않고 지속적으로 노력(Grit)하는 태도

- 지적 호기심(Curiosity)
- 창의성(Creativity)

특히 뇌세포가 급속히 형성 및 연결되는 0~2세가 중요하고, 다음에는 6세 미만에 공을 들여 이런 인성의 기초를 닦아야 한다는 것이다. 뇌 연구자들도 이런 인성적 특징은 아기 때부터 형성되기 시작한다는 것에 동의하면서 영유아기의 양육과 유아교육의 중요성을 강조하고 있다.

2015년부터 우리나라에 소개된 정신건강연구자, 신경범죄학자, 사회적 뇌 연구자, 후성유전학자들의 연구에 의하면 인간의 유전자는 중요한 기반이기는 하나, 고정 불변의 결정체가 아니라 환경, 특히 양육에 따라 발현이 달라진다고 한다. 비록 뇌에 기록된 내용이 부정적이고 나쁜 것이더라도 3대에 걸쳐 부모와 교사, 따뜻한 양육공동체 구성원들이 긍정적이고 행복한 양육과 교육을 한다면 적어도 50%의 경향성은 바꿀 수 있다는 것이다. 그래서 부모교육과 유아교육의 중요성이 더욱 부각되고 있다. 미래를 위해 부모 혼자서가 아니라 선생님과 함께, 따뜻한 양육공동체와 함께, 이 일을 하루빨리 시작해야 한다고 권고한다. 중요한 분야인데도 비과학적이라고 오랫동안 무관심의 대상이 되었었지만, 우리가 그동안 제대로 배워 잘해 왔다고 긍지를 가질 수 있는 시대가 도래했다. 지금까지 우리가 코메니우스, 프뢰벨, 듀이, 프로이트, 융, 아들러, 번 등의 학자들로부터 배우고 선배들로부터 배운 것, 즉 영유아기에는 애착 형성, 정서적 안정감, 사회관계 형성 능력, 기초적인 도덕과 규범, 기본 생활 습관 등 인성과 관련된 것을 한글 · 영어 · 수학 · 과학 등의 지식보다 먼저 뇌에 각인하면 되는 것이다.

1985년 처음 『부모교육론』을 출판했을 때는 이원영 혼자 썼지만, 23년 후 2008년에 『영유아교사를 위한 부모교육』이란 제목으로 냈을 때는 이태영, 강정원 교수가 공저자로 합류했고, 그 후 10년이 지나 작업하게 된 이번 2판에서는 교류분석이론 전문가인 전우경 박사도 함께 했다. 이번 개정 작업은 원고를 거의 새로 쓰다시피했다. 아이들의 발달 특징이 달라졌고 엄마, 아빠의 생각과 양육태도가 달라졌으며, 무엇보다도 이 책을 공부해서 현장에 적용해야 하는 예비교사인 대학생들의 생각과 생활패턴이 많이 달라졌기 때문이다. 그래서 내용을 젊은이들이 당면하게 될 사회현상과 연결 지어 설명하려고 노력했다. 부모교육의 실제도 현 상황에 맞게 바꾸려고 노력했다. 이 책은 제1부 부모교육의 의의와 역사, 제2부 가족과 부모의 역할, 제3부 부모교육의 이론, 제4부 부모교육의 현장 적용으로 구성되어 있다. 제1부는 부모교육의 목적 및 필요성과 부모교육의 역사를 다루었고, 제2부에서는 가족과 부모됨, 가족의 유형과 부모역할, 자녀의 발달에 따른 부모역할에 대해 다루었으며, 제3부는 크게 '인성형성이론'과 '부모교육 이론과 프로그램'으로 나누었다. 전자는 융, 아들러, 교류분석이론, 거든의 후성유전학, 탄력성이론을 중심으로 다루었고 이를 보완하는 의미에서 몰츠의 심리자동기제이론을 첨부하였다. 탄력성이론을 보완하는 내용으로는 제2차 세계대전 중 유대인으로 죽음의 수용소에서 살아남은 프랭클의 의미치료를 소개했다. 제7장 부모교육 이론과 프로그램에서는 제6장의 인성형성이론을 종합 분석한 후 현장에 적용해 보고 이론으로 구성한 학자들의 부모교육 이론을 소개했다. 제4부의 제8장에서는 부모교육의 계획 · 실행 · 평가를 다루었고, 제9장에서는 부모교육의 실제를 다루었다. 경험이 많은 교사들에게는 당연한 내용이겠지만, 우리 학생들이 초임교사가 되어 두려움 없이 현장에서 부모교육을 잘 할 수 있도록 구체적인 도움을 주는 것에 중점을 두고 썼다. 이번 개정판은 최근 교육부가 '교원양성편람'에, 또 보건복지부가 '표준교과개요'에 제시한 영유아교사 양성과정에서 부모교육 교과 내용으로 다루기를 기대하는 이론 및 실제를 모두 다루었다.

자녀의 발달단계에 따른 부모의 역할에 대한 내용을 쓸 때는 프로이트의 정신분석이론과 에릭슨의 인성발달 8단계 이론을 연계하여 기술했다. 또한 최근에는 사회 · 정서 발달에 대한 내용이 중요하게 다루어지고 있어 이번 개정에서는 최신 이론인 후성유전학, 사회적 뇌 관련 이론, 탄력성이론 등 환경에 의해 변화 가능함을 알려주는 이론들을 소개했다. 따라서 이번 개정판의 핵심 개념은 부모와 교사가 아이들을 능동적인 존재로 보고 그들이 스스로 선택하며 삶의 목적과 방향을 정해 보도록 돕는 쌍방적 양육을 하게 하는 것이다. 폭넓은 내용을 다루다 보니 내용이 좀 더 심도 있게 다루어지지 못했을 수 있다. 이에 대하여는 독자 여러분이 참고문헌의 연관도서와 논문들을 찾아 보완해 주시기 바란다. 또한 각 장의 말미에 '스토리텔링(Storytelling)' 섹션을 두어 읽을거리와 함께 생각해 봐야 할 문제들도 제시하였으니 적극 활용하기 바란다.

이 책이 나올 수 있도록 도와주신 학지사 김진환 사장님과 모든 임직원 여러분께 감사드린다. 특히 백소현 차장님을 비롯하여 편집부 직원들에게 감사를 드린다. 불평 한마디 없이 조용히, 그러나 철저하게 내용을 다듬어 주어 감사한 마음 가득하다. 마지막으로 이번 작업을 함께 한 공저자 이태영, 전우경, 강정원 선생님들께 이 자리를 빌려 감사 말씀 드린다. 유아교육을 전공하기 시작할 때부터 부모교육에 뜻을 두고 헌신해 온 이들은 개정 작업에서도 열정적으로 읽고, 토론하고, 분석하며, 자료를 모았고 협력했다. 함께 모여 나눈 담론은 즐거운 경험이자 추억이다.

이 책이 대학생을 비롯한 예비교사들에게 영향을 주고 나아가 학부모에게 영향이 미쳐, 우리나라 곳곳에 따뜻한 양육공동체가 많이 생기고 아이들이 좀 더 행복해지는 날이 오기를 꿈꾸어 본다.

2017년 9월 저자들을 대표하여
이원영 씀

7

1판 머리말

아프리카 신화에 '므릴레 이야기'가 있다. 아들 셋 중 장남이었던 므릴레는 엄마가 음식으로 쓸 콜로카시아 씨를 모으러 나갈 때 늘 함께 갔다. 엄마가 줍는 씨앗을 보며 므릴레는 "엄마 이게 씨앗이에요? 우리 남동생처럼 예뻐요." 하였다. 엄마는 "말도 안 되는 소리를 하는구나. 아니, 씨가 어떻게 사람이 된단 말이야?" 하며 핀잔을 주었다. 핀잔을 들으면서도 므릴레는 아무도 알아듣지 못할 주문을 외우고는 예쁜 씨앗을 숲속의 나무 구멍에 숨겨 두었다. 며칠 후, 므릴레의 씨는 곧 자그마한 아이로 변하였고 므릴레는 자신이 먹을 음식을 이 아기에게 몰래 갖다 주곤 하였다. 아기는 무럭무럭 잘 자랐지만 반대로 므릴레는 음식을 못 먹어서 자꾸만 말라갔다. 므릴레가 아이에게 음식을 가져다주는 것을 알아낸 동생들은 엄마에게 이를 알렸다. 엄마는 망설임 없이 그 아기를 죽였고 아기가 죽은 것을 발견한 므릴레는 돌이킬 수 없는 큰 상처를 받았다. …(후략)…

이 책의 머리말을 아프리카의 신화로 시작한 이유는 부모들이 어린 자녀에게 돌이킬 수 없는 상처를 입힐 수 있음을 알리고 싶어서였다. 정신과 의사인 큰 사위의 소개로 융학파의 거두, 폰 프란츠 박사의 신화 분석을 읽게 되었는데, 어른들은 아이의 장래를 위해서라며 아이를 때리기도 하고 야단치기도 하지만 실제로는 자신의 마음속에 있는 악이 발동해서 그런 것이며, 이로 인해 아이들의 창의성이나 존재감이 말살된다는 내용에 크게 공감하였기 때문이었다. 폰 프란츠 박사의 분석 내용에 의하면 므릴레의 어머니는 자신의 아들이 말라가는 것은 걱정했지만 므릴레의 영혼이 상처를 받는 것은 몰랐다. 아니 몰랐다기보다는 자신의 무의식 세계에 맺혀 있는 그 무엇인가가 아들이 진정으로 원하는 것을 막았던 것이다. 그래서 아들이 혼신의 힘을 다해 키운 아기를 죽여 버렸던 것이다. 폰 프란츠 박사는 이 아프리카 신화 외에도 '12켤레의 금신발을 가진 공주(덴마크)' '세 송이 카네이션(스페인)' '버림 받은 공주(중국)' '양으로 변한 9형제와 그들의 큰 누나(프랑스)' '볏짚으로 만든 칼, 석탄, 콩(독일)'을 분석하였다. 신화들이 나라마다 달랐음에도 불구하고 '부모는 자녀의 마음에 상처를 남긴다.' '어떤 경우에는 일생 마음에 상처를 남긴다.'는 공통점이 있었다. 부모가 쓰는 저주의 각본인 것이다. 부모들이 자녀를 낳아 키운다고 해서 자녀에게 항상 긍정적인 영향을 미치지는 않는다. 부모 자신의 어린 시절이 불행해서, 그 불행감이 뇌에 기록되어 있다가 자녀의 행복을 자기도 모르게 짓밟아 버리는 경우가 많기 때문이다. 어린 시절의 불행한 경험이 뇌에 냉동 보관되어 있다가 가장 약한 영유아기 아기에게 퍼부어진다는 것이 최근 인간의 정신·마음을 연구하는 학자들이 내리는 결론이다.

1985년 이 책의 전신이라 할 수 있는 『부모교육론』을 처음 출판했을 때만 해도 우리나라에는 부모교육 교과서가 없었다. 유치원에서 할 수 있는 부모교육 실무 관련 이론을 이화여대 교육학과 학령전 전공('유아교육과'의 전신) 분야의 김애마 선생님께서 처음으로 가르쳤으나 책으로 엮이지는 않았었다. 김애마 선생님에 의해 '부모교육'이라는 과목이 이화여대에 처음 개설되기는 하였으나 체계화한 이론이 없었다는 의미이다.

어린 자녀의 인성 발달과 부모역할이 관계가 있음을 필자가 알게 된 것은 이화여대 대학원 재학 시 출강 나오신 서울대 사범대학 가정학과 주정일 교수님에 의해서였다. 주정일 교수님은 '아동발달'이라는 과목을 우리나라에 처음으로 서울대 사범대학에 개설한 분이었다. 주 교수님은 아동발달 중에서도 인성 형성과 부모의 역할에 대한 내용을 유독 강조하셨다. 그 후 미국 유학과 영국 쉐필드 대학교에서 보낸 안식년은 부모교육 이론을 정립하는 데 큰 도움이 되었다. 어렵게 체계화했던 첫 번째 『부모교육』은 그래서 소중했지만 20여 년이 지나고 보니 부족한 점이 너무 많았다. 부모교육과 관련이 있는 인성형성이론이 다양화, 체계화되었고 부모교육 이론 자체도 많이 발전했기 때문이었다. 이론이 너무나 다양하여 어떤 것을, 어떤 기준에 의해 선별해야 하는지에 대한 것도 난제였다. 부모교육을 유아교육기관 현장에서 실천하는 것 역시 무시할 수 없는 일이어서 이번에 개정하는 책은 구성을 3부 7장으로 나누었다.

제1부에서는 부모교육의 의의와 역사를 다루었는데 모두 2개의 장으로 구성되어 있다. 제1장에서는 부모교육의 정의와 목적, 부모교육의 필요성, 자녀양육태도의 유형, 자녀의 발달에 따른 부모의 역할, 다양한 가족 형태에 따른 부모역할을 알아보았다. 제1부의 2장에서는 자녀양육관의 역사적 변천을 알아보았는데 시대에 따른 양육관의 변화와 부모들의 자녀양육관을 변화시키기 위해 부모교육은 어떻게 달라져 왔는지를 살펴보았다.

제2부는 부모교육의 이론적 기초를 마련한 고전적 이론 및 현대의 이론들을 살펴보았다. 이러한 이론들이 부모교육의 이론적 기초를 마련하기 위해 발전되었다고 보기보다는 이들 이론이 발전·변화됨에 따라 부모교육 이론이 응용이론으로서 확립될 수 있다고 표현하는 것이 더 옳을 것이다. 부모교육의 이론적 기초가 될 수 있는 이론들은 1985년 『부모교육론』을 출판하였을 때보다 더 세분화되고 다양해졌다. 그래서 가장 기본적 틀이 되는 프로이트의 고전적 정신분석이론, 에릭슨의 현대 정신분석이론, 아들러의 개인심리학, 융의 분석심리학을 묶어 제3장 인성형성이론과 부모의 역할로 묶었다. 이 네 이론이 없었다면 현대의 다양한 이론들이 존재할 수 있었을까 하는 의구심이 들 정도로 프로이트, 아들러, 융, 에릭슨은 기본 틀을 마련하고 있었다. 이 네 명의 거장 이후로 인성 변화를 시도하려는 움직임이 많았는데 프랭클의 의미치료, 아사기올리의 정신 통합론, 몰츠의 심리자동기제론, 자아탄력성이 그것이다. 3장의 이론들이 인성 형성 과정과 부모의 역할을 다루었다면 4장의 이론가들은 본인 자신이 인성 변화를 목표로 삼고 노력한다면 인성이 변한다는 점을 강조하고 있다. 원인만을 캐내느라 영유아기에 형성된 인성은 변하기 어렵다는 인상을 주었던 초기 이론들과는 차이가 있는 이론들이었다. 제5장의 행

복한 부모 자녀 관계를 위한 상호작용이론은 근본적으로 응용이론이다. 실제로 가정에서 부모들이 어린 아기를 다루는 구체적 이론들이 소개되기 시작했던 것이다. 이 이론들은 제3장에 소개된 이론들보다는 후 시대의 이론들이지만 반드시 순차적으로 개발 보급된 이론들은 아니다.

제3부는 부모교육의 실제로서 유아교육기관에서 부모회를 어떻게 조직하고, 계획 및 운영하며 가정과 교류할 수 있는지 그 방법과 부모훈련 프로그램에 대해 알아보았다. 마지막으로 부모가 반드시 알고 협력해 주어야 할 내용으로 영유아교육기관의 선택, 성교육, 소비자교육, 안전교육, 학습지도에 대해 알아보았다. 이 부분의 내용이 방대하여 삭제할까 하였으나 요점을 소개한 후 이 책을 다루는 교수님들께서 취사선택하시는 것이 좋겠다는 생각이 들어 지금의 모습대로 출판하게 되었다. 부모교육을 가르치는 교수님들은 학생들의 필요에 따라 또 지역사회의 상황에 따라 주제를 선택하여 가르치셔도 좋을 것이다.

이 책이 나오기까지 여러 해 동안 함께 애정을 기울이며 애써 주신 이태영 교수와 강정원 교수께 감사를 드린다. 다양화된 이론들을 공부하느라 거의 3년 이상을 이 책에 매달린 두 분의 노고에 보답할 길은 없다. 단지 앞으로 부모교육의 맥을 이어가며 발전시킬 분들이 될 것이 확실해 기쁘기 그지없다. 앞세대가 이루지 못한 일들을 새로운 세대가 이루어 우리나라에 태어나는 모든 어린이들이 마음의 상처 없이, 아니 상처가 생기더라도 재빨리 자아탄력성을 되찾을 수 있는 날이 더 빨리 왔으면 좋겠다. 그런 의미에서 이번 책의 이름을 『영유아교사를 위한 부모교육』이라고 한 것은 시의적절하다고 본다. 부모의 맞벌이로 인해 어린이집이나 유치원에서 늦게까지 있어야 하는 아이들이 많아져 영유아교사들은 대리 부모가 되었다. 이들이 부모교육으로 무장하는 것은 그래서 아주 중요하다.

2008년 11월 저자들을 대표하여
이원영

차례

제1부 부모교육의 의의와 역사

제1장 부모교육의 목적 및 필요성 ························ 17

제2장 부모교육의 역사 ······························· 39

제3부 부모교육의 이론

제4부 부모교육의 현장 적용

제 1 부

부모교육의 의의와 역사

제**1**장

부모교육의 목적 및 필요성

Think & Talk

- 부모교육이란?
- 부모교육의 목적은 무엇인가?
- 아이를 위해 부모교육은 필요한가?
- 부모를 위해 부모교육은 왜 필요한가?
- 교사도 부모교육이 필요한가?
- 우리 사회를 위해 부모교육이 필요한가?

1. 부모교육의 개념과 목적

이제 부모교육은 역사적 · 과학적 · 실용적 · 미래지향적 학문으로서 다른 학문 분야를 보조하는 과목의 차원을 벗어나 독립된 학문으로 연구하고 발전시켜야 할 분야가 되었다. 우리나라에 '부모교육'이란 용어가 존재하지 않을 때 이 용어를 처음 사용한 김애마[1]에 의하면 부모교육은 "부모-자녀 관계를 개선하는 교육"이라

---

1) 김애마(1903~1996). 이화여자대학교 총장서리로서 우리나라에 최초의 사범대학을 이화여자대학교에 신설. 1941년에는 모성교육이라는 교과목을, 1948년부터는 부모교육이라는 교과목을 이화여대에 처음으로 개설함.

고 했다. 중앙대학교 보육과 교수로서 기독교 신앙에 기초하여 『사랑의 본질과 응용 부모교육』이라는 우리나라 최초의 대학교재를 보육과 학생을 위해 펴낸 신연식(1978)은 "부모들이여, 사랑할 수 있는 사람들을 길러주십시오. …… 어머니교육, 유아교육, 유치원교육이 큰 아이들이나 청소년교육보다 더 중요합니다. 왜냐하면 이런 어린 시기에 인간이 형성되기 때문입니다."라며 "가정에서의 인간관계가 모든 인간관계를 결정지으므로 …… 부모교육은 결혼생활과 자녀교육에 관련된 내용을 기독교적인 사랑의 본질로 가르치는 교육"이라고 정의했다. 이 책은 '사랑의 본질(17)' '결혼생활(23)' '자녀교육(21)'의 3부로 총 61개의 수필형식으로 쓰였다.

코메니우스·프뢰벨·페스탈로치 이후 부모역할의 중요성을 강조한 정신분석, 분석심리학, 사회심리학, 교류분석이론 등 20세기에 발전된 이론을 기초로 『부모교육론』을 대학교 유아교육과 교재로 출판한 이원영(1985)은 부모교육이란 "유아기 자녀교육의 중요성을 부모들이 알게 하여, 인내심을 갖고 지속적으로 아이들을 양육하게 돕는 교육"이라고 정의했다. 그 과정에서 부모들은 자녀 양육에 필요한 아동발달·양육지식·양육태도·양육방법을 익혀 아이들과의 관계를 개선하고 서로 행복감을 느끼게 돕는다.

한국어린이육영회(1991)가 발간한 부모교육 자료에 의하면 부모교육은 "부모들로 하여금 자기가 가진 능력과 가능성 그리고 재능을 발견하도록 돕고…… (이를) 자녀를 위해 유용하게 사용하도록 도와주는 교육"이라고 했다.

이러한 정의를 종합하면, 부모교육이란 부모와 교사들이 양육지식·방법·태도를 익혀 아이들이 건강하고 행복하게 자라도록 돕고, 가정이 건전하고 따뜻한 양육공동체가 되게 하는 실용학문이다.

영유아교육 분야에서의 부모교육은 부모교육 프로그램(parental education program), 부모역할하기(parenting), 부모훈련(parent training), 부모참여(parent participation), 부모상담(parent consultation) 등 다양한 이름으로 실행되고 있는데 그 강조점은 각각 다르다. 즉, '부모교육 프로그램'은 부모와 자녀 사이의 긍정적인 상호작용을 도모하기 위해 다양한 형태로 기획한 교육활동, '부모역할하기'는 부모가 가정에서 자녀를 양육하고 보호하며 지도할 때 실제로 적용할 수 있는 방법을 알게 하는 데 중점을 두는 교육, '부모훈련'은 부모도 훈련이 필요하다는 전제하에 이미 자녀를 둔 부모나 아기를 가질 계획이 있는 사람들을 대상으로 양육 기술 및 전략을 알려 주는 교육, '부모참여'는 부모가 파트너로서 자녀가 다니는 교육기관의 다양한 프로그램에 참여하여 자녀양육과 교육이 잘 되도록 협력하는 데 초점을 둔 교육, '부모상담'은 교사와 부모가 아이 개인에 대해 정보를 공유하고 자녀양육과 관련된 문제를 생각해 보고 해결방안을 함께 알아보는 것이다.

부모교육의 목적은 시대적 요구에 따라 그 강조점이 변화되어 왔다. 19세기까지는 어린 자녀에게 기독교 교리와 도덕을 가르치는 것이 목적이었지만, 20세기 초반부터 중반까지는 산업혁명, 과학의 눈부신 발전, 프로이트의 정신분석이론의 영향으로 과학적인 정신분석에 기초한 부모교육이 심도 있게 논의되기 시작하였다. 프로이트의 구강기 · 항문기 · 남근기 등의 발달이론은 부모교육의 방향을 정서발달에 집중하게 했고, 그 영향은 세계로 퍼져나갔다. 그러나 1957년 구소련이 인공위성 스푸트니크(Sputnik) 1호를 최초로 쏘아올리자 전 세계가 영유아기의 인지발달을 최우선 순위에 놓도록 유아교육과 부모교육의 방향을 바꾸었다. 이러한 경향이 계속되어 오다가 21세기 정보화 사회 및 제4차 산업혁명 시대로 진입하면서 여러 나라들은 소홀해지는 가족관계는 물론 사람과 사람 간의 따뜻한 관계 맺기가 어려워지는 문제를 해결하기 위해 아이들의 정서발달과 사회적 관계 형성을 다시 중요하게 생각하게 되었다. 우리나라에서도 영유아교육 분야에서 정서발달과 사회적 유능성을 강조하는 연구가 많이 진행되었고, 대도시 지방정부를 중심으로 따뜻한 '양육공동체' 형성 운동이 일어나고 있다. 이 책에서는 21세기를 살아갈 아이들을 위해, 이들을 키우고 교육하는 부모와 교사들을 위해 부모교육의 목적을 다음과 같이 설정했다.

첫째, 부모교육으로 아이가 건강하고 행복하게 성장 · 발달하게 돕는다.

둘째, 부모교육으로 엄마, 아빠들이 따뜻한 양육자로서의 역할을 담당하도록 돕는다.

셋째, 부모교육으로 교사들이 바람직한 양육태도·지식·기술을 익혀 아이들과 부모를 돕게 한다.

넷째, 부모교육으로 교사와 부모가 협력하여 영유아교육기관을 양육공동체로 만들고, 더 나아가 우리 사회 전체가 따뜻한 양육공동체가 되도록 돕는다.

이상의 부모교육 목적에 따라 설정한 부모교육의 필요성은 다음과 같다.

2. 부모교육의 필요성

부모교육을 하는 가장 큰 이유는 아이를 건강하고 행복하게 하는 것이지만 이 역할은 부모와 가족이 하는 것이므로 부모들의 양육자 역할을 증진시키기 위해 부모교육을 하는 것은 중요하다. 최근 맞벌이 가족의 증가로 교사들이 아이들을 돌봐야 하는 경우가 많아서 대리부모인 교사를 위한 부모교육이 필요하게 되었다. 이 나라 모든 어른이 부모교육을 배우면 따뜻한 양육공동체가 생길 것이다.

1) 아이가 건강하고 행복하게 성장하도록 돕기 위해 부모교육이 필요하다

부모교육은 뇌발달의 결정적 시기인 어린 시절의 활성화, 안정애착의 증진, 행복감 증진 등 아이들의 권리를 증진시키는 데 필요하다.

(1) 아이가 발달의 결정적 시기를 건강하고 행복하게 보내도록 돕기 위해 부모교육은 필요하다

아이의 전인적 성장발달을 위해 부모의 역할이 중요하다는 것은 코메니우스와 프뢰벨 등 유아교육 창시자들로부터 지금의 학자들에 이르기까지 중요하게 다루어져 왔다. 신체건강·정서적 안정감·사회적 관계형성 능력·지적 능력 및 창의성이 융합하여 발달되도록 돕는 것은 아이 개개인의 안녕과 행복은 물론 그 아이가

속한 가정·사회·국가의 미래와 관련이 있으므로 가정에서부터 기초교육이 되도록 부모교육을 해야만 한다(이원영, 1985; 이원영, 이태영, 강정원, 2008).

최근 뇌를 연구하는 학자들은 어린 시기의 양육과 교육이 절대적으로 중요하다는 것을 강조하고 있다. 후성유전학자(Moalem, 2014; Carey, 2011)·신경범죄학자(Raine, 2013)·정신건강의학자(Perry, 2006)들은 어린 시기에 아이들이 경험하는 모든 내용이 뇌에 입력되었다가 성장한 후의 삶에 영향을 주므로 출생 전부터 부모들을 교육하여 제대로 된 양육과 교육을 할 수 있게 도와주어야 한다고 강조한다. 심지어 아이들의 공격성, 폭력성 등이 잘못된 환경적 요인 때문에 생길 수도 있다면서 생물사회학적 영향의 중요성을 적극 알리고 있다. 영양섭취, 약물복용, 미세먼지에의 노출, 폭력적인 환경 등 다양한 환경적 요인과 양육이 뇌를 바꿀 수 있고, 이로 인해 아이의 성격과 행동이 달라질 수 있음을 알게 되었기 때문이다.

신경범죄학자 레인(Raine, 2013)은 "뇌는 마음이 다스린다. 행동은 뇌가 좌우한다."며 다음과 같은 뇌발달의 원리를 설명하고 있다. 뇌에는 폭력성의 기초가 있다. 폭력을 중단할 최고의 투자는 성장기 아이들에게 투자하는 것이다. 뇌를 다루지 않고는 성공적으로 개입할 수 없다. 따라서 그 투자는 반드시 생물사회학적이어야 한다. 즉, 유전적 요인과 사회환경적 요인이 '균형 있게' 영향을 주는 것이 대단히 중요하다. 문제가 발생하면 변화시키기 어려운 상습적 성인 범죄자들을 다뤄야만 하는데 이런 사태가 일어나기 전에 폭력적인 성향을 갖게 하는 뇌의 역기능을 어린 시기에 차단해야 한다. 때문에 영유아기에 양질의 양육과 교육을 시작해야 하고 광범위한 예방 프로그램에 투자해야 하는 것이다. 또한 물질보다는 아이의 마음을 우선 안정시켜 줘야 한다. 어려서부터 아이의 마음에 상처가 나지 않도록 아이의 뇌를 긍정적으로 변화시킬 수 있게 도와야 한다.

어린아이가 부모와 안정애착을 형성하게 하고, 뇌에 긍정적 경험과 행복한 감정을 패턴화하게 돕는 것이 양육의 핵심이라고 뇌 연구학자들은 강조한다. 따라서 아이들의 정신건강과 행복을 위해 부모는 물론 예비교사들도 부모교육을 배워야 한다. 정신과 의사와 심리학자들은 아이들이 부모 및 교사로부터 받는 초기경험이 전인적 성장발달에 지대한 영향을 미친다는 연구결과를 발표하고 있다. 아이들의 발달 영역들은 서로 관련이 있고 함께 발달하며 어느 한 영역이 다른 발달 영역보다 더 중요하다고 할 수 없이 서로 연결되어 있기 때문이다(박경자, 김송이, 권연희, 2005). 특히 발달의 가소성이 높은 아이들이 만나는 부모와 교사들은 이 연결을 만들어 주는 중요한 존재들이다. 만약 이 어린 시기에 발달을 증진시키는 데 필요한 경험을 하지 못하면, 이후에 동기유발이 되지 않거나 잠재력을 발휘하지 못하게 될 가능성이 높다. 물론 어른이 되어 자신의 인성적 결함을 후천적으로 개선 및 향상시킬 수 있지만 엄청난 노력을 기울여야만 바뀔 수 있다.

인간 성장 및 발달에는 기초성·적기성·누적성·불가역성이 있다고 처음으로 발표한 정범모(1983)는 영유아기는 발달의 적기여서 이때의 양육·교육·경험들이 발달의 기초가 된다고 하였다. 그 효과가 쌓여 누적적인 효과를 낼 뿐 아니라 다시 되돌릴 수 없는 불가역성이 있다. 따라서 아이들이 부모와 주변 어른들로부터 사랑 받는다는 느낌을 갖고 성장하는 것은 대단히 중요하다. 특히 어린 시기에 아이들의 생존과 안전, 기본욕구 충족, 성장과 발달은 양육자에 의해 더 많은 영향을 받기 때문에 부모교육은 꼭 필요하다.

(2) 아이가 부모와 안정애착을 형성하기 위해 부모교육은 필요하다

뇌신경이 폭발적으로 연결되는 만 3세까지 아이들은 부모와 안정애착을 형성해야 한다. 이를 기초로 아이들은 세상과 주변 사람들을 향해 신뢰감을 느끼게 되고, 이 신뢰감은 아이들이 호기심을 가지고 세상을 탐구하게 만든다. 아이에게 가장 기본이 되는 것은 사랑받고 있다는 신뢰감(Erikson, 1950)으로 자기 자신을 믿을 뿐만 아니라 신뢰감을 가지고 주변 사람들을 믿고 그들과 사회적 관계를 맺는 것이다.

스트레스를 지속적으로 받는 아이들은 다른 사람을 배려하고 공감하지 못할 뿐 아니라 충동적이며 공격적으로 될 수 있다. 이런 아이들은 아주 작은 변화에도 과도하게 반응하여 쉽게 화내고 상대방의 의도를 오해한다. 이들은 행동하기 전에 먼저 생각하는 법을 잘 알지 못해 가정이나 영유아교육기관에서 돌보기 힘들다. 이러한 아이에게 지속성 있는 어떤 행동의 변화를 일으키려면 먼저 일관성 있게, 지속적으로 아이를 사랑해 주는 어른이 있어야 한다. 대부분은 부모가 이런 역할을 한다. 아이가 관심과 사랑을 받으면 부모를 먼저 신뢰하게 되고 조금씩 다른 사람을 마음에 받아들여 사랑하는 방법을 배우게 된다. 이런 중요한 사실을 임신 초기부터 부모들이 알게 된다면 더 열심히 양육에 임할 수 있을 것이다.

애착은 세대 간 전이가 된다. 영유아기에 부모와 떨어져 살았거나 생애초기에 붕괴된 가정에서 자란 사람들은 결혼 후 자녀와 불안정한 애착을 형성한다는 보고가 있다(Kretchmar & Jacobvitz, 2002; Perry & Bruce, 2015). 이처럼 부모 자신이 어린 시절 겪었던 양육경험은 자기 자녀에게까지 전달된다(김민아, 이재신, 2004). 따라서 부모가 되기 전에 부모교육을 받아 마음속의 부정적인 정서를 치유할 수만 있다면 자녀와는 보다 나은 관계를 맺게 되고 자신의 인격도 성숙해질 수 있을 것이다.

임신부터 아기가 출생하기까지 1년간, 어머니들에게 부모교육을 한 후 그들의 자녀교육관·양육태도·안정애착의 수준을 분석한 결과 비교집단의 어머니들보다 부모교육을 받은 어머니들의 긍정적 양육태도 점수가 높게 나타났다(전우경, 2002). 바람직한 양육방법을 모르던 새내기 엄마들도 부모교육을 받은 후 긍정적인 양육을 하게 되어 아기가 안정애착을 형성할 수 있었다.

대부분 결혼하고 아기를 낳으면 부모가 된다. "사람들이 차를 운전하거나 컴퓨터를 사용하기 위해서는 여러 시간 훈련할 것을 기대하면서 아이를 돌보는 일에 대해서는 '그냥 하는 거지 뭐.'라고 말하는 것은 우스운 일이다. …… 우리 모두 경험했듯이, 한밤중에 아기가 울음을 그치지 않는데, 어찌할 바를 모르고 있다(2012년 5월, 영국의 캐머런 전 총리)."고 캐머런이 지적했다. 영국 정부는 부모에게 자녀를 어떻게 양육해야 하는지 그 방법을 알려줘야 한다는 취지 아래 500만 달러를 배정해 정부 웹사이트를 구축했다. 캐머런은 부모가 되려면 "각국이 부모면허증 제도를 도입해야 한다."라며 부모교육의 중요성도 강조했다. "인성이란 사회여건 및 문화의 영향을 받으며 발달하는 것이기 때문에 만일 결혼 이전 또는 출산 전 젊은이들이 아이의 발달과 부모역할에 대해 배운다면 양육관과 양육태도가 변화할 것(Perry,

2006; Seligman, 1995)"이다. 아이를 돌보고 교육하는 이들이 부모교육을 배워야 하
는 중요한 이유이다.

(3) 아이의 행복감을 증진시키기 위해 부모교육은 필요하다

아이는 어른들이 활동을 함께 해 줄 때 기뻐한다. 행복감에 영향을 주는 요인을
연구한 보헴과 류보머스키(Boehm & Lyubomirsky, 2009)의 연구와 홍용희 등(2013)
의 연구결과를 이원영(2014)이 재구성한 [그림 1-1]을 보면, 아이들의 행복감에 영
향을 주는 요인은 유전적 영향 50%, 환경의 영향 10%, 의도적 활동 40%이다. 이는
부모로부터 받는 유전적 요인과 같은 비중으로 환경 및 의도적 활동이 아이를 행복
하게 해 주기도 하고 불행하게도 한다는 뜻이다. 이는 아이가 생애 처음으로 만나
는 부모 및 교사의 역할이 중요하고 부모교육이 필요한 이유이다.

아이들의 행복감은 '행복한 삶'에서 오고 행복한 삶은 주변 사람들과의 관계가
이모저모로 편안해야 유지된다. 홍용희 교수팀의 연구에 참여한 유아들에게 그림
을 그리게 했더니 가족 구성원과 있을 때 행복하게 느껴진다는 아이들이 59.7%, 친
구하고 놀 때가 13.2%, 혼자 있을 때 11.4%, 친척 및 조부모와 있을 때 7.7%, 기타

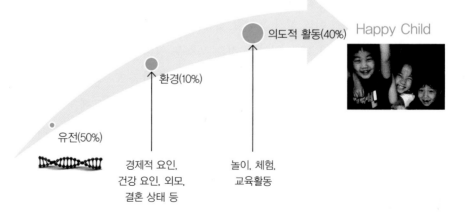

[그림 1-1] **아이의 행복에 영향을 주는 요인**

7.9%라고 표현했다. 가족 중에는 부모를, 그중에서도 엄마를 가장 많이 그렸는데 이 현상에 대해 홍용희는 "유아들은 엄마의 존재 그 자체에 대해 행복해 하는 것 같이 보였다."고 했다. 아이들은, 부모 그중에서도 '행복 해님'인 엄마를 향해 항상 몸을 돌리는 해바라기이다.

행복감 형성에 이처럼 강력한 존재인 엄마와의 관계가 부정적이 될 때 그 영향은 강력한 불행감으로 이어진다. 2000년 5월 25일 부모를 토막살인했던 명문대 학생을 세 번 면담한 이훈구는 "그는 도저히 살인범이라고는 상상할 수 없는 가녀린 몸매에 해맑은 얼굴을 하고 있었다. 그는 우리가 대학교정에서 흔히 만나볼 수 있는 그런 평범한, 순진하고 앳된 모습이었다. 그러나 이야기를 나눠 본 결과 그의 내면세계는 겉모습과는 아주 딴판이었다. 그의 마음속에는 증오·불신·분노·무기력 등이 크게 소용돌이 치고 있었다. 정신과 마음이 식물이 자랄 수 없는 사막처럼 메말라 황폐화되어 있었던 것"이라고 했다(이훈구, 2001).

아이들이 어렸을 때 행복감을 느끼게 하는 일은 아주 작고 사소한 것같이 보이는 일이다. 함께 먹고, 뛰고, 웃고, 안아주고, 책 읽어주고, '열심히 했네, 대단해·고마워·미안해·사랑해……'라는 말을 적절한 상황에서 적시에 해 주는 것이 바로 아이들을 행복하게 해 주는 강력한 요인들이다.

(4) UN이 권고하는 아동권리를 부모들이 숙지한 후 가정에서 아이들을 잘 기르기 위해 부모교육은 필요하다

UN은 1979년 '세계 어린이의 해'를 선포했고, 이 세상에 태어난 모든 아이들에게는 기본권인 '생존·보호·발달·참여'의 권리가 있다면서 1989년 11월 20일에는 UN총회에서 만장일치로 'UN아동권리협약'을 채택했다. 이 협약에 서명한 전 세계 196개국(2016년)은 5년마다 국가보고서를 제출하고 UN아동권리위원회에서는 이를 심의하여 어린이 인권보장의 장애요인을 분석한 후, 개선사항을 각국 정부에 알려준다. 우리나라를 포함한 가입국 정부는 이 권고사항에 대한 대안을 모색하여 실천해야 한다. 아이가 누려야 할 생존권이란 적절한 생활수준을 누릴 권리로 충분한

> #### UN의 아동권리선언문 주요 내용
>
> 가. 인종, 종교, 태생 또는 성별로 인한 차별을 받지 않을 권리
>
> 나. 신체적·정신적·도덕적·영적 및 사회적으로 발달하기 위한 기회를 가질 권리
>
> 다. 이름과 국적을 가질 권리
>
> 라. 적절한 영양, 주거, 의료 등의 혜택을 누릴 권리
>
> 마. 심신장애 어린이는 특별한 치료와 교육 및 보살핌을 받을 권리
>
> 바. 애정과 도덕적·물질적 보장이 있는 환경 아래서 양육될 권리
>
> 사. 의무교육을 받을 권리, 놀이와 여가 시간을 가질 권리
>
> 아. 전쟁이나 재난으로부터 제일 먼저 보호받고 구조될 권리
>
> 자. 학대, 방임, 착취로부터 보호받을 권리
>
> 차. 인간 상호 간 우정, 평화 및 형제애 정신으로 양육될 권리

출처: 장인협 외(1993).

영양을 섭취하고 안전한 주거지에서 살아갈 권리이고 기본적인 보건서비스를 받을 권리 등 기본적인 삶을 누리는 데 꼭 필요한 권리이다. 아이가 태어나면서부터 생존과 발달을 위해 모유수유를 받을 수 있는 권리, 정체성 확립을 위해 출생신고를 하여 신분이 없는 아이가 되지 않도록 하는 것 등을 예로 들 수 있다.

아동의 보호권은 모든 형태의 학대, 방임, 성폭력, 폭력으로부터 보호받아야 한다는 권리이다. 아이가 부모의 교통사고, 이혼 등 많은 이유로 인하여 부모로부터 보호받지 못하는 경우가 증가하고 있다. 보호를 받지 못하면 성 착취나 범법행위에 희생될 수도 있다. 우리나라도 UN아동권리협약에 서명한 국가로서 이 의무를 준수해야 하는데, 어른에게 학대받아 굶어 죽거나 맞아 숨지는 사례가 발생하고, 10대 미혼모 출산으로 버려지는 아기도 있으며, 심지어 영유아교육기관에서 아동학대를 받는 사건도 일어나고 있다. 아이를 돌보는 이들이 관심을 갖고 아이들의 인권이 보장되도록 노력해야만 한다.

아이가 당연히 누려야 할 발달권이란 교육받을 권리, 친구들과 신나게 놀며 배울

권리 등 잠재능력을 최대한 발휘하는 데 필요한 권리이다. 우리나라의 아이들은 과도한 조기학습 스트레스 등 사교육으로 마음껏 뛰어놀 권리를 일찍부터 박탈당하고 있다. 이는 정서 및 신체적 발달의 저해뿐 아니라 정신질환 발생 가능성도 높인다. 아이들이 마음껏 놀면서 배우는 사회적 환경을 마련해 줌으로써 아이들의 건전한 성장발달의 권리를 보장해 줘야 할 것이다.

아이의 참여권이란 자신의 생활에 영향을 주는 일에 대해 의견을 말하고 존중받을 권리, 표현의 자유, 사생활을 보호받을 권리 등을 말한다. 이혼율이 높아지고 있는 요즈음 부모들이 이혼할 때, 자녀들에게 그 사실을 말해 주고 이후 어떤 일이 발생될지 등을 진솔하게 얘기해 주고 아이의 의견도 듣는 것을 예로 들 수 있다. 이 땅에 태어난 아이들이 생명을 보호받고 건강하게 자라날 권리를 보장받게 하려면 아이와 관련된 부모와 교사, 공무원, 아동보호시설 종사자들은 아동권리의 중요성을 깨닫고 부모들이 이를 가정에서 최선을 다해 실천하도록 부모교육을 해야 할 것이다.

2) 어른들이 따뜻한 양육자의 역할을 감당할 수 있도록 부모교육이 필요하다

아기를 낳는 순간 생물학적인 부모가 되지만 모두가 따뜻한 양육자가 되지는 않는다. 부모됨도 배워야 할 수 있는 후천적 능력이다. 최근의 젊은이들 중에는 아이 기르는 일이 힘들어서, 경력 단절 여성이 되지 않으려고, 자아실현에 방해가 되기 때문에, 부부만의 행복한 생활을 오래 지속하기 위해서 자녀를 갖지 않는 경우가 있다. 1970년대 유럽과 미국에서 일어났던 '후세대 부재(missing generation)' 현상이 2000년대 이후 우리나라에서도 일어나고 있는 것이다. 일부 인구 학자들은 우리나라의 심각한 초저출산 현상으로 인해 2750년에는 대한민국이 지구상에서 사라질 수도 있다고 경고하고 있다. 지금의 저출산이 지속된다면 2060년에는 신생아가 20만 명으로 줄어들 것이라는 암울한 전망도 있다. 저출산형 인구절벽은 우리 사회 전반에 악영향을 미친다. 생산인구뿐 아니라 소비인구가 줄면서 노동시장의 활력을 떨어뜨리고 저성장 국면에 접어든 경제는 더욱 둔화할 것이기 때문이다. 이보다도 자녀를 낳아 길러야 하는 더 중요한 이유는 결혼하여 자녀를 출산하고 양육하는 기쁨과 행복을 누릴 수 있기 위해서이다. 따라서 국가는 정책적 차원에서 청소년, 대학생과 같은 예비부모들뿐만 아니라 신혼 부부, 이미 자녀를 둔 부모, 조부모들을 대상으로 부모교육을 하여 부모로서 자신감을 갖게 하고, 양육과정에서 부모 자신의 행복을 맛보게 할 필요가 있다.

(1) 부모역할도 배우면, 자신감이 생긴다

부모역할은 유전으로 주어지는 능력이 아니라 배우면 배울수록 근육처럼 탄탄해지는 능력이므로 다양한 부모교육을 받아야 한다. 부모의 삶 자체가 자녀에게 보이지 않는 나침반이기 때문에 부모교육은 아이들을 대하는 모든 사람들이 받아야 하는 교육이다.

아이들이 매일매일 생활하는 동안 부모로부터 사랑을 주고받는 방법을 배우고, 가치관·도덕성·실천적 생활패턴을 배우는 것은 모두 아이의 뇌에 입력된다(김치곤, 채영란, 2013; Curtis, Zhuang, Townsend, Hu, & Nelson, 2006). 그러나 요즈음의 부모들은 맞벌이로 아이들과 지내는 시간이 적고 양육자로서의 역할에 대한 자신감도 낮아서 자녀들에게 적절한 역할 모델이 되지 못하고 있다. 대부분의 우리나라 젊은 부모들은 학업을 마치고 직장에 다니다가 결혼하는 전반적인 과정에서 부모역할을 제대로 배우지 못해 혼돈을 느끼며 두려움과 걱정도 많다. 아이를 낳아 잘 키우고 싶은 마음은 간절하나, 그 열망과는 달리 부모 자신은 부모됨을 자연스럽게 배울 수 있었던 대가족과의 생활도 모르고, 육아 인프라의 부재로 부모역할을 보고 배우지 못한 채 부모가 되었기 때문이다. 우리 사회 여건상 부모됨을 배울 수 있는 문화와 지원이 부족한 상태에서, 아이를 낳아 부모가 된 이들이 제대로 부모역할을 할 수 있도록 돕기 위해 부모들의 필요에 알맞은 맞춤형 부모교육이 필요하다. 더욱이 부모로서의 양육권을 부모가 잘 행사하도록 돕기 위해서도 부모교육은 절실히 필요하다.

　부모가 자녀발달을 이해하고 연령별로 일어날 수 있는 문제를 다루는 데 도움이
될 방법을 배우며, 배운 내용을 실천함으로써 양육과 교육의 방향이 달라지도록 청
소년, 손자녀를 돌보는 조부모, 임신기의 부모들을 대상으로 예비부모교육을 해야
하고, 이미 아기를 낳아 키우는 부모들을 위해서도 자녀의 발달 단계별 부모역할에
대해 배우도록 부모교육을 실시해야 한다.

(2) 출산과 자녀 양육과정에서 삶의 행복을 더 많이 느낄 수 있도록 돕기 위해 부모교육이 필요하다

　요즘 젊은이들은 결혼·출산이 두렵고 양육은 더더욱 두렵다고 한다. 그러나 냉
철하게 생각해 보면 결혼 전 젊은이들이 갖는 두려움과 걱정은 연애부터 출산, 자
녀교육, 자녀의 대학 입학 및 결혼에 이르는 50년 내지는 60년에 해당하는 기간에
일어날 수 있는 모든 일들을 미리 걱정하는 것이다. 아무리 어려운 삶의 문제라 해
도 해결방법은 있다. 인생이란, 삶의 과정에서 일어나는 문제들을 해결해 가는 과
정의 연속이므로 피하기보다는 직면해서 해결하다 보면 길이 열린다. 결혼문제를
비롯한 출산, 자녀양육 문제 등 모두 해결방법이 있다.

　출산과 양육에 대한 젊은이들의 자신감과 행복감을 높이기 위해서 부모교육은
필요하다. 출산을 하면 단계마다 모든 문제가 한꺼번에 일어나지는 않는다. 그때
마다 문제를 하나둘씩 해결하다 보면 어느새 신생아는 영유아교육기관에 다니게
되고 초·중등학교를 거쳐 청년이 된다. 양육과 교육이 힘들어도 태어나는 순간부
터 아기를 품에 안았을 때의 행복감, 그들이 보내는 사랑의 눈길과 절대적인 신뢰
를 받는 것은 이 세상 그 무엇과도 바꿀 수 없는 행복감이어서 이 모든 두려움과 근
심을 사라지게 한다.

　아직도 우리나라는 부모와 친인척, 교사 등 주변의 어른들이 함께 아이들을 돌
보는 따뜻한 양육공동체 정신이 있어 어느 순간 아이를 낳아 기르기를 참 잘했다는
생각이 드는 때가 많다. 이것이 바로 자녀 양육의 백미이다. 결혼을 하고도 아이를

낳지 않거나 한 명만 낳아 기르는 부모들 중에 '한 명이라도 더 낳을 걸' '동생을 낳아 줄 걸'하며 후회하는 경우가 많다. 후회할 때에는 이미 아기를 가질 수 없는 경우가 많아 안타까워들 한다. 실제 아이를 낳고 기르는 부모들은 어느 날 문득 자신이 아이를 키운 것이 아니라 아이가 자신을 성숙하게 변할 수 있는 기회를 주었음을 깨닫는다. 인간은 근본적으로 사회적 동물이어서 배우자와 아이들과 생활하는 과정에서 삶의 행복과 보람을 느끼며 완숙해지는 경우가 많지만, 혼자 사는 과정에서는 이러한 삶의 행복을 찾기 어렵다.

뇌과학자이며 KAIST 교수인 김대식은 최근 스페인 바르셀로나 대학과 네덜란드 레이던 대학 공동 연구팀이 『네이처』 자매지인 『네이처 뉴로 사이언스』에 "임신으로 여성의 뇌, 특히 전두엽이 변했다."라는 연구결과([그림 1-2])를 소개했다(조선일보, 2017. 1. 19.). 연구진은 두 개의 비교집단으로 임신 경험이 없는 여성 20명, 아이가 없는 남성 17명의 뇌조직 구조를 MRI로 찍고, 실험집단으로는 임신 계획이 있는 여성 25명의 뇌를 임신 전후로 촬영한 결과, 놀랍게도 임신과 함께 여성의 대뇌피질에 큰 변화가 생기기 시작했다. 아기의 출생 그 자체가 어머니의 뇌를 바꾸어 놓은 것이다.

네덜란드 레이던 대학의 엘세리너 우크제마 신경과학 교수는 임신한 여성은 타인의 감정과 생각을 감지하는 기능을 담당하는 뇌부위의 크기와 구조에 변화가 나타나 출산 후 2년까지 지속된다는 연구결과를 발표했다(2016년 12월 19일 발표). 처음 출산한 여성은 타인의 생각과 감정을 알아보는 부위의 회백질(gray matter) 크기가 임신 전보다 얇아졌다. 이러한 현상은 '회백질 가지치기'이다. 회백질은 뉴런(신경세포)을 서로 연결하는 신경세포체가 모여 있는 뇌의 겉 부분인 대뇌피질로 '가지치기'가 이루어지면 가장 중요한 연결망은 강화되고 나머지는 시들게 된다. 이는 기능 상실이 아닌 뇌부위가 더욱 특화되는 것이다. 회백질이 많이 줄어든 여성일수록 태어난 아기에 대한 관심과 애착이 강해진 것으로 나타났다. 연구진은 임신 중 회백질의 용량 변화에 따라 엄마와 태어난 아기 사이의 관심과 애착이 얼마나 깊을지를 예측할 수 있었다고 밝혔다. 이와 같이 임신으로 뇌가 변화하는 현상은 임신이 엄마로 하여금

2. 부모교육의 필요성   31

[그림 1-2] 임신으로 인한 엄마의 뇌구조 변화

아이를 사랑하는 마음을 갖게 하여 힘든 것도 모르고 자녀를 사랑으로 돌보며 양육하게 한다. 부모교육은 뇌 자체까지 바꾸는 임신과 양육의 과정에 대해서도 알려줄 수 있는 기회를 주기 때문에 전 국민을 대상으로 해야 하는 교육이다.

3) 교사도 부모마음으로 영유아교육기관에서 바람직한 양육과 교육을 해야 하므로 부모교육을 배워야 한다

우리나라는 현재 자녀에 대한 부모의 역할은 점차 약화되고, 교사의 양육 및 교육기능은 확대되고 있어 영유아교사는 부모교육을 반드시 받아야 한다. 취업 등 부모의 부재로 아이들이 영유아교육기관에서 하루 6~12시간 이상을 보내야 하는 경우가 많아져 아이들이 교사와 오랜 시간 함께 있게 되었다. 그러므로 교사는 아이에게 애착대상이 되고 훈육과 교수자로서의 역할을 담당해야 한다. 대부분 대학을 졸업하고 어린 나이에 교사가 되어 모성을 경험하지 못한 채로 영유아교육 현장에 가야 하므로 예비교사인 대학생들도 부모교육 훈련과 연습을 해야 한다. 또한 예비교사는 부모교육을 받아 아이들에게 긍정적으로 또는 부정적인 영향을 줄 수 있음을 인지하고, 좋은 선생님이 되겠다는 신념과 소명을 가져야 할 것이다.

아이들의 마음을 잘 읽고 상호작용하는 유능한 교사는 아이들이 또래와 놀 때 궁금한 것을 실험해 보고 갈등도 해결해 보며 감정 조절 및 타협을 해 보게 함으로써 문제행동을 덜 하게 하였고 자존감도 높일 수 있었다(Katz & Hunter, 2007; Wong, McElwain, & Halberstadt, 2009). 교사가 아이와 긍정적인 관계를 형성한 경우 부정적인 관계를 맺게 된 경우보다 아이가 더 사교적으로 성장했으며, 다양하고 복잡한 놀이도 친구들과 융통성 있게 잘 했다(Elicker & Fortner-Wood, 1997). 또한 엄격하거나 성인중심적인 교사보다 긍정적이고 아동중심적인 교사와 지낸 아이들은 문제해결 기술, 협동심이 좋았으며 스트레스도 덜 받았고 바르게 성장하였다(Elliot, 1999; Sylva, Melhuish, Siraj-Blatchford, Sammons, & Taggart, 2007). 이러한 연구결과는 대안애착(alternative attachment)의 대상인 교사(Dunn & Kontos, 1997)에게 부모교육이 필요함을 알려준다.

4) 교사 · 부모 · 사회의 구성원이 협력하는 '따뜻한 양육공동체'를 만들기 위해 부모교육은 필요하다

라틴어 'communus'에서 유래한 공동체(community)는 'com(함께)과 munus(선물 주기)'의 뜻으로 합쳐진 단어이다(네이버 어학사전). 즉, 사람들이 '서로 선물을 나누는 관계' '배려와 보살핌의 관계'라고 정의할 수 있다(박선경, 2011). 따뜻한 양육공동체란 아이들을 양육하고 교육할 때, 형식적인 교육의 장은 물론 비형식적인 삶이 이루어지는 가정과 이웃에서 어린 아이들을 함께 돌보는 어른들이 있는 곳을 뜻한다.

어린 시기는 "양육도 교육처럼, 교육도 양육처럼" 해야 하므로 큰 아이들을 위해서는 교육공동체라는 단어를 써도 되지만 영유아교육기관에서는 '따뜻한 양육공동체'라는 단어를 쓰는 것이 적합하다. 출생부터 초등학교 입학 전의 아이들은 어른들의 관심과 사랑을 절실히 필요로 하므로, 예전 농경사회였던 우리나라는 온 마을 어른들이 눈에 보이는 아이들 모두를 '내 아이'라는 마음가짐으로 관심·배려·돌봄을 베풀었다. 이처럼 교사와 부모들이 협력하여 따뜻한 양육과 교육을 하기 위해 부모교육을 해야 한다.

이전보다 더욱 복잡하고 다양한 부모역할이 기대되는 현대 사회의 엄마들에게 양육 및 돌봄은 어려움이고 딜레마이다(Grolnick & Seal, 2008). 우리나라 부모는 자녀의 긍정적 가치로 '부모와 자녀 간의 특별한 사랑'을 가장 높게 인식(권영은, 김의철, 2003)함에도 불구하고 프랑스, 일본, 대만 등 다른 나라 어머니들에 비해 비교적 높은 양육불안을 느끼고 있다(강수경, 정미라, 이방실, 김민정, 2014; 원숙연, 송하나, 2015; 최순자, 深谷昌志, 이관형, 2006). 실제 자녀양육을 하면서 '자연의 순리'이자 '이상의 성취'로 생각했던 부모역할이 '자신의 능력부족' '상실감'의 의미로 인식되고, '성장과 행복의 동력'으로 생각했던 자녀가 '부담과 개인생활을 제약'하는 존재로 받아들여지고 있다. 쉽지 않게 느껴지고 있는 양육(권미경, 2016)은 어른세대와 다음세대가 양육공동체를 구성해 함께 협력하며 해 나가야 할 일이 되었다. 주변의 어른들이 부모역할을 지원하기 위해 따뜻한 양육공동체 구성원이 되려면, 어린아이들은 사랑과 관심을 아주 많이 필요로 하는 존재이며 큰 아이들과는 다른 발달 특징을 갖고 있다는 것을 알아야 한다. 아이가 행복하고 건강하게 성장하도록 지원하는 부모교육은 물론 가족친화적 정책도 실현되어야 한다.

요즘 우리 지역사회는 아이들의 양육 및 돌봄 사각지대를 해결하기 위해 가족과 이웃 간 육아 돌봄 활동 분위기를 조금씩 조성하려고 시도하고 있다. 이제 육아가 더 이상 부모의 몫만이 아닌 주변사회가 함께하는 일이라는 생각을 하게 된 것이다. 제주도는 2016년부터 제주형 돌봄공동체 사업을 추진하여 18개 육아 나눔터

조성사업을 시작했고, 읍면동으로 확대할 계획을 발표했다(제주도민일보, 2017. 1. 10.). 전주시는 이스라엘에서 적용하는 탈무드 교수 방법을 도입하여 질문을 하며 교육의 본질을 찾아가는 '하브루타 자녀양육공동체'(2017년 3월 발족)를 지원하고 있다(전북일보, 2017. 3. 29.). 20여 년 전 교보생명교육문화재단은 「21세기 국민교육 진흥을 위한 교육공동체 건설1999」 심포지엄을 개최하여 21세기는 통신기술과 세계시장의 개방으로 국경 없는 지구촌 시대가 될 것이므로, 만일 미래에 아이들이 속할 공동체가 없다면 생존이 불가능할 것이라고 전망했다. 인간의 생존을 위해 반드시 있어야 할 것이 공동체라는 것이다.

교육전문가들은 인간이 생존의 차원을 넘어 생활차원에서 삶의 질을 향유하기 위해서는 교육공동체 건설이 반드시 필요할 것으로 내다봤다. 특히 정범모(1999)는 교육은 학교의 교사뿐 아니라 가정의 부모와 사회 각 분야의 지도자들이 모두 담당하는 것으로 생각하는 패러다임으로 전환되어야 한다면서 한 나라의 교육 세력이라고 할 수 있는 부모, 교사, 매스컴, 사회 각 분야의 지도자 모두의 협력과 노력이 필요하다고 역설하였다.

공동체 구성원의 상호작용으로 형성되는 공동체 의식은 그들의 연대의식에 기초하여 문제를 인식하고 그것을 해결하기 위해서 함께 참여하는 모습으로 이어진다(강상욱, 2000). 그러므로 21세기 우리 교육이 나아가야 할 길은 양육 및 교육공동체이다. 우리 사회에서 아이들은 입시준비와 사교육에 찌들어 있고 퇴폐적인 사회 풍토에 아이들과 젊은이들이 방치되어 있다. 건강한 국민정신의 회복에 가정의 부모, 학교의 교사, 양육 및 교육공동체의 따뜻한 어른들, 매스컴의 교육역할 수행이 무엇보다 중요하다(정범모, 1999).

현대의 사회, 문화, 정치, 경제 및 사회 구성원들의 가치관은 급격하게 변하고 있다. 집단주의적 가치관에서 개인주의적 가치관으로, 권위주의적 가치관에서 평등주의적 가치관으로, 숙명적 자연관에서 정복 지향적 자연관으로, 인본주의적 가치관에서 물질주의적 가치관으로 변하고 있으며, 한편으로는 대립하는 두 가치관 사이에서 혼동을 경험하고 있다(박수현, 2003). 이러한 양상은 가족의 유형을 다양하게 변화시켰고, 전통적인 가정의 가치규범까지도 바꾸었을 뿐 아니라 여성들의 사회진출을 당연한 것으로 받아들이는 사회로 바꾸고 있다.

여성 및 남성들, 할머니와 할아버지들에게도 아이들의 발달에 알맞은 양육방법을 익히게 하여 따뜻한 양육공동체 구성원이 되도록 하는 부모교육을 한다면 아이들이 행복하게 자라는 환경이 될 것이다. 이제 각 가정의 자녀는 국가의 관심과 지지를 받아야 하는 '공공의 이슈'이다. 자녀의 출산과 양육을 위한 공적인 지원은 실제로 자녀를 양육하는 데 소요되는 비용보다 훨씬 낮으므로(Folbre, 1994) 자녀 출산과 양육의 중요성을 인식하고, 높은 사회적 가치를 부여하는 환경을 강화해야 한다. 아이의 양육과 교육을 담당하는 부모와 교사에게 부모교육을 함으로써 양육 및 교육공동체의 일원이 되게 하는 것은 인적 자원을 확보하는 지름길이 될 수 있다. '따뜻한 양육공동체'를 지원하는 부모교육, 아이를 가장 효율적으로 교육시킬 수 있는 부모교육은 우리 사회의 미래를 위하여 꼭 필요하다.

5) 미래 인적 자원인 아이들을 잘 기를 수 있는 부모교육은 꼭 필요하다

우리나라는 지난 20년간 '가족 돌봄에 대한 사회적 지원 강화'를 비롯하여 다양한 정책을 시행하며 보편적 유아교육과 보육을 실현하였다. 보육과 가정양육에 대한 투자를 확대하면서 여성들이 일과 가정을 양립할 수 있도록 양육수당을 포함한 비용지원, 아이돌보미 제도와 같은 서비스 지원, 시간제 보육 제공, 육아종합지원센터 및 건강가정지원센터 등의 서비스 지원, 부모 상담 및 교육, 건강 관련 지원 등 다면적인 육아지원정책을 실시하고 있다.

범정부 차원에서 2016년부터 새롭게 추진되고 있는 '제3차 저출산, 고령사회 기본계획'과 '제3차 건강가정기본계획'에서도 저출산 극복과 건강한 가정 조성을 위해 출산, 육아와 관련된 인식 개선과 문화 조성의 필요성을 강조하고 있다. 저출산으로 인한 인구 감소 및 노동력 부족 문제를 여성참여로 해결해야 하는 우리나라에서는 양육을 부부가 함께하는 사회 분위기로 바꾸지 않는 한 취업여성들이 선뜻 아기를 낳

유아교육을 강조한 오바마

아 기르려는 용기를 내기 어렵기 때문이다.

미국 오바마 전 대통령은 유아교육의 중요성을 강조하면서 모든 만 4세아를 대상으로 한 프리스쿨(유아학교) 의무교육을 주창했고, 0~5세를 위한 질적 교육을 위해 재정지원도 대폭 확장했다(NIEER, 2017. 6. 23.). 아주 어린 아이에 대한 교육 투자는 미래에 다양한 효과나 혜택을 가져다준다고 그는 믿었다. "교육은 가능한 한 일찍 시작해야 한다."라며 저소득층과 중간소득층 가정의 자녀가 정규교육을 받기에 앞서 우수한 유아교육을 받을 수 있도록 연방 및 주 정부가 비용을 분담하여야 함도 주장하였다. 오바마 전 대통령은 두 번째 임기의 첫 국정연설에서 유아교육의 중요성을 강조하며 더 많은 투자를 해야 한다고 하였다(뉴욕일보, 2013. 2. 15. NEIR, 2017. 7.).

이와 같이 인적 자원의 효율적 개발, 사회균등, 경제적 측면에서도 부모교육은 필요하다. 노벨경제학상을 받은 제임스 헤크만(Heckman, 2005) 등이 인적 자원의 투자대비 회수비율을 연구한 결과 영유아기의 바람직한 교육투자의 효과는 곧 경제적 이득으로 연결된다. [그림 1-3]은 헤크만(Heckman, 2005)과 그 연구팀이 인적 자원의 투자대비 회수비율을 연구한 것으로, 영유아교육 프로그램에 투자하는 것이 초·중·고등교육이나 대학교육에 비해 투자대비 회수비율이 높은 것으로 나타났다.

국가발전의 원동력은 사람이며, 인적 자원의 지적·인성적 기반이 어린 시기에 형성되므로 미래지향적 관점에서 아이들에게 절대적으로 영향을 주는 부모를 대상으로 다양한 부모교육이 확대되어야 한다. 아이들 돌봄 및 양육, 효율적인 부모되기 프로그램이 건강한 가족 기능을 확대시켜 후세대 교육의 질적 수준을 높이고 빈곤계층 해소에 도움이 되므로 양육 및 교육공동체는 인적 자원의 원동력이 될 수 있다.

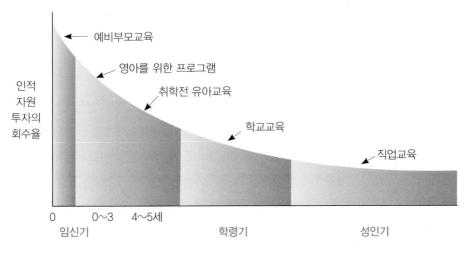

[그림 1-3] 각 연령 교육시기별 인적자본 투자대비 회수비율

출처: https://heckmanequation.org/resource/the-heckman-curve/

Storytelling

점점 늘어나고 심해지는 정신질환의 문제

　요즈음 우리나라 사람들은 공격성, 과다행동, 우울 및 위축 등 정서적 문제가 증가하고(강현경, 2013; 이윤승, 2010), 정신질환 발병 연령은 낮아지고 있으며, 분노조절장애나 충동조절장애 등의 정신질환이 급증하고 있는 것으로 나타나고 있다(건강보험심사평가원 자료: 동아일보, 2015. 1. 15.). 잠정적 정신질환자를 포함한다면 이 수치는 더욱 늘어날 것으로 보인다(전진아, 2014). 통계청의 보고(2015)에도 10대 청소년 자살률 통계는 인구 10만 명당 2014년도 7.9명에서 2015년 4.6명으로 감소하였다(세계일보, 2017. 2. 22.). 청소년들의 자살생각은 다양한 차원의 요인들에 의해 복합적으로 영향을 받는다. 특히 부모의 양육태도가 청소년의 자살의도에 영향을 미치는 중요한 변인이다. 부모의 심리적 통제와 우울감이 높을수록 자녀의 자살생각은 증가한 반면, 부모의 지지와 행동적 통제가 높고 학교생활에 적응을 잘 할수록 남녀 청소년의 자살생각이 감소했다(이아

영, 박부진, 김세영, 2016). 즉, 부모의 양육태도에 따라 청소년기 자녀의 정신건강은 영향을 받는다.

　정부는 2016년 2월 유아, 아동, 청소년, 청장년층, 노인들에게 맞는 맞춤형 '정신건강 종합대책(2016~2020)'을 발표하기에 이르렀다. '2011년 정신질환실태 역학조사' 자료에 따르면 국민의 24.7%는 불안 · 기분장애, 알코올사용 장애, 정신병적 장애 등 정신질환을 평생 한 번 이상 앓았던(정신질환 평생유병률) 것으로 드러났기 때문이다. 즉, 국민 4명 중 1명이 정신질환을 겪고 있는 것이다. 서울대 정신과 권준수(2009) 교수는 "정신질환은 우리 주위에서 흔히 볼 수 있는 질병"으로 통계에 따르면 우울증에 걸릴 가능성이 전체 인구의 10~20%, 조현병은 1%, 불안장애의 하나인 강박증은 2~3% 정도라면서 발병 전 예방이 정신질환의 최선의 방법이라고 하였다.

Q1. 부모교육은 우리 사회를 건강하게 할 수 있는가?
Q2. 부모교육은 자녀의 정신질환을 예방해 줄 수 있을까?
Q3. 부모교육의 내용에서 무엇을 다루어야 정신건강을 지킬 수 있을까?

제 **2** 장

부모교육의 역사

Think & Talk

- 시대에 따라 아동관은 어떻게 변화해 왔는가?
- 우리나라 부모의 자녀양육관은 어떻게 변화해 왔는가?
- 우리나라와 서양의 자녀양육관은 어떤 공통점과 차이점이 있는가?

부모교육의 역사는 아이를 함부로 때리고 학대하고 죽이던 것에서 아이들의 자유와 권리를 존중하는 방향으로 발전되어 왔다. 아이를 성인의 축소판·귀찮은 존재·소유물로 보던 관점에서 인격적인 존재·소중한 존재로 보는 개념의 변화가 있었기 때문이다.

이 장은 인류 역사의 흐름 가운데 존재했던 아동관의 변화를 중심으로 서양과 우리나라의 부모교육이 어떤 과정을 거쳐 변화했는지에 대해 동서양의 양육관을 비교하며 알아본다.

1. 자녀양육관의 변화

『아동기의 역사(The history of childhood)』 저자이며, 역사
심리학의 창설자인 로이드 드모스(Lloyd de Mause, 1931~)
는 고대로부터 현재에 이르기까지 나타난 서양의 자녀양
육관을 살해형(infanticidal), 포기 유기형(abandoring), 갈
등형(ambivalent), 엄격한 훈련형(intrusive), 사회화 과정형
(socializing), 조력형(helping)의 여섯 형태로 구분하였다.

de Mause

시대 · 문화 · 지역 · 개인에 따라 보편적인 형태를 추출하
여 제시한 것으로, 우리나라도 같은 과정을 겪으며 변화해 왔다. 드모스가 제시한
자녀양육관의 변화를 [그림 2-1]로 살펴보면, 18세기 후반부터 사회화 과정을 돕
는 부모들이 조금씩 나타나고 21세기에는 부모와 자녀가 서로 상호작용하며 돕는
조력형이 나타나기 시작한다. 이 절에서는 부모들의 자녀양육관이 역사적으로 어
떻게 변화해 왔는지 살펴본다.

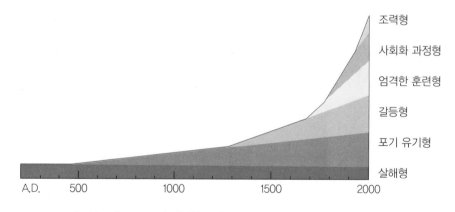

[그림 2-1] 드모스가 제시한 문명의 선진화와 자녀양육관의 변화 역사

출처: https://en.wikipedia.org/wiki/Lloyd_deMause#cite_note-3
      upload.wikimedia.org/wikipedia/commons/e/e4/Image-Evolution of Psychogenic-modes.png

1) 살해형

고대에는 아이를 한 인간으로 존중하지 않
고 어른의 의사와 편의대로 쉽게 살해했다.
원시시대에 가까울수록 인간은 생존 그 자체
를 위해 투쟁해야 했으므로 어린 아이를 배려
할 수 없었다. 오히려 식량획득을 위해 어른들
과 함께 일해야 했으며, 어른들의 생존을 위해
희생되는 사례가 많았다. 드모스(1974)는 이
러한 자녀양육관을 살해형 양육관(infanticidal
mode)이라고 했다.

신전 제물로 바쳐지는 아기

인간의 역사를 거슬러 올라갈수록 영아살해가 사회적 암묵에 의하여 합리화되
었던 것으로 알려지고 있는데 건강치 못한 아기를 살려두어 계속 고통을 당하느니
차라리 죽여 버림으로써 양육의 부담을 덜었던 것으로 보인다. 고대 스파르타에서
는 아기가 태어나면 마을 노인들로부터 건강검진을 받게 한 후 건강하다고 인정받
은 아기들만 살려서 양육하고 교육하였다고 한다. 플라톤은 국가론에서 이상적 국
가건설을 위해 우생학적으로 우수한 아기를 출산하도록 해야 한다고 말하기도 했
다. 그리스, 로마 시대에 교육을 잘 받은 부유한 가정조차도 아이들을 소홀히 대하
고 제대로 양육하지 못했다.

기록에 의하면 16세기 프랑스 헨리 4세의 남동생이 창문에서 창문으로 던져지다
가 제대로 받지 못하고 창문 사이로 떨어져 사망했다고 한다. 이런 무자비한 방법
으로 왕자도 죽었던 시대여서 가난한 가정의 아기들이 함부로 다루어졌을 것은 불
보듯 뻔하다. 그 당시 의사들은 부모들이 아이를 던져 뼈를 부러뜨리는 사례가 많
다고 불평했고, 간호사들은 아이를 던질 때 띠로 묶어서 던지면 편리하다고 부모에
게 조언한 기록도 있다.

우리 민족의 고대 역사에도 영아살해 부모들에게 죄의식이 없다는 기록이 있다.

자식이 늙은 노모의 먹을 것을 빼앗아 먹자 아비가 자식을 생매장하려고 땅을 파다 보화를 발견하여 오히려 상을 받았다는 손순(孫順, 신라 하대의 효자로 알려진 인물)의 이야기는 자식이 부모에게 자기희생을 하면서 효도해야 한다는 메시지를 전달하고 있다. 삼국 시대에는 부모 공경 윤리가 자녀양육 윤리보다 우선하였기 때문에 아동학대나 살인이 많았었다. 어버이의 소유물이라는 사고가 뿌리 깊게 자리 잡고 있어서 자녀는 부모에게 예속된 존재였다(김일명, 이정덕, 1996).

살해형의 양육관은 크게 줄었지만, 안타깝게도 아이들이 죽임을 당하는 경우가 현대에도 곳곳에서 발생한다. 최근 원하지 않는 아이를 낳은 후 직접 죽이거나 방치하여 죽게 만드는 영아살해, 자녀의 의사결정과는 상관없이 아이와 동반자살을 하는 일, 아동학대로 인한 사망 사건 등은 살해형 양육관으로 인해 생기는 일이다.

2) 포기 유기형

중세의 부모들은 아이를 죽이지는 않았지만 포기하거나 유기했다. 포기 유기형의 양육관(abandonment mode)은 자녀를 죽이지는 않지만 양육이 힘들어 직접 기르지 않거나 버리면서도 이를 당연하다고 생각하는 것이다. 죽이지 않는 것만으로도 큰 변화였다. 중세의 기록에 의하면 아이에 관한 일은 처리해야 할 일들의 우선순위에서 최하위였다.

15세기 유럽 각지에서 영아유기가 일상적으로 행해졌기 때문에 민담이나 이야기로 쓰여질 정도였다. 독일의 그림 형제가 쓴 동화 '헨젤과 그레텔'은 포기 유기형의 전형적인 예이다. 기근이 들어 계모와 아버지가 아이들을 산속에 버리기로 한 것은 작가의 상상에서 비롯된 것이 아니라 과거 유럽의 곳곳에서 일어났던 사실에 근거한 것이다. 16세기 전후에 유럽에는 길을 걸을 수 없을 정도로 버려진 아이들이 많아 그 당시의 심각한 사회문제였다. 가톨릭 신부들이 제발 아이를 거리에 내버리지 말고 집에서 키우라고 부탁할 정도였다.

대부분 부유한 가정의 자녀는 태어난 즉시 농촌이나 하류계층 가정에 보내어 타가양육(他家養育)했다. 만 3~4세가 될 때까지 그곳에서 성장하다가 커서 집으로 돌아오면 대부분은 하녀의 보살핌을 받았다.

1948년에 영국의 아동심리학자 수잔 아이작스(Susan Isaacs)가 쓴 책에는 20세기 초반에도 부유층 가정 어머니들이 유모를 두고 자녀양육을 했음을 기록했다. 또한 가정의 사회적 지위가 높을수록 어머니 이외의 사람이 자녀를 키웠다. 우리나라도 신분이 높거나 부유한 가정에서는 유모가 어린 아이들을 양육했다. 프랑스에는 1780년 당시 21,000명의 어린이가 출생했으나 700명만 어머니가 키웠다는 기록이 있다. 15세기 프랑스의 한 가정이 이사를 갔는데 그 동네 사람들이 모유로 아이를 키우는

〈목욕하는 가브리엘 데스트레(17세기경, 작자 미상)〉에서 유모가 수유를 하고 있다(워싱턴 국립미술관 소장)

어느 어머니를 보고 야만스럽다고 홀대하여 다시 이사하였다는 기록도 있으며, 남편들도 모유로 키우는 것을 '요상한 습관'이라고 싫어하였다. 자녀를 버리거나 부모역할을 포기하지는 않았으나, 자녀의 심리적 필요는 무시하는 포기 유기형이었음을 알 수 있다.

포기 유기형의 양육관이 팽배하던 중세에는 어른의 편의를 위해 생후 1년 정도까지 아기를 강보에 꼭꼭 싸 놓았다. 그냥 두면 귀를 찢거나 다리를 다치거나 성기(性器)를 만진다고 생각하여 상처를 방지하기 위한 목적이었는데, 꼭꼭 묶어놓을 뿐 아니라 벽의 못에 걸어 두기도 하였다. 현대에도 갓 태어난 신생

어른들이 일을 할 때 벽에 걸어둔 아기

아를 강보에 싸 놓는 경우가 있는데, 이는 예전처럼 양육이 힘들어 내버려 둘 목적으로 싸 놓는 것은 아니다. 자궁 속에서 잔뜩 웅크리고 있던 아기가 바깥세상에서 허전하지 말라고 아기를 감싸 준다.

아기를 몰래 베이비 박스에 넣는 것, 아이에게 먹을 것을 주지 않는 것, 방치하거나 방임하는 것은 중세의 포기 유기형이며, 현대용어로는 아동학대에 해당한다. 오늘날 우리나라도 이런 사례가 점점 많아지고 있다.

3) 갈등형

갈등형 양육관(ambivalent mode)은 아이를 죽이거나 버리지는 않으나, 사랑으로 키울 수 없어 갈등을 느끼는 것을 말한다. 14세기부터 시작된 르네상스 이전부터 절대주의가 전개되는 17~18세기까지 갈등형 양육관에 대한 기록이 많다. 인간 본성의 중요성은 알게 됐지만, 발달에 알맞은 양육방식은 몰랐기 때문에 공포로 아이를 기르려던 부모들이 갈등형의 양육관을 갖고 아이를 키웠다.

자신의 신분과 집안을 이을 자손으로 자녀를 인식하고 잘 대해 주며 양육하지만, 아이가 어리광을 피우거나 미숙한 것은 악한 본성 때문이라 생각하고 엄격하고 혹독하게 훈련하였다. 특히 아버지의 권위에 절대적으로 복종해야 했다. 부모들은 어린 자녀를 인간으로서 존중해야 할지, 죄를 짓지 않도록 강하게 훈육해야 할지 두 가지 가치체계로 인하여 갈등하며 양육했다.

갓 태어난 아기의 피부를 튼튼하게 한다며 소금을 뿌렸다가 얼음물에 씻는 부족도 있었다. 발달에 맞는 양육방식을 몰랐기 때문이었다. 아이에게 잘해 주어야

교수형을 구경하는 아이들

한다는 생각과 잘해 주고 싶다는 본능적인 욕구는 있었지만 어려서부터 버릇을 들이지 않으면 나중에 손을 쓸 수 없을 것이라는 갈등 때문에 일관성 없이 양육해 혼선을 빚는 자녀양육관이다. 고대의 부모들처럼 자녀를 다른 집으로 보내 키우지는 않았지만, 르네상스 시대의 부모들은 아이의 마음에 악이 존재한다고 믿어 엄하고 무섭게 대했다. 이 시기의 서양 어른들은 아이들의 악을 제거하거나 제어할 수 있는 방법을 생각해 냈다. 이들은 규칙적으로 도깨비 형상이나 흡혈귀로 분장하고 잠자는 아이들을 놀래 주기, 교수대로 데리고 가서 나쁜 사람은 어떻게 되는지 보여 주기, 채찍질하여 본 것을 기억하게 만들기 등으로 끊임없이 공포를 느끼게 했다. '네가 나쁜 행동을 하면 맞는다.' '나쁜 행동을 하면 못쓴다.'라는 뜻을 깨닫게 해 주기 위해서였다.

부모교육의 첫 출발: 코메니우스의 '어머니 무릎학교'

17세기 코메니우스(John Amos Comenius, 1592~1670)는 교육철학에 관한 200여 권의 저서와 논문을 펴냈다. 그중 『유아학교(The School of Infancy)』는 세계 최초의 양육지침서이다. 이 책은 1633년 독일어로 처음 출판되었고, 20년 후에는 유럽 전역의 부모를 교육하고 싶은 목적으로 라틴어로 번역하였다. 이 책은 유럽사회에 유아교육과 부모교육 확대의 불씨가 되었다(이원영, 조래영, 2003).

그가 어머니교육을 강조한 이유는 처절하다. 조국에서 추방당한 모라비아인들이 유럽을 방황할 때, 그들의 신앙을 지킬 수 있는 나라를 건설하려는 목적 때문이었다. 코메니우스는 어린 시절 신앙교육이 제대로 된 사람은 커서도 신앙을 지켰지만 그렇지 못한 사람은 희망이 없음을 깨닫고 어머니들이 0~만 6세 자녀를 기독교 신앙에 기초하여 양육하도록 했더니 커서도 자녀들이 신앙을 지켰다고 했다.

'어릴 때 굽은 나무를 곧게 펴는 일은 힘들다. 따라서 부모들은 선생이나 목사에게만 미룰 것이 아니라 만 6세가 될 때까지 자녀를 잘 가르쳐야 한다.'라는 내용은 현대의 유아발달 이론과 다를 바 없을 정도

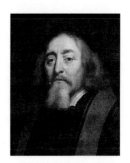

Comenius

로 아동중심적인 그의 교육관을 잘 나타내 준다. 그는 0~만 6세까지의 교육이 잘 돼야 어린 나뭇가지가 곧게 자라듯이 인간도 올바로 성장할 수 있다고 믿었다. 그는 6세 미만 아이들을 학교보다는 가정

에서 교육해야 한다고 주장하면서 『유아학교』를 저술했다. 『유아학교』는 '어머니학교' '무릎학교(Schola Materna)'라는 별칭이 있을 만큼 코메니우스는 이 책에서 어머니의 역할을 중요하게 다루었다. 그는 아기를 모유로 키워야 하고, 하나님을 믿는 가정환경에서 성장하게 해야 하며, 성품과 도덕성이 바르며 근면한 사람으로 키워야 한다고 하였다. 또한 만 6세 이전 자녀양육의 목적은 경건함(piety), 도덕성(morals), 건전한 학습(sound learning) 그리고 건강(health)이며, 어머니들은 반드시 이 순서대로 자녀를 가르쳐야 한다고 강조했다.

　　그는 어머니들에게 영유아기 교육내용에 대하여 몇 년 몇 개월에 무엇을 배워야 한다고 확정짓지 말라고 하였다. 아이들은 같은 속도로 발달하지 않으므로 개별 아이에게 알맞게 교육하여야 한다고도 하였다. 가정에서도 감각교육과 시청각을 활용하여 배우게 하고, 아이 자신이 아는 것을 말로 표현하도록 하였다. 특별히 그는 『세계도회(Orbis Sensualium Pictus)』(1658)를 저술하였는데, 삽화가 있는 라틴어 사전이었다. 이 사전이 기초가 되어 영유아기의 아이들을 위한 그림책이 출간되기 시작하였다.

세계 최초의 그림사전 『세계도회』

　　그는 행하면서 배우기(learning by doing)와 말하면서 배우기(learning by speech)를 중요한 유아 교수 방법으로 삼았다. 아이들은 어른들처럼 실제 일은 할 수 없지만 놀며 배울 수 있으므로 놀 기회를 많이 주라고 하였다. 아이들은 진흙, 나무토막, 돌 등으로 쌓기를 좋아하므로 해가 되지 않는 한 놀잇감을 많이 주어야 한다고도 하였다. 코메니우스는 명실공히 현대 유아교육의 아버지이다.

유치원에서 처음 어머니교육을 시작한 프뢰벨

　　프뢰벨(Friedrich Wilhelm August Fröbel, 1782~1852)은 독일에서 1816년 '작은 어린이 작업소'라는 유아교육기관을 설립한 후 24년 뒤 이를 '유치원'이라고 이름을 바꾸고 유치원에서 어머니교육을 시작하였다. 생애초기에 아기가 어머니와 함께 노래와 게임을 할 수 있도록 이야기가 담긴 활동 책 『어머니와 아기의 애무의 노래(Mutter und Koselieder)』를 편찬하였다.

　　프뢰벨의 양육목적은 자녀의 마음속에 담겨 있는 신성(神性)이 피어

Fröbel

나게 하는 것이다. 어린 아이들이 하나님을 경외하고, 조화로운 인격을 가지며, 자연을 아끼는 사람이 되게 하는 것이었다. 아기는 태어나는 순간부터 자발 활동의 욕구와 함께 자기표현의 욕구가 있는 존재임을 믿었기 때문이었다.

어머니는 자녀의 마음에 신성이 존재함을 믿고 다양하고 구체적인 방법으로 이 신성이 개화(unfolding)하도록 해야 한다고 주장했다. 따라서 그가 생각한 훌륭한 어머니는 어린이 내면의 삶을 따라가면서(passively following) 신성이 잘 피어나도록 돕는 사람이다. 자녀가 능동적으로 활동하게 하고 어머니는 수동적으로 돕는 위치에 있어야 신성은 아이의 내면에서 피어나기 때문이라는 것이다. 어른들은 수동적이지만 아이들은 능동적으로 탐색하고 활동하게 해야 한다. 수동적이라고 해서 어른들이 아무 일도 하지 않는 것이 아니라 자발적으로 활동하는 아이를 유심히 관찰하고 있다가 적시에 적절하게 말을 걸어주거나 놀아주는 사려 깊은 수동성이다. 아이는 사물에 호기심을 보이고 활동을 주도하는 반면 어머니는 이에 부응하며 활동을 도와야 한다. 직접 보고 만지고 체험하는 교육을 중시한 프뢰벨은 아이가 자신의 감각기관과 신체 부분을 모두 활용하도록 어머니는 최선을 다해야 한다고 주장하였다. 이를 위해 아이들에게 적합한 은물(gifts)과 작업(occupation)을 고안하여 제공하였는데, 이는 아이의 발달에 맞게 고안한 세계 최초의 교구이다. 또한 프뢰벨은 어머니들이 자녀에게 노래를 들려줌으로써 어린이의 세계를 점차 확장시켜 주는 기회를 주어야 한다고 하였다. 1844년에 발간된 「어머니와 아기의 애무의 노래」에는 50 종류의 게임(손 유희 형태, 몸을 움직이는 형태 등)과 노래가 수록되어 있다. 노래에는 노랫말, 악보뿐만 아니라, 아기의 손, 발, 몸을 움직이는 방법까지 설명하고 있고 노래의 의미가 담겨 있는 삽화가 곁들여 있다. 프뢰벨은 노래로 아이들의 흥미를 높이려고 했으며 감각과 신체를 활발히 움직이도록 도와야 한다고 했다. 은물, 작업, 노래 등을 가르칠 때도 아이가 보고 들을 수 있는 것으로 하되, 어머니는 아이의 사고가 어떻게 발달하는지, 주위환경에 어떻게 반응하는지를 지속적으로 관찰하다가 아이가 자신의 생각을 표현할 수 있도록 도와야 한다고 했다.

프뢰벨은 1837년부터 독일 전역을 돌아다니며 어머니들을 대상으로 은물, 작업, 노래와 게임, 바깥놀이, 정원 가꾸기를 가르쳐 가정에서도 아이와 함께 활동할 수 있도록 도왔다. 교육기관인 유치원에서 자모교육(어머니교육, 모성교육)을 시작한 것이다.

4) 엄격한 훈련형

엄격한 훈련형 양육관(intrusive mode)은 엄격하게 자녀를 훈련해야 한다고 생각한다. 산업혁명기의 아이들은 노동력을 제공해야 했는데 그 작업환경이 굉장히 열악했다. 산업혁명으로 노동력이 부족했기 때문에 영국과 미국에서 아동 노동 금지법이 제정된 이후에도 아동의 노동행위는 계속되었다. 반면, 상류가정은 아이들에게 예절, 기본생활습관, 도덕성을 갖도록 훈련하였다. 가문의 권력과 권위가 높을수록 아버지에 의한 가혹한 교육과 훈련이 지속적으로 이루어졌다. 19세기경까지만 해도 동서양을 막론하고 부친의 권력은 절대적이었던 역사적 기록을 보아 알 수 있다. 18세기경 서양에서 부친의 권위는 국가의 법과 동일하여 자식을 징계, 감금, 투옥도 할 수 있었다. 작가 발자크(Balzac, 1816)는 그의 자전적 소설에서 엄했던 부친을 다음과 같이 묘사하고 있다. "내가 고등학교를 졸업했을 때 아버지는 자기 서재 바로 옆에 내 방을 정해 주고 자고 일어나는 시간이며 눕고 앉는 시간까지도 규제하고 엄하게 감시하였다. 나의 행동이나 공부는 시공간적 올가미에 얽혀 내 의사가 스며들 틈이 없었다. 저녁을 먹는 동안에도 정확한 금전출납을 보고해야 할 만큼 아버지는 무서웠다."

1671년 프랑스에서 출간되어, 독일어와 영어로 번역·보급된『새로운 문명(La Civilité Nouvelle)』은 필명 L.D.L.M.이 저술한 것으로서 하나님께 기도하는 법, 도덕성, 읽기, 철자 익히기, 나쁜 행동을 하지 않기를 부모가 가르쳐야 한다고 되어 있다. 당시 출판된 양육서들이 모두 에티켓의 훈련과 통제 방식을 다루고 있었음을 알 수 있다(Ariés, 1960).

1811년에 출판된『어머니 의사(Maternal Physician)』는 익명의 미국인 보모에 의해 기록된 양육서인데 이때에도 자녀양육은 실제적 보호 및 엄격한 훈련이 중요한 내용이었다. 이 책에 의하면 그녀는 자신의 아들이 아기 때 성질부리는 것을 보고 생후 9개월부터 훈련을 엄격히 시킨 결과, '부모의 명령에 즉시 복종하는 아이'가 되었다고 기록하고 있다.

18세기의 기록을 보아도 아이는 때려서 키우라고 했고 학교에서 아이들을 때리는 것이 당연하다고 생각했다. 19세기 어느 독일 학교의 교장은 훈육을 위해 막대기는 911,527번, 채찍은 124,000번, 손으로 때린 것은 136,715번, 귀를 때린 것은 1,115,800번이라고 기록하고 있다. 베토벤(Beethoven, 1770~1827)은 피아노 레슨

동서양을 막론하고 아이들을 매로 훈육하였다.

을 받으러 오는 학생을 뜨개질바늘로 때렸다고 한다.

이상의 예에서 18~19세기까지만 해도 아이들의 성장과 발달에 알맞은 양육은 없었거나 드물었음을 알 수 있다. 그런데 이런 시기에 루소는 아동이 자연스럽게 스스로 배우게 하라며 자연 성숙주의를 따르는 교육을 주창했고, 페스탈로치가 아동 발달에 적합한 실물로 교육한 것은 획기적인 일이었다. 루소 및 페스탈로치의 교육철학에 영향을 받은 프뢰벨이 아이를 위한 유치원(Kindergarten)을 세계 최초로 설립하고 어머니가 아이들의 발달특성에 맞는 양육을 할 수 있도록 모성교육(어머니교육)을 시작한 것은 유아교육 분야에서는 역사적인 사건이었다. 코메니우스, 루소, 페스탈로치, 프뢰벨은 출생 직후부터 아기를 사랑으로 보살피며 양육하고 교육해야 한다는 아동 중심 교육철학과 교수-학습 방법을 강력히 권고하였으나, 그 시대 대부분의 부모들은 엄격한 훈육방법과 공포로 양육했다.

페스탈로치의 빈민을 위한 부모교육

페스탈로치(Johann Heinrich Pestalozzi, 1746~1827)는 루소의 『에밀(Emile)』에서 진정한 교육은 자연에 기반을 두어야 한다는 사상에 감명을 받았다. 그러나 자녀를 모두 고아원에 보낸 루소와 달리, 그는 아이들을 가족이 집에서 키우는 것이 자연의 순리에 맞다고 생각했다. 『은자의 황혼(Evening of Hermit)』(1780)에서 그는 "가족관계는 자연적 관계의 가장 초기 모습이며 최상의 형태로서, 교육의 과정이 가장 잘 이뤄질 수 있는 장소"라고 하였다.

Pestalozzi

거리의 가난한 아이들이 놀며 배우는 학교를 1774년에 세웠던 페스탈로치는 부모와 가족의 역할을 강조하였다. 그는 어린이의 자연적 발달, 자발적 발견을 강조하면서, 아이는 나름의 독자적 세계를 가진 존재이기 때문에 그들에게 맞는 교육방법을 적용해야 한다고 하였다.

그는 부모교육을 목적으로 소설을 저술하였다. 『린하르트와 게르투르트(Lienhard and Gertrud)』(1781)의 주인공 게르투르트는 자녀교육을 잘한 '농민의 어머니'였다. 그녀는 방의 한쪽 끝에서 다른 쪽 끝까지 발걸음 수를 세면서 자녀들에게 수를 가르쳤으며, 수의 십진법 관계를 깨우쳐 주기 위해 오두막집 창문에 있는 10장의 창유리를 활용하였다. 자녀들이 구슬을 끼우면서 수를 세게 하였고, 실타래에 털실을 감을 때 실패가 되감기는 수를 세어보게 하였다. 모든 일상에서 사물과 자녀의 힘 등을 정확하고 예리하게 관찰하도록 가르쳤다. 이후 『게르투르트는 어떻게 자녀를 가르치는가?(How Gertrude teaches Her Children?)』(1801)라는 양육서를 써서 가정교육을 등한시하는 빈곤층에게 부모교육을 소개하기도

페스탈로치의 『게르트루트는 어떻게 자녀를 가르치는가?』

하였다. 이 책에서 "자녀는 무릎에 앉히는 순간부터 가르쳐야 한다."고 하였다. 이처럼 빈곤가정의 자녀를 위해 고안된 그의 교수방법이 점차 전 유럽의 부유한 부모들에게도 퍼졌다.

5) 사회화 과정형

부모는 자녀의 사회화를 지속적으로 도와 건전한 사회 구성원이 되도록 키워야 한다는 양육관이 현대에 나타났다. 이러한 사회화 과정형 양육관(socializing mode)은 코메니우스, 루소, 페스탈로치, 프뢰벨과 같은 교육철학자, 프로이트, 아들러, 융과 같은 정신분석학자의 이론이 발전·확대되면서부터 시작했다. 아이 양육이 힘든 원인은 아이 내면의 사악함 때문이 아니라 외부 여건, 특히 어머니가 양육방법을 잘 몰라서이거나 부모 자신이 어린 시절 부모로부터 부적절한 양육을 받았었기 때문이라는 이론도 발표되었다.

자녀양육은 아이의 발달에 알맞은 방법으로 해야 한다고 생각하는 사회화 과정형의 양육관을 새로운 방향으로 바꾼 프로이트(Freud)를 비롯한 정신분석학자들은 어머니가 젖먹이기, 대소변 가리기, 성적(性的) 흥미 대처하기 등 일상생활에서 당면하는 문제를 해결하는 과정에서 아이들의 사회화가 이루어진다고 하였다. 또한 행동주의 심리학자들은 영아기부터 행동수정이론을 적용하여 기본생활습관이나 사회화도 습관이 되게 해야 한다고 하였다. 대표적인 행동심리학자 왓슨(Watson)은 20세기 초반 거의 모든 미국인 부모들의 양육방법에 영향을 미쳤다. 자녀가 건전한 생각을 하고 올바른 행동을 하면 상을 주어 그 행동을 강화해 주고, 그릇된 언행을 하면 벌이나 불이익을 주는 것을 많은 부모들이 선호했다. 왓슨은 다음과 같은 말로 부모의 역할이 얼마나 중요한가를 강조하였다.

> "건강하고 정상적인 12명의 아기를 내 학문으로 키우게 해 주시오. 이들을 훈련시켜 의사, 변호사, 예술가, 사업가 중 어느 직종의 전문가든지 양육할 수 있는 것을 보여 주겠습니다. 거지, 도둑도 길러낼 수 있습니다."

이 시기에는 사회적 변화와 각국 정부의 노력으로 부모들의 인식이 크게 변화되어 살해형, 포기 유기형, 갈등형, 엄격한 훈련형과는 달리 영유아의 발달을 이해하

왓슨의 공포학습실험 장면

고 도와야 한다는 변화가 일어났다. 부모와 자녀관계에서 발생하는 모든 문제의 원인은 아이에게 있는 것이 아니라 근원이 부모에게 있다고 생각하게 된 것이다. 그러나 사회화 과정을 시키는 주체는 부모이며, 아이들의 생각, 의지, 선택은 아직 존중받지 못함을 알 수 있다. 자녀들은 부모 특히 어머니의 양육방식에 의해 성격, 습관이 형성되는 것이지 본인 자신들의 의지나 선택으로 이루어질 수 없다는 뜻이 숨겨져 있다.

다시 말하면 성숙된 또는 이미 사회화된 존재로서의 어른들이 미성숙한 아이들을 사회가 받아들일 수 있는 인간으로 성장시킬 책임을 갖고 있다는 뜻이 내재되어 있다. 어린 자녀의 사회화를 돕는 부모, 특히 어머니의 역할이 중요하다는 자녀양육관에 압도된 영국의 한 어머니가 1948년 어느 심리학자에게 상의한 예를 들어보자.

"우리 부부는 일주일 또는 단 하루만이라도 휴가를 가고 싶습니다. …… 이렇게 하면 문제가 생길까요? 주말에 부모가 없어서 어린 아이에게 해가 되었다는 글을 읽었기 때문에 굉장히 걱정이 되어서요. 아들에게 해가 되는 일은 하고 싶지 않습니다."

사회화 과정형이 우세하던 1940~1950년대 부모-자녀의 관계는 아직도 부모가 우월한 위치에 있는 수직적인 관계에서 이루어졌다. 부모, 특히 어머니들은 자녀양육에 대해 융통성 없이 대처하였고 심지어는 위의 예와 같이 강박관념에 사로잡혀 있었다. 이러한 자녀양육관을 가졌던 부모들은 어떻게 해서든지 아이들에게 좋은 영향을 주기 위해 아이들의 행동을 자기 방식대로 끌고 가려는 태도를 취했기 때문이었다. 어린 자녀들이 문제행동을 보이면 곧 모든 책임은 자신에게 있다는 죄의식을 강하게 느꼈기 때문에 자신의 잘못은 감추고 아이들은 원칙대로 행동하라고 강조하는 모순된 행동을 보였던 것이다.

최근에도 아이의 성공은 부모의 헌신으로 된다고 믿는 '헬리콥터 맘(헬리콥터처럼 자녀의 곁을 맴돌며 과잉보호하는 엄마)' 현상, 입시 코디네이터의 역할에 지나치게 과몰입하는 현상은 사회화 과정형의 대표적인 예라고 할 수 있다.

6) 조력형

아들러(Adler), 융(Jung), 피아제(Piaget), 비고츠키(Vygotsky) 등의 이론은 아기들도 느끼고 생각하며 결정하는 존재이므로 어른들은 이 과정을 따라가며 적절한 시기에 적절한 방법으로 도와야 한다는 아동중심 사고의 조력형 양육관(helping mode)을 갖게 했다. 조력형 아동관을 가진 부모들은 어린아이의 능력은 어른들의 능력과 질적 · 양적 수준이 다를 뿐, 많은 능력을 가지고 있다고 생각한다. 매슬로(Maslow), 로저스(Rogers), 액슬린(Axline)과 같은 인본주의 심리학자들은 아이들만의 독특한 발달 특징을 갖고 있을 뿐이지 어른들보다 열등한 존재가 아니라고 보았다.

조력형 양육관을 가진 어른들은—그들이 부모, 교사, 조부모, 대리 양육자 그 누구이든—아이들이 주변의 어른들로부터 많은 도움을 받아야 함은 틀림없지만 태어날 때부터 자신의 내면에 존재하는 잠재능력을 밖으로 표현할 수 있게 되면 심신이 모두 건강한 사람으로 성장한다고 본다. 즉, 부모의 영향이 주어지기 이전부터 어린 아기들은 사물을 인식하는 능력이 있으며 나름대로 선택능력과 결정능력도 있는 존재이다. 동일한 부모가 낳은 자녀일지라도 반응형식이 다르고 부모의 성격 중 선택하는 경향이 다른 것은 모두 이러한 이유 때문이다. 그러므로 부모의 역할이란 자녀의 성장을 따라가며 도와주는 사람이어야 한다. 부모는 사회를 먼저 살아온 경험으로 자녀들을 돕는 위치에 있을 뿐이다. 다시 말해서 부모는 자녀와 수평적인 관계에서 조력자 역할을 해야 한다는 의미이다. 조력형 양육관은 사회화 과정형 양육관과는 달리 다음과 같은 특징을 갖고 있다.

첫째, 아이들에게 다양한 기회를 주되 선택하고 결정할 자유를 준다.

둘째, 아이들의 기본능력을 인정하고, 인간관계는 성인과 동등하게 수평적으로 한다. 어른이 우월한 위치에 있는 사회화 과정형과는 다르다.

셋째, 아이들의 능력과 자기표현능력을 인정하고 상호작용한다. 즉, 아이들이 자발적으로 무언가를 표현해 낼 때, 이에 알맞은 도움을 적시에 적절한 내용으로 준다.

넷째, 아이 위주가 아닌 아이 중심의 양육관이다. 앞에 제시한 세 가지 특징을 아이 위주로 하면, 방임하는 양육으로 아이는 버릇이 없어진다. 아이 중심이란 다른 아이 중심도 되므로 내 자유를 존중받는 만큼 다른 사람의 자유도 존중하도록 가르친다. 서로의 자유와 권리가 충돌할 때 부모와 교사들은 서로 타협, 양보하며 사회적 합의를 하도록 도와준다.

조력형 양육관은 앞의 네 가지의 측면에서 아이들에게 필요한 것을 일방적으로 준비해 주는 사회화 과정형 양육관과 다르다. 조력형 양육관의 부모는 자녀를 존중하므로 수평적 인간관계를 맺고 지식 · 경험 · 권위가 있음에도 불구하고 자녀를 안내하여 더 진보 · 향상되도록 돕기 때문에 자녀들 개개인이 긍정적인 방향으로 성장하는 이점이 있다.

조력형 양육관은 최근 다양한 부모교육에 의해 점점 확산되고 있다. 부모들이 아이와 수평적 관계를 가지면서 의사소통하는 것을 장려하기 때문이다. 2015년을 전후하여 출판된 부모교육 관련 대학교재의 목차를 살펴보면 가족과 각급 학교, 가족과 지역사회의 협력을 강조하고 있으며 마을공동체, 양육공동체를 형성하여 부모와 지역사회의 조력까지도 이끌어 내고 있다. 부모 혼자 키우는 양육이 아니라 '모두가 함께 키우는 아이들'이란 개념이 시작된 것이다. 농경사회에서는 경제적인 이유에서 마을공동체가 자연히 이루어져 아이들은 함께 양육하는 것이 용이했지만, 21세기에는 개인 중심, 직장 중심의 생활패턴이어서 아이들을 돌볼 시간적 여유가 없으므로 인위적으로라도 따뜻한 양육공동체를 구성해 어린 세대를 함께 도우며 협력하여 키워내야 한다.

〈표 2-1〉 **수평적 · 수직적 부모-자녀관계의 특징**

	수평적(조력형) 부모-자녀관계	수직적(사회화 과정형) 부모-자녀관계
아동관	스스로 성장해야 하는 아이 출생부터 능력 있는 아이 능동적으로 배우는 아이 다른 사람의 자유도 존중하는 아이	어른이 가르쳐야 성장하는 아이 백지로 태어나 환경에 영향 받는 아이 어른의 인도에 의해 배우는 수동적인 아이
목표	건강한 아이 자아실현하는 아이 감사하며 행복한 아이 인성이 원만한 아이 자기조절 능력이 있는 아이 다른 사람과 원만히 지내는 아이 경험을 지식으로 연결하는 아이	건강한 아이 공부 잘하는 아이 도덕적인 아이 사회적으로 출세하는 아이 특별한 능력이 있는 아이 어른 말을 잘 듣는 아이
교육 방법	상황 중심으로 교육하기 다양한 경험하기 자유와 선택능력 중시하기 다른 사람의 권리를 존중하기 과정을 중시하며 상호작용하기 유아 중심의 흥미로 학습시작하기 유아의 과거와 현재를 비교하기 발달에 적합한 교육하기 놀이 중심의 교육하기	문화유산 중심으로 교육하기 암기식 교육하기 어른이 배울 내용 선택하고 가르치기 결과, 성취, 경쟁 중시하기 체계화된 내용 가르치기 타인과 비교하기 교과목 내용 중심의 교육하기 과제 및 학습지 중심의 교육하기

2. 우리나라 자녀양육관의 변화

앞에서는 서양 부모들의 양육관 변화 과정을 살펴보았고, 이 절에서는 우리나라 부모들의 양육관 변화를 알아본다. 서양의 양육관이 대부분 기독교 영향을 받았다면 우리나라의 양육관은 토착신앙과 유불선(儒佛仙) 등의 영향을 받았다. 시대에 따른 자녀양육관의 변화는 고서(古書), 속담, 설화 등의 자료를 다룬 내용 중 양육과 관계있는 것을 부모교육과 연결하여 정리하였다.

1) 고대 삼국시대

일연(一然)이 쓴『삼국유사(三國遺事)』에 나타난 삼국시대 어린 아이들의 삶은 고
달팠다. 성을 쌓거나 왕궁을 보수하는 데 15세 이상이 되는 자는 모두 징발되었기
때문이다.『삼국유사』에는 부모의 역할보다 자녀의 도리를 더 강조하였고 효(孝)가
절대적 가치였다. 삼국시대에는 부모를 공경하는 윤리가 자녀를 양육하는 윤리보
다 우선하였으며 어린 자녀를 살해하거나 유기해도 무방했다. 효도를 강조했고, 가
부장적인 사회여서 아이들은 어버이의 소유물이라는 사고가 대부분이었다(김일명,
이정덕, 1996). 이는 드모스의 살해형, 포기 유기형과 같은 양육관이라고 할 수 있다.

2) 중세 고려시대

삼국시대와 달리 고려시대부터 우리 조상들은 어린아이를 온전한 존재로 보기
시작했다. 이규보의『동국이상국집(東國李相國集)』에는 "사람이 처음 태어났을 때
에는 태고의 순박함과 총명함이 단단히 머물러 있고, 이것은 눈, 귀, 입의 삼감이
굳기 때문에 영아의 기가 올곧다. 아직 보고, 듣고, 말하지 않고 혼탁해지지 않은
상태"로, "마치 꽃이 아직 피지 않은 듯, 꾸밈도 치레도 없다."라고 하였는데, 이는
불교 사상의 영향으로 아기들을 모자라는 존재로 보지 않고, 온전한 상태로 보았음
을 보여 준다.

고려시대의 양육관은 모든 것이 출생 전에 결정된다는 믿음에 근거했다.『고려
사(高麗史)』의「최승로전」에는 "사람과 화복과 귀천은 모두 출생 때에 타고 나니 마
땅히 순종하여 받을 것이니"라고 하였고,『고려사』의「김이전」에는 "김이는 나서부
터 외모가 큼직하게 생겼고 어려서부터 큰 포부를 가졌다. 안향이 이를 보고 후에
귀하게 되리라 하였다."라고 되어 있다.『파한집(破閑輯)』에는 "대체로 사람은 하늘

이 부여해 준 바를 태어나면서부터 가지고 있어 …… 이는 모두 자연으로 인한 것이요, 가죽 끈과 활을 차고 다니면서 훈계를 삼아 고칠 수 없는 것이다."라며 아이의 생득적 측면을 중요시했다. 서양의 중세 사상이 성악설인 것과 비교하면 우리나라의 양육관은 성선설이기 때문에 차이가 있다.

3) 근세 조선시대

농업사회였던 조선시대는 필요한 노동력을 장자 중심의 가족제도를 활용해 확보하였다. 노동력을 확보하기 위해 출산을 장려하였고 많은 수의 자녀는 복의 기준이 되기도 했었다. 많은 가족이 적은 땅에서 함께 지내기 위해 위계질서와 윤리가 중요했으며 성리학이 그 이론적 근거를 마련했다.

이 시대의 아이는 성인보다 낮은 존재로서, 교육을 준비하거나 시작하는 첫 단계에 있다고 보았다. 아이들은 욕구를 억제하지 못하고, 기질이나 지성이 혼탁한 상태이므로 먼저 태어나 교육을 받은 성인보다 신분이 낮은 존재로 취급받았다. 이덕무의 『사소절(士小節)』에 의하면, 어린아이를 "비유(卑幼)"로 칭하여 미천하다고 한 바 있다(백혜리, 1997).

자녀의 연령에 따라 가르치는 방법은 차이가 있었다. 어머니의 자녀양육은 태아기에서부터 시작하는데 태교로 자녀의 성품이 어머니를 닮는다고 보아 『내훈(內訓)』에서도 "자녀가 어질지 못한 것은 실은 그 어머니에게 배인 것이니"라고 하여 자녀의 성품 형성에 어머니의 역할이 가장 중요하다고 보았다. 그러다가 만 5세가 되면 "자식이 밥을 먹을 수 있게 되거든 가르치되 오른손을 사용하게 하며 말을 할 수 있게 되거든 사내아이는 큰 소리로 속히 대답하고, 계집아이는 부드러운 소리로 느슨히 대답하게 하라."며 예의범절을 엄격하게 가르쳤다. 『증보산림경제(增補山林經濟)』에도 7~8세 정도가 될

소혜왕후의 『내훈』(1475년. 성종 6년)

때까지 출입, 행보, 언행, 기거, 의복, 음식, 예절, 조심, 화목, 덕을 배양하는 일 등
은 모두 어머니의 가르침을 따르라고 되어 있어, 아이의 기본생활습관이나 행동 등
대부분의 훈육은 어머니가 담당하였음을 알 수 있다.

　조선시대에는 자녀를 익애하는 것은 곧 아이를 잘못되게 만드는 것이라고 하여 자
녀를 엄격하게 가르쳐야 함을 강조하였다. 소혜왕후가 저술한 것으로 알려진 여성교
훈서인 『내훈』의 「모의장(母儀章)」에는 "일찍부터 가르치는 작업을 게을리하며 기르
면 아이가 자라서 비록 뉘우친다 하더라도 이미 때는 늦은 것이다."라고 하여 학습에
결정적 시기가 있고 이를 놓치면 성장한 이후에 교정하기 어렵다는 양육관을 갖고
있었다. 정조 8년에 안용복이 지은 『하학지남(下學指南)』의 「효양장(孝養章)」에는 "일
찍이 자제를 위해서 가르치지 않으면 그 어버이에게도 이미 남과 나 사이라는 생각
이 생겨나 굽히기를 좋아하지 않으며, 나쁜 습관이 깊게 뿌리 내려 성장하여 죽을
때까지 여전히 그럴 것이다."라고 하였다. 부모가 자식을 가르치기 위해 매를 때려
도 자식은 원망하면 안 되고 무조건 순종을 강요하였다.

　그러나 영조 때에 실학자 이덕무의 『사소절』과 유중림의 『증보산림경제』의 「훈자
손(訓子孫)」에서는 "매를 때리더라도 위엄과 사랑을 병행하고, 아이에게 과실이 있
더라도 함부로 꾸짖지 말고 마구 때려서는 안 된다."라고 하였다(백혜리, 1997). 왜
냐하면, 마구 때릴 경우 맞는 사람 몸의 중요한 부분을 식별 못해 다치게 할 수 있
기 때문이라고 하였다. 매일 회초리를 대는 것은 그 아이의 성품을 상하게 한다는
견해도 있었다. 그러나 나쁜 버릇이 한 번이라도 일어나면 매로써 올바르게 가르
쳐야 한다고 하였다. 훈육 시 과한 체벌은 절제하되, 자녀 훈육에는 필요하다는 견
해를 가지고 있었다. 『사소절』에서는 "죄과의 경중에 따라 본인에 대해서 친절하게
경계시키거나 호되게 꾸짖을 것이며 여지없이 끊는다는 말을 해서는 안 된다."고
하였고, "아내와 자식에게 비록 여의치 않은 점이 있더라도 비복에게 하듯이 큰 소
리로 나무라서는 안 되며, 쫓아버린다느니, 관계를 끊어버린다느니 하는 말을 해서
는 안 된다."라고 하였다. "거센 목소리에 노기 띤 얼굴로 중언부언 하여 착란을 일
으켜서는 안 되며, 질서정연하게 훈계하여 번잡한 말을 생략하고, 차마 듣지 못할

말을 자녀에게 하지 말라."라며 감정적 언어 사용을 절제하라고 하였다.

조선시대 전기는 갈등형과 엄격한 훈련형에 해당하는 양육이었다가, 실학자들의 출현으로 사회화 과정을 돕는 양육관으로 바뀌게 되었음을 알 수 있다.

4) 개화기와 일제식민시대

이 시대의 부모는 헌신적 사랑, 엄부자모, 열렬한 교육열, 집안어른, 남녀차별적인 사고를 가지고 있는 것으로 나타났다. 이 시대의 부모는 '엄부자모(嚴父慈母)'로서 헌신적인 사랑을 하였으며, 신분 상승을 위해 열렬히 아들을 교육했다. 딸은 책임지고 가정 살림을 해야 했으며 농사일도 거들어야 하는 노동력이었다(박은숙 외, 2005).

1890년대 후반에 여성 교육단체인 '찬양회'가 여성의 교육 참여 및 봉건적 인습에서의 해방, 가정의 개혁과 여성의 권리를 요구하며 시위를 벌였는데 이것이 우리나라 최초의 여성해방운동이었다. 이 단체는 애국심을 가진 자녀로 키우려면 어머니가 될 여성을 교육해야 한다고 주장했다. "여자교육은 모성 중심이라야 한다. …… 조흔 어머니가 되며 조흔 아희를 길러내는 것이 오즉 여자의 인류에 대한 의무요 국가에 대한 의무요 사회에 대한 의무요 또 여자가 아니고는 하지 못할 것이다."(이광수, 1925)라고 하며 여성교육의 일환으로 어머니 역할을 강조하여, 여학교를 설립하고 여아 교육의 필요성을 주장했다.

1900년대 전후는 가정학 서적에서 부모교육이 다루어졌다. 『신정가정학』(1907), 『한문가정학』(1907), 『신편가정학』(1907) 등의 가정학 관련 서적에 양육과 관련된 내용이 실렸고, 『가뎡잡지』와 같은 계몽잡지의 내용에 "생활의 지혜" "철저한 위생 교육과 육아법" "식생활 개선책" "아희 젖먹이는 법" "아희 소젖 먹이는 법" "아희 머리 따리지 말 일" 등과 같은 양육과 관련된 기사가 있었다(백혜리, 2006). "조흔 아희 나기 위하야 어머니의 수양: 자녀교육은 결혼 전부터" "임신 중부터 태아를 교육하라: 장래에 큰 영향이 미처" 등과 같이 태교의 중요성을 알리는 기사도 있었으며, 그 외에도 인공수유보다는 모성수유를 강조하였으며 영아의 의복, 기저귀에 대한 소개,

소파 방정환의 잡지 『어린이』

과자와 같은 간식에 대한 지식 등도 소개되었다(백혜리, 2006).

1920년대에는 방정환, 김기전과 같은 천도교인 중심의 어린이 운동이 아이들을 교육의 대상, 계몽의 대상으로 인식하게 만들었다. 이전까지 '녀석, 놈, 애새끼'로 불리던 아이들에게 '어린이'라는 명칭을 선물한 소파 방정환(1899~1931)은 천도교(天道敎)의 인내천(人乃天) 사상에 따라 어린이는 본래 선하며 성인의 축소판이나 전유물이 아닌 독립된 인격체라고 하였다. 기성세대가 옳다고 생각하는 것을 그대로 전달하는 것이 아니라, 교육 대상자로서 어린이의 수준을 고려해야 함을 강조하였다. 특히 인지적인 면과 정서적인 면의 조화를 위해 동화나 동시로 교육하였고 단체 활동과 예술 전시회 등의 어린이 운동을 주도하였다. 그가 만든 어린이날, 어린이 찬미, 어린이 헌장 등은 현대 우리나라의 어린이 권리 신장에 가장 큰 영향을 미쳤다고 볼 수 있다.

1925년 이후 유치원 교육을 강조하는 신문기사들은 유치원 교육의 중요성과 유아교육의 목적이 무엇인지 등에 대해 소개함으로써 유치원 학부모들이 가져야 할 태도 등을 기사로 다루기도 하였다. 가정에서의 양육은 여전히 어머니의 몫이었으나, 한편으로는 아버지 역할의 중요성을 다룬 기사들도 있었다(동아일보, 1927. 5. 11.).

이 당시 부모교육의 주요 이슈는 '건강'이었다. 일간지, 잡지의 기사에는 젖먹이를 키우는 방법, 젖먹이기, 젖떼기, 계절에 따라 잘 걸리는 전염성 질병에 대한 소개와 예방, 치료에 대한 내용, 좋은 습관 기르기, 자율성 기르기, 위생, 건강, 신학기와 입학생의 학교 준비 등이 제시되어 있다. 신체 건강뿐만 아니라 올바른 습관과 행동 등의 덕성교육을 강조하였고, '조혼 습관'은 가정교육으로 해야 한다고 보았다. 태화 건강 후원회에서 영유아건강진단 결과 가장 건강한 아이로 선정된 영유아를 찍은 사진(동아일보, 1927. 6. 6.), 인천 자모회 건강 영유아 시상 소식(동아일보, 1927. 6. 6.) 그리고 '건강한 어린이는 엇더케 자라났나(동아일보, 1927. 5. 22.)' 등의 기사에서 당시의 건강한 어린이상을 알 수 있다. 이는 서양의 새로운 과학적 이론과 의학 상식, 인간의 심리에 대한 이론은 물론 교육방법들을 적극적으로 수용하였음을 시사한다. 당시 선교사들은 아기들이 매우 불결한 상태이며, 도처에 위험이 도사리는 환경에서 손위 형제가 아기를 돌보는 것은 아직도 어린 큰 아이들을 학대하는 것이라며 학대방지법안을 제안하기도 하였다(백혜리, 2006 재인용). 20세기 초반 우리나라 아이들은 유괴·학대·매매·전차나 마차 사고·양잿물 사고 등 수많은 위험에 무방비로 노출되어 있었다.

일제 점령 치하였지만 조선의 부모들을 깨우치려던 미국인 선교사들의 노력으로 부모교육이 소규모로 일어나기 시작했다. 1914년 이화보육전문학교의 초청으로 정동 캠퍼스에 정동유치원(후에 신촌 캠퍼스로 이전하여 이대 부속유치원이 됨)을 만든 부래운(富來雲, Chalott Brownlee) 선교사는 1915년부터 프뢰벨의 어머니교육 프로그램을 우리나라 상황에 맞게 변형해 자모회를 조직하고 어머니들을 교육하

1920년대 정동이화유치원 시절 부래운
선교사(뒷줄 오른쪽)와 한국인 교사, 어린이들

기 시작했다.[2] 1941년 미국으로 귀국할 때까지 부래운 선교사는 이화여자대학교 보육과(그 당시 보육과는 2년제였음)에 '모성교육'이라는 교과목을 개설하여 교사가 될 학생들이 졸업 후 어머니교육을 할 수 있도록 준비시켰다.

부모교육을 사명으로 생각하고 전국적으로 보급한 또 다른 선교사는 1923년 입국한 미국 선교사 허길래(許吉來, Clara Howard)였다. 그녀는 한국인 남자들의 양

---

2) 부래운은 1914년에 정동이화유치원을 설립하였고, 1915년에는 그 유치원에 최초의 유치원 교사양성기관인 이화유치원사범과를 설립해 교육현장에서 실습 중심으로 유치원 교사를 양성했다. 선교사에 의해서가 아닌 한국인에 의한 '중앙유치원' 설립은 민족정신으로 세워졌다. 1916년 3·1 운동을 주도했던 33인 중 박희도와 유양호 선생에 의해 세워진 중앙유치원은 인사동의 중앙감리교회 내에 설립 후, 1922년 유치원 사범과를 설치하였는데, 이는 오늘날 중앙대학교 사범대학 유아교육과가 되었다.

허길래 선교사

육참여가 금기인 것을 관찰하고 부모교육의 대상을 어머니로 하였다. 전국의 유치원과 교회를 방문하여 자모회를 조직한 뒤 월례회를 개최하게 하였으며 이 월례회에서 어머니교육을 하였다. 프로그램은 매우 다양하여 건강한 가족관계 · 아동발달 · 양육법을 가르쳤고 목사, 의사, 간호사 등 타 분야 전문가의 강연, 장난감 만들기, 스크랩북 제작, 요리 실습, 목욕시키기 연습, 영유아 의복 제작 등이 있었다. 그리고 양친이 함께 출석하도록 독려하였다. 허길래 선교사는 1935년 기독교 가정생활운동을 시작하기도 하였다. 이것은 한국전쟁(6 · 25) 이후 출간된 한국기독교 가정생활위원회의 '새가정 운동'의 불씨가 되었다. 허길래 선교사는 '옥토끼(우리나라 최초의 번역동화)'라는 번역 동화책을 출간하여 유치원 교사들과 어머니들이 읽은 후 아이에게 구연할 수 있게 교육했다.

김애마 박사

한국인으로 우리나라 부모교육 발전에 공헌한 김애마 박사는 이화여대 총장서리를 지냈고, 1948년 여성을 위한 사범대학을 한국 최초로 시작하였다. 그녀는 '모성교육'이라는 과목 명칭을 처음으로 '부모교육'으로 바꾸어 지금에 이르게 했다. 1963년 부모교육을 수강하면서 학생들이 '아버지들은 양육에 참여하지도 않는데 과목명칭을 어머니교육으로 바꾸어야 하는 것 아니에요?' 했지만 김애마 박사는 힘주어 '언젠가는 아버지들도 양육에 참여해야 한다.'라고 답했다(그 당시 3학년이던 이원영의 회고담).

5) 광복과 한국전쟁(6 · 25) 전후

36년간의 식민지생활과 전쟁을 겪으면서 우리 사회는 극도의 혼란을 겪었다. 전쟁에서 죽거나 부상당한 가장이 많았고 극심한 빈곤으로 기아에 허덕이거나 고아가 된 아이들이 많았다.

대한민국 건국(1948. 8. 15.) 전인 1947년 2월부터 1950년 6월호까지의 잡지에는 자녀교육에 대한 기사들이 매우 큰 비중으로 다루어졌다. 계몽 성격의 부모교육으로서 자녀를 주시는 목적(1947. 2.), 자녀교육의 중대한 책임(1947. 3.), 자녀교육은 일찍 시작하라(1947. 6.), 자녀교육에 대한 관심은 자녀를 낳기 전부터(1948. 5.), 태교는 가족적으로 하라(1948. 7.), 자녀를 기름에 천리(天理)를 따르라(1948. 8.), 자녀 영혼의 생사를 결정하는 부모의 표양(1948. 10.), 자녀교육의 토대는 사랑인가 엄격인가(1950. 5.), 어린이를 이해하라(1950. 6.) 등 신앙교육을 위한 자녀교육의 중요성을 강조한 것이다.

허길래 선교사는 한국전쟁 후 이를 1955년 2월부터 다시 '새가정 운동'으로 확대시켰다. 새가정 운동의 목적은 복음 전도, 가정교육, 생활개선 등이다. 새가정 운동 지도자들은 『새가정』이라는 잡지와 가정생활 노래책도 발간하였다. 이들은 가족들이 함께 즐길 수 있는 게임이나 놀이를 소개하며 전국 방방곡곡을 다니기도 하였다.

1950년대의 유치원 자모회는 유아기의 발달과 어머니의 역할을 강조하며 자모교육을 한 반면, 초 · 중등학교에서의 사친회는 전쟁 이후 궁핍한 학교 재정을 후원하는 기능을 하였기 때문에 부작용이 많았다. 우리나라 방송매체는 1951년 KBS가 교사를 대상으로 매일 15분씩 방송하는 〈라디오 학교〉가 교육방송의 효시이다. 이때부터 한국에서는 방송을 통한 교육이 시작되었다(ebs.co.kr 교육방송 소개).

6) 1960~1980년대

전후 경제적 성장을 위한 산업화가 활발하게 일어난 1960년대 이후 우리나라의 부모교육은 양적으로나 질적으로 중요한 변화를 겪었다. 60년대 중반까지 유치원 중심의 어머니 대상 부모교육이 주류를 이루다가 1970년대 농촌의 환경개선 운동으로 시작한 새마을 운동이 전국적으로 확대되면서 부녀자를 대상으로 부모교육이 포함되었다. 신문에서도 가정에서의 자녀양육에 대한 기사가 많아져 젊은 부모들에게 양육지침서 역할을 했다.

1979년 UN이 제정한 '세계 어린이의 해'는 우리나라 유아교육 및 부모교육 발전에 획기적인 계기를 마련하였다. '세계 어린이의 해'에 앞서 유아교육의 중요성, 부모역할 및 가정환경의 중요성을 다루었으며 많은 출판사들이 유아를 위한 책과 놀잇감을 만들었고, 부모를 대상으로 하는 양육지침서들이 이를 전후해서 출판되기 시작했다.

1970년대 한국행동과학연구소의 홍기형 부소장은 일반 부모들을 대상으로 하는 『유아교육』이라는 잡지를 출판하였고(3년 후 재정난으로 폐간), 1977년부터 샘터출판사는 총명한 아기, 지성의 엄마, 행복한 가정의 미래를 밝히는 것을 목적으로 샘터유아교육신서(전 70권) 출간을 시작하였다. 이 샘터유아교육신서에는 정원식의 『머리를 써서 살아라』를 시작으로 이원영·주정일 역의 『딥스』, 이원영의 『젊은 엄마를 위하여』, 『당신 아이 버릇들이기』, 이상금의 『어린이와 그림책』 등의 자녀교육서가 발간되어 지금에 이르고 있다. 이원영의 『젊은 엄마를 위하여』는 2017년 현재 『백년이 지나도 변하지 않는 소중한 육아지혜』라는 이름으로 출판되고 있다. 샘터사 이외에도 많은 출판사들이 유아를 위한 책, 대학교재 및 놀잇감을 제작 보급하였다.

1979년 UN이 '세계 어린이의 해'를 선포하자 1970년대 중반부터 라디오 방송국들이 유아교육전문가를 초청하여 자녀교육이나 유아교육에 대한 내용을 다루기 시작했다. 그중 기독교방송국(CBS)은 1974년 우리나라 처음으로 〈자녀교육상담실〉을 생방송으로 운영해 부모들이 전화를 걸어오면 전문가가 그 문제에 대응방법을 알려주곤 했다. 유아기 자녀교육 문제에 대한 양육서도 없고 상담할 곳도 없었던 시기에 〈자녀교육상담실〉은 학부모들에게 대단한 인기를 끌었다. 기독교방송국과 같은 형식으로 〈자녀교육상담실〉을 KBS1 라디오에서 1995년까지 10년간 주 1회 생방송으로 진행해 부모들에게 큰 도움을 주었다. 라디오뿐만 아니라 TV 및 일간지들이 유아교육의 중요성, 부모역할 등을 프로그램으로 전했다. 샘터는 이즈음 『엄마랑 아기랑』이라는 부모·유아 대상 잡지를 출간하였으나 재정상 어려움으로 10년 후 폐간하였다.

여성단체들을 중심으로 한 여성 교육내용에도 부모교육이 포함되었고, 신문, 잡지나 TV 등의 미디어의 KBS-TV 〈여성백과〉〈자녀교육 365일〉 등을 통해서 부모교육 내용을 다루었다. 1978년 EBS 교육방송의 〈텔레비전 유치원〉 방영을 시작으로 1981년 MBC의 〈뽀뽀뽀〉, 1982년 KBS의 〈TV 유치원〉〈혼자서도 잘해요〉〈엄마의 방〉 등의 방영은 일반인들에게 유아교육의 중요성을 알리는 중요한 계기가 되었다. TBS(동양방송)는 〈유아교육은 왜 중요한가?〉와 같은 특집방송을 내보내 유아교육의 중요성을 일반인들에게 알리는 데 공헌하였다.

한국유아교육협회가 『유치원부모지도서』(1970)를 3회에 걸쳐 발간한 것, 1979년 한국유아교육연구회에서 「부모교육 프로그램 개발을 위한 방향 모색」 학술대회를 개최한 것, 미국이나 유럽을 중심으로 개발된 부모참여 및 부모교육 프로그램을 우리나라에 적용한 연구는 전문가에 의한 부모교육 보급의 실례이다.

이 시기의 부모교육은 저소득층 가정을 위해 보상교육과 복지사업의 성격을 띠고 있었는데 대표적인 프로그램은 1981년 설립된 사단법인 새세대육영회[회장: 이순자(전두환 전 대통령 부인)]가 1985년부터 고아를 위한 생활시설에서 자란 여고생을 위해, 1986년부터 직장여성을 위해, 1988년에는 소녀가장을 위해 예비부모교육을 한 것이다. 또한 유니세프는 한국행동과학연구소에 연구비를 주어 「가정방문 부모교육」을 연구하게 하였다.

7) 1990년대 이후

'88서울올림픽 이후 우리나라가 세계화되면서 여성의 사회 진출, 소가족화, 소자녀, 이혼 급증 현상이 일어났으며 부모의 관심은 자녀교육으로 쏠리게 되었다. 이 시기 우리나라 부모교육의 특징은 다음과 같다.

첫째, 부모들의 영유아교육기관 운영참여가 활발해졌다. 학교 운영의 자율성을 높이고 지역의 실정과 특성에 맞는 다양한 교육을 창의적으로 실시하기 위해 국·공립 및 사립의 초·중·고등학교·특수학교에 설치하는 심의 및 자문 기구로서 '학교운영위원회' 설치 운영에 대한 법이 제정되었기 때문이었다(1995. 12.).

둘째, 지역사회 중심의 부모교육이 활성화되었다. 지역사회 중심 부모교육 내용은 부모됨의 의미, 자녀교육관 정립, 부모-자녀의 대화법, 자녀의 학습 도와주기, 진로지도, 공감능력 향상을 위한 자녀의 EQ개발, 성교육, 양성평등 의식교육 등이다. 지역 중심 부모교육을 하는 곳은 지역사회 학교를 비롯하여 여러 곳이었다.

셋째, 예비부모교육의 프로그램이 급속히 확산되었다. 우리나라의 예비부모교육은 1980년대까지 유아교육과 학생을 대상으로 가르치는 것이었으나 국내 각 대학 중 '예비부모교육'에 관한 강좌를 1997년 중앙대학교에서 처음으로 교양과목에 포함시킴으로써 유아교육 전공이 아닌 타전공 대학생들에게 부모교육의 기회가 확대되었다(김정미, 2004). 최근 부모교육을 교양과목에 포함시키는 대학은 증가하는 추세이다. 이들 강좌들은 공통적으로 결혼과 가족, 자녀의 발달과 부모의 역할, 부모교육 이론 및 프로그램을 주로 다루고 있다.

넷째, 건강가족 관점에서의 부모역할이 강조되고 있다. 「건강가정기본법」이 2005년 1월 1일 제정·공포되었고, 이 법에 따라 각 시·군·구에 건강가정지원센터 설립이 추진되었다. '건강가정사업'은 건강가정을 저해하는 문제(이하 '가정문제'라 함)의 발생을 예방하고 해결하기 위한 여러 가지 조치와 가족의 부양·양육·보호·교육 등의 가정기능을 강화하기 위한 사업이다. 국가 및 지방자치단체는 건강가정교육을 실시하여야 하며, 교육내용은 결혼준비교육, 부모교육, 가족윤리교육, 가족가치실현 및 가정생활관련 교육 등이다. 이 법령에서는 건강가정지원센터가 하는 사업에 부모교육이 포함되고 있다.

다섯째, 아버지를 대상으로 하는 부모교육이 확대되고 있다. 전통적인 유교사회에서 서구의 산업사회로의 급격한 전이로 자신의 역할에 갈등을 느꼈던 우리나라의 아버지들은 1997년 외환위기를 겪으면서 경제력이 약화되었고 권위를 잃는 위기도 함께 맞았다. 이를 극복하기 위해 아버지 자신들이 자녀양육에 대한 방법을 배우기 시작하였다. 아버지의 역할을 강화하기 위한 '아빠 모임' '부자가정 모임' '장애아 아빠 모임' '다문화가정 모임' '두란노아버지학교' 등이 있으며, 한국지역사회교육협의회가 운영하는 '좋은 아버지 교실', YMCA '좋은 아버지가 되려는 사람들의 모임'(좋아모) 등 각종 가족모임이 활발하게 활동하고 있다.

3. 우리나라와 서양 양육관 비교

인류의 기원부터 시작된 자녀양육 과제에 대해 우리나라와 서양의 부모되기는 다음과 같은 공통점을 보이고 있다.

첫째, 고대로 거슬러 올라갈수록 동서양 모두 부모들의 양육관은 비인간적이고 거칠었다. 우리나라 고대사회에서 노모를 모시기 위해 어린 자녀를 땅에 묻으려 했던 『삼국유사』의 이야기나 서양의 고대 스파르타에서 빼어난 용모와 건강한 아기가 아니면 살해한 것이 그 예이다.

둘째, 자녀양육은 그 시대의 문화 · 종교 · 정치적 제도 · 사회적 가치관을 반영한다. 서양의 자녀양육이 기독교 교리 · 계몽주의 · 전쟁과 산업화 등 정치적 경제적 영향을 받은 것과 같이 우리나라의 자녀양육 역시 불교 · 성리학 · 계몽운동 · 기독교 전쟁 · 산업화 등 종교 및 사회적 변화의 영향을 받았다.

셋째, 아버지의 권위가 어머니에 비해 절대적이었다. 중세시대의 서양과 마찬가지로 우리나라에서도 엄한 아버지는 임금과도 같은 권위를 가지고 있었고 어머니는 자애로운 존재였다.

넷째, 체벌로 훈육하였다. 서양의 중세와 근세시대에 많은 영유아들이 성인의 축소판으로 여겨져서 심하게 매를 맞으며 자랐듯이 우리나라도 개화기 이전까지 영유아들은 미천하여 엄하게 훈육을 받으며 키울 것을 권하였다. 한국은 개화기에도 자녀를 훈육할 때 공포로 다스리는 경향이 있었다. "돌꿩이(도둑고양이) 온다"라든지, "망태할아버지 온다"라든지, "순사(일제강점하에 경찰을 지칭함) 온다" "울면 호랑이가 잡아간다"라는 말들을 많이 사용하였던 것을 보면 알 수 있다.

다섯째, 우리나라를 포함한 동서양 모두 공통적으로 자녀양육의 책임을 어머니가 주로 맡았다. 우리나라는 『내훈』에 자녀의 성품에 있어서 어머니의 최초의 가르침, 즉 태도가 가장 중요하다고 보면서 "가르치는 묘책은 사실상 거의 어머니에게 달려있는 것이니"라고 하여 자녀양육의 책임은 성별에 관계없이 어머니에게 달려있다고 보았다.

여섯째, 남아 선호사상이 지배적이었다. 동서양 모두 남자 아이와 여자 아이의 교육에 차이를 두어 왔다. 루소의 『에밀』에서 여자는 남자를 기쁘게 하는 존재로서 교육해야 한다고 한 점이나, 『소학』에서 "여자 나이 열 살이 되면 집 문을 나가지 않는다. 보모(保姆)의 가르침을 유순하게 따르며, 삼과 모시를 짜며, 실과 누에고치를 다스리며, 비단을 짜고 끈을 짜는 등 여자의 일을 배워서 의복을 제공하며, 제사를 살펴서 술, 초, 대나무 제기(祭器), 나무 제기, 김치, 젓 등을 바쳐 예(禮)로써 어른을 거들어 존(尊)을 돕는 일을 가르친다."라고 밝힌 점을 보아 남자 아이는 학문, 여자 아이는 가사 담당으로 분리하였음을 알 수 있다.

일곱째, 상류계층의 아이들은 유모에 의하여 양육되었다. 과거 서양의 부모들이 자녀의 양육을 농촌가정의 유모나 유아보호기관에 맡겼듯이 우리나라에서도, 특히 양반계층은 유모나 보모에게 맡겨 길렀다. 『소학』을 보면 "자식이 나면 곧 서모(庶母)와 그 밖의 부녀자 중에서 부덕(婦德)이 있는 자를 가려서 보모(保姆)로 삼아 이를 보육하고 선도하게 했다."

여덟째, 당대의 학자와 이론가들의 영향을 받아 자녀양육의 지침으로 삼았다. 유럽에서는 때로는 성직자의 지침에 따라 하나님께 영광을 돌리기 위한 존재로, 때로는 계몽주의자들의 주장에 따라 시민사회의 구성원으로서의 역할을 해야 하는 존재로 아이들을 키우려 했다. 우리나라도 당대의 불교·성리학의 영향을 받아 어질고 선하며 인격수양이 잘된 덕성을 갖추어야 하는 존재로 양육해야 했다.

이와 같은 공통점이 있으나, 서양과 우리나라 자녀양육의 차이점도 찾을 수 있다. 차이점을 살펴보면 다음과 같다.

첫째, 서양에서는 성악설의 자녀 양육관을, 우리나라는 성선설에 기초한 자녀 양육관을 가지고 있었다. 두 문화 모두 태어나기 전에 결정됐다는 자녀 양육관을 가지고 있었다는 점에서는 같으나, 서양은 기독교적 입장에서 원죄를 가지고 태어나는 존재로 영유아를 보았고, 우리나라에서는 불교의 영향을 받아 영겁의 인연을 안고 필연적으로 태어나는 온전한 존재로 영유아를 보았다. 서양보다 우리나라의 부모들이 영유아에게 보다 관대하고 인간적이어서 덜 엄격하고 덜 공격적이었다. 서양 부모들은 생후 1년이 될 때까지 강보에 싸서 묶어 놓아 혼자 있게 하는 반면, 우리나라에서는 천애(天愛)라 하여 포대기로 업어 키우며 늘 몸에 밀착시켜 데리고 다녔다.

둘째, 서양보다 우리나라의 부모들은 태교를 중시하였다. 서양은 20세기에 들어서서 탄생과학이라는 학문이 발생할 정도로 임신 중의 섭생, 태아의 행동 및 발달·보호 등에 대해 관심을 보였으나, 우리나라는 오래전부터 태교의 중요성을 강조하였다. 빙허각 이씨의『규합총서(閨閤叢書)』(1809)와 사주당 이씨(1801)의『태교신기(胎敎新記)』, 천도교의『내칙(內則)』등에 기록된 바 있다. 특히 사주당 이씨의『태교신기』에는 "가르치기를 잘한다는 것은 스승에게 10년을 배우기보다 태중 교육 10개월을 더 잘하는 것이다. 특히 잉태 시 아버지의 청결한 마음가짐은 어머니의 10개월에 못지않게 중요하다."고 강조하여 아버지의 역할도 함께 강조하였다.

셋째, 서양에서는 자녀가 독립할 때까지 부모의 역할을 하는 반면, 우리나라에서는 자녀가 장성한 후에도 가족 내에서 부모를 효로서 봉양하도록 가르치는 것이 부모역할이라고 보았다. 이것은 결혼과 함께 부모를 떠나 생활하도록 하는 기독교적 서양문화에서는 후세대들이 자립적으로 생활할 수 있도록 도전정신을 길러주는 것을 강조하는 반면, 불교와 유교의 영향을 많이 받은 우리나라는 기존 질서에의 복종과 순응의 태도를 바람직한 덕성으로 삼았던 것에서 비롯된 것임을 알 수 있다.

넷째, 서양은 부부 중심의 양육태도를 가지고 있었던 반면, 우리나라는 가문 중심의 양육태도를 가지고 있었다. 서양도 우리나라와 같이 장자가 중요하고, 가문과 남아에 대한 중요성이 강조된 것은 마찬가지였지만, 우리나라를 비롯한 동양은 가문의 대를 이을 장손의 출산과 교육이 부부생활에 우선하는 양육태도를 갖는 경향이었다.

이러한 차이점이 있었음에도 불구하고 동서양 모두 부모들의 자녀양육관은 영유아를 인격체로 대우하지 않았던 경향에서 인격적인 존재로 인식하는 경향으로 바뀌었고, 성인 중심에서 영유아 중심의 양육방식을 적용하였으며, 수직적 관계에서 수평적 관계의 부모-자녀관계로 발전되었다.

문화적 교류가 빈번하고 매우 빠른 현대에 와서는 가족의 해체, 저출산 문제, 청소년 문제 등 부모들이 당면하는 문제는 서양과 우리 사회가 크게 다르지 않다. 어떠한 형편에서 태어나든지 행복한 가족관계를 맺으며 아이들이 건강하고 행복하게 자라도록 국가, 지역사회 그리고 학교가 함께 노력해야 할 것이다.

Storytelling

〈지상의 별처럼〉은 2007년 인도에서 제작된 드라마이다.

인도의 작은 마을, 여덟 살 귀여운 꼬마 이샨은 수업에는 도무지 관심이 없다. 이샨의 눈에 비친 세상은 너무도 흥미롭고 신기한 것들뿐이다. 평범한 웅덩이 속 작은 물고기와 예쁜 돌, 나뭇가지들도 이샨의 손을 거치면 특별한 상상력으로 재창조된다. 언제나 혼자만의 세계에 빠져 있는 이샨은 학교 친구들에게 따돌림 당하고, 선생님에게도 매일 꾸중만 듣는다.

아이의 미래를 위해 이샨의 부모님은 급기야 이샨을 엄격하고 강압적인 기숙학교로 보낸다. 처음으로 가족과 떨어져 지내게 된 이샨은 외로움과 자괴감 속에서 점점 자신의 빛을 잃어간다.

당연히 이샨은 기숙학교에 적응하지 못하고 점점 우울해져 간다. 기숙학교는 오히려 전의 학교보다 훨씬 더 아이들을 엄격하게 다뤘고 이샨은 더욱 힘들어질 수밖에 없었다.

　그러던 어느 날, 새로운 미술 선생님 니쿰브가 아이들을 굉장히 재미있게 만들어 준다. 예전 선생님과는 달리 신임 미술 선생님은 매우 개방적이었고, 우울해하는 이샨의 문제가 무엇인지 파악하려 하였다. 니쿰브 선생님은 튜립학교라는 지적장애 아이들이 다니는 학교의 교사였으나 잠시 임시교사로 온 것이다. 어릴 적 난독증을 겪었던 그 선생님은 아이들에게 생전에 업적을 세우고 역사에 기록된 위인들에 대해 이야기해 줬다. 사실 그것은 이샨을 위한 이야기였다. 이샨은 난독증을 앓고 있었으며 주변인들은 그것을 모르고 항상 이샨에게 문제가 있다고만 생각했던 것이다. 이샨은 니쿰브 선생님과 함께 특별한 수업 과정을 거치면서 점점 글을 읽고 쓸 줄 알게 되고 미술에 재능을 보이기 시작한다. 그리고 전교 미술대회에서 이샨은 감동적인 그림을 그린다. 이샨과 부모는 감동스러운 재회를 하고 방학이 되어 집으로 돌아가며 영화는 끝이 난다.

Q1. 이샨 부모의 자녀양육관과 교사 니쿰브의 아동관에 대해 비교해 보자.

Q2. 부모교육은 모두에게 필요한 것인가? 특별한 대상에게만 필요한 것인가?

제**2**부

가족과 부모의 역할

제**3**장

가족과 부모됨

Think & Talk

- 가족은 어떤 의미의 집단일까?
- 가족의 기능은 무엇인가?
- 가족은 아이의 성장을 어떻게 도울 수 있을까?
- 건강한 가족의 특징은 무엇인가?
- 아버지, 어머니는 각각 어떤 역할을 하는가?
- 부모됨의 의미는 무엇인가?
- 다양한 유형의 가족들이 자녀양육을 할 때 어려운 점은 무엇일까?
- 부모는 성장한 자녀를 대할 때 어떻게 해야 할까?

인간의 다른 조직과 달리 가족은 고유한 성격과 특징을 가지고 있다. 자녀의 성장 과정에서 함께 경험하는 가족 과업을 이해하는 것은 부모역할을 하는 데에 도움이 될 것이다. 아울러 이전 세대와 달리 변화하는 아버지와 어머니 역할을 알아보자.

1. 가족

1) 가족의 개념과 기능

가족은 부부와 그들의 자녀로 구성된 기본적인 사회집단으로, 국가 · 지역 · 민족·문화에 따라 다른 특성을 보인다. 또 같은 나라 같은 민족이라도 역사·종교·사회적 위치·사회경제적 여건에 따라 개별 가정과 그 구성원의 특성이 다르다.

가족은 대부분 혈연집단으로서 이익을 위해 모인 이익집단이 아니며 특별한 사정이 있을 때를 제외하고는 함께 물리적 장소를 공유하고 살며, 가정 특유의 문화를 형성한다. 이런 가정문화는 자녀의 인격 형성 및 사회화 과정에 영향을 주기 때문에 인간발달의 기본이 될 뿐만 아니라 사회변화의 동력이 되기도 한다.

가족은 가족이 아니면 수행할 수 없는 본질적인 기능이 있으나 과거와 달리 현대의 가족은 변화하고 있다. 과거의 가족은 전통적으로 애정적 기능—성적(性的) 기능을 포함한, 자녀의 출산과 양육 기능, 교육(사회화) 기능, 생산·소비·부양의 경제적 기능, 휴식과 오락의 문화 전승 기능, 종교적 기능 등을 수행하여 왔다. 그러나 현대에는 그 기능이 가정을 벗어나 학교, 지역사회, 직장으로 옮겨가고 있다. 따라서 가족은 한 단위의 가족을 중심으로, 즉 미시적 관점을 가지고 해결해야 할 문제와 거시적 관점으로 생각하며 접근해 나가야 하는 사회·경제·문화를 동시에 해결해야 한다.

2) 자녀양육과 가족의 발달

사람마다 발달과업과 단계가 있는 것처럼 가족도 발달주기를 가지고 있으며, 일정한 순서와 특징이 있다. 각 주기에 따라 달라지는 가족의 과업에 구성원들이 잘 대처하고, 위기를 함께 이겨내는 건강함을 보이기도 하지만, 그렇게 하지 못해 가정이 깨지거나 불행에 빠질 수도 있다.

(1) 신혼기의 가족

결혼으로 부부가 된 이들은 가족을 탄생시킨 것이다. 갓 결혼한 젊은 남녀는 오랫동안 혼자 먹고 마시며 자던 습관에 길들여져 있다가 남편은 아내, 아내는 남편이, 서로의 생활습관에 맞추어야 하는 상황에 부딪힌다. 새로운 가족체계에서 일어나는 사소한 일들은 신혼부부 간에 갈등과 좌절을 일으키지만 서로 양보하고 적응하려고 노력하면 서로의 인격 성숙에 큰 도움이 된다. 또 배우자와 성숙한 관계를 유지하기 위해 협상기술도 익혀야 하고 배우자의 친구, 배우자의 원 가족과의 관계도 긍정적으로 수용할 수 있어야 한다.

신혼부부의 잠재된 어려움은 원가족(여자의 입장: 친정·시가, 남자의 입장: 친가·처가)의 지나친 간섭, 낮은 결혼 만족도, 다른 가치관의 충돌, 배우자에 대한 높은 의존 혹은 상호 간의 무관심, 대화의 단절 등이다.

(2) 아동기 자녀의 가족

여기에서 아동기란 자녀가 새로 태어난 신생아부터 초등학교를 졸업하기까지 기간을 통틀어 뜻한다. 엄마가 임신하여 출산하는 동시에 아기는 새로운 가족 구성원이 되어 엄마, 아빠는 물론 다른 가족에게도 영향을 미친다. 따라서 모든 가족 구성원은 그동안의 생활패턴·삶의 방식·습관을 바꾸거나 포기하며 새 아기에게 맞추어 적응해야 한다. 둘째, 셋째 자녀가 태어날 때에도 가족체계가 바뀌어야 하므로 가족들은 서로 생활습관을 조정하고 물리적, 심리적 공간도 조정해야 한다. 또한 자녀양육으로 인한 재정도 형편에 따라 조정해야 하고, 가사분담도 새로 해야 한다.

이 적응 과정에서 균형을 잡는 일이 가장 중요하다. 지나치게 아이 위주의 양육을 하여 버릇없는 아이가 되지 않게 하기, 형제간에 편애하지 않기, 아이를 돌본다는 이유로 양가 부모님이나 아내/남편을 소홀히 대하지 않기 등 모든 가족 구성원들의 삶이 편안하도록 서로 노력하는 것을 말한다. 특히 엄마/아내/며느리 역할을 하는 여성에게 지나친 노동을 시키는 과거의 생활패턴을 바꾸어 서로 협력하는 분위기를 갖는 것이 중요하다. 서로를 진심으로 존중하고 사랑하며 그 노고에 감사하는 마음을 갖고, 직장과 가정에서 힘든 나날을 보내는 상대 배우자에게 감사하는 마음을 표하는 일도 도움이 된다. 서로의 배려와 사랑이 더 절실하므로 미숙하지만 가사를 분담하도록 노력해야 한다.

가족에 대해 협력하고 배려하면서 부모 자신이 최선을 다해 인격적으로 성숙할 수 있도록 노력하는 것은 양육에 큰 도움이 된다. 특히 부모들은 아동기 자녀들에게 공부 잘할 것을 지나치게 기대하기보다는 건강하게 뛰어놀고 바람직한 인성을 가진 사람으로 자라는 것을 기대해야 한다. 자녀들과 자주 놀아주고 좋은 추억을 만드는 노력이 필요하다.

(3) 사춘기 자녀의 가족

사춘기 자녀를 둔 가족은 질풍노도의 청소년기를 함께 겪으며 온갖 어려움을 겪는다. 청소년들은 심리적으로 독립하고 싶어 이모저모 노력해 보지만 여의치 않아 부모들이 상상도 못하는 온갖 말과 행동으로 속을 썩이기 때문이다. 가족들은 사춘기 자녀가 가족체계의 안과 밖을 심리적 · 물리적으로 드나들며 힘들게 하는 행태를 겪어내는 동시에 안내해 줘야 하므로 여간 어려운 일이 아니다. 특히 이 시기의 남편들은 직장에서 중간관리자의 역할을 하는 시기여서 일에 전념하느라 사춘기 자녀와 함께 할 여유가 없다. 엄마/아내들의 고뇌가 큰 시기이므로 아빠들은 틈을 내어 아이들의 얘기를 들어주고 함께 운동을 하거나 체험 활동을 하여야 한다. 사회에서 요구하는 역할을 해내고, 부부간의 원만한 관계도 유지하도록 노력해야 하는 동시에 사춘기 자녀들까지 돌봐야 하는 이 시기는 어떻게 보면 중년부부들의 갈등이 최고에 달하는 시기이기도 하다.

사춘기 자녀를 둔 가정은 아이들의 의견을 먼저 경청하려는 습관을 가져야 한다. 툭 던지는 말, 화내며 퉁명스럽게 하는 말에도 아이들의 마음이 담겨 있으므로 들어주기 시작하면 많은 문제를 예방할 수 있다. 말을 하지 않으려 할 때는 이들이 혼자 생각해 보도록 시간을 주며 기다린다. 중요한 것은 '저 애가 잘못되면 어떻게 하나?' 하면서 불안해하지 않도록 노력하는 것이다. 아이를 존중하고 스스로 역할을 할 수 있음을 믿어 주면 풀리는 날이 온다. 청소년들의 이러한 내면의 변화는 성숙을 가져오는 지름길이기에 부모들은 가족 구성원의 상호 관계 유형에 대해 보다 객관적인 시각을 갖고 부모 자신의 감정을 조절하는 모습을 보여 준다. 이 과정이 절대로 쉽지는 않지만 부모도 이 과정에서 성숙한다.

(4) 미혼 자녀가 독립하는 가족

어느 시점에서 미혼 자녀는 원가족으로부터 독립하여 자신에 대한 정서적, 재정적 책임감을 가지고 부모 곁을 떠난다. 대개는 자녀가 타지에 있는 상급 학교로 진학해서 집을 떠나 생활할 때 부분적 독립을 하게 되고, 나이가 많아 미혼일 때에는 완전히 독립한다. 원가족에서 독립할 때는 건강한 분화를 하는 것이 바람직하며 부모와 원만한 관계를 유지해 왔을 경우에는 쉽게 편안한 마음으로 독립한다.

따라서 부모는 자녀들이 원가족으로부터 독립하기 이전 시기에 자녀와 건강한 유대관계를 지속해서 가지도록 노력하여 장성한 자녀들이 독립할 때 건강한 분화가 일어날 수 있도록 해야 한다. 특히 성인자녀의 직업 정체성에 대해 갈등을 일으키거나 반대하기보다는 생각의 다름을 받아들이는 것이 좋다. 원가족에서 벗어난 성인 자녀들이 다른 사람과 정서적 애착을 느끼거나 부모와 다른 생활양상을 보일 때도 부모들은 이를 있는 그대로 받아들이는 아량을 가져야 한다. 자녀가 집을 떠나고 난 후 부모는 남편과 아내로서 자신들의 '빈 보금자리'를 재구조화한다. 부부 중심으로 친밀성을 느낄 수 있도록 집안분위기를 바꾸는 것도 좋은 방법이다.

(5) 퇴직 후의 노년기 가족

자녀의 진학이나 취업, 결혼 등으로 집을 떠나가는 단계로서, '빈 둥지기'에 해당한다. 그러나 가족체계로부터 자녀의 독립을 수용하지 못하고 과잉 밀착하여 통제하려는 부모는 끊임없는 갈등과 불화를 일으킨다. 중장년기를 지나 노년기에 접어들수록 가족과 친지들이 자주 드나들며 대화를 나누는 것이 좋다. 어르신이 된 또는 되어가는 가족 구성원들은 갈등과 불화보다는 화합과 포용을 보여야 한다. 그리고 부부 두 사람만의 부부체계를 새롭게 구성하여 다양한 활동을 계획하여 실행한다. 여행, 소모임 활동, 취미생활, 운동이 좋은 예이다.

이 시기는 은퇴한 배우자가 가정으로 돌아와 가족들과 심리적으로 화목하게 지내는 것이 중요한 과업이다. 은퇴가 가져오는 재정적인 불안감이나 재정적 의존에 대한 염려 등도 노년기 가족의 어려움 중 하나이다. 건강문제, 결혼한 자녀와의 지나친 밀착이나 소원한 사회적 고립의 문제가 야기될 수 있다.

부모는 성장한 자녀들의 개인적인 삶을 중요히 여기고 존중하며 성인 대 성인으로 대화하며 건전한 관계를 가져야 한다. "넌 내가 낳은 아이야." "어떻게 네가 내 말을 안 들을 수 있어?"라며 어린아이로 대하거나 하대하는 말투, 무시하는 말을 쓰지 않아야 한다. 자신의 자녀뿐 아니라 결혼, 출산으로 새로운 가족 구성원(며느리, 사위, 손자녀)을 대할 때도 내 가치관, 우리집 생활 방식을 강요하기보다는 다름을 인정하고 존중해 주며 가족 체계를 재조정하며 적응해 나가는 작업이 필요하다. 며느리/아들, 사위/딸, 손자녀들의 말을 끊임없이 들으며 공감을 표하거나 그들의 삶을 관찰하여 인정·배려·격려해 주고, 문제점을 듣고 대안을 제시하여 의사결정에 도움을 주어야 한다.

노년기 가족은 자신의 세력이 약화된 것과 제한된 것에 대하여 현실적으로 수용해야 하며 필요에 따라서는 다른 가족 구성원에게 의존해야만 하는 자신의 현실을 받아들여야 한다. 중간세대인 자녀들이 중심적인 역할을 하는 것을 지지해 주어야 한다. 부부가 상호 도움이 되는 역할을 할 수 있도록 하며, 배우자가 먼저 사망한 경우, 다른 가족과의 관계를 재조정하는 것은 중요한 과업이 된다. 노년이 되면 노쇠에 직면하여 자신과 부부의 기능 및 관심을 유지하는 것이 중요하다. 이 시기에는 배우자, 형제, 친구의 사망을 목도하게 된다. 가장 중요한 것은 살아온 생을 되돌아보고 살아갈 나날을 어떻게 보내며 죽음을 맞이할지 생각해 보는 것이다. 갖고 있는 재산은 어떤 목적으로 누구를 위해 쓸 것인지를 생각해 보고 의미있게 사용하거나 유언장을 써 놓는다.

2. 가족체계이론

가족은 여러 개의 부품을 조립해 만든 자동차와 같다. 모든 부품이 있을 자리에 있고 제 기능을 하면 자동차가 목적지에 잘 도착하지만 작은 부품 한 개라도 제 기능을 못하면 그냥 서 버린다. 자동차의 부품들은 상호 의존적이기 때문이다. 자동차가 잘 움직일 때는 모르지만 어느 하나가 망가지면 전체에 영향을 미쳐 문제를 일으키기 때문에 문제해결에 온 힘을 기울이게 된다. 가족체계이론은 가족 구성원 개개인이 가족 모두에게 영향을 미칠 수 있다는 이론이다. 체계이론에서 설명하는 체계의 특징을 가족체계로 살펴보면 다음과 같다.

첫째, 가족체계는 항상성이 있다. 가족 전체는 항상 안정성을 가지려는 특성이 있으며, 부부·부모·형제자매 등 하위 체계도 안정을 지속하려는 노력을 끊임없이 한다. 대체적으로 가족은 일상을 반복하는 동안 안정을 유지하는 편이지만 어느 구성원 하나가 제 역할을 못할 경우 긴장상태로 돌입해 좌절과 갈등을 겪게 된다.

둘째, 가족체계는 경계가 있으며 경계를 중심으로 안과 밖이 나뉘는 특성이 있다. 안으로는 내가 속한 가족체계가 있고 밖으로는 다른 가족체계가 있어 구분된다. 또 내가 속한 가족체계에도 나와 내 가족 구성원 사이에 경계가 있어 구성원 각자의 개성이 다르다. 따라서 가족 구성원들은 서로의 개성과 습관을 이해하려고 노력해야 할 뿐 아니라 우리 가족과 다른 가족 구성원 간 특성의 다름도 이해하려고 노력해야 한다. 가족 간에 의사소통이 잘 되면 사회에서의 인간관계도 원만해질 수 있다.

셋째, 가족체계는 가정 밖의 환경과 교류하는 개방성이 있기도 하고 가족끼리만 뭉치는 폐쇄성이 있기도 하다. 개방체계는 경계의 투과성을 가지고 있어서, 정보나 에너지의 투입과 산출이 자유롭게 일어난다. 그러나 폐쇄적인 체계는 다른 체계와의 상호작용이 거의 일어나지 않아 고립되어 있다. 개방적인 가족은 외부세계의 드나듦에 대해 수용적인 반면, 폐쇄적인 가족은 외부세계의 관여에 대해 지나치게 거부적이다. 대개의 아동학대는 폐쇄적인 가족들에게서 나타난다.

넷째, 가족체계에는 규칙이 있다. 건강한 가족체계일수록 가정의 모든 구성원이 분명히 알고 있는 규칙이 있다. 규칙이 언어로 명백하게 표현되지 않아 눈치로 알아내서 지켜야 하는 가족은 구성원 간에 오해와 갈등이 생겨 소통이 어려워진다. 정기적으로 가족회의를 하면 규칙을 명시화하는 데 도움이 된다.

다섯째, 가족체계에는 부부체계, 부모체계, 형제체계 등 다양한 하위체계가 있다. 가족의 각 구성원은 여러 개의 하위체계에 속해 다양한 역할을 담당하게 된다. 예를 들어, 누나이자 딸인 한 여성이 부인과 며느리, 올케가 되고, 자녀를 출산하고 나서는 어머니와 할머니가 된다. 부부체계, 부모체계, 형제체계의 특성을 살펴보면 다음과 같다.

- 부부체계: 상호보완적이어야 하며, 다른 체계의 간섭없이 지낼 수 있는 적합한 경계선을 가져야 한다. 경계선이 헐겁거나, 지나치게 경직되어 있다면, 문제가 발생할 것이다. 노부모들이 장성한 자녀의 부부체계에 과도하게 개입하면, 경계선이 무너져서 자율성을 침해 받는다. 주변의 체계들과 너무 지나치게 소원하거나 냉담하면, 폐쇄성을 갖게 되어 체계의 건강함을 확보하기 어렵다.
- 부모체계: 부모는 애정을 가지고 상호작용함으로써 아이들이 해야 할 일과 하지 말아야 할 일을 구분하는 능력, 감정조절능력, 합의능력을 갖도록 도와야 한다. 또한 에너지의 방향이 자녀 쪽으로 쏠리거나 혹은 조부모에게 과도하게 흐르는 것은 자녀에게 부정적인 영향을 줄 수 있으니 관계 형성의 균형을 갖도록 노력해야 한다.
- 형제체계: 형제와의 관계 속에서 친구관계 기술을 배울 수 있다. 형제체계 내에서 협상하거나 희생, 자기 방어 및 경쟁 등을 경험한다. 대개의 형제체계는 부모나 조부모와 같은 어른들의 간섭을 받지 않고 형제체계 만의 독립적인 체계를 유지·보존한다. 형제체계는 상호간의 비밀스러운 동맹을 맺으며 동지애를 느낀다.

3. 부모됨

1) 부모됨의 의미

부모됨(becoming parent)이란 남녀가 만나 사랑하고 함께 지내며 새 생명을 품에 안게 된 그 순간, 또는 입양하여 법적 부모가 된 그 순간, 자녀를 기르게 되는 양육자의 역할을 말한다. 생모생부, 그리고 엄마 혼자(미혼모) 또는 아빠 혼자(미혼부), 아이를 입양한 양부모도 모두 부모됨의 주역들이다.

부모역할을 수행하는 것이 이전에는 자연스럽고 필수적인 것으로 간주되었기 때문에 나이가 차면 결혼해야 했고 아기를 낳아 길러야 한다고 굳게 믿었었다. 그러나 급격한 사회변화로 인해 부모됨의 특성에 대한 개인과 사회의 인식이 달라지고 있다. 누구나 적령기가 되면 결혼하여 부모가 되어야 한다고 했던 생각보다 '직장은 필수, 결혼은 선택' '아기 없이 여유로운 결혼생활 즐기기'를 추구하고 싶은 욕구가 많아져, 우리나라는 2001년부터 지금까지 '초저출산 국가'로 분류되고 있다. 경제적 불안정성, 열악한 양육환경, 양육역할분담 불평등의 문제로 부모가 되는 것에 대한 가치가 점점 낮아져 부모됨을 포기하는 일도 많아지고 있다.

부부는 자녀를 임신하고 출산하면서 신혼기에서 부모기(parenthood)로 '전환(transition)'된다. 두 사람만의 로맨틱한 부부관계에서 '부모-자녀관계'를 포함한 가족관계로의 전환은 큰 변화이다. 그만큼 적응하는 데 많은 노력이 필요하다. 그러나 부모가 된다는 것은 어렵고 부담스러운 일이 아니라 인생에서 가장 큰 기쁨을 느낄 수 있는 일이다. 또 부모는 자녀를 위해 희생만 하는 것이 아니라 자녀를 낳고 키우면서 성숙한 인성을 갖게 되는 소중한 기회를 가질 수 있다. 자녀가 있다는 사실로 인하여 부모가 얻을 수 있는 긍정적인 측면이 많이 있다(김연숙, 2014)는 뜻이다. 아기를 임신하는 순간부터 갖게 되는 특별한 느낌, 임신 4~5개월 전후에 아기가 자궁벽을 발로 찰 때의 경이감, 젖을 빨며 엄마를 그윽히 쳐다보는 눈빛에 감전

되는 느낌, '엄마, 아빠'라는 단어를 처음으로 말할 때의 전율 등 이 세상 어느 곳에서도 경험할 수 없는 관계가 부모역할을 수행하는 과정에서 익어간다.

부모가 되는 것은 자녀세대가 자신의 뒤를 이어줄 것(generativity)에 대한 관심과 밀접한 관계가 있다. 이와 같은 관심이 자녀를 낳고 싶은 욕구와 자녀를 잘 키우고 싶은 욕구를 갖게 하고, 집단 전체의 행복에 관심을 갖게 한다(Martin, 2012, pp. 31-32: 유은경, 2014 재인용). 어려서부터 부모됨의 특성에 대해 관찰하여 좋은 점 · 나쁜 점 · 개선할 점을 생각해 두었다가 자신이 부모가 되었을 때 적용하면 장래에 바람직한 부모–자녀관계를 형성할 수 있을 것이다.

'부모가 된다'는 것은 개인의 성숙과 건전한 사회발전을 위해 가장 기초가 되는 역할이다. 세상에 대해 아무것도 모르고 태어난 아기들은 부모를 보고 느끼고 생활하면서 자신이 태어난 가정과 주변환경의 신념 · 규범 · 도덕적 가치관을 내면화한다. 따라서 부모됨은 개인사만이 아니라 사회적 행위(LaRossa, 1986)이기도 하다. 또 각 개인이 부여하는 부모됨의 의미는 당사자뿐만 아니라 그들이 살고 있는 사회에까지 영향(정계숙, 2002)을 미치는 사회적 의미가 담겨 있다(조성연, 2006).

그래서 거의 본능적으로 대부분의 사람은 사회적 존재로서 부모가 되는 것을 성인기의 중요한 역할로 인식하고 있다. 일반적으로 사람들은, 부모가 된 사람은 부모가 되지 않은 성인에 비해 도덕성과 책임감이 있고 성적 능력을 발휘하면서 결혼생활을 유지하는 정상적인 존재들이라고 생각한다(Veevers, 1973).

사회생물학적 관점에 의하면, 부모가 되어 자녀를 양육하는 것은 자연스러운 본능이다. 생물학적 존재인 부모와 자녀는 양육과정에서 최적의 경험을 할 수 있을 때 근원적인 행복을 누린다(Liedloff, 1985). 부모됨에 대해 연구한 넬슨과 그의 동료들(Nelson, Kushlev, English, Dunn, & Lyubomirsky, 2013)도 양육은 고통보다는 즐거움을 더 많이 제공하며, 인간이 추구하는 최고의 보람된 일이라고 하였다.

부모의 양육능력은 사회문화적으로 전승되고 발전해 온 '경험전달능력(time-binding, 정보와 지식을 한 세대에서 다음 세대로 전할 수 있는 능력)'(Rabin, 1965)으로서 생명유지를 위해 발현되고 확장되는 '생물학적 적응능력'에 의해 발달된다(김연숙, 2014). 인간은 근본적으로 '보살핌의 본능(the tending instinct)' 또는 '자연적 모성 (mother nature)'에 의해 '서로 보살피고 어울리도록' 프로그램되어 있는 '돌보는 종(種)'이다. 보살핌의 본능은 양육과정에서 어머니가 겪는 스트레스를 효과적으로 조절할 수 있는 생물학적 적응기제가 되기도 한다(Hrdy, 1999; Taylor, 2002). 그리고 자녀는 어머니의 본능적인 보살핌에 의해 최적의 신체적, 정신적, 정서적 발달을 한다. 부모의 과잉보호, 방임, 학대, 자녀 양육의 어려움 등 부모-자녀관계에서 일어나는 문제는 본능이 충분히 발휘되지 못한 결과이므로 부모교육을 활성화하여 부모의 본능적 양육능력이 활성화되도록 도와야 한다.

2) 부모됨의 동기

부모됨의 동기는 자녀를 갖기 이전에 형성되는 심리적인 결정으로서(Bigner, 1985) 자녀의 출산, 자녀 수, 터울을 결정하는 데 영향을 미친다. 부모됨의 동기를 최초로 연구한 라빈(Rabin, 1965)에 따르면 사람들은 네 가지 동기, 즉 숙명적, 이타주의적, 자기도취적, 도구적 동기에 의해 부모가 된다. 숙명적 동기는 운명에 순종하고 종교적 신념에 따르면서 가계를 이어가기 위해 자녀를 가지는 경우이다. 이타주의적 동기는 부모가 되어 자녀에게 관심과 애정을 표현하면서 자신만을 위한 이기적인 모습에서 벗어나고자 하는 생각으로 아기를 잉태하여 낳는 것이다. 자기도취적 동기는 부모가 되어 자녀를 양육함으로써 자신의 선(善)함 · 어른됨 · 정서적 안정감을 추구하고자 아기를 낳아 기르는 것이다. 도구적 동기는 자녀가 부모를 위해 어떤 목적을 이루어 주기를 기대하며 자녀를 낳아 기르는 것이다. 그 외에 자연의 섭리에 따르기 위해, 노동력 확보 · 가계 계승 · 노후보장 · 심리적 안정감을 얻기 위해, 사랑과 애정을 나눌 동반자를 얻기 위해 자녀를 낳아 부모가 되기도 한다(이순형 외, 2010).

우리나라 사람들은 여성이 남성에 비해 전통적/규범적 동기와 이타적/정서적 동기를 강하게 인식하는데 이는 여성이 자녀의 주양육자로서 정서적 애착관계를 맺는 경우가 많고, 남성의 전통적/규범적 동기가 약화되고 있기 때문이다. 성인은 부부결속적 동기, 전통적/규범적 동기, 영속적 동기를 강하게 인식하는 반면, 예비부모인 대학생은 정서적 동기가 가장 높다(김은정 외, 2010). 대학생들이 부모세대보다 혈연을 중요시하고 유대강화를 위한 동기를 더 강하게 갖고 있는 것은 바람직한 현상이다(이윤정, 2015).

이처럼 부모됨의 동기는 성별과 세대에 따라 차이가 있지만 우리나라의 부모세대와 대학생들이 모두 이타적/정서적 동기를 가장 높게 인식하고 있는 것은 에릭슨(Erikson, 1950)이 제시한 성인기의 생산성 개념이 적절히 기능하고 있음을 시사한다.

3) 자녀의 가치

부모가 자녀에 대해 갖는 가치는 출산율 증진뿐만 아니라 자녀에 대한 지원, 부모-자녀 상호작용에도 큰 영향을 미친다. 자녀의 가치에 대하여 최초로 연구한 호프만 부부(Hoffman & Hoffman, 1973)는 경제적, 사회적, 심리적 가치를 제시하였다. 경제적 가치는 자녀에게서 기대되는 물질적 이익과 비용을 의미하며, 사회적 가치는 아이를 가짐으로써 사회로부터 얻게 될 것으로 기대되는 이익과 불이익으로 사회적 승인, 사회적 지위, 가계 계승 등이다. 자녀의 심리적 가치는 행복, 즐거움, 자녀에 대한 기대로 겪게 되는 스트레스와 불편 등이 해당된다(이삼식, 김태헌, 박수미, 오영희, 박효정, 2006).

키르치너와 세버(Kirchner & Seaver, 1977)에 의하면 자녀에게는 긍정적, 부정적인 가치가 공존한다. 자녀의 긍정적 가치는 영속성 추구, 출산과정의 경험, 애정, 인생의 의미 경험, 아동기 경험의 재생 등이 있다. 아동기 트라우마 치유, 노후보장, 배우자와의 유대감 강화, 양육역할 수행, 자극과 자부심 획득, 개인적 성장의 기회, 타인과 도움을 주고받는 경험, 실용적·규범적 행동의 학습, 재미 등도 자녀의 긍정적 가치라 할 수 있다. 반면, 자녀의 부정적 가치는 자녀의 양육과 교육에 드는 비용, 사회적 책임, 개인적 자유의 제약, 부모의 경제적 능력에 대한 회의, 장애아 출산의 가능성, 비관적 세계관, 재정적 어려움, 자녀양육에 대한 걱정과 책임감, 임신의 불편함, 부모 자신의 불안한 정서, 직장과 가정 양립의 어려움 등이 있다.

개인에 따라, 그리고 사회의 보편적 가치에 따라 중요하게 여기는 자녀에 대한 가치는 다를 수 있다. 젊은 남녀가 갖는 자녀의 가치가 긍정적이면 자녀를 출산하려는 동기가 되고, 부정적 가치는 저출산의 원인이 된다(조복희, 정민자, 김연하, 2007).

한국인은 경제적, 도구적인 가치보다는 심리적, 관계적인 가치를 더 중시하지만(김의철, 박영신, 권용은, 2005) 세대에 따라 부모는 전통적인 가족가치를, 대학생은 개인주의적 가족가치를 지향하는 차이가 있다. 또한 대학생은 여가·사회·직장생활의 제약, 개인적 성취 제약, 가정불화, 경제적 부담 등의 문제로 부모세대에 비해 자녀에 대해 부정적인 가치를 가진 것으로 나타났다. 또한 자녀에 대한 가치는 부모의 교육수준, 직업, 소득, 이동, 거주지 등에 따라서도 달라져 교육과 소득 수준, 직장에서의 지위가 높을수록 자녀의 가치는 낮아진다(김은정 외, 2010). 실제로 한국인은 연령, 성별, 자녀의 수와 상관없이 부모됨의 가치는 높이 인정하지만(97%) 현실적으로 자녀를 꼭 낳아야 된다(8.9%)는 필연성은 별로 느끼지 않는 것으로 나타났다(김은정 외, 2010). 부모됨은 "부모 노동(Verjus et Vogel, 2009: 유은경, 2014 재인용)"이라고 표현될 만큼 부모의 끊임없는 노력과 수고를 요한다. 개인적인 자아 추구와 독립성이 가치로운 것으로 여겨지는 현대사회에서, 의존적이고 보호해 주어야 하는 자녀는 "개인적 이익에 맞지 않는 존재"여서 기르기 힘들다고 여기는 것이다(Back-Wiklund, 1997: 신윤정, 기재량, 우석진, 윤자영, 2014 재인용). 이와 같은 사회적 분위기에도 불구하고 부모가 된 사람들은 자녀가 주는 정서적 가치에 의의를 두고 출산한 것으로 볼 수 있다. 자녀를 낳고 양육하는 과정에서 부모는 삶에 대한 지혜를 터득할 수 있다.

4. 부모역할과 양육태도

1) 부모의 역할

현대의 핵가족화 · 소가족화, 여성의 사회참여, 결혼의 불안정성, 아버지의 양육참여 증가 등의 사회적 변화에 따라 부모역할도 변화를 보이고 있다. 부모역할은 다른 성인의 역할과 비교해 볼 때 다음과 같은 몇 가지 점에서 차이가 있다(Rossi, 1968).

첫째, 여성이 남성보다 부모역할을 수행하는 데 있어 더 많은 문화적 압력을 받는다.

둘째, 부모역할은 다른 성인의 역할과 비교할 때 항상 자발적으로 행해지는 것은 아니다.

셋째, 부모의 역할은 취소할 수 없다.

넷째, 부모역할의 중요성에 비해 그 준비는 매우 미흡하다.

다섯째, 부모역할은 아이의 성장에 따라 부모도 변화하는 상호 성숙의 기회가 된다.

이 같은 우리 사회의 달라진 양육 문화를 어머니와 아버지의 역할로 나누어 살펴보고자 한다.

(1) 어머니의 역할

어머니들은 자녀들이 가장 중요한 존재로 느끼는 사회적 대상으로서 자녀들을 위해 엄청난 역할을 수행해 왔다. 그 결과 어머니들은 동서고금을 막론하고 임신 · 출산 · 양육의 과정에서 아버지에 비해 상대적으로 자녀와 더 깊은 유대감을 갖는다. 자녀의 최초 애착 대상자인 어머니는 임신하는 순간부터 자녀와의 관계에서 모성애를 느끼며, 자녀가 독립하기까지 보호자와 양육자의 역할을 담당한다. 어머니는 자녀의 건강, 영양과 안전을 책임지는 보호자의 역할이자 사랑을 주고받는 애착

형성의 대상이다.

어머니는 아버지에 비해 자녀와 정서적 공감을 잘하며 소통에 유능하여 자녀와 원만한 관계를 갖는 편이다. 아무리 물리적으로 풍부한 환경이 제공된다 하더라도 어머니의 애정을 받지 못해 심리적 환경이 불안정하면 자녀는 잘 성장할 수 없다.

전통적으로 어머니는 가족의 의식주를 제공하는 가사책임자로서 헌신적 이미지와 생활습관 및 자조 기술 훈련 등의 역할을 수행하는 인성 교육자였다.

그러나 최근 자녀의 수가 적어지고 어머니의 교육수준이 높아져 다양한 직업에 진출하게 됨으로써 전통적 어머니와는 다른 역할을 하게 되었다. 어떤 사회는 남녀가 협력하며 가사와 양육 역할을 분담하기도 하지만 어떤 사회는 전통적인 어머니 역할에 더해 사회활동, 경제활동까지 하게 되어 가정에서 보내는 시간보다 바깥에서 보내는 시간의 양이 늘어나 아이들이 어머니와 함께 있는 시간이 적어졌다. 아이들이 어머니의 부재를 느끼는 것은 당연한 귀결이다.

(2) 아버지의 역할

그동안 아버지는 자녀양육에 대해 이차적 책임자로 여겨졌다. 특히 농경사회의 아버지들은 생계유지를 위해 가정경제 담당 역할이 더 컸기 때문에 양육에는 거의 참여하지 않았다. 19세기 이후 심리학과 아동발달 분야가 발달하면서 아버지 역할의 중요성이 부각되었다. 최근에는 맞벌이 및 양성평등 역할의 강조로 많은 아버지들이 양육에 참여하기 시작했다. 아버지와 자녀의 놀이 유형이 어머니의 양육방법과 달라 아버지가 양육에 적극 참여하는 것이 아동발달에 이득이 된다는 것이다. 특히 자녀의 성역할 발달, 사회성 발달, 도덕성 발달, 인지발달에 아버지의 양육이 더 긍정적인 효과를 보인다는 연구결과가 많다. 이런 변화를 수용하지 못하고 권위주의적이고 가부장적인 아버지들은 자녀를 심리적으로 위축시키고 학습능력도 감소시킨다.

2) 부모의 양육태도

부모의 양육태도는 부모 자신이 원가족과 겪은 경험, 사회의 양육 문화, 사회경제적 위치에 따른 가치체계에 따라 달라질 수 있으며, 양육태도의 유형 분류도 다양하다. 쉐퍼(Shaefer, 1959)는 양육태도를 부모의 애정/거부 정도와 행동에 부여하는 자율성 및 통제의 정도를 축으로 하여 애정-자율, 애정-통제, 거부-자율, 거부-통제 네 유형으로 분류했다. 이원영(1985)은 쉐퍼의 검사도구로 한국의 어머니를 대상으로 조사한 결과 연구대상 어머니들은 애정적이면서도 통제를 많이 하는 것으로 나타났다. 전우경과 강정원(2007)이 20여 년 후 같은 도구로 다시 조사한 결과, 자녀에 대한 어머니들의 통제 정도가 조금 낮아지고 애정과 자율성은 더 높아진 변화를 보였다.

바움린드(Baumrind, 1967, 1991)는 부모가 자녀의 요구와 행동에 대해 반응하는 정도와 자녀에게 요구하는 정도에 따라 양육태도를 네 가지 유형으로 나누었다(〈표 3-1〉 참조).

가장 바람직한 양육태도는 부모가 자신의 권위를 지키면서도 아이의 인격을 존중하며 자유와 선택을 허용하는 것으로 아이가 사랑받고 있다고 느끼게 하는 양육태도이다. 부모의 애정과 권위가 균형을 이루는 이 유형의 양육태도는 아이가 자유롭게 느낄 뿐 아니라 자신에게 필요한 것들을 자율적으로 선택할 수 있고 다른 사람 특히 부모를 존중·존경하게 될 것이다. 가장 바람직하지 않은 양육태도는 아이를 사랑하지 않을 뿐 아니라 허용할 수 있는 한계선을 넘어 방임하는 양육태도를 갖고 있는 경우이다. 이런 부모는 아이의 정서를 불안하게 만들고, 아이 스스로 '해야 할 행동과 하지 말아야 할 행동'을 배울 수 있는 기회를 주지 않아 문제아가 되게 한다. 아이를 사랑하지만 잔소리를 심하게 하거나 지나치게 아이의 행동을 통제하면 아이는 눈치를 보게 되어 바람직하지 않다. 말로는 아이를 사랑해서 통제한다고 하지만 아이는 자신이 부모로부터 사랑받는다고 생각하지 않는 경우가 많다.

〈표 3-1〉 바움린드의 양육태도의 유형

반응의 수준　　　요구의 수준	반응이 활발함 (수용적이고 아동 중심적인 양육)	반응이 부족함 (거부적이고 성인 중심적인 양육)
적절히 요구하는 부모 (자녀에게 알맞게 기대하는 양육)	권위있는(Authoritative) 신뢰와 존중의 관계, 서로의 입장을 배려, 의미있는 의사소통, 다양하고 충분한 의사소통	권위주의적인(Authoritarian) 통제적, 개인의 차이를 존중하지 않는 관계, 한 방향으로만 흐르는 소통으로 의미전달 불가능
부적절하게 요구하는 부모 (자녀에게 기대하지 않는 양육)	허용적인(Permissive) 자녀의 지나친 응석을 받아줌. 자녀가 무리한 요구를 해도 통제 안 함, 훈육을 거의 하지 않음	거부적이고 냉담한 (Uninvolved/Neglectful) 무관심, 부족한 의사소통, 엄격함의 결여, 애정적이지 않은 양육

Storytelling

　　고레에다 히로카즈 감독의 영화 〈아무도 모른다〉는 1988년 도쿄 '스가모 아동방임사건'을 소재로 하였다. 아이들을 트렁크 가방에 숨겨 셋집으로 이사하는 영화의 첫 장면은 이 가정에 남다른 사정이 있음을 짐작하게 한다. 엄마는 장남 아키라만 아파트 사람에게 소개하고 나머지 아이들은 숨겨서 데려온 뒤 집에서 4남매를 키운다. 아이들이 학교도 가지 못하고 집 안에서 숨어 지내는 이유는 엄마가 미혼인 상태에서 태어나 출생신고를 하지 못했던 탓이다. 어느 날 엄마는 새로운 남자를 찾게 되고 그와 동거하기 위해 아이들에겐 얼마의 돈

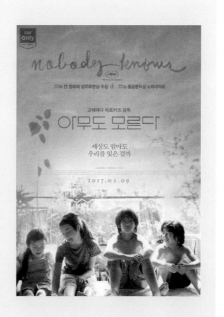

만 남긴 채 처음은 몇 주, 그 다음은 몇 달, 그러고는 이내 성까지 바꾼 뒤 잠적해 버린다. 더 이상 돈도 들어오지 않는 상황에서 생활비가 점점 바닥나지만, 장남인 아키라는 동생들과 헤어지기 싫어 계속 살아낸다. 집에 전기도 수돗물도 끊어지자, 아이들은 매일매일 공원에서 머리를 감고 빨래를 한다. 그리고 학교를 가지 않고 따돌림 당하는 소녀 사키를 만난다. 사키는 아키라와 3남매의 친구가 된다. 아키라는 동생들을 굶기지 않고 보호하기 위해 발버둥을 치지만 결국 막내 동생을 잃게 된다. 아키라와 사키는 막내동생의 살아 생전 소원을 이루어 주려고 시신을 가방에 담아 공항 비행기가 뜨고 내리는 곳에다 그토록 원했던 초코빵과 함께 묻는다. 영화에서는 엄마가 돌아오지 않는다. 남루한 네 아이가 횡단보도에서 나란히 서있는 모습으로 끝이 난다.

그러나 이 영화의 소재가 된 1988년의 실화는 더욱 비참했다. 아이들은 엄마가 사망한 형제의 사체를 포장하여 유기한 것을 보았었다. 친구들과 먹을 것을 두고 다투다가 동생이 숨지자 이전에 엄마가 했던 대로 시신을 포장해서 방치했으나 허술하게 처리하여 결국 집주인의 신고로 매스컴에 공개되었다. 엄마가 자수하며 나타나 재판을 받았고, 남매들은 보호시설로 뿔뿔이 흩어졌다고 한다.

Q1. UN이 정한 아동의 권리 중 아키라 남매가 누리지 못한 권리는 무엇인가?

Q2. 왜 이 아이들의 존재와 상황을 아무도 몰랐을까?

Q3. 이 가족이 만일 우리 마을에 있다고 가정하면, 우리 사회는 어떤 형태의 지원을 할 수 있을까?

Q4. '한 아이를 키우려면 온 마을이 필요하다.'는 아프리카의 속담과 아키라 가족의 사례는 우리에게 어떤 교훈을 주는가?

제 **4** 장

가족 유형과 지원

1. 맞벌이 가족

1) 맞벌이 가족의 특성

결혼한 부부가 모두 직업을 가진 경우를 맞벌이 가족이라고 한다. 우리나라는 여성의 교육수준이 높아지고 경제활동이 증가하면서, e나라지표에 의하면 2015년 현재 10가구 중 4가구가 맞벌이 가족이다. 기혼 여성의 취업은 가족의 생활 전반에 영향을 미쳐 가족 관계 및 가족역할의 변화로 이어진다. 다른 부모와 마찬가지로 맞벌이 부모들도 자녀의 양육과 교육에 관심이 많다. 대부분의 가정이 '자녀 양육비 마련'과 '생활비의 부족'문제를 해결하기 위해 맞벌이를 시작하지만 '자녀에 대한 육아 소홀'의 어려움을 견디다 못해 결국 '자녀를 양육할 사람이 없어서' '자녀 양육을 직접 하기 위해서' 직장을 그만둔다. 자녀가 어릴수록 맞벌이 가족의 비율이 적어지고, 평균 취업시간도 줄어드는 상태에서 여성의 경제활동 참가율은 지난 10년간 정체되고 있다.

돌봄에 대한 요구가 높은 영유아기 자녀를 둔 맞벌이 부부 10쌍 가운데 6쌍은 조부모나 친인척으로부터 양육 도움을 받고 있지만, 자녀 양육기에 해당하는 30대 여성의 경제활동 참가율이 M자형 곡선으로 나타나는 것은 자녀 돌봄의 문제로 인해 직장을 그만두는 경우가 많기 때문이다(송혜림, 2012). 영유아기 자녀를 둔 어머니는 일과 가족을 양립하는 데 많은 어려움을 겪는다. 다중역할로 인한 시간 부족, 신체적 피로, 자녀에 대한 죄책감 등을 경험하며 맞벌이 가정의 어머니는 아버지에 비해 더 높은 수준의 역할 갈등을 경험하게 된다.

맞벌이 가족의 아버지 또한 변화된 시대에 적응하며 새로운 역할을 수행하기 위해 많은 노력을 기울이고 있다. 그러나 가부장적이며 권위적인 남편과 아버지 역할을 보면서 성장하였기 때문에 가치관 혼란으로 인해 겪는 어려움이 크다. 경제적 가치를 추구하는 성향이 높은 사회에서 맞벌이를 하며 가정경제를 위해 애쓰지만 전통적인 남성 역할에 대한 고정관념의 영향으로 생계부양의 책임자로서의 위상이 낮아져 스스로 위축되는 경우가 많다. 또 자녀양육과 가사에 참여하려고 해도 배운 적도 없고 익숙하지 않아 '부족한 남편이자 아버지'로 비춰지면서 노고를 인정받지 못하고 갈등을 겪는다. 그러나 최근 사회 전반에 걸친 양성평등적 인식의 변화와 아버지 자신의 역할 변화에 대한 욕구가 높아지고 있으므로 앞으로 긍정적인 변화가 기대된다.

2) 맞벌이 가족의 부모 지원

맞벌이 여부 자체가 부모의 양육행동과 영유아의 발달에 긍정적 또는 부정적 영향을 미치지는 않는다. 맞벌이 부부의 환경적 요인, 즉 배우자나 부모 그리고 직장

동료의 정서적 지지와 사회적 지지의 수준, 그리고 주변의 지지에 대해 맞벌이 부모가 지각하는 정도에 따라 그 영향력은 달라진다(김연, 2011). 또한 맞벌이 가족이 일-가정을 양립하기 위해 노력하는 과정에서 가족이 심리적, 물리적으로 지원하면서 함께 노력할 때 부모의 맞벌이는 아이의 발달에 긍정적 영향을 줄 수 있다. 그러므로 지나치게 걱정하기보다는 적극적인 자세로 맞벌이 가족의 문제를 해결하기 위해 노력하는 것이 바람직하다. 영유아교육기관에서 맞벌이 가족의 부모를 지원할 수 있는 구체적인 방법은 다음과 같다.

- 부모와 교사 간 직접적이고 빈번한 교류: 자녀와 함께 지내는 시간이 많지 않아 불안감이 큰 맞벌이 부모는 교사와 양방향적인 의사소통을 하고 싶은 욕구가 크므로 구체적으로 등·하원지도, 알림장, 전화통화, 부모면담 등을 통해 자녀에 대한 정보를 충실히 제공한다.
- 부모교육에 대한 접근성 고려: 맞벌이로 인한 시간적 제약을 극복할 수 있도록 맞벌이 부모가 처한 환경과 상황에 맞는 적절한 정보 및 부모교육 내용을 인터넷, SNS 등을 활용해서 온라인-오프라인의 방법을 병행하여 제공한다. 지역사회에서 제공하는 부모교육 정보를 알려주며, 영유아교육기관에서 부모교육을 계획할 때는 직장 근무시간을 고려하여 하고, 그에 따른 일정을 조정할 수 있도록 3~4주의 시간을 두고 공지한다.
- 양육죄책감의 인식 전환: 맞벌이 가정의 부모가 경험하는 양육 스트레스의 정도, 타인 양육에 대해 느끼는 죄책감의 정도가 일-가정의 갈등에서 중요한 요인으로 작용하므로(이재림, 손서희, 2013) 맞벌이에 대한 죄책감에서 벗어나고 고정관념을 변화시켜서 맞벌이로 인해 달라지는 상황에 적응할 수 있도록 지원한다.
- 양성평등적 양육참여 증진을 위한 기회 제공: 양성평등적인 육아를 위해 부모교육 프로그램을 제공한다. 예를 들어, 아버지 대상의 부모교육과 참여 프로그램을 다양하게 실행한다.

• 가족연계 프로그램의 제공: 직장 일과 가사 두 가지에 충실해야 하는 부담으로 인해 부모와 자녀 간의 대화와 놀이가 부족해질 수 있다. 이를 예방하는 데 도움이 되는 교육과정 경험을 가정에서 할 수 있도록 구체적인 활동의 기회를 제공한다.

2. 한부모 가족

1) 한부모 가족의 정의와 특성

한부모 가족이란 '18세 미만의 아동을 양육하는 자로 배우자와 사별, 이혼 혹은 유기된 자, 미혼자와 그 자녀'로 구성된 가정이다(여성가족부, 2015). 1997년부터 부정적인 결손의 의미가 강한 '편부모'라는 용어 대신 '하나이며 동시에 하나로도 충분히 온전하다.'라는 의미의 '한부모'라는 용어를 사용하고 있다(박성석, 오정아, 이영주, 최경화, 최금해, 2009).

전체 가구의 10% 내외에 해당하는 한부모 가정은 미혼부모의 발생과 별거 및 이혼의 증가로 인해 가족의 유형이 다양해지면서 앞으로 더 증가할 것으로 보인다. 사별에 의한 한부모 가족은 감소하는 반면, 이혼에 의한 한부모 가족이 더 많아지고 있으며, 모자 가족이 부자 가족보다 많다.

가족해체를 경험한 한부모 가족은 가족체계의 균형이 깨지면서 긴장과 불안을 겪게 된다. 한부모는 경제적 어려움, 부모역할을 혼자 수행해야 하는 부담감, 자녀양육 부담의 문제에 직면하게 된다. 한부모 중 '모자 가족'이 당면한 가장 큰 문제는 경제적 어려움이다. 대부분의 모자 가족은 주 부양자였던 아버지의 부재로 인해 소득이 감소하거나 없어지기 때문이다. 이로 인해 어머니는 생계유지를 위해 직업 전선에 나서지만, 재취업의 어려움, 경력단절, 자녀양육문제 등으로 부자 가족보다 경제적으로 더 취약한 상황에 놓인다. 애착형성의 결정적 시기인 영아기에 아버지와 분리되어 성장하게 되는 아기들은 인생초기부터 많은 문제를 갖게 될 수 있다. 또 아버지의 부재는 공정함, 모험심, 관용, 정의, 객관성 등 세상에 적응하는 데 필요한 사회적 덕목을 배우는 것을 어렵게 한다.

　아버지가 혼자 아이를 키워야 하는 '부자 가족'은 모자 가족보다 더 많은 문제에 봉착하게 된다. 양육방법을 제대로 몰라 자신감이 없는데다가 어린아이들이 보일 수 있는 자연스러운 행동도 문제로 여겨 아이를 학대하는 경우가 종종 발생한다. 예를 들어, 아이는 애착을 형성해 왔던 엄마와 떨어져 정서적으로 불안해져서 울거나 칭얼거리는데 영아발달이나 양육방법에 대한 지식이 없는 아버지는 자신의 권위에 대한 도전으로 여기고 아이에게 신체적, 언어적 폭력을 행사하는 경우가 있다. 어머니의 부재로 인해 생존과 안정에 대한 욕구가 충족되지 않고 의식주 문제가 해결되지 않아 방임되기도 한다. 자녀교육에 직접적인 영향을 미치는 어머니의 부재는 자녀의 전반적인 발달 영역에서 어려움으로 작용하기 쉽다. 또한 아버지가 자녀양육과 가사를 함께 하면서 직장생활을 해야 하기 때문에 직업 선택의 범주와 기회가 적어지고 취업의 불안정성이 높아져 경제적 어려움이 커지는 경우가 많다.

　한부모 가족의 자녀는 양부모 가정의 자녀와 다르다는 부정적인 인식과 사회적 편견으로 위축되는 경우가 많아 다른 사람과 친밀한 관계를 맺기 어려워한다. 모자 가족의 아들과 부자 가족의 딸은 바람직한 성역할 모델을 가까이에서 찾을 수 없는 어려움을 겪게 될 수 있다. 일반적으로 남아가 여아보다 성역할을 학습하는 데 더 큰 어려움을 겪는 경우가 많고, 모자 가족에서 자란 여아는 어른이 되었을 때 이성과 애정 관계 형성을 두려워하거나 성에 대해 자연스럽게 반응하지 못한다. 아버지의 부재는 침착한 사고와 논리적인 추론이 요구되는 수학적 과제나 문제해결과제를 잘 해내지 못하게 하는 반면, 어머니의 부재는 언어발달에 부정적인 영향을 줄 수 있다.

　한부모 가족의 경제적·정서적 문제를 해결하기 위해 2008년부터「한부모가족지원법」을 근거로 저소득 한부모 가족 복지급여, 청소년 한부모 자립지원 복지급여, 주거와 교육 및 양육지원, 근로소득공제 등 한부모 가족 지원을 실시하고 있다 (여성가족부, 2015). 한부모 가족의 문제는 사회 전체가 공유하고 지원해야 할 사회적 문제이기 때문이다.

2) 한부모 가족의 부모 지원

한부모 가족의 불안정성을 극복하고 독립된 양육자로서의 정체감을 발달시켜 사회적응력을 높일 수 있도록 영유아교육기관에서 한부모 상담을 통해 지원할 수 있는 구체적인 방법은 다음과 같다.

- 죄책감을 갖지 않도록 주의하기: 아이들은 한부모 가족이 된 원인을 자신의 탓으로 생각하며 심한 죄책감을 가지기 쉽다. 필요한 경우 한부모 가족이 된 과정에 대해 아이가 이해할 수 있는 만큼 알려주고, 아이의 잘못이 아님을 분명히 말해 주어야 한다.
- 부모의 죽음, 이혼에 대해 자녀에게 알리기: 한부모 가족이 된 원인에 대해 거짓말하거나 미화시키지 말고 아이의 발달 수준을 고려하여 이해하도록 돕는다. 죽음을 이해하기 어려운 어린아이에게는 그림책, 드라마 등의 간접 경험을 통해 이해할 수 있도록 돕는다.
- 한부모의 양육 스트레스, 우울감 완화를 위한 긍정적 지원하기: 생계 유지 및 한부모 양육에 대한 부담감이 높아 힘든 한부모의 행복감을 높일 수 있도록 노력한다. 용기를 주는 말, 자녀를 칭찬하는 교사의 말 한마디도 큰 힘이 될 수 있다.
- 한부모 가족 자녀의 문제행동 지도하기: 한부모 가족의 특성상 훈육기회의 부족, 자녀에 대한 안쓰러움과 미안함으로 인한 과잉보호 등으로 여러 가지 문제행동이 나타날 수 있다. 건강한 자아감을 발달시킬 수 있도록 아이의 강점을 강화하고 가족의 건강성을 증진하는 교사의 지속적인 노력이 요구된다.

3. 재혼 가족

1) 재혼 가족의 정의와 특성

재혼 가족은 적어도 한쪽 배우자 또는 새로 결합한 부부 두 사람이 다 자녀를 두고 있는 상태의 가족이다. 이 가족의 자녀들은 부모 중 한 명은 친부 또는 친모이고 다른 한 명은 재혼으로 맺어진 새아버지 또는 새어머니이다. 계부모 가족, 재구성 가족, 결합 가족, 복합 가족, 혼합 가족, 이중 핵가족 등으로 다양하게 불리는 재혼 가족은 전체 혼인의 1/5에 해당(통계청, 2015)할 정도로 계속 증가하는 추세이다. 이혼 후 재혼하는 가족이 사별 후 재혼하는 가족보다 10배 이상 많고(통계청, 2012), 재혼모 가족보다는 재혼부 가족이 더 많다(김영옥, 2012).

핵가족과 달리 재혼 가족은 다양하고 복잡한 문제를 안고 있다. 초혼 가족이 갖는 보편적인 문제뿐만 아니라 재혼부모-친부모의 갈등, 재혼부모-재혼자녀의 갈등, 자녀들 간의 갈등, 전 배우자와의 갈등까지 더해져 어려움이 크다.

재혼 가족의 갈등에 잘 대처하기 위해서는 재혼 가족의 적응과정에 대해 이해해야 한다. 성공적으로 적응한 안정형의 재혼 가족도 평균적으로 3~5년(김효순, 2006)의 갈등 과정을 거치면서 가족의 재구조화가 이루어진다. 재혼 가족의 초기에 재혼부모는 낭만적인 재혼 가족 신화(myth)의 영향을 받으며 강한 책임감과 높은 기대를 가지고 열정적으로 재혼자녀를 양육하려고 한다. 이를 통해 재혼자녀로부터 즉각적인 애정을 받을 수 있을 것으로 비현실적인 기대를 하지만 실망으로 이어지는 경우가 많다. 재혼 가족 중기는 재혼부모와 재혼자녀 모두에게 고통이 수반되는 통과의례적 과정이다. 재혼부모가 친밀한 관계를 형성하기 위해 계속 노력함에도 불구하고 재혼자녀는 저항하고 적개심을 보이며 부정적으로 반응하는 상황이 반복되기 쉽다. 친부모에 대해 재혼자녀가 가질 수 있는 그리움을 이해하고 재혼부모 역시 부모임을 인식할 수 있도록 노력하면서 재혼 가족이 서로에게 적응할 수 있는 시간이 필요하다. 현실을 직시하려는 노력을 통해 가족 체계의 재구조화가 이루어지는 후기에 이르면 가족구성원들이 안정적인 관계를 유지하면서 재혼부모와 재혼자녀 사이의 친밀감이 활성화된다.

자녀에게 부모의 재혼은 새로운 가정의 출발이자 힘겨운 적응의 시작이기도 하다. 재혼자녀는 연령을 막론하고 3L, 즉 상실(loss), 충성심 갈등(loyalty conflict) 그리고 통제력의 부족(lack of control) 문제로 인한 '혼란'을 겪게 된다(Visher & Visher, 2003). 부모의 재혼은 자녀가 한쪽 부모, 익숙한 형제자매와 이별해야 하는 상실을 야기한다. 언젠가는 친부모와 다시 결합하여 함께 살 것이라는 환상을 품고 있는 자녀의 입장에서 재혼부모는 자신의 희망을 방해하는 대상이라고 느껴져 적대적인 감정을 갖기 쉽다. 또한 이전과는 다른 재혼부모의 양육방식을 거부하면서 갈등을 빚는 경우가 많다. 재혼부모로 인해 친부모가 자신에게 할애하는 시간과 관심이 줄었다고 생각하거나, 새로운 가족도 이혼으로 끝나거나 자신을 버릴지도 모른다는 두려움을 겪기도 한다. 부모의 사랑과 물질적 지원에 대한 경쟁과 갈등, 가족의 크기나 가족 내의 위치의 변화로 인한 스트레스도 크다. 이와 같은 심리적 갈등이 재혼부모와의 갈등, 편애, 방임, 학대, 가정불화 등으로 이어지기도 한다.

재혼 가족의 자녀가 새로운 가족에 적응하고 발달하기 위해서는 그들이 겪은 경험과 현실적으로 당면한 상황에 대한 이해를 바탕으로 적절한 교육과 지지가 제공되어야 한다. 무엇보다 중요한 것은 재혼 가족의 자녀가 겪은 친가족의 상실을 충분히 애도할 수 있는 기회를 갖는 것이다. 비난받지 않고 자신의 슬픔을 인식하고 표현하면서 감정을 확인할 수 있어야 새로운 관계에 대한 수용능력이 생긴다. 상실감을 충분히 애도하지 못하면 재혼부모에 대한 거부나 자신에 대한 과도한 방어, 새로운 부부관계를 시험해 보면서 재혼 가족의 유대 형성을 방해할 수 있다. 재혼부모의 입장에서 자녀의 부정적인 감정을 인내하는 것은 어려운 일이지만 자녀가 느끼는 감정을 인정하고, 이를 자연스럽게 말로 표현할 수 있는 기회를 제공하면서 정서적으로 지지해야 한다. 자기중심성이 강한 아이가 느낄 수 있는 부모의 이혼에 대한 죄책감, 자신에 대한 무기력감, 세상에 대한 통제력의 부족 문제는 연령에 적합한 자율성과 건강한 자존감의 발달을 통해 극복할 수 있다. 재혼자녀들은 결혼관계를 지키지 못한 친부모에게 분노를 느끼면서도 그들의 애정을 잃는 것이 두려워 재혼부모에게 분노를 투사하는 경향이 있으므로 재혼부모에 대한 분노를 수용하고 명료화하는 과정도 필요하다. 이와 더불어 부모가 자신을 사랑하고, 그 사랑이 변함없음을 신뢰할 수 있도록 부모와 자녀가 함께 하는 시간을 충분히 가져야 한다. 정기적인 가족모임은 소속감과 가치감을 느낄 수 있는 좋은 기회가 된다.

2) 재혼 가족의 부모 지원

이혼이나 사별의 상실을 극복하고 가정의 재구성을 통하여 손상된 가족 기능을 회복하며 가족의 건강과 행복을 도모할 수 있다. 실제로 자녀는 재혼 가족에서 생활수준의 향상, 성인역할 모델의 확보, 안정적인 성인의 보호 경험, 대인관계 기술향상, 문제해결 능력 증진 등의 긍정적인 변화를 경험할 수 있기 때문이다. 영유아교육기관에서 재혼 가족의 부모 역할을 지원하기 위한 구체적인 방법은 다음과 같다.

- 친부모 상실감에 대한 아이의 부정적 정서 수용하기: 친부모의 사별, 이혼으로 인한 어려움도 크지만, 재혼으로 인해 친부모와의 관계를 재정립해야 한다는 심리적 부담으로 부정적 정서를 가지는 것은 자연스러운 일이다. 아이의 재혼 가족에 대한 적응 전이 과정에서 보이는 불안정한 정서를 인정하고 수용하는 태도를 보이도록 한다.
- 재혼으로 인한 가족관계의 차이에 초점을 두지 않기: 영유아교육기관에서의 행정 실수나 부주의함으로 아이의 재혼 가족사에 해당하는 개인정보가 유출되지 않도록 유의한다. 재혼 가족의 특성으로 인해 드러나는 차이 문제로 아이가 상처받지 않도록 유의한다. 예를 들어, 계부모와 계형제와 성(姓)이 다른 것, 형제의 수가 상대적으로 많은 것, 계부모와 아이의 생김새가 다른 것 등과 차이를 부각시키지 않도록 한다.

- 하원 시 귀가 보호자에게 책임 인계하기: 이혼한 친부모가 재혼부모의 동의 없이 자녀를 데려가면 재혼 부모가 자녀의 행방을 알 수 없어 문제가 일어날 수 있으므로 친부모가 아이를 인계하려고 할 때에는 반드시 양육책임자인 재혼 부모의 동의 여부를 확인하도록 한다.

- 계부모와 아이의 관계 증진을 위해 도움주기: 계부모와의 애착을 형성할 수 있는 양육방법과 놀이 상호작용을 할 수 있는 개별 지원 및 참여 프로그램을 마련한다. 재혼 부모가 아이와 친부모의 관계 유지에 대한 상담을 요청할 경우에는, 재혼 자녀의 친부모에 대한 마음을 인정하지만, 가급적 재혼 부모와 자녀 간의 관계 형성 시간과 기회 역시 충분하게 주어져야 하므로 일정 기간 친부모와의 만남은 규칙을 정하여 지킨다.

- 재혼부모로서 자녀 훈육에 어려움이 있는지 살피고 지원하기: 재혼자녀를 대할 때 정서적으로 위축되거나 생활지도에 소극적이거나, 허용적으로 대하여 행동문제가 발생하기도 한다. 반면, 이와 반대로 재혼부모의 지나치게 권위적, 통제적인 양육으로 가족 간 갈등이 심해져 아동학대가 일어나기도 한다. 새로 맺은 가족 체계 내에서 민주적인 훈육을 할 수 있도록 지원한다. 훈육의 문제로 인한 방임이나 학대의 문제가 생기지 않도록 재혼부모의 양육 스트레스와 어려움에 대해 지원하는 상담을 수시로 한다.

- 재혼 가족의 보호요인을 강화하는 부모 상담하기: 재혼 부모의 솔직한 자기 성찰, 재혼부모 역할의 한계 수용, 긍정적 사고에 근거한 현실적 대처 등은 양육 스트레스를 줄이는 효과가 있다. 재혼자녀의 친부모 존재에 대한 인정과 배우자의 애정, 신뢰와 지지 등은 가족의 건강성을 높인다. 재혼 가족이 하나의 가족으로 온전히 자리매김하기 위해서는 부부의 유대감을 통해 서로의 자녀를 함께 양육한다는 마음가짐으로 양육책임자로서의 역할을 단순한 양육자보다는 양육결정에 참여하는 적극적인 역할로 할 수 있도록 한다.

4. 입양 가족

1) 입양 가족의 정의와 특성

　입양은 생물학적 과정이 아닌 법적, 사회적 과정을 통해 부모-자녀 관계를 맺어 가족이 되는 것(권지성, 2004; Kadushin, 1980)으로 국내입양의 대상은 대부분 미혼모ㆍ미혼부의 아기들이다. 빈곤, 학대, 미혼 부모 등의 이유로 친생부모와 정상적인 가정생활이 불가능한 아이에게 입양은 영구적인 대리 가정을 제공할 수 있는 최적의 보호형태이다(김유경, 변미희, 임성은, 2010). 그러나 현재「입양 촉진 및 절차에 관한 특례법」의 규정에 따르면 실제 보호자는 있으나 학대 및 방임, 가정 해체 및 경제적인 이유로 시설 및 공동생활에 보호되는 아동, 장기 위탁아동 등은 입양 아동의 자격에서 제외되는 문제점이 있다.

　우리나라의 입양제도는 1995년 변경된「입양 촉진 및 절차에 관한 특례법」과 2005년 개정「민법」에 도입된 친양자 제도에 따라 아동을 위한 복지제도로 전환되었다(김외선, 2016). 그러나 현실적으로는 혈연중심의 가부장적인 가족제도와 입양에 대한 사회의 부정적 편견과 반감이 강하게 작용하고 있는 실정이다. 대부분의 입양 부모가 아동을 친생자로 허위 출생 신고하는 비밀입양을 원하고, 아동에게 입양 사실을 공개하지 않으면서 친부모와의 접촉을 제한하는 경우도 있다.

　입양은 원가정의 보호를 받을 수 없는 아이에게 제공해 주는 영유아복지서비스이므로, 성공적인 입양의 가장 중요한 지표는 아이의 적응이다(변미희, 권지성, 안재진, 최운선, 2015). 입양 후 아이와 부모가 안정적으로 상호 적응하고, 아이의 건전한 발달을 촉진하여 발달적 위기를 극복하고 예방할 수 있는 가장 효과적인 방법은 입양 부모의 역량을 강화하는 것이다. 입양 부모는 입양 아동의 법적인 부모권한을 가진 절대적인 양육자로서, 아동권익의 일차적 수호자이기 때문이다(김외선, 2016).

　입양을 통해 부모가 된 사람들은 '부모자격을 검증 받은, 적극적인, 소수의 부모'

라는 긍정적인 인식이 강하다(김외선, 2016). 그럼에도 입양 부모는 출산이 아닌 입양에 의해 '갑작스러운 부모됨의 부담'을 안고 새로운 부모역할에 적응해야 하는 '역할 핸디캡(role handicap)'을 갖는다(Melina, 1998: 이미선, 2009 재인용). 즉, 입양 부모들은 출산이라는 전통적인 방법이 아닌 입양을 통해 부모가 되는 것에 대해 핸디캡을 경험하게 된다. 실제로 입양 부모는 자녀의 기질이나 유전적 특성에 대해 전혀 알지 못하기 때문에 자녀에 대해 비합리적인 기대를 하거나 불확실성을 수용하는 데 어려움을 겪는 경우가 많다(안재진, 2008). 일반적으로 입양 자녀의 연령이 어릴수록 발달상황 · 정서문제에 대한 입양 부모들의 불안수준이 높고(안재진 외, 2013), 자녀의 건강문제나 청소년기의 탈선 가능성, 친생부모가 나타날지도 모른다는 두려움, 타인에게 입양사실이 알려지는 것에 대한 두려움 등이 많다(김영화, 1997). 입양인식조사(배태순, 허남순, 권지성, 2006) 결과 국내입양을 하는 이들이 가장 우려하는 점이 '양육에 대한 부담감'으로 나타난 것은 양육과 관련된 막연한 두려움을 드러내는 것으로 볼 수 있다.

그러나 입양 이전에 아이가 겪은 경험들, 입양 부모의 불임, 친가족과의 관계 등의 차이 외에는 입양 부모의 자녀 양육은 일반 부모와 크게 다르지 않다. 그러므로 입양 부모는 자신의 부모됨에 대해 자신감을 갖고 입양 자녀의 양육과정에서 발생 가능한 여러 상황에 대해 좀 더 분명하고 구체적으로 준비하는 것이 건강한 부모역할 수행에 도움이 된다(이미선, 2009). 입양 부모가 역할 핸디캡을 극복하기 위해 노력하면서 바람직한 양육행동을 보일 때 입양된 아이는 심리사회적으로 건강하게 적응할 수 있다(박미정, 2008). 입양 가족의 발달단계와 입양 자녀의 발달특성에 대한 이해, 그리고 사회적 지지를 통해 현실적인 적응을 하는 것이 무엇보다 중요하다. 입양 가족이 겪는 스트레스를 감소시켜 줄 수 있는 따뜻한 배려, 공감, 지지, 입양에 대한 개방과 정직성, 무조건적으로 수용하는 온정적인 양육행동의 중요성을 인식하고 실천하는 것이 역할 핸디캡을 극복할 수 있는 구체적인 방법이 될 수 있다.

입양 부모의 역할은 친양자 탄생 신고하기, 자녀발달 촉진시키기, 입양 사실 말해 주기, 입양 자녀가 자신에 대해 알 권리 보호하기 등이다(김외선, 2016). 이 중 가장 중요한 역할은 입양 자녀를 가족의 구성원으로 받아들이기 위해 자녀와 애착관계를 맺는 것이다. 이 시기에 형성된 부모-자녀 관계의 질이 이후의 관계에 영향을 미치기 때문이다(Rosenberg, 2007). 양부모와 자녀의 애착은 아이가 입양 전에 친부모로부터 분리되는 과정에서 경험한 초기의 분리불안이 크게 영향을 미치지만 양부모와 자녀가 서로를 수용하는 정도, 의사전달, 입양 당시의 연령, 입양 이전의 경험 등 다양한 요인들과 관련된다. 그러므로 양부모는 '입양은 제2의 출산'이고, 애착형성이 인생 전반에 걸쳐서 완성되어 가는 것임을 이해하고 자녀를 민감하게 돌보면서 신뢰감을 형성하고 긍정적인 상호작용을 하여 안정적인 애착관계를 맺어야 한다.

애착이 형성된 후 이어지는 허니문 기간에는 양부모가 입양에 대해 현실적인 기대감을 가지는 것이 중요하다. 1년 이상의 입양과정이 끝나고 자녀가 집에 도착하면 양부모는 부모로서 하고 싶었던 여러 가지 일을 실행해 보면서 양육의 기쁨을 느끼게 된다. 하지만 예상치 못한 상실감, 무기력감, 거부감도 느낄 수 있다. 입양 자녀가 심리적으로 이전 양육자와 밀착되어 있거나 너무 자주 바뀐 양육자로 인해 새 부모를 더 이상 사랑하려고 하지 않는 모습을 보일 때 입양 자녀에 대해 '낯선' 감정을 느끼고 좌절감을 경험하기 때문이다(권지성, 2004). 이때 입양 부모는 자신이 경험하는 감정은 입양 후의 적응 과정에서 누구에게나 자연스럽게 나타날 수 있는 일이라고 인정하고 받아들인다. 또한 입양은 아이뿐만 아니라 아이의 역사까지 함께 입양하는 것임을 분명하게 인식하고, 입양 자녀의 '특별한 욕구'를 이해하여 반응하면서 입양 자녀의 발달을 정상화하려는 노력을 한다(김외선, 2016).

아이의 신체, 자아, 인지, 정서, 사회성 발달 등에서는 입양 아이와 비입양 아이 또는 다른 형태의 보호를 받는 아이와 비교하여 차이가 없거나 일관되지 않은 결과가 나타난 반면, 문제행동 수준은 입양 아이가 비입양 아이보다 더 높게 나타나는 경우가 많다(안재진, 권지성, 변미희, 최운선, 2009). 도벽, 거짓말, 부모에 대한 신뢰감 결여, 비정상적 식사습관, 과도한 관심 끌기, 상황에 대한 부적절한 대처, 자위

행위 등의 정서적 장애와 문제행동이 자주 나타난다(고혜정, 2005). 입양 당시 아이의 연령과 입양 전 경험이 문제행동의 주된 원인으로 작용하는 경우가 많아(안재진, 권지성, 변미희, 최운선, 2009) 출생 직후 입양된 아이들에 비해 1세 이후에 입양된 아이가 적응하는 데 더 많은 어려움을 경험한다(정익중, 권지성, 민성혜, 신혜원, 2011).

입양 자녀에게 문제가 발생했을 때 입양 부모들은 양육 스트레스를 겪으면서 양육효능감, 자아존중감, 자기효능감이 낮아지게 되고, 가족관계에 부정적인 영향을 미쳐 극단적으로는 파양으로까지 이어질 수 있다. 자녀의 문제행동 지도와 관련하여 부모가 교사에게 기대하는 것은 교사의 객관적인 태도와 솔직한 대화, 그리고 실제적이고 구체적인 지도방법의 안내이다. 교사가 부적응행동을 보이는 아이의 상황에 대해 이해하고 교사의 인식이 변화했을 때 부모를 대하는 교사의 태도가 변화되고 부모와 더 깊은 관계를 가질 수 있게 된다(김태인, 박성혜, 2007). 아이의 행동에 대한 정확한 관찰과 다양한 정보를 통해 다각적으로 문제행동을 파악하고, 솔직하게 의견을 나누며 긍정적인 지도방법에 대해 지속적으로 모색해 나가려는 교사의 주도적인 노력이 필요하다.

또한 입양 사실을 입양 자녀에게 알려주는 것은 자녀의 발달과 건강한 자아정체감 형성에 도움이 된다. 자아개념을 형성해 가는 6~8세가 적절하며 더 어린 연령의 아이들은 가족의 구조에 대해 구분을 하지 못하기 때문에 입양에 대해 설명을 해도 혼란스러워하면서, 부모가 혹시라도 자신을 떠나거나 어디론가 보내버릴지도 모른다는 두려움을 가질 수 있다. 입양에 대해 알려줄 때는 자녀를 편안하게 느끼게 해주고 진술하게 얘기한다. 양부모가 입양에 대한 대화를 회피하거나 불편해하는듯한 태도를 보이면 자녀는 입양에 대해 부정적으로 인식하여 상실감에 빠질 수 있고, 친부모에 대해 비현실적인 기대감과 상상을 할 수 있다. 입양 사실을 알게 된 자녀는 친부모에 대해 자기 마음대로 상상하거나 양부모를 당황하게 만드는 질문을 할 수 있다. 서로의 관계에 대한 영속성을 의심하고 불안해하면서 부모를 시험하기, 달라붙기, 닮은 점 찾기 등의 행동을 보이기도 한다. 입양 부모는 자녀가 받게 된 심리적 충격을 이해하고 잘 극복할 수 있도록 노력하면서 현재의 부모-자녀 관계는 확고하다는 것을 알려준다. 이러한 과정은 한 번으로 끝나는 것이 아니라 추상적인 개념인 입양을 이해할 수 있는 발달단계에 맞추어 지속적으로 해야 한다. 자녀가 언제든지 입양에 대해 부모에게 질문하거나 대화할 수 있도록 부모는 인내심을 가지고 여유로운 태도로 대한다. 친부모와 아동과의 관계를 어떤 형식으로 맺고 유지할 것인지는 개별 입양 가족의 상황마다 다르지만, 확대 가족의 관계처럼 발전되는 것이 바람직하다(이미선, 2009).

입양 부모는 사회적 관계망 내의 구성원들에게 입양 사실 공개 여부도 결정해야 한다. 입양 부모의 친구나 이웃, 직장동료, 입양 아동이 다니게 되는 영유아교육기관의 교사와 학부모, 입양 자녀의 또래 등 지속적인 관계를 맺게 되는 이들에게 입양을 공개하는 것은 입양 가족의 적응에 긍정적인 영향을 미칠 수 있다. 교사는 유아의 입양 사실을 알게 되었을 때 극단적인 칭찬 또는 부정적인 조언을 하기보다는 애착형성과 유아발달에 대한 정보 및 양육기술을 제공하여 안정적으로 새로운 가족에 적응할 수 있도록 지원해 주어야 한다.

2) 입양 가족의 부모 지원

입양 가족 대상의 부모교육은 부모가 입양 자녀를 사랑할 준비가 되어있는 입양 초기부터 예방적 차원에서 입양 아동의 발달단계에 따라 지속적으로 시행하는 것이 효과적이다(김외선, 2016). 가족 갈등이 심화되고 부모역할의 효능감이 낮아지는 경험이 반복된 후에는 부모교육의 효과를 기대하기가 더 어려워진다. 영유아교육기관에서 입양 가족의 특성에 대한 이해를 중심으로 제공할 수 있는 구체적인 부모역할 지원 방법을 살펴보면 다음과 같다.

- 입양 자녀와 애착형성을 할 수 있는 기회 제공하기: 애착형성에 도움을 주기 위한 다양한 놀이와 양육적인 상호작용의 원리를 소개하는 부모교육, 부모참여와 상담을 제공한다.

- 입양 부모의 양육효능감 증진 지원하기: 입양 부모의 부모역할에 대한 기대 수준이나 자녀에 대한 요구 정도가 너무 높은 것은 양육불안감을 가중시키고, 양육효능감을 낮추어 가족 건강성을 해칠 수 있다. 자녀의 발달에 적합한 기대를 할 수 있도록 자녀의 행동과 관심사에 대해 긍정적이고 낙관적인 태도를 가지도록 지원한다.
- 부모역할 안내하기: 입양 시점이 근접한 시기에는 갑작스러운 가족체계의 변화, 정체성 혼란과 역할 갈등으로 인해 양육 스트레스가 높다. 입양은 자녀만의 적응이 아니라 부모들의 적응도 주요 과제임을 인지하고, 영유아교육기관에서 요구하는 부모역할에 대한 안내를 충실히 따른다.
- 입양 부모와 자녀의 생물학적 차이를 부각하지 않기: 대다수의 입양 부모는 다른 부모들에 비해서 연령이 높으며, 부모를 닮지 않은 외모와 유전적 특성을 가지고 있다. 영유아교육기관에서 그 차이가 두드러지지 않도록 유념하고, 아이의 가족에 대한 개인정보가 유출되지 않도록 유의한다.

5. 다문화 가족

1) 다문화 가족의 정의와 특성

한국 사회는 다인종, 다민족, 다문화 사회로 바뀌고 있다. 전체 혼인 건수의 약 8.0% 이상이 국제결혼이며, 이 중 절반 이상(63.6%)이 여성 외국인이다(통계청, 2015). 2014년에 다문화 학생이 전체 초·중·고 학생의 1%를 넘어섰는데(교육과학기술부, 2015), 2020년 이후에는 20세 이하 인구 5명 중 1명, 신생아의 1/3이 다문화 가족 자녀가 될 것으로 추정되고 있다(장영희, 김희진, 엄정애, 권정윤, 2007).

다문화 가족이란 다른 문화적 배경을 가진 사람들이 결혼하여 자녀를 낳아 가족이 된 가정을 말한다. 결혼이민자 가정, 이주 근로자 가정, 북한이탈가정(새터민)

등이 포함된다. 결혼이민자 가정은 아버지가 한국인, 어머니는 동남아시아, 동아시아의 개발도상국 또는 저개발국 출신의 외국인으로 형성된 경우가 많다.

　다문화 가족은 그들이 처한 고유한 사회생태학적 특성으로 인해 취약성이 높다. 전체 이민자 가구 중 절반 이상의 가구는 소득이 최저생계비 이하이다. 또한 이혼 건수가 해마다 증가하여 이혼 증감률이 44.5%에 달하고 있다. 북한이탈주민 중 가장 많은 연령대인 20~30대 청장년층은 남한에서 결혼하여 자녀를 낳아 양육하거나 영유아기 자녀를 동반하여 탈북한 경우가 대부분이다. 다문화 가족의 안정적 생활과 사회통합을 위해 2008년부터 시행된 「다문화가족지원법」에서는 다문화 가족의 자녀를 배려한 교육기회를 마련할 것과 영유아교육기관부터 편견 없는 교육과정을 편성·운영할 것을 적시하고 있다.

　결혼이민자 여성들이 겪는 가장 큰 어려움은 의사소통의 문제이다. 자녀와 정서적인 의사소통이 충분히 되지 않아 자녀 지도에 대한 효능감이 낮고, 자녀교육 관련 정보를 얻기 어려워 자녀교육에 대한 불안감이 매우 높다. 또한 한국의 문화를 인식하고 한국의 생활에 적응하기 위해 필요한 기초적인 사회적 기술을 습득하는 데도 의사소통의 어려움은 장벽으로 작용한다. 한국의 가부장적인 가족 가치관 때문에 남편이 자녀양육이나 가사일을 돕는 것이 중요함을 깨닫지 못하고, 또 근로시간이 길어 남편들이 가사 및 양육에 도움을 주기 어려운 상황 등이 중첩되어 다문화 가족의 자녀양육 문제로 이어지는 경우가 많다. 외국인 근로자 가정은 그 문제가 더 심각하여 자녀가 학령기임에도 불구하고 거주지의 불안정, 경제적 어려움, 신분 노출 우려 등의 이유로 교육으로부터 방치되는 경우가 상당히 많다.

　가족은 최초의 문화전달 매개체이므로 다문화 가족의 부모가 겪는 심리사회적 가치관과 신념의 혼란, 그리고 가족 간 갈등은 그대로 자녀교육에 반영되기 쉽다. 그러나 다문화 가족의 부모는 이와 같은 문제를 적극적으로 해결하기보다는 심리적 위축으로 아무 일도 못하고 무기력하게 있는 경우가 많다(전홍주, 배소영, 곽금주, 2008). 다문화 가족 부모의 무력감은 부정적 정서를 일으키고 이런 불안정한 정서는 자녀에게 영향을 미쳐 갈등과 가정불화로 이어진다(노충래, 홍진주, 2006). 이 모든 어려움은 장기적으로 자녀의 학습 부진, 학교 부적응, 퇴교로 이어지는 악순환의 고리에 놓여 있다.

이를 해결하기 위해 교사는 열린 마음으로 다문화 가족의 부모를 만나고 부모는 물론 아이들과도 친밀한 관계를 맺도록 노력한다. 교사는, 다문화 가족의 부모는 부모로서의 적절한 역할 수행에 어려움이 있으므로 이를 해결해 주고 도와주어야 한다는 문화결핍 모델(cultural deficit model)의 관점(견주연, 하은실, 정계숙, 2012), 소수집단의 사람들이 주류집단의 가치와 규범, 생활방식 등을 따라야만 한다고 생각하는 동화주의(assimilation)적 관점, 문화적 다양성을 인정하는 다문화주의(multi-culturalism)적 관점 중에 다문화주의적 관점을 가져야 한다. 그래야 다문화 가족 부모의 강점을 중심으로 역량을 강화할 수 있도록 돕고 개별화된 수요자 중심의 부모교육 프로그램을 제공하여 새로운 양육 환경에 적응하도록 적극 지원할 수 있다. 다문화 가족의 부모를 다른 언어와 문화의 효과적인 전달자로 인식하고 그들을 인적 자원으로 활용하는 교육(외국어교육자원봉사, 영어보조교사활동 등) 등이 이에 해당한다. 이러한 노력으로 다문화 가족의 부모는 고향에서 익숙했던 양육신념에 한국의 사회환경에서 요구하는 새로운 양육신념을 통합해 적절한 양육신념과 행동을 찾게 될 것이다.

다문화 가족의 부모는 교사와의 의사소통, 자녀의 기본생활습관 지도, 다른 부모들과 관계 맺기에 어려움이 커 걱정이 많다. 언어적 문제 때문에 심리적 거리감을 느껴 교사 상담을 두려워하므로 교사가 먼저 접근해야 한다.

영유아교육기관은 자녀뿐만 아니라 다문화 가족의 부모들에게도 접근 가능성이 가장 높은 사회관계망이다. 그러므로 영유아교육기관은 다문화 가족 부모들에게 자녀양육과 사회적응을 위해 필요한 생활공동체로서의 기능을 강화해야 한다. 다문화 가족의 부모가 영유아교육기관을 방문했을 때 교사가 먼저 그들에게 다가가고, 다른 부모와 관계를 맺을 수 있도록 도와주며 소집단으로 모이는 시간을 자주 마련하는 등 실질적으로 도움이 되는 방법을 쓸 필요가 있다. 다문화 가족의 부모들과 협력관계를 구축하기 위해서는 다문화 가족의 부모들이 직면하는 언어장벽, 다른 문화와 가치관, 새로운 교육제도 및 내용, 새로운 경험을 알고 구체적인 문제점들을 파악하여 바람직한 관계를 정립하도록 교사들의 선도적인 노력이 필요하다.

다문화 가족의 부모는 자녀가 다니는 영유아교육기관에 대한 기대수준이 매우 높다. 영유아교육기관을 한국어 습득과 이중언어교육, 자녀의 정체성 확립을 위한 한국의 전통문화 경험, 사회성 증진에 도움이 되는 또래와 어울릴 수 있는 기회를 제공해 주는 곳이자 자녀를 안전하게 맡길 수 있는 장소로 생각하기 때문이다. 자녀의 언어 습득 능력이 늦어지는 것에 대한 걱정이 많은 결혼이민자 가정의 어머니는 이를 해결하기 위해 가급적 일찍 영유아교육기관에 보내려고 한다(봉진영, 2011). 특히 혼자 자녀양육을 책임지는 경우가 많은 여성 북한이탈주민(박정란, 2009)은 영유아교육기관에 대해 더 큰 기대를 갖는 경우가 많다.

그러나 다문화 가족 부모의 욕구를 충족시키는 서비스만을 강조하는 것은 바람직하지 않다. 자칫 가정에서 실천할 수 있는 자녀의 기본생활습관 지도방법을 모르겠다고 호소하면서 영유아교육기관에서 모든 것을 해 주었으면 하는 방임적인 태도를 보이며 다문화 가족의 부모 역할이 점점 소극적으로 변하고, 가정과 영유아교육기관의 연계가 약해져 결국 부모-자녀 관계의 약화를 초래할 수 있기 때문이다. 이들의 욕구를 반영하는 동시에 자녀 교육의 동반자로서 참여할 수 있는 다각적인 방안을 마련하여야 한다.

다문화 가족 부모에 대한 사회적 자원은 한국의 부모들에 비해 상대적으로 빈약하다. 사회문화적, 정치적, 경제적으로 다른 환경에서 겪게 되는 혼란으로 인해 사회적 관계를 회피하는 경우가 많다. 의사소통이 원활하지 않거나 자녀가 어린 이유도 있지만 자신들에 대한 편견이 주변 사람들과 사회적 관계를 제대로 형성하지 못하게 하는 가장 큰 장벽이 된다. 일반 부모들과의 관계에서는 소외감을 경험하고, 다문화 가족의 어머니들끼리도 무관심하게 서로 거리를 두고 지내면서 돈독한 관계 형성이 이루어지지 않는 경우가 많다. 부모의 사회적 관계망은 부모에게 그 사회문화에 맞는 양육행동을 관찰하면서 학습할 수 있는 기회를 제공한다(Gabarino, 1983). 편견은 서로에 대한 기본적인 무관심과 몰이해에서 비롯되므로 영유아교육기관에서는 다양한 유형의 부모가 함께 참여할 수 있는 프로그램을 마련해 지원해야 한다. 일반 부모들에게도 자신의 자녀와 다문화 가족 자녀가 함께 어울리는 것을 자연스럽게 받아들일 수 있도록 도울 수 있는 다문화 이해교육 또는 반편견 교육이 필요하다.

2) 다문화 가족의 부모 지원

다문화 가족의 자녀교육 실태에 대한 연구 결과 결혼이민자 가정의 자녀는 '뒤처지는 아이들', 외국인 근로자 가정의 자녀들은 '방치되는 아이들', 새터민 가정의 자녀는 '탈락하는 아이들'이라고 보고된 바 있다(조영달, 2006). 경제적 어려움이나 종교적 이유 등의 다양한 사회적 요인에 의해 다문화 가족이 되지만 모국과 다른 문화권에서 생활하는 다문화 가족의 부모들은 공통의 어려움을 겪고 있다(이지애, 2007; 정지영, 2008; 홍영숙, 2006). 영유아교육기관에서 다문화 가족에게 제공할 수 있는 구체적인 부모역할 지원의 방법은 다음과 같다.

- 영아기부터 질 높은 영유아교육(보육) 경험하도록 돕기: 다문화 가족의 자녀는 가급적 어린 연령부터 언어습득의 기회를 충분히 주어 언어적 자극에 노출시킨다. 이중언어로서 부모의 모국어와 한국어로 질 높은 교육(보육) 경험을 하도록 한다.
- 지역사회의 복지 서비스와 연계하여 지원하기: 영유아교육기관에서의 생활 정보를 제공할 때, 지역사회에서 제공하는 다양한 지원방법을 연계하여 소개하면 보다 효과적으로 다문화 가족의 부모와 소통할 수 있다. 예를 들어, 알림장과 가정통신문의 내용을 통역하여 제공하기, 부모 상담 시 통역 가능한 자원봉사 지원 받기, 다양한 경로의 다문화 가족 지원 서비스를 연계하여 지원하기 등이다.
- 다문화가족에 대한 반편견 교육하기: 기관 차원의 다문화 가족에 대한 반편견 교

육 프로그램을 부모와 아이를 대상으로 계획하고 실행한다. 양육공동체의 일원으로 다문화 가족을 수용하고, 아이가 우리 사회에서 건강하게 성장하고, 그 가족이 행복하게 지낼 수 있도록 지원하는 역할을 해야 한다.

6. 조손 가족

1) 조손 가족의 정의와 특성

조손 가족은 '부모가 사망 또는 생사가 분명하지 않거나 정신 또는 신체의 장애, 질병으로 장기간 노동능력을 상실했거나, 장기복역, 이혼 또는 유기로 부모의 부양을 받을 수 없는 아동과 그 아동을 양육하는 조모(부)로 이루어진 가족'을 의미한다(한국건강가정진흥원, 2013). 이 중 친부모의 이혼이나 재혼으로 인해 조손 가족이 된 경우가 절반 이상으로(여성가족부, 2010), 대부분 손자녀가 5세 이하일 때 조손 가족이 되어 성인기 이전까지 장기적으로 지속되는 경우가 많다. 1995년 처음으로 가족 유형에 포함된 이래 가족 구조 및 기능의 변화, 가족해체의 증가, 가부장적 친족관계 유지 욕구, 평균수명의 증가 등 복합적인 요인들이 서로 맞물려 지속적으로 증가하는 추세이다.

조손 가족은 다양한 어려움이 나타날 수 있는 위기 가정으로 분류될 때가 많다(이혜연 외 2009). 우리나라 조손 가족의 월평균 가구소득은 70만 원으로 전체 가구소득의 1/6에 불과한 수준이고, 절반 정도의 가족은 전적으로 정부나 공공기관의 지원에만 의존하여 생활하고 있다. 조부모의 평균연령은 70대 초반의 고령이며, 10가족 중 7가족의 조부모가 만성적인 질병에 시달리고 있는 상황이다. 배우자 없이 조모 혼자 손자녀 양육의 책임을 지는 경우가 많고, 교육수준은 초등학력이 대부분으로, 상당수가 독립적인 생산수단이나 경제활동이 없는 빈곤 상태에서 손자녀를 양육하고 있다(여성가족부, 2010).

그러나 어려운 상황 가운데에서도 가족 분리와 상실의 위기를 극복하고 강점을 발휘하는 조손 가족이 점점 많아지고 있다. 현대의 조손 가족 조부모들은 부모의 빈자리를 대신하여 손자녀를 위해 대리부모역할을 하면서 지속적인 안정감을 제공하고 가족체계를 유지시켜 주는 역할을 하고 있다(이미영, 2007).

조손 가족 손자녀의 적응은 손자녀의 자아존중감, 성, 연령, 조부모의 양육태도 및 신체적 건강상태, 학교지원 등의 요인에 의해 달라진다. 조부모와 손자녀가 개방적으로 의사소통하고 친밀감을 느낄 때, 조부모가 손자녀를 지지하고 수용적인 양육태도로 키울 때 손자녀는 긍정적인 자아개념을 갖게 되며 적응유연성을 발휘할 수 있다. 따라서 조손 가족 손자녀의 적응을 도울 수 있는 가장 효과적인 방법은 그들의 자아존중감을 향상시키는 것이다(이윤화, 2010).

조부모 또한 손자녀 양육을 통해서 돌봄 보상감을 느끼고, 삶의 의미를 발견하며, 가족을 비롯한 주변 사람들과 유대감을 형성하면서 삶의 만족감이 증진되는 긍정적인 변화를 경험할 수 있다.

신체적 건강관리 측면에서 볼 때 조손 가족의 아이는 가정 내 돌봄의 부족으로 인해 천식, 면역력 약화, 나쁜 수면습관이나 식습관 같은 건강상의 문제를 갖게 되기 쉽다. 조부모를 대상으로 하는 건강 관련 교육을 통해 유아기 성장발달의 특성, 예방접종, 안전사고 대처방법과 같은 건강지식을 소개하고, 적절한 식사, 수면, 운동, 위생 등에 관한 건강습관을 이행할 수 있도록 지원한다.

또 조부모가 연로하여 젊은 부모처럼 유아기 손자녀가 필요로 하는 돌봄을 제대로 하지 못하므로 유관기관과 협력하여 가사서비스, 간병서비스 등의 지원서비스를 제공하여 조손 가족의 손자녀를 보호한다. 조부모의 부족한 기능을 손자녀가 대신 하게 되는 경우 자신의 발달단계와 맞지 않는 과도한 성인 역할을 부담하면서 손자녀가 정서적으로 과부하(이윤화, 2010) 받는 일이 생기기 쉽기 때문이다.

영유아교육기관에서 조손 가족에게 제공하는 다양한 부모참여 접근은 조부모의 참여수준을 높일 수 있도록 가족 단위로 하는 것이 효과적이다. 대부분의 조손 가족은 부모의 이혼, 가출 등의 문제로 가족이 해체될 위기에 처했을 때 가족주의 전통을 강하게 지키는 할머니 · 할아버지에 의해 구성되는 만큼 조손 가족은 '핏줄'에 대한 책임감과 결속력이 강해 가족 단위의 프로그램이 효율적이다. 조부모와 손자녀가 함께 참여하는 세대통합형의 가족참여 프로그램은 조부모와 손자녀가 정서적인 지지와 친밀감을 경험하며 세대 차이에서 비롯되는 갈등 극복에 도움이 되는 완충장치를 형성할 수 있다.

조손 가족의 손자녀는 가족해체의 과정에서 받은 심리적 상처로 인해 정서문제와 행동문제를 보일 가능성이 많다. 부모에 대한 분노, 조부모의 건강 악화로 인해 2차 양육자마저 잃을 수 있다는 불안, 갑작스러운 생활의 변화 등으로 겪는 혼란이 크기 때문이다. 일반 가정의 아이에 비해 과잉행동과 불안행동을 더 많이 하며, 좀 더 미숙하거나 지나치게 조숙하고, 낮은 자아존중감, 학교 부적응, 우울, 철회, 공격성, 일탈 등의 발생 빈도가 높다. 조부모의 적절한 양육과 통제가 부족한 점도 손자녀의 행동문제를 일으키는 원인으로 작용한다.

대부분의 조부모는 불안정한 상태에서 '무조건 감싸주기'와 '엄하게 교육시키기'의 두 가지 양육태도를 취하며 바람직한 양육방법에 대한 갈등을 겪고 있다. 조부모 자신이 교육을 충분히 받지 못했다는 생각에 손자녀 교육에 대한 기본적인 자신감이 낮고, 손자녀에게 직접적인 교육적 도움을 주지 못하는 경우가 반복되면서 일부러 회피하는 경우도 많다. 어떠한 이유에서든 조부모가 손자녀의 교육에 수동적인 태도를 취하는 것은 손자녀의 발달에 부정적인 영향을 미치게 된다. 실제로 손자녀들은 조부모가 신뢰할 수 있는 권위자로서 그들과 항상 함께 할 수 있기를 원하므로 적극적으로 개입해야 한다. 단, 잔소리를 하거나 체벌을 하는 것은 피한다. 그래서 조부모도 부모교육을 받아야 한다.

지나치게 허용적이거나 통제적인 조부모의 양육태도가 손자녀에게 미치는 영향력에 대해 교사가 설명하는 것도 필요하다. 실제로 일어났던 상황을 중심으로 부담스럽지 않은 수준에서 바람직한 양육방법에 대한 정보를 제공해 주면 조부모는 자신의 부정적이고 일방적인 양육태도에 대해 다시 한 번 생각해 볼 수 있는 기회를 가질 것이다. 조부모가 지지적인 가족 분위기와 훈육을 할 수 있을 때 손자녀는 보

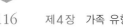

다 안정감 있는 생활을 할 수 있다.

조부모는 신체적 · 경제적 능력이 소진되어 부양을 받아야 할 노년기에 손자녀 양육에 대한 전적인 책임을 감당하면서 양육 스트레스를 많이 겪는다. 손자녀와 의견이 다를수록, 손자녀가 조부모를 무시할수록, 손자녀를 다루기 어려울수록 조부모의 양육 스트레스가 높아진다(배종필, 2012). 손자녀가 성장할수록 훈육과 학업지원에 대한 부담이 커져 조부모와 손자녀의 관계가 악화되면서 조부모의 일상적 양육 스트레스가 가중되는 악순환이 반복된다. 조부모와 손자녀 사이의 세대차이로 인한 의사소통 문제도 갈등요인으로 작용한다. 부모의 관심을 충분히 받지 못해 나타날 수 있는 손자녀의 낮은 자아존중감과 우울, 불안, 공격성 등으로 인해 조부모는 정서적 불안을 느끼고 조부모 역할에 회의를 갖기도 한다. 또한 손자녀가 성인이 될 때까지 돌봐야 한다는 의무감과 손자녀의 장래를 위해 더 좋은 교육을 제공해야 한다는 부담감이 많다. 이와 같은 조부모의 양육 스트레스는 손자녀의 외현화 문제 행동이나 대인관계, 조부모-손자녀 관계에 부정적인 영향을 미치고 손자녀 학대로 악화되기도 한다(조미진, 2008). 가족이나 친척의 정서적 지지가 거의 없는 상황에서 갈등이 발생할 경우 조손 가족은 일반가정에 비해 보호요인이 부족하기 때문에 더 심각한 문제를 갖게 된다(정은미, 2010).

조부모의 양육 스트레스를 현실적으로 해결할 수 있는 방안은 손자녀와 조부모가 보다 효과적으로 의사소통하는 것이다. 손자녀가 조부모에 대해 긍정적으로 지지할수록 조부모의 심리적 안녕감의 수준이 증가하고 조부모와 손자녀의 관계가 증진된다.

조손 가족이 처한 여러 가지 어려움에도 불구하고 사회적 지원체계가 적절하게 확립될 때 조손 가족은 손자녀에게 안정된 보호환경이 될 수 있다(김승희, 2016; 김경호, 소순창, 2011). 사회적 지지는 조부모의 우울감을 감소시키고 심리적 안녕을 증진시키며, 일상적인 양육문제를 현실적으로 해결할 수 있는 사회적 자본이 된다(최해경, 2006). 특히 사회서비스 체계가 구축되어 있어도 빈곤의 정도가 심하고 교육수준이 낮으면 제대로 서비스를 이용할 수 없다(박경애, 2008)는 점을 고려해 볼 때 유아기 손자녀가 다니는 영유아교육기관은 조부모들에게 가장 접근성이 높은 사회서비스 기관이 될 수 있다.

조부모들이 상호 교류할 수 있는 집단 프로그램에 참여하여 경험을 공유하고 정보를 나누는 과정에서 조부모는 자신의 양육경험에 새로운 의미를 부여하게 되고, 손자녀를 기르는 일에 자부심을 갖게 하는 효과가 있다. 이와 함께 영유아교육기관은 손자녀를 위한 교육 서비스와 조손가족 조부모의 상황을 고려한 심리상담 서비스도 지속적으로 제공할 수 있다.

2) 조손 가족의 조부모 지원

취약한 가정환경에 노출되기 쉬운 조손 가족의 아이들에게 영유아교육기관은 많은 시간을 보내는 주요 생활공간일 뿐만 아니라 안정적이고 특별한 의미를 가진 인적 · 물리적 환경이다. 조손 가족 자녀의 심리사회적 적응은 기관생활에 대한 흥미와도 밀접하게 관련되므로 기관 차원에서 지속적인 관심과 노력을 기울여야 한다. 거의 매일 아이를 만나 일정 시간을 같이 보내는 영유아교육기관의 교사는 사회적 지원체제(social agent)로서 그 누구보다 조손 가족의 상황에 대해 잘 파악하고 적절하게 반응할 수 있다. 교사의 도움으로 조손 가족 아이들은 가정생활과 기관생활을 잘하고 적절한 보호체계와 필요한 자원을 연계하여 알맞은 지원을 받을 수 있다.

영유아교육기관에서 조부모가 자신의 역할에 대한 긍지와 자신감을 가질 수 있도록 조부모에게 내재된 양육기능을 증진시키는 동시에 정서적 측면을 중심으로 조부모가 양육 역할을 수행할 있도록 지원하는 구체적인 방법은 다음과 같다.

- 조부모가 처한 양육의 어려움을 이해하기: 조부모는 신체 노화로 인한 한계로 인하여 손자녀 양육의 어려움이 있음을 충분히 인지하고, 이러한 조부모를 지지하고 도우려는 교직원들의 태도가 중요하다.
- 조부모를 위한 물리적 환경 지원하기: 등 · 하원 시 어르신들이 잠깐 쉬었다가 가

실 수 있는 자리 마련하기, 부모를 위한 양육 도서를 비치할 때 노안 보정용 안경(돋보기)을 비치하기, 기관 시설에 대한 상세한 안내도 제공하기, 가정통신문이나 알림장 제공 시 가독성을 고려하기 등에 해당한다.

- 조부모를 위한 상담 접근성 확보하기: 정기적인 부모상담 이외에 수시로 비공식적인 상담의 경로를 마련하고 안내한다. 소통의 통로가 홈페이지나 SNS 이용이 용이하지 않은 조부모들을 위해 상담 창구가 필요하기 때문이다.

- 손자녀 양육을 지원하는 조부모 대상의 부모교육 프로그램 운영하기: 최근 맞벌이 가족의 증가로 손자녀의 양육 지원을 하는 조부모들을 대상으로 조부모교육 프로그램을 별개로 진행하면, 조손 가족의 조부모들의 참여율을 높일 수 있다.

Storytelling

2012년 영화 〈할머니는 일학년〉에서의 주인공 할머니는 일찍 남편을 여의고, 외동아들마저 잃어버리자, 자신이 사랑하는 사람들은 모두 불행해진다는 생각으로 살아간다. 놀라운 비밀, 할머니는 까막눈이다. 그녀는 누군가에게 이 사실을 들킬까 봐 숨기며 살아왔다.

어느 날 손녀라며 '동이'라는 낯선 여섯 살 아이가 할머니에게 맡겨진다. 할머니는 씨도 모르는 것이 굴러들어 왔다며 처음엔 손녀의 출현을 부담스러워 한다. 그러나 외로운 삶에 선물처럼 찾아온 손녀와의 관계는 다소 서먹서먹하지만, 점점 더 긴밀해진다.

동네 사람 중에는 결혼이주자 여성 새댁이 있다. 의사소통의 어려움, 고부갈등, 부부갈등의 다문화 가족 문제를 겪고 있다. 결혼이주자인 새댁은 손녀의 친구가 되어 준다.

한편, 동네 한글교실은 자원봉사자의 병으로 지속하기 어려워진다.

동이는 지속적으로 야뇨증의 문제를 드러낸다. 전통적인 훈육 방식으로 키를 쓰고 소금을 얻으러 동네를 돌아다니지만, 이 문제는 좀처럼 나아지지 않는다.

할머니는 동이에게서 한글을 배우기 시작한다. 그러나 동이의 한글 능력만으로는 더 이상 한글 깨우치기가 진전되지 않는 것을 인식하고 할머니는 용기를 낸다. 초등학교 1학년에 입학한 것이다.

할머니는 그간 아들이 보낸 편지를 스스로 글을 깨우쳐 읽기 위해 주경야독 받아쓰기 시험 준비를 열심히 한다. 1학년 학급 친구들은 할머니와 갈등을 겪지만, 할머니는 아이들과 잘 지내기 위해 열심히 노력한다. 1학년에서의 할머니 생활은 여러 도전과 해프닝 등으로 관객을 미소 짓게 한다. 할머니, 다문화 가족의 새댁, 동이 세 사람의 한글 익히기는 경쟁적이기까지 하다. 할머니의 실력은 점점 더 늘어나 샴푸와 린스를 구별하여 읽고 행복해한다. 할머니와 동이의 관계가 호전되자 동이의 야뇨증도 해결의 실마리를 찾기 시작한다.

Q1. 영화를 보며 농촌의 조손 가족이 갖는 어려움을 찾아보자.

Q2. 영화 속의 다문화 가족 부모는 어떤 지원이 필요한가?

Q3. 동이를 지원하기 위해 영유아교육기관과 교사는 어떤 노력을 할 수 있는가?

Q4. 다양한 요구의 가족과 자녀를 지원하기 위해 영유아교육기관과 지역사회는 왜 따뜻한 양육 공동체로서의 역할을 해야 하는가? 나는 이런 상황에서 어떤 역할을 할 수 있을까?

제 **5** 장

자녀 발달과 부모역할

Think & Talk

- 유전과 환경의 중요성에 대한 논쟁에서, 임신과 태교는 어떤 위치에 있는가?
- 영아기 자녀를 둔 부모의 가장 중요한 역할은 무엇인가?
- 최근 우리 사회에서 유아와 부모가 겪는 어려움은 무엇인가?
- 학교와 가족의 협력은 왜 중요한가?
- 청소년기 자녀에게 필요한 부모의 역할은 무엇인가?

아기를 낳아 키우는 일을 소홀히 생각하는 사람들이 있는가 하면 지나치게 걱정하는 이들도 있다. 물론 부모가 되어, 바람직한 방식으로 자녀를 양육하는 일이 쉽지는 않지만 그렇게 힘들기만 한 일은 아니다. 긍정적인 양육태도와 양육방법에 대한 지식을 익히기만 하면 즐거움과 행복감을 주는 일이기 때문이다. 양육태도는 부모 자신이 받은 양육의 유형, 인성, 습관, 자녀양육에 대한 지식 등이 복합되어 형성되므로 개인차가 크다. 바람직한 부모의 역할을 자녀의 발달, 즉 태아기, 영아기, 유아기, 아동기, 청소년기로 나누어 알아보면 다음과 같다.

1. 태아기 자녀의 부모역할

태아기(胎兒期)는 체내수정에서 출생에 이르기까지의 기간을 말하며, 일반적으로 임신기간과 일치한다. 보통 임신 수정에서 2개월(약 8주)까지는 배아기라고 하고, 2개월 말(8주) 이후는 태아(胎兒)라고 한다. 배아기는 자칫 모르고 지나가는 경우가 많다. 태아는 법률상 상속이나 손해배상 청구 등의 문제 발생 시, 태어난 것으로 간주하여 법적인 보호를 받는다.

태아의 건강을 위해 부모는 마음의 준비는 물론 현실적인 준비를 해야 한다.

1) 건강한 수정: 아기를 기다리는 마음으로 임신을 받아들인다

아버지와 어머니의 좋은 유전자를 태아에게 물려주려면, 아기를 기다리는 마음으로 임신을 긍정적으로 받아들이는 것이 먼저이다. 계획된 임신으로 행복한 마음을 가진 부모는 자녀에게 좋은 유전자를 갖게 해 줄 가능성이 높아진다. 임신에 대한 긍정적인 생각은 뇌에 세로토닌, 도파민과 같은 신경전달물질이 더 잘 분비되어 태내 아기에게 긍정적인 영향을 줄 수 있다. 예를 들어, 알코올을 섭취한 아버지의 정자는 수정과정에서 태아의 뇌 신경조직과 감각조직에 영향을 미치고, 어머니의 알코올 섭취는 신체의 내부 기관에 영향을 미친다(Rudolf, 2015).

원치 않는 임신으로 인해 당혹감을 느끼는 임신부는 태아에게 어떤 영향을 미칠까? 미국의 의학박사 크리스티안 노스럽(Christiane Noethrup)은 『여성의 몸, 여성의 지혜(Women's Bodies, Women's Wisdom)』라는 저서에서, 원치 않은 임신은 조산의 위험성과 산전·산후 우울증을 일으킨 동물실험 결과를 소개했다. 자궁에서 죽은 동물들의 사망원인이 어미의 근심과 관련이 높았다는 것이다. 임신한 어미에게 스트레스를 주면, 아드레날린이 생성되어 태반으로 유입되는 혈액양을 감소시키고, 산소도 부족하게 해 문제를 일으킨다(김광호, 조미진, 2012).

2009년 4월 삼성제일병원이 임신부 1,227명을 대상으로 조사한 결과, 계획 임신율은 50%에 불과하였다. 따라서 태아기에 부모가 일차적으로 해야 할 역할은 임신과 출산을 긍정적인 마음으로 받아들이는 것이다. 임신과 출산을 행복하게 느끼면 출산에 대한 두려움과 불안감도 쉽게 극복할 수 있다. 임신과 출산에 대한 부정적인 태도는 계획임신이 아니거나 원하는 임신이 아닌 경우에는 더욱 심각하게 나타나는데, 이는 아동학대의 원인이 되기도 한다. 일본 후생노동성이 학대로 인한 영유아 사망 사고를 조사한 결과, 자녀를 학대한 여성 60%가 원치 않는 임신이 된 자녀가 출생한 후 학대했다고 했다(세계일보, 2016. 9. 19.).

2) 주요 신체기관의 발달: 쾌적한 태내 환경을 마련한다

임신 중 어머니가 먹는 음식, 약물 복용, 질병, 호흡하는 공기, 심지어는 느끼는 정서까지도 태아에게 영향을 미친다. 임신 중 엄마의 음주, 흡연, 약물, 유해한 전자파, 내분비계 장애물질(환경호르몬) 등도 태아기에는 심각한 영향을 주므로 각별히 주의해야 한다.

특히 임신 초기와 말기의 지나친 음주는 태아에게 공급되는 산소량을 감소시켜 태아의 대뇌피질, 신장, 체중의 성장을 저해하며 출산 전후의 사망률과 자연유산의 가능성도 증가시킨다. 엄마의 흡연은 태아에게 산소부족과 영양실조를 유발하거나, 저체중아의 출산, 영아사망 등 부정적인 영향 등을 초래할 수 있다. 더욱이 엄마의 흡연은 주의력결핍 과잉행동장애(ADHD)를 일으키거나, 사춘기 때 문제아가 될 가능성, 자폐 위험성, 사회적 부적응, 낮은 지능지수, 낮은 학업성적 등의 원인이 되기도 한다(KBS 뉴스, 2002. 3. 27.). 이는 임신 중 엄마의 상태가 곧 태아와 연결되어 직접영향을 미치기 때문이다. 정신적·신체적으로 건강한 아기를 출산하기 위해 임산부는 마음의 안정을 취하며 태교를 실천해야 한다.

미국 피츠버그 대학교와 카네기 멜론 대학교의 연구결과 유전적 요인은 통설보다 크지 않으며 오히려 태내환경이 더 중요하게 작용한다고 하였다(동아일보, 1997.

8. 17.). 그러므로 태아의 부모는 신체적 건강과 바른 일상생활 습관, 심리적 안정을 유지하기 위해 노력해야 한다.

수정에서 1개월경의 배아기에는 척추, 뇌, 소화기관, 심장, 내장 등 각 기관이 생긴다. 2개월경에는 팔, 다리, 눈, 귀, 코, 입의 형태가 생기고, 머리의 크기는 몸의 반 정도를 차지하며, 신경계가 발달하기 시작한다. 심장을 비롯하여 중요한 기관이 생기므로, 임신 초기의 엄마는 바이러스 감염이나 약물복용(살리도마이드계 수면제), 흡연, 음주, 엑스레이(X-ray) 촬영을 삼가하여 기형(畸形)이나 태아병(胎芽病)이 생기지 않도록 조심한다. 난막(卵膜), 태반, 탯줄[臍帶], 양수는 태아부속물이다. 특히 태반은 태아에게 있어서 폐, 장, 신장 등의 기능을 모체 대신 수행하기 때문에 임신부는 유산이 되지 않도록 조심해야 한다.

태아(胎兒)기로 접어든 3개월에는 머리카락이 나며 손가락과 발가락의 구별도 가능해지고 뇌세포가 거의 완성된다(이원영, 김정미, 2007). 4개월경에는 생식기가 생겨 남녀 성구별이 확실해지고, 머리 크기가 몸길이의 4분의 1정도이며 신장이 길어진다. 이 시기는 뇌에 기억력과 관계있는 기관이 발달하기 시작하며 쾌감, 불쾌감, 불안, 초조 등의 감정을 느낄 수 있다. 따라서 임신 중인 엄마는 정서적으로 안정감을 느끼는 것이 중요하다.

5개월경 태아는 손과 발의 움직임이 활발하므로 엄마는 태동을 느낄 수 있다. 이제 잠자고 깨는 습관이 분명해지고 선호하는 자세가 나타나는 등 개인적인 기질이 나타나기 시작한다. 태아가 6개월이 되면 청각이 발달되어 엄마의 심장박동 소리는 물론 부모의 목소리를 듣고 기억한다고 알려져 있다. 가족들이 하는 말의 의미는 모르지만, 감정이 섞인 소리와 억양은 듣는다.

수정부터 약 6개월경까지 엄마의 영양 상태는 태아의 신체 발달 및 뇌 발달에 영향을 준다. 그러므로 양질의 단백질을 포함하여 각종 영양소가 풍부한 식사로 임신 전보다 300~500kcal를 더 섭취해야 한다. 7개월경에는 대뇌가 빠르게 발달되고 몸의 균형감각과 운동기능이 생긴다. 태아는 전보다 훨씬 많은 소리를 들을 수 있으며 부모와의 소통이 가능하다. 노래나 이야기, 부모의 목소리를 들려주면 태아의 심장박동이 빨라지거나 움직임이 많아진다.

8개월의 태아는 45.7cm의 신장에 2.3~3.2kg의 몸무게로 성장하며 머리를 아래로 하고 다리를 위로 한 '두위' 자세를 취한다. 엄마의 정서적 변화를 느낄 수 있으며, 청각이 거의 완성되어 외부의 소리에 민감하게 반응한다. 이 기간에 엄마의 부정적 정서는 태아의 불안감을 급격히 증가시키므로 부모는 마음의 안정을 유지해야 한다. 9개월이 되면 자궁이 좁아 잘 움직이지 않는다. 소리, 냄새, 빛, 촉감 등에 민감히 반응할 수 있을 정도로 감각 기능과 반사 능력이 발달한다. 신경조직, 호흡기, 소화기 등의 모든 기관들이 완성된다. 이제 출생 1주일 전이 되면 태아는 성장이 일시 중단되고 세상에 나올 때를 기다린다.

3) 태아 프로그래밍: 심신의 건강을 유지한다

태아의 건강과 엄마의 건강상태를 유지하기 위해서도 규칙적으로 운동을 해야 한다. 태아는 성장에 필요한 모든 영양분을 엄마의 건강상태에 의존한다. 그러므로 임신부는 영양분을 충분히 섭취하고 질병에 걸리지 않도록 노력해야 한다. 엄마의 영양상태가 부실하면 유산과 사산의 가능성이 높아지고 저체중이나 신체적 기형을 초래할 확률도 증가하기 때문이다.

후성유전학자들은 태내기의 환경이 태아의 유전자 변형을 가지고 온다는 사실을 속속 밝혀내고 있다. 1998년 1월 6일부터 1주일 동안 캐나다 퀘백 지역을 휩쓴 얼음폭풍 속에서 사람들은 최장 40일간 전력이 끊겼으며 대피소에 갇혀 지내야 했다. 캐나다 맥길 대학 정신건강의학과 수잔 킹 교수는 얼음폭풍 기간에 임신을 하고 있었던 여성 150명의 아이들을 주기적으로 추적조사하였다. 가장 먼저 나온 결과는 얼음폭풍 기간 중에 스트레스 사건을 많이 경험한 임신부일수록 아이의 출생 시 체중이 적고 조산아가 많았다. 생후 24개월의 평가에서는 임신 중 스트레스가 심할수록 인지력과 언어력이 떨어졌다. 또 얼음폭풍 기간 중 극심한 고통을 겪었을수록 6세아들은 주의력 결핍 행동장애를 많이 보였고 인지, 언어 발달도 느렸다.

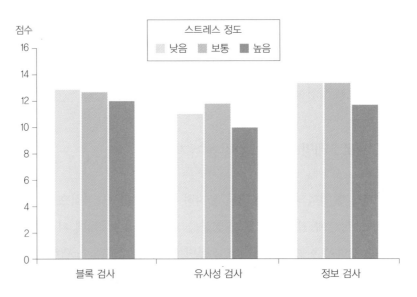

얼음폭풍 기간에 스트레스를 많이 받은 엄마의 자궁에서 태아기를 보낸 아이들일수록 지능 검사의 하위 검사 항목인 블록 검사, 유사성 검사, 정보 검사에서 낮은 점수를 받았다.

[그림 5-1] 수잔 킹 교수의 태아 프로그래밍 연구 결과

출처: EBS 퍼펙트베이비 제작팀(2013).

6세 이후에도 태아기 때 영향은 사라지지 않고 지속되었다. 11세에는 뇌 MRI를 찍었는데 스트레스를 많이 받은 임신부의 아이들은 해마 영역이 보통 아이들보다 작았다. 임신 시 얼음폭풍으로 인한 스트레스가 심할수록 13세 자녀의 불안과 우울 증상이 더 많았다.

태아 프로그래밍이란, 태아의 조직과 기관을 생성하는 결정적 시기인 태아기에 임신부의 영양 상태가 나쁘면 태아가 나쁜 영향을 받는다고 보고 이를 바꾸어 좋은 태내 환경으로 만드는 의도적 태내 환경 준비 계획이다. 특정한 구조적 생리 대사에 영구적으로 좋은 영향을 미치게 해 태아기부터 출생 후까지 질환에 대한 면역력을 갖게 한다는 이론으로서 영국의 바커(Barker)가 처음 시작하였다(김영주, 2006).

헬싱키 대학의 정신건강의학과 마티 휴튜넨(Matti Huttunen) 교수에 의하면 태아기 때 아빠가 전사한 167명 아이들과 생후 12개월 이내에 아빠가 전사한 168명 아이들을 비교한 결과, 태아기 때 아빠의 사망

태아의 스트레스가 출생 이후의 성격과 지능에도 영향을 미친다(타임지, 2010. 10. 4.)

을 겪은 아이들이 더 높은 조현병 및 행동장애를 보였다. 임신 중의 과도한 스트레스는 태아의 뇌에 스트레스 반응 체계를 왜곡시켜 출생 후 아이가 쉽게 화를 내거나 자제를 못하는 등 자기조절력이 떨어지고 정신질환까지 유발할 수 있다.

4) 유대감 형성: 태아와 교감하며 태교한다

태교는 태아를 학습시키거나 교육하는 것이 아니라, 태아와 엄마가 느낌을 주고받으며 소통을 경험하게 하는 것이다. 수학을 잘하는 아이를 원해서 엄마가 수학문제를 풀며 스트레스를 경험하는 것은 오히려 태아에게 해롭다. 태교용 명화나 카드를 배에 대고 보여 주는 것이 태교가 아니라, 엄마와 아빠가 명화의 아름다움에 대해 함께 이야기 나누는 동안 자연스럽게 태아와 긍정적인 정서로 교감하는 것이 태교이다.

엄마와 태아는 연대감이 형성되어 있기 때문에 엄마의 감정 상태는 곧 아기에게 전달된다. 입덧 등 임신과정이 힘들지만, 태아를 위하여 음악을 들려주거나 아기가

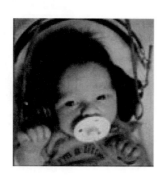

[그림 5-2] 태내에서 들었던 동화에 반응하는 영아

출처: EBS 아기성장보고서 제작팀(2009).

들을 수 있도록 육성으로 이야기를 나눈다. 결국은 부모가 혼자 이야기하는 것이지만 태아도 유대감을 느낀다. 만일 엄마가 불안정한 정서로 화를 내면 혈액 속에 아드레날린이 증가한다. 엄마가 정서적 불안감을 많이 경험했던 태아들은 출생 후 더 자주 울며, 수유와 수면상의 문제가 더 많고, 자극에 더 민감하여 후일 과잉행동과 성급한 성격, 소화기 장애를 보이는 것으로 나타났다(조성연, 2006).

   태아기의 엄마와 낯선 사람 소리를 구분하는 것은 이미 알려진 사실이다. 노스캐롤라이나 대학 심리학과 앤서니 드캐스퍼 교수의 실험에 의하면, 출산을 한 달 보름 앞둔 임신부들에게 하루에 2회씩 닥터 수스(Dr. Seuss)의 책『모자 쓴 고양이(The Cat in the Hat)』를 태아에게 읽어주도록 하였는데, 이 아기들은 출생 2~3일 후 엄마가 읽어주는 소리에 선호반응을 보였다. 엄마가 읽어줄 때의 리듬과 목소리를 기억하고 젖꼭지 빠는 강도에 차이를 보인 것이다. 아기는 엄마의 음성 중 책을 읽는 억양과 리듬에 반응을 보였다.

2. 영아기 자녀의 부모역할

영아기는 출생부터 만 2세까지를 말한다. 영아기는 생의 가장 격동기로서 극적인 변화가 일어난다. 특히 뇌 신경세포가 폭발적으로 연결되는 중요한 시기이다. 이 시기에 보이는 발달과정 변화는 일반적으로 비슷한 양상을 보이지만 자녀와 부모가 처한 환경 여건이 다르고 자녀와 부모가 가지고 있는 기질이 다르므로 양육태도와 방법에 따라 아이마다 발달 수준이 달라진다. 영아기 자녀의 부모역할은 다음과 같다.

1) 감각운동 발달: 건강, 영양, 안전을 책임지는 역할을 한다

다른 신체기관의 발달에 비해 상대적으로 두뇌 발달에 치우친 태내기를 보낸 영아는 출생 후 고개도 가누지 못하기 때문에 양육자는 아이들의 행동을 주의깊게 관찰하며 따뜻한 마음으로 돌본다. 영아는 머리에서 발쪽으로, 중심부에서 바깥쪽

〈표 5-1〉 **표준 예방 접종 일정표**

대상전염병	백신 종류 및 방법	0 개월	1 개월	2 개월	4 개월	6 개월	12 개월	15 개월	18 개월	24 개월	36 개월	만 4세	만 6세	만 11세	만 12세
결핵	BCG (경피용)	1차													
일본뇌염	JEV (생백신)							1차		2차		3차			
B형 헤모필루스 인프루엔자 뇌수막염	Hib			1차	2차	3차	4차								
A형 간염	HepA						1차~2차								
폐구균	PCV			1차	2차	3차	4차								

으로 발달하며, 몸통 전체를 함께 움직이다가 나중이 되면 미세한 근육을 조정하는 방향으로 발달한다. 영아기의 신체 발달은 다른 영역의 발달에 연속적으로 영향을 준다.

출생 후 영아는 BCG 주사를 맞는 것으로 시작하여 국가가 권장하는 일정에 따라 예방접종을 맞아야 한다. 면역력이 부족한 영아가 가급적 감염되지 않도록 쾌적하고 청결한 위생적 환경에서 자라도록 해야 한다.

생후 1년을 초기 · 중기 · 후기로 나누어 초기에는 모유를 주로 먹이다가 중기 후반부터 이유식을 준비해 양질의 영양공급을 해 준다. 만 2세경 아기는 성인의 1/2에 이르기까지 키가 자라며, 뇌 발달에 영양 공급, 특히 단백질이 매우 중요하므로

[그림 5-3] 영아의 신체 발달 과정

영아의 섭식은 건강한 성장과 발달에 필수적이다.

영아가 어릴수록 무게중심이 머리 쪽에 있고, 신체 조절능력이 미숙하므로 안전사고가 쉽게 일어날 수 있다. 영아는 주변 사물과 현상에 대한 호기심이 많고, 대부분의 물리적 환경이 영아의 신체크기에 맞지 않아 쉽게 부딪치거나 넘어져 다치기 쉽다. 따라서 영아기 부모는 영아의 도전하려는 욕구와 안전의 요건을 동시에 고려해야 하므로 아이의 움직임을 끊

Freud

임없이 관찰하며 필요할 때마다 대처한다. 그러나 지나치게 안전에 집착하면, 영아의 탐색능력이 발달하지 않으므로 안전과 생명에 지장이 없으면 자유로이 움직이게 한다.

프로이트(Sigmund Freud, 1856~1939)는 영아기를 '구강기(0~18개월)'라고 하였는데, 영아들은 주로 입을 중심으로 젖꼭지 빨기, 음식 먹기, 깨물기, 씹기 등을 하며 기쁨을 느낀다고 보기 때문이다. 그러므로 영아가 입으로 탐색하려는 욕구를 채워주면서도 단추, 땅콩 등 작은 물건을 삼키지 않도록 관찰하며 주의를 기울인다.

2) 기본적 신뢰감의 발달: 욕구와 필요를 채우며 애착을 형성하게 돕는다

에릭슨(Erik Erikson, 1902~1994)은 이 시기에 애착이 형성된 영아들에게 기본적인 신뢰감이 형성된다고 했다. 기본적 신뢰감은 영아의 욕구를 일관성 있고 민감하게 충족시켜 줄 때 양육자에 대하여 갖는 믿음이다. 이러한 믿음은 나아가 자기 자신 및 타인에 대한 신뢰로 발전한다. 반대로 양육자가 부적절한 행동으로 영아를 돌보면 영아는 세상에 대해 두려움과 불신감을 갖게 된다. 기본적 신뢰감은 개인이 가지고

Erikson

태어나는 기질이 아니라 생애 초기 부모의 역할에 의해 생기는 중요한 인성 특성이다. 이때 신뢰감이 생기지 않으면 대신 불신감이 자리잡는다. 에릭슨은 신뢰감과

불신감을 형성하는 데 작용하는 자아의 힘은 희망(hope)이라고 하였다. '희망'은 삶의 의미를 갖게 하는 가장 기초적이고 불가결한 힘으로서 어머니와의 관계를 통해서 희망이 생성된다고 하였다. 희망이 채워지는 따뜻한 돌봄은 아기들이 새로운 희망을 갖게 해 준다.

그러나 지나친 신뢰감은 영아를 의존적으로 만들고 자신이 생각한 후 결정하지 않고 다른 사람에게 맡기기 때문에 쉽게 속을 수 있다. 영아기에 신뢰감이 없으면 희망을 채우지 못해 지나치게 비관적인 삶의 자세와 우울증을 갖게 되어 정신건강을 해칠 수도 있다.

Bowlby

존 볼비(John Bowlby, 1907~1990)의 애착이론은 이 현상을 잘 설명한다. 영아는 생후 6개월경부터 정서적 지원을 해 주는 특정인 한 명 또는 그 이상의 사람들에게 가까이 가려는 욕구를 자주, 강하게 표현하는데, 이와 같은 정서적 유대감의 표현이 애착이다(Hay, 1980). 애착은 영아의 모든 측면에서 발달의 기초가 되는데, 생후 약 1,000일 동안이 애착형성의 결정적 시기이다.

영아들은 특정한 사람과 애착을 형성하는데, 출생 초기의 애착은 대체적으로 먹이기, 기저귀 갈아주기, 재워주기 등과 같은 일련의 양육 활동을 도와주는 사람에게 생기기 시작하기 때문에, 대개 양육책임자인 엄마 또는 아빠·양육돌보미 등 몇 명의 특정인과 애착관계를 맺는다. 선호하는 양육자에게 보이는 애착행동은 거의 동서고금의 모든 영아들에게 일반적으로 나타난다. 애착형성이 시작될 때, 유지될 때, 깨질 때, 새로운 애착관계를 형성할 때 강한 정서가 발생한다. 이 과정에서의 낯가림은 양육자에 대한 학습으로서 애착 발달에서 필수 과정이다. 애착형성은 긍정적 정서와 부정적 정서로 표출되므로 정서적 발달로 여겨지나, 오히려 사회적 관계 형성 본능이며 생물학적 발달에 가깝다. 거의 모든 동물에서 나타나며, 심지어 어른에게서도 나타나기 때문이다(Lieberman, 2013).

영아들은 도움이 필요할 때 애착대상자가 늘 곁에 있어주고 수용적이며 반응적

이면 안정애착을 보인다. 애착대상자는 영아에게 문제가 생기면 언제든 돌아와 의존할 수 있는 안전기지 역할을 한다. 환경이 안전해 보이고, 흥미 있고, 애착대상자가 가까이 있으면 영아들은 주변을 탐색하기 시작한다. 위험이 있을 것 같거나, 문제가 있을 때 애착대상자가 곁에 없으면 탐색을 하지 않고 위축되고 불안해진다. 안정애착을 형성한 영아들은 필요할 때만 애착대상자를 찾는다. 영아는 자기가 필요로 할 때, 애착대상자가 자기 곁에 있을 것이라는 확신을 갖고 있어 더 독립적이다. 이러한 영아는 나이가 들어가면서 주양육자(어머니)와 쉽게 잘 떨어지고 신체적 접촉을 덜 원하는 것으로 나타났다.

안정애착을 형성하는 양육자는 민감성(영아의 신호에 즉각적임), 반응성(영아가 따뜻함을 지각하도록 대함), 근접성(영아 가까이에서 안전기지가 되어줌), 동조성(영아의

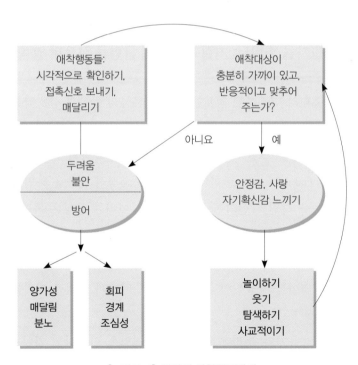

[그림 5-4] 영아의 애착행동체계

출처: Holmes (1993).

요구를 해결해 주려는 태도를 보임), 일관성(예측 가능한 양육을 기대하게 하여 안정감을 확보함) 등의 특성을 보인다.

불안정애착은 애착대상자가 자녀에게 안전기지 역할을 해 주지 못할 때 나타난다. 영아는 돌봐주는 사람에게 거의 달라붙다시피 집착하는데, 애착대상자가 지속적으로 거부하거나, 필요할 때 곁에 있어 주지 않으며, 부모가 자녀를 학대할 때 나타난다. 예를 들어, 애착대상자가 울음이나 요구에 반응을 보이지 않고 회피하거나(불안정 회피애착), 애착대상자의 기분이 괜찮을 때만 반응하고 다른 때는 무시하는 등 일관성 없이 반응하면 영아는 애착대상자의 관심을 더 많이 구하는 전략을 쓰기 때문에 극단적인 의존성(불안정 갈등애착)을 보이는 불안정애착을 보인다. 가정을 떠나 처음으로 유치원이나 어린이집에 다니게 될 때 분리불안장애를 보이며 애착대상자와 떨어지지 않으려 하는 것이 그 예이다.

3) 자아인식과 자율성 발달: 기질과 양육의 균형을 잡으며 양육한다

출생 후 쾌와 불쾌의 미분화된 정서는 주변 어른들의 돌봄과 상호작용을 하는 과정에서 조금씩 기쁨·슬픔·놀람·공포 등의 기본 정서로 바뀐다. 기어다니기 시작하면서 떨어질 위험을 느낄 때, 무섭게 느껴질 때 양육자의 표정과 반응을 살피며 사회적 참조(social reference)를 한다. 양육자가 긍정적 반응을 하면 그대로 도전하고, 부정적 반응을 하면 자신의 행동을 멈춘다. 이러한 양상은 독립보행과 탐색이 많은 영아기 내내 지속된다. 그러므로 양육자의 반응은 영아의 정서와 행동을 통제하는 준거가 되므로 명확하며 민감해야 한다. 이와 같은 수천·수만 번의 상호작용을 하는 동안 영아는 자율적인 존재감과 함께 약속과 규범을 지키는 아이로 성장한다.

영아는 자신이 양육자와 분리된 독립적인 존재임을 인식하고 자아를 인식해야 한다. 자신의 이름을 알고, 자신의 얼굴을 인식하며, 자신의 욕구를 충족하려는 의지를 가져야 한다. 두 돌 무렵의 자아인식은 자긍심, 질투심 등의 2차 정서를 발달시키며, 사회적 규범에 대한 인식은 수치심, 죄책감 등을 발달시켜 도덕성 발달의 기초가 된다.

자긍심과 수치심은 대소변 가리기를 시작할 때 더욱 강하게 느낀다. 배변훈련은 독립보행, 괄약근과 방광을 조절하는 자율신경이 먼저 성숙되어야 하고, 이해언어와 표현언어 등의 의사소통 능력이 발달되었을 때 해야 효과가 있다.

프로이트와 에릭슨은 배변훈련을 매우 중요한 발달과업으로 여겼다. 프로이트는 배변훈련 시 부모의 통제가 지나치게 강하거나 소홀하면 외적 현실과 규범에 대처하는 성격 발달에 영향을 미치게 된다고 했다. 에릭슨은 배변훈련 과정에서 자율성 혹은 수치심이 발달하게 된다고 했다. 부모는 영아 스스로 뭔가 해 낼 수 있다고 생각하는 자율성을 키워주어야 하는데, 이것은 영아로 하여금 자연스럽게 "난 할 수 있어." "내가 할 거야."와 같은 표현을 할 수 있게 해 준다. 그러나 배변훈련을 강압적으로 하면 오랫동안 대소변 조절을 못하게 될 가능성이 높아지고 이로 인해 수치심을 갖게 된다. 영아의 개별적 기질과 성숙의 정도를 고려하여 대소변 가리기를 하는 것이 좋다. 대개 자율신경이 발달하여 괄약근과 방광의 근육이 튼튼해졌을 때 대소변 가리기를 시작하면 무리가 없다. 영아들은 대략 생후 18개월에서 만 2세 반 사이에 대소변을 가린다.

영아들은 어른들이 자신의 기질에 맞는 양육태도와 방법을 쓰면 아주 쉽게 잘 배운다. 어떤 영아는 엄마, 아빠가 화장실까지 따라가 주고 변기에 응가했다며 기뻐하면 대소변 가리기를 겁 없이 배우는데 자녀의 기질과 부모의 양육이 조화 적합성을 보였기 때문이다. 조화 적합성(goodness of fit)이란 개인의 기질과 환경적 요구가 조화를 이룰 때 발달이 잘 된다는 개념으로 종종 '왈츠 추기'로 비유된다. 각자가 아무리 춤을 잘 춘다 해도 서로 따로 논다면 제대로 된 왈츠를 출 수 없다. 서로 여러 시간을 함께 보내며 상대방의 스타일을 존중하고 맞춰줄 때 훌륭한 춤을 추게 되는 것과 같다.

영아가 자신을 둘러싸고 있는 사물과 상황에 대처하는 양식은 '기질'의 영향을 받는다. 기질이란 한 개인의 행동양식과 정서적 반응유형을 의미한다. 기질은 타고난 것으로 알려져 있으나 최근 후성유전학자들은 태내기부터 시작된 환경 영향으로 그 양상이 변할 수 있음을 발견했다. 기질의 타고난 잠재력과 양육 환경의 조화가 필요한데 영아의 기질에 따른 부모의 긍정적 상호작용으로 부모-자녀 간의 조화 적합성을 향상시켜야 한다.

까다로운 기질의 자녀를 둔 부모는 영아의 기질을 잘 관찰하면서 긍정적인 특성은 길러주고 부정적인 특성은 조절이 되도록 도와주어 개성이 있으면서도 다른 사람과 원만한 인간관계를 맺을 수 있는 사람으로 자라도록 도와야 한다. 영아의 기질이 예민해서 부모를 어렵게 할 때 자녀에게 화를 내거나 야단을 친다면 조화 적합성은 낮아진다. 부모가 자녀의 개인적인 기질 특성에 맞게 조화시킬 수 있는 양육을 한다면, 자녀의 부적응과 부모-자녀 간의 갈등이 일어날 확률은 감소한다. 순한 기질의 자녀 역시, 부모 말을 잘 듣고 다루기 쉽다고 훈육적·교육적 자극의 상호작용과 개입을 적게 한다면 모성실조, 문화실조현상이 일어나 발달이 지체될 수 있다.

기질은 고치려 하기보다는 개별 특성에 알맞은 방법으로 키워야 한다. 처음 왈츠를 배우는 초보자를 만나 가르치는 최고의 댄서가 초보자의 스텝에 맞추어 춤을 가르치는 것처럼 영아의 기질에 맞추며 양육하자는 것이다. 이렇게 조화 적합성을 맞추려는 부모의 자녀들은 성장하면서 자연스럽게 주변의 요구와 자신의 욕구를 조화시킬 수 있는 능력을 갖게 되며, 그를 둘러싼 사회에서 다른 사람들과 잘 어울리며 살아가게 될 것이다.

4) 상징적 사고와 언어의 발달: 탐색과 놀이의 파트너가 되어준다

영아기는 피아제(Piaget)의 인지 발달 단계 중 감각운동기에 해당한다. 영아기의 감각적인 경험은 상징적 사고의 발달로 이어져 후일 복잡한 개념적 사고를 할 수 있게 된다.

영아들은 자기를 돌봐주는 양육자에 의해 세상을 알아간다. 그러므로 양육자는 영아가 하는 활동을 주의 깊게 보며 적시에 적절한 수준의 칭찬·인정·격려를 해 주는 시간을 자주 가지는 것이 중요하다.

　집 안에 위험한 물건이 없게 해 놓은 후 영아가 자유롭게 돌아다니며 탐색할 수 있게 해 주는 것이 좋다. 탐색이 가능한 환경에서 영아는 호기심을 최대한으로 갖게 되기 때문이다. 또 영아를 돌보는 이는 입에 넣어도 해롭지 않은 놀잇감을 마련해 놓는다. 양육자는 적어도 영아가 깨어 있는 시간의 반 이상을 영아와 함께 보내야 한다. 도움을 받아야 할 때 부모나 양육자가 신속하게 도움을 준다는 확신을 영아에게 주기 위해서이다.

　또한 영아가 흥미를 보이는 것에 호의적인 반응을 보여 준다. 생후 9~10개월 이상이 된 영아를 둔 부모는 가능한 한 즉시 영아가 하고자 하는 것을 이해하고 지지해 주며 기쁘게 반응을 보이고 잘 받아준다. 특히 영아가 흥미를 보이는 그 순간·그 사물·그 사건에 대해 반응해 줄 것을 아동발달 학자들은 권고한다.

　영아는 자신이 낸 소리에 부여되는 의미의 차이를 파악하게 되면 말을 배우기 시작한다(Goldin-Meadows & Morford, 1985). 영아는 울음, 미소, 옹아리, 언어를 이용하여 신호를 보이는데, 부모는 이런 영아의 언어적·비언어적 반응에 대해 의미 있는 언어로 상호작용 해줘야 한다. 이렇게 영아가 원하는 것이 무엇인지를 살펴가면서 양육하는 부모와 영아 사이에는 언어 발달뿐 아니라 안정애착이 형성된다. 영아의 언어 발달을 위해 부모는 옹알이에 즐겁게 되반응해 주기, 영아의 몸을 부드럽게 만져주기, 까꿍놀이를 하며 짝짜꿍, 도리도리 등을 함께하기, 시시때때로 말 걸어주기, 목욕 후 영아의 다리를 꼭꼭 주무르면서 "어때 시원하지? 목욕하고 나니까 기분이 어때?"라고 말하기, 부드럽게 영아의 눈을 보면서 사랑을 전하거나 잠을 자려는 영아에게 자장가를 불러 주거나 이야기를 들려주기 등의 활동을 할 수 있다. 또한 영아가 이해할 수 있는 어휘나 간단한 개념을 연관시키는 언어적 표현을 자주 한다. 어른들이 영아를 마주보며 직접 들려주는 말이 다른 무엇보다 언어발달에 효과적이다. 영아가 말을 시작하면 궁금한 것이 많으므로 "이게 뭐야?" "왜 그래?"와 같은 질문이 많은데 영아의 질문에 답해 주는 것도 언어 발달을 돕는다.

　위험한 것 같지만 부모들이 도와주면 안전하게 할 수 있는 활동들을 다양하게 마련해 준다. 미끄럼타기, 시소놀이, 공차기 등이 그 예이다. 해서는 안 될 일, 불합리한 일을 요청할 때, 끝까지 '안 된다'고 말하며 제한을 둔다. 영아의 신체적 자유로움이 중요하지만, 위험한 것은 못하게 막는 어른을 보며 영아는 안전함을 느끼게 된다. 이렇게 함으로써 영아들은 어른을 믿고 도움을 받아야 할 때 부탁하고 하지 말라는 행동은 안 할 것이다. 어른의 편의를 위해 영아를 놀이판, 침대우리, 작은 방 등에 가두어 놓기만 하면 어떤 형태의 배움도 일어나지 않으니 유의해서 필요한 순간만 사용한다. 놀이터나 자연과 벗할 수 있는 곳에 함께 나가서 신체활동을 마음껏 할 수 있는 놀이 활동은 이 시기에 반드시 해야 할 과업이므로 부모는 놀이 파트너가 되어준다.

인간의 두뇌 발달은 유전적 정보에 의해 결정되는 것만이 아닌 후천적 요인, 즉 영양과 환경적 자극에 의해 크게 영향을 받는다. 한 인간의 뇌가 갖고 있는 가능성은 결정적 시기인 태아기에서 만 두 돌 이내에 최대로 계발되기 때문에 적절한 영양(특히 단백질 섭취)과 바람직한 교육적 환경을 마련해 주는 것이 좋다(Carey, 2011; Moalem, 2013). 바람직한 교육적 환경이란 영아들이 자발적으로 활동하며 탐색할 수 있는 환경에서 직접 경험할 수 있는 곳을 말한다. 배변훈련을 자율적으로 하는 것도 일종의 교육적 환경을 마련하는 것이다.

일부 어른들은 영아기 발달의 핵심을 인지 발달로 보고 아주 어린 연령부터 한글·영어 등 지식을 주입하려는 경향이 강하다. 그러나 영아기 발달의 제 측면 중에서 신체 및 정서 발달이 최우선이고 그다음이 사회성 발달, 초등학교 입학 후에야 학습형 지식 교육을 고려해야 할 것이다.

3. 유아기 자녀의 부모역할

유아기는 만 3세부터 만 6세까지의 연령을 말한다. 안정된 보행능력과 대소근육의 협응력이 발달해 영아기에 비해 주위환경을 폭넓게 탐색한다. 신체조절능력과 운동능력도 급속히 발달하므로 활동범위가 크다. 그러므로 충분한 영양섭취와 적당한 신체활동은 물론 안전에도 유의해야 하는 시기이다.

1) 또래관계의 형성: 친사회적 의사소통 모델이 된다

유아는 유치원·어린이집을 다니게 되면서, 또래와 놀며 즐거움과 행복을 느끼기도 하고 갈등을 느끼며 문제해결을 경험한다. 따라서 유아의 사회적 경험은 인성발달과 사회적 유능성에 매우 중요한 영향을 끼치므로 놀이터는 물론 자연에서 많은 사람들을 접할 수 있는 기회를 주는 것이 좋다.

놀이 중심의 유치원(kindergarten)을 창시한 프뢰벨은 유아가 네 살 정도가 되면 가족과의 생활에서 벗어나 바깥세상에 흥미를 보이기 시작하며 놀이와 게임을 하는 동안 그가 경험하는 세상을 탐색한다고 했다. 그는 유아들이 놀 수 있는 세계 최초의 장난감(思物, 은물)을 고안해 주었고, 숲을 탐색하게 했으며, 유치원 주변에 꽃을 심어 철마다 꽃을 보게 해 주었다. 유아기가 되면 부모 이외에 유치원 교사를 만나 다른 경험을 해야 하고 또래 친구들과 어울리게 해 사회성도 길러 전인(全人, whole child)이 되게 해야 한다고 했다.

자녀의 친사회적 기술을 길러주기 위해 부모는 먼저 자녀들의 인격을 존중하는 것부터 시작해야 한다. "이것 해라! 저것 해라! 왜 안 했니?" 등 부정적인 코멘트로 시작하기 전에 "넌 해 낼 수 있어, 소중한 사람이야, 네가 결정해라."라는 말을 진심으로 하는 것이 존중의 시작이다. 물론 다른 사람에게 피해를 주는 말이나 행동은 왜 하지 말아야 하는지 자녀가 알게 하는 것도 부모와 교사가 해야 할 중요한 일이다. 부모와 교사가 일상생활 중 아이와 나누는 말은 아이의 의사소통능력이 향상되는 데 큰 도움이 되고 또래와도 잘 지내는 데 도움이 된다. 아이가 말할 때 선생님이 경청하는 모습을 보이면, 이를 경험한 아이들이 친구가 말할 때 귀 기울이며 '잘 듣는 것'을 예로 들 수 있다.

유아들은 논리적으로 말하기 어렵고 발음이 부정확하여 알아듣기 힘들 때가 많지만 교사와 부모가 경청하는 태도로 잘 들어주고 들은 내용을 간결한 문장으로 아이에게 되돌려 말해 주면, 아이들은 자기 마음과 생각을 분명히 말할 수 있는 방법을 배운다. "우는 것을 보니 화가 났구나!" "친구가 놀잇감을 혼자만 갖고 놀아서 속상하구나!"라고 말하는 것을 예로 들 수 있다. 부모가 자주 소리 지르고, 혼내고, 강압적으로 대하면 아이는 자기감정을 표현하는 것을 두려워하게 되어 표현도 못하고 의사소통도 어려워하게 된다. 그러니 어른들은 화가 나더라도 마음을 가다듬고 차근차근 말로 이야기하도록 노력해야 한다.

2) 약속과 규칙 지키기: 긍정적인 훈육자여야 한다

유아가 긍정적인 자아개념·자기조절력·사회적 규범·가치를 배우게 하려면 이런 방향으로 노력하는 어른들이 옆에 있어 상황이 일어날 때마다 적절한 말과 행동으로 보여 주어야 한다. 이와츠키 겐지는 아이 주변에 이런 어른이 20명에서 100명은 있어야 한다고 했다.

가정과 영유아교육기관에서 지내는 동안 '해도 되는 일'과 '해서는 안 되는 일'을 유아들이 분명히 알 수 있도록 가르치되 긍정적인 말과 태도로 한다. 주어진 상황에서 자녀가 선택할 수 있는 행동과 성인이 기대하는 행동을 파악하기 위해서 어른들이 긍정적인 한계를 명확히 정해 주는 것은 규범을 인식하는 데 도움이 된다. 유아들은 주어진 한계가 분명할 때 안심하고 행동하지만, 불분명한 메시지를 받으면 행동의 방향을 결정하지 못하고 혼란을 느낀다.

가급적 '무엇을 하지 말라!'고 하는 것보다 '무엇을 어떻게 하라'는 것이 '긍정 한계선'을 가르쳐 주기 때문에 더 효과적이다. "집 안에선 걸어 다니자! 뛰어다니는 것은 밖에서 하자!"라고 말하는 것이 "집 안에서 뛰어다니지 말랬지?" "너 자꾸 하지 말라는 것 할래?" 하는 것보다 나은 말이다. 긍정 한계선을 활용하면 아이는 '이렇게 행동하는 것이 옳다.'는 것을 차츰 알게 되어 자신의 행동이 타인에게 미치는 영향을 가늠하며 행동을 조심한다. 하지 말아야 할 행동을 했을 때는 그 행동에 대해서만 말하고 다른 잔소리는 절대로 붙이지 않아야 한다. "친구는 때리는 것이 아니야."라고 하면 될 것을 "너 또 그럴래? 못된 녀석!" "너 그러면 친구들이 너 싫어한다."가 그 예이다. 장난꾸러기, 게으름뱅이, 나쁜 아이라는 등의 인격을 모독하는 잔소리는 줄여야 한다. 아니 절대 하지 않아야 한다. '신발을 바르게 정리하자.' '옷을 옷걸이에 걸어라.' '장난감을 바구니에 치우자.' 등 기대하는 행동을 있는 그대로 이야기해 주는 것은 아이에게 행동기준을 명확히 알게 해 준다.

부모의 일관성 있는 언행은 자녀들로 하여금 자신이 할 일이 무엇인가를 알게 해 준다. '늘 바르게 말하고 행동하는 것'이 부모에게 스트레스가 될지도 모르지만 일관성 있는 언행만큼 좋은 교육은 없다. 만일 부모가 자녀에게 아침에 일어나는 즉시 이불을 개라고 하면서 정작 자신들은 방을 정리하지 않는다면, 자녀들은 부모의 말보다는 부모의 행실을 모방해 자기도 방을 어질러 놓는다. 정리개념이 체화되지 못했기 때문이다.

아이는 어른들이 자신을 공평하게 대하는지 아닌지에 대해 민감하다. 예를 들어, 부모나 교사가 한 아이에게는 장난감을 치우라고 요구하고, 다른 아이에게는 치우라는 말을 하지 않는다면, 장난감을 치워야 하는 아이는 그 어른이 자신만 미워한다고 생각해 화가 날 것이고 다른 아이는 협력해야 할 때 꾀를 쓰면 돕지 않아도 된다는 것을 잘못 배운다. 한 아이가 놀이를 끝내야 하는 상황이면 그 상황을 주변에 있는 아이들에게 양해를 구하고 장난감을 치우게 해도 된다. 원칙을 정하고 그 원칙은 시간 · 장소 · 대상에 상관없이 일관성 있게 지키는 것이 바로 공정함이다.

3) 발달에 적합한 학습: 사고력 증진을 위한 환경을 제공한다

아이는 놀이를 스스로 선택하여 또래와 함께 열심히 놀 줄 알아야 한다. 최근 질적으로 우수한 영유아교육기관이 유아의 발달에 장기적으로 긍정적인 영향을 미친다는 사실이 종단연구결과로 발견되었다. 실바와 그의 동료들은 1997년부터

2008년까지의 장기 프로젝트에서 3세부터 11세 3,000명의 영국 어린이를 질적 수준이 높은 기관에 다니는 유아, 질적 수준이 낮은 기관에 다니는 유아, 가정에서 부모들과 지내는 유아 세 집단으로 나누어 10년간 언어 및 수학능력을 측정하였다. 실험에 참여한 유아들의 학습능력을 실험 전에 1차 측정하고, 10년 후 다시 언어·수 능력을 평가하여 비교한 결과, 질 높은 영유아교육기관에 다닌 유아들의 언어 및 수 능력은 월등히 높아졌던 반면, 질적 수준이 낮은 곳에 다닌 유아들은 가정에서 부모와 지냈던 유아들보다도 언어 및 수 능력이 떨어졌다. 유아들의 지적 성취를 위해서는 유아들과 양질의 상호작용을 해 주는 교사와 부모가 있어야 함을 알려 주는 연구이다(Sylva, Melhuish, Sammons, Siraj-Blatchford, & Taggart, 2007).

피아제는 유아기를 자아중심적 성향을 보이는 전조작기로 명명하고 이 시기의 사고는 활동 중심과 놀이 중심의 자기발견적 학습으로 발달한다고 하였다. 비고츠키(Vygotsky) 역시 근접발달지대(Zone of Proximal Development: ZPD) 이론을 주장하면서 유아와 부모의 상호작용, 유아와 교사의 상호작용에 의한 학습이 효과적임을 밝힌 바 있다(이원영, 1997).

따라서 부모와 교사는 유아가 성공할 수 있는 환경을 제공해야 한다. 유아들이 놀다가 문제에 부딪혔을 때 어른들이 적절한 도움을 주면서도 유아 스스로 그 문제를 해결할 수 있도록 돕는 '안내해 주되 스스로 알게 하기(guided discovery learning)'를 시키는 것이다. 물놀이를 하고 있는 어린이가 주둥이가 좁은 병에 바가지로 물을 쏟아 부어 작은 병에 물을 채우려고 한다. 이 유아가 몇 차례 시도하다가 포기하려 하자 곁에 있던 어른이 "잘 안 들어가는군! 병의 주둥이가 너무 좁은 걸. 어떻게 할까?" 하며 생각하게 돕는다. 어른이 깔때기 또는 종이를 나팔모양으로 만들어 물을 넣는다. 그러면 이를 본 아이는 "내가 물 넣은 걸 보세요."라고 하면서 어른이 한 행동을 모방하여 물을 넣고는 자랑한다. 결국 자기 스스로 문제해결을 함으로써 성공을 경험하게 된다.

우리나라 영유아들의 사교육 실태를 보고한 육아정책연구소 실태보고서에 따르면(육아정책연구소, 2017. 1. 9. 육아정책브리핑 '영유아의 사교육 노출, 이대로 괜찮은

가' 보고서 발표; 세계일보, 2017. 1. 9.) 연구소는 2016년 8~10월 전국의 2세와 5세 아동을 둔 부모 1,241명을 대상으로 사교육 실태조사를 하였다. 이 조사에서는 '어린이집과 유치원이 아닌 학원, 문화센터, 가정 등의 장소에서 개인·그룹 단위로 이루어지는 예체능 학습 활동과 학습지 및 온라인 학습을 사교육으로 정의했다. 그 결과 2세와 5세 유아의 사교육 비율이 각각 35.5%, 83.6%에 달했다. 육아정책연구소 김은영은 "학부모는 과도한 사교육이 문제행동을 유발할 수 있다는 점을 알면서도 자녀에게 시키는 사교육이 적절하거나 부족하다고 생각하고 있다. 이와 관련된 부모교육이 필요하다."고 지적했다. 학습지에 의한 교육이나 유아의 발달에 적합하지 않은 교육을 받게 하는 것은 황정숙(1996), 유향선(1996), 실바(Sylva, 2007) 등의 연구에서도 밝혀졌듯이 장기적으로 효과를 볼 수 없는 방법이다. 그 이유는 지식 중심의 학습이 효과적으로 되는 시기가 뇌에 각회(angular gyrus)가 성숙됐을 때인 만 10세 이후인데 그보다 미리 시켰기 때문이다. 많은 유치원, 어린이집들이 한글, 수학, 과학, 영어 학습지를 가르치는 곳이 많아졌는데, 영유아기 뇌 발달 단계에 맞지 않는 일을 한 것이다.

레인(Raine, 2013)은 이러한 주요 학습 과목의 개념을 제대로 이해할 수 있는 시기는 뇌의 각회가 발달하는 아동기 후반이라고 하였다. 각회는 인지능력을 활용해서 영어·수학·국어·과학 등 다양한 지식을 배우고 기억하는 곳이며 [그림 5-5]와 같다. [그림 5-5]의 제일 왼쪽 그림은 각회의 위치가 뇌의 정수리 부분에 있음을 보여 준다. 또 주름이 진 대뇌피질 바로 밑의 점선은 변연계로서 정서와 사회성을 담당한다. [그림 5-5]의 오른쪽 2개의 그림은 운동·청각·시각·언어 담당 뇌 구조가 각회와 신경줄로 연결된 것을 보여 준다. 뇌 발달은 밑부분이 먼저 발달하고 위로 올라가며 발달하기 때문에 감각·운동능력, 즉 신체 발달이 먼저 되고 정서 발달과 사회성 발달이 진행된 다음에 인지능력이 발달한다.

유아기에는 매일 책을 읽어주어 아이의 지적 호기심을 채워주기도 하고 어휘력도 증가시켜 주는 것이 좋다. 그러나 무엇보다도 아이가 커가면서 책을 가까이 하는 사람이 되게 돕는 것이 중요하다.

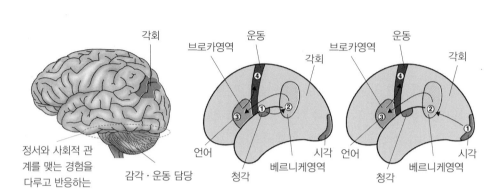

[그림 5-5] 각회의 위치와 신경전달 과정

출처: 박문호(2013).

4) 성역할 발달: 건강한 성역할의 모델이 된다

유아기는 성역할에 대한 도덕성, 사회문화적 사고, 즉 성인지(性認知)가 발달하는 시기이다. 자신이 남자인지 여자인지를 아는 생물학적인 성인지(gender recognition)와 함께 여자/남자로서 내가 어떤 일을 해야 할지를 아는 사회문화적인 성역할(性役割)을 배우며 성정체성을 형성한다. 자녀가 건강한 성 정체성을 형성하도록 부모는 건전한 성생활을 하고 양성평등적인 성역할 수행모델이 되어야 한다.

프로이트는 유아가 보이는 성역할 동일시 현상을 '오이디푸스 콤플렉스'와 '엘렉트라 콤플렉스'로 설명하고 있다. 이는 각각 남아는 아버지의 남성성을 선택하여 어머니의 사랑을 갈구하고, 여아는 어머니의 여성성을 선택하여 아버지의 호감을 얻고 싶어 한다는 것이다. 따라서 가족들이 함께 있을 때 부부가 친밀감을 표현하는 것을 보며 아이들은 자신이 여자/남자로서 어떻게 행동해야 하는지를 자연스럽게 배운다. 부부 갈등이 심해 서로 반목하며 싸우면 유아기 아이들은 성 동일시 및 성역할 개념 형성에 어려움을 느낀다.

최근 들어 육아와 살림은 아내가 하고 생계유지를 위한 사회생활은 남편이 하는 고정화된 성역할 학습이 변화하고 있다. 서로의 강점을 존중하고 약점은 지원하는 상호 간의 양성평등적인 환경이 점점 더 확대될 것이므로 자녀들에게 양성평등의 문화를 어렸을 때부터 경험하게 하는 것이 좋다.

4. 아동기 자녀의 부모역할

아동기는 취학 직전부터 초등학생의 시기를 말한다. 이 시기의 아이들은 스스로 식사하고, 혼자서 옷을 입으며, 스스로 배변하고 처리하는 등 일상생활을 어른의 도움 없이 해낼 수 있다. 지금까지 몸에 익혀온 언어능력 · 사회적 능력 · 신체적 능력 등을 다른 아동과 함께 놀면서 생각과 느낌을 확장해 보는 실험의 시기이기도 하다. 가정과 영유아교육기관에서 안정적인 관계를 성공적으로 맺어 본 아이들은 학교생활에 적응하기 쉽고, 학습할 준비도 잘 되어있을 것이다(Lynch & Cicchetti, 1997).

초등학교에 입학한 아동은 영유아기 동안의 신체 성장률과 비교할 때 규칙적이지만 느리게 성장한다. 반면, 사고능력은 양적 · 질적으로 그 발달 정도가 빠르고 넓다. 그러나 이 시기 아이들에게 가장 중요하고 심각한 발달과업은 친구 사귀기이다. 친구의 중요성이 커지는 만큼 사회적 역할 수용 능력이 있어야 한다. 이 능력은 영유아기에 그 기초가 다져지기 때문에 가정에서 형제간의 관계와 영유아교육기관에서 사회적 유능성을 갖지 못한 아이들은 어려움을 많이 겪는다. 스스로 친구를 사귀어야 하고 친구와의 갈등도 해결해야 하며 협력과 타협을 이끌어 내야 하므로 여간 어려운 것이 아니다. 아이들의 친구문제에 대해 부모와 교사들이 유심히 관찰하며 도움이 필요할 때 손길을 내미는 것은 입학 초기 아동들에게 큰 힘이 될 것이다.

학령초기 아동들의 생활 중 영유아교육기관에서의 생활과 가장 다른 것은 학교 공부이다. 유아기에 놀이가 중요했던 것과 달리 아동기에는 공부가 중요한 과업이다. 아이들은 학업 성취감(학교학습 태도 포함)을 느끼고 싶어 하는 데 학업 성취라는 것이 학급 아이들의 성적을 1등부터 꼴등까지 비교해서 누구는 잘했고 누구는 못했다고 비교하는 것이 아니라 아이가 흥미있어 하고 궁금한 것을 집중해서 해 보는 과정에서 획득되는 지식을 말한다. 다행히 우리나라의 초등학교에서 성적을 수치로 내서 비교하지 않기 때문에 부모들이 노력만 한다면 아동기에 학업 성취감을 느낄 수 있게 얼마든지 도울 수 있다. 다른 사람의 말을 집중하며 경청하는 태도, 자신의 일에 몰두하는 습관, 근면한 습관을 아동기 초반에 길러줄 수 있다면 고학년이 되어도 스스로 어려운 공부도 해낼 수 있게 될 것이다.

아동기 자녀의 부모역할을 제시하면 다음과 같다.

1) 학업 성취감 발달: 호기심과 문제 해결을 적극 촉진한다

학령기는 영유아기의 자아중심성에서 탈중심화할 수 있으며, 한 측면에 집착했던 좁은 식견이 상황의 여러 측면을 고려하는 융통성이 있고 가역적 사고를 하며 해결하는 넓은 시각으로 변한다. 이 시기가 피아제의 구체적 조작기 단계이다. 아동은 '지식을 얻는 것은 너의 머리에 불을 켜는 것과 같다.'라는 말을 해도 유추하여 이해할 수 있어 은유, 상징과 같은 추상적 사고를 즐기게 된다. 그럼에도 피아제는 아동이 성인세계를 상이한 방식으로 이해한다고 보았다. 그러므로 교사와 부모는 아동이 잘 알고 있는 것으로부터 교육을 시작하고 구체적인 예증을 제시하며 학습하도록 해야 한다. 이들에게 성인의 논리를 주입하여 가르치려 하면 도리어 학습에 대한 열망과 호기심을 잃게 할 수 있기 때문이다.

초등학교에 입학하면 숙제를 해야 하고 스스로 챙겨야 할 과제가 많아진다. 부모는 과한 압력으로 아이의 심리적 상태를 위축시키지 말아야 한다. 그 이유는 아이들이 자율적으로 자기가 좋아서 하는 공부는 기억도 잘되어 공부의 효율성이 높아지지만 엄마, 아빠의 강요에 의해 이루어지면 효율성이 떨어지기 때문이다. 아이들은 아직도 공부보다는 친구들과 뛰어놀고 싶은 욕구가 더 강하므로 부모는 되도록 아이가 '아는 즐거움'을 느끼도록 최선의 노력을 하며 기다려야 한다. 또 공부가 재능이 아니라 예·체능에 재능이 있는 아이도 있고 다른 특별한 일을 하는 데 재능이 있을 수 있으므로 그 재능을 찾도록 서로 노력하는 일을 멈추지 말아야 한다.

2) 과제에 대한 근면한 태도: 자아존중감을 독려한다

에릭슨은 이 시기에 근면한 성품이 형성된다고 하면서 영유아기에 부모와 안정 애착을 갖게 된 아이들이 자신감을 가지고 새로운 학교 환경에 잘 적응한다고 했다. 그러나 우리나라 초등학교의 교육은 아직은 아동 중심 교육철학과 교수 학습 방법에 기초한 교육이 아니어서 학교공부나 숙제가 스트레스를 증가시키고 있어 아이들도 부모들도 힘겨워한다. 안정된 성향의 아이도 갈등과 좌절을 경험하는데 어느 정도의 갈등은 자신을 지지해 주는 부모와 교사가 옆에서 들어주고 도와주면 극복해 나갈 수 있다. 자신에 대해 긍정적인 자아개념을 가지고 자신의 능력에 대해 유능감을 가진 아동은 학교에서의 도전과제에 대해 성실하고 근면함으로 바람직한 결과를 보게 되고, 이는 다시 아동의 자아존중감을 높이는 데 큰 힘이 되므로 아이가 출생했을 때부터 긍정적이고 행복한 관계를 맺도록 노력한다.

3) 적극적인 활동 참여: 다양한 활동을 마련하고 관찰한다

아동기를 보내는 아이들은 생을 영위하는 데 필요한 삶의 지혜를 배워야 한다. 이 시기에는 심부름하기, 책임감 있게 행동하기, 음악·게임·스포츠 등의 기술 익히기, 학교에 다니기 등의 활동을 하며 자신의 능력을 실험해 볼 수 있는 기회를 많이 가져야 한다.

가방 챙기기, 등·하교시간 지키기, 숙제하기 등 학교생활에 필요한 일은 스스로 할 수 있도록 한다. 아동에 따라서는 집에 오자마자 숙제를 하는 경우, 조금 놀고 난 후 하는 경우, 숙제를 안 해가는 경우로 나눌 수 있는데, 숙제를 안 해가도 교사에게 별 지적이 없다면 아동은 요행을 바라는 마음으로 계속 숙제를 피해가려고 할 것이다. 과제물을 내 준 선생님이 이를 확실하게 검사해야 아동의 습관을 바르게 키울 수 있으므로 학교 담임선생님과 항상 의논하면서 습관이 몸에 배일 때까지 서로 관찰하고 협력하여 아이의 책임감이 자라도록 돕는다.

4) 우정 기술의 발달: 우정의 장(場)을 만들어 준다

아동기는 가정에서보다 학교에서 다양한 친구를 사귀어 활동하고 대인관계도 경험한다. 친구와 놀며 협동하기도 하고 싸우기도 하면서 문제를 해결하고 화해도 하여 친한 친구를 만나는 경험을 해야 한다.

아동이 또래로부터 수용되는 정도, 즉 또래수용도는 아동의 사회적 자아존중감이 큰 역할을 한다. 자기통제를 잘하는 신중한 아동은 사회적 자아개념이 긍정적이다. 친구와 잘 어울리며 친구관계가 좋다고 생각하는 아동은 자기통제를 잘한다.

부모의 양육태도가 온정적이고 수용적일 때에는 아이의 자아존중감이 높지만, 거부, 제재, 위협적인 태도일 때에는 자아존중감이 낮다. 사회적 관계에서 대인 문제를 해결해 보는 동안 아이들은 자기효능감을 느낀다. 자기효능감이 낮은 아동은 학습된 무력감을 가지고 있어서 자신의 잠재력을 발휘하지 못하고 학교생활을 불행하게 보낸다. 아동은 영유아기와 달리 자기 감정을 잘 감추기 때문에 자신의 문제와 감정을 숨겨서 부모가 아동의 어려움을 알지 못하는 경우가 많다. 이전에 없던 또래관계 문제, 학업문제 등으로 인해 아동이 스트레스를 많이 받으며 매우 불안정한 상태에서 욕, 다툼과 같은 부적응 행동을 할 수 있다. 학교생활에 대한 이야기를 부모와 함께 많이 나누며 아동이 부모의 사랑과 관심을 바탕으로 잘 이겨낼 수 있도록 지원해 주어야 한다.

5. 청소년기 자녀의 부모역할

2차 성징의 출현과 함께 사춘기를 겪는 청소년기는 대개 초등학교 고학년에 시작된다. 신체적 성장이 완만한 아동기와 달리 청소년기는 급격한 신체변화를 겪는다. 건강, 영양, 유전과 체중의 영향으로 사춘기가 일찍 시작되기도 하고, 늦게 오기도 한다. 성호르몬 분비의 증가로 남아는 생식기가 변화하며, 사정의 시작과 변성기를 겪는다. 여아의 초경 시작 시기는 개인마다 차이가 있으나 일단 시작하면 몸무게가 45~47kg 정도, 체지방이 17% 이상일 때 생리가 유지된다. 일반적으로 여아가 남아에 비해 2, 3년 더 일찍 성숙한다. 지나치게 조숙하거나 만숙하는 청소년은 가족의 심리적 지원이 더욱 필요하다. 이는 또래 집단의 다른 아이들보다 성숙이 빨라 친구들이 이례적으로 보기 때문에 정체성 혼란을 겪을 수 있기 때문이다.

청소년기 자녀의 발달 특성에 따른 부모역할을 살펴보면 다음과 같다.

1) 자아정체감의 형성: 독립적으로 문제를 해결해 볼 기회를 만든다

청소년기의 급작스러운 신체 변화로 인한 느낌은 주변 사람들의 반응과 자신의 평가로 긍정적 또는 부정적이 된다. 남아들은 큰 키의 근육질 체형을 원하고, 여아들은 체중과 얼굴 매력에 민감한데 여아가 남아에 비해 부정적인 자아상을 갖는 경향이 있다. 긍정적인 자아상과 자아정체감을 갖는 것은 청소년기의 중요한 이슈이다. 에릭슨은 이 시기에 자아정체감 형성이 가장 중요한 발달과업이라고 말했다. 자아정체감이란 스스로 '나는 누구인가?' '무엇을 할 것인가?' '자신이 어떻게 되기를 바라는가?'라는 질문에 대해 생각해 보고 정의해 보고 자신의 새로운 모습을 발견하는 것을 말한다. 확고한 자아정체감은 살아가는 동안 느끼고 생각하고 고통당하고 이를 극복해 가는 과정에서 생기기 때문에 젊어서는 자신의 고유성, 총체성, 계속성을 경험하기 시작하는 것에 만족해야 한다. 고유성이란 자신이 남들과 다른 독특하고 특별한 존재로 인식하는 것을 말한다. 총체성이란 자신의 욕구, 태도, 동기, 행동 양식 등이 전체적으로 통합되고 있다고 느끼는 것이며, 계속성은 시간이 지나도 나 자신은 나만의 독특한 어떤 특징이 있음을 인식하는 것이다. 이 같은 것들은 하루아침에 이루어지는 것이 아니고, 조금씩, 부분적, 점진적으로 이루어진다.

청소년기에 자아정체감 형성이 되지 않으면 정체감 혼돈을 경험한다. 청소년들이 안정된 정체감을 형성하기 위해서는 어느 정도 부모와 또래의 영향권에서 벗어나야 하는데 이는 쉬운 일이 아니다. 질풍노도의 시기에 자기 자신에 대한 긍정적 이미지를 가질 수 있는 기회가 필요하므로 종교를 갖거나 다양한 체육활동이나 취미활동을 하게 하면 도움이 된다.

2) 사회적 역할 수용: 친사회적 규범과 가치를 전달한다

아동이 자신의 관점과 상대방의 관점을 이해하는 시기에 있었다면, 청소년은 자신의 문제를 객관적으로 바라볼 수 있고 제3자의 의견을 종합하여 판단을 내리기 시작한다. 청소년은 사회적으로 성공하고 싶은 욕구만큼이나 사회 현상에 대해 비판하고 문제를 제기한다. 때로는 권위에 도전하기도 한다. 특히 최근 우리나라 청소년들은 이전 세대들에 비해 더 많이 노력해야 하고, 새로운 기술에 적응해야 하며 성적 유혹에도 노출되어 있어 위험요인에 둘러싸여 있다. 경험해 보지 못한 위험요인에 대해 부모세대는 방어적이지만, 자녀들은 그들 세대의 문화로 여겨 문제로 여기지 않기 때문에 세대 간 갈등이 일어나기도 한다. 청소년들은 휴대전화로 밤새도록 게임을 하거나 친구와 수다를 떠는 것이 아무런 문제가 되지 않지만 어른들은 있을 수 없는 일이라고 생각하는 것이 그 예이다.

이상향을 꿈꾸는 아이들은 자신의 부모가 컴퓨터도 잘하고 아이돌 노래를 같이 부를 수 있으며 새로운 현상에 대해 잘 알기를 소망하지만 부모들은 이미 구시대 사람들이고 새로운 기기나 현상을 재빨리 받아들여 사용할 준비도 시간도 여력도 없을 만큼 삶이 고되다. 이상과 현실의 간극이 클수록 심리적 갈등도 클 것이므로 부모들은 솔직하게 자신이 처한 상황을 털어놓고 아이의 의견을 수용해 주고 협력도 받는 관계를 맺는 것이 더 좋을 것이다.

3) 학업 스트레스 극복: 다양한 영역에 도전해 보도록 권한다

학교에서의 집단생활과 성적에 대한 압력은 입시경쟁 속에 청소년의 스트레스를 가중시킨다. 이러한 스트레스는 청소년의 자아정체감 형성을 늦추거나 아예 형성되지 못하게 한다. 이런 상태는 자신의 신념, 직업, 사회 현상에 대한 가치관과 견해를 스스로 결정하지 못하는 상태에 빠지게 하여, 부모나 다른 사람이 하라는 대로 생각 없이 따르게 만든다. 좋은 대학에서 공부도 잘하던 청년이 갑자기 사교 집단에 빠지는 경우도 이에 해당한다. 또 대학입시에 떨어지거나 취업을 하지 못하는 상황은 청년들로 하여금 미래에 대한 불안감을 가중시켜, 사회 부적응 문제를 일으키게 되기도 한다. 따라서 학업 이외의 다양한 영역에서 경험하게 하고 실패에 굴하지 않고 도전하는 마음을 갖도록 늘 대화하며 격려한다. 스포츠, 예술, 문화 등의 다양한 영역을 친구와 함께 경험하고 도전해 보는 기회를 함께 해본다.

4) 이성에 대한 관심: 관계의 욕구를 인정하고 성욕 승화의 기회를 제공한다

청소년들은 자기도취와 자기비판 상황을 오락가락하며 헤맨다. 자기를 쳐다보는 군중을 상상하며 무대 위의 주인공처럼 행동하기도 하지만 자기비판에 매몰돼 극단적인 선택을 하는 청소년들도 있다. 타인의 관심을 끌기 위해 이른 나이에 얼굴 화장을 하고 요란한 옷차림을 하며 과장된 몸짓을 하는 여학생들이 있는가 하면, 남성성을 강조하기 위해 온몸에 문신을 하거나 근육을 보이기 위해 과도한 운동을 하는 남학생들도 있다. 이런 행동들은 청소년의 친밀감에 대한 욕구와 이성 친구와 특별한 관계를 맺고 싶은 욕구와도 관련이 있다.

청소년의 이성에 대한 관심은 건강하다는 증거이므로 부모들은 자녀가 자신의

성 정체성을 확립하게 하고 성행위에 대한 지식도 솔직하게 나눌 필요가 있다. 또 무조건 연애는 하지 말라고 강요하기보다는 여러 사람과 자유롭게 교제하는 방법, 책임져야 할 행동 등에 대해 이야기를 나누는 것이 더 좋다. 요즈음의 청년들은 이전 세대보다 훨씬 성경험 시작 연령이 낮아지고 있다. 미디어 영상과 매체들이 무수히 많은 성적 묘사를 하고 있어 개방적인데 이런 환경에서 부모들은 무조건 공부만 하라고 야단치면 청소년들은 부모에 대한 반항으로 성에 탐닉하게 될지도 모른다. 어린 시절 부모로부터 받지 못한 관심과 애정결핍을 보상받기 위해 부모가 하지 말라고 하는 성경험을 선택하기도 한다. 성적 충동을 해소하기 위해 스포츠나 취미활동으로 성적에너지를 발산하게 하는 것이 바람직하다.

청소년기 부모는 자녀가 성과 임신의 과정에 대한 충분한 지식과 함께 이른 나이의 임신과 출산으로 인한 문제점을 구체적으로 지도해야 한다. 아울러 데이트 폭력을 포함해서 성폭력을 예방하기 위해 자기방어 행동도 익혀 두게 하면 도움이 된다. 2013년 한국성폭력상담소의 조사에 따르면, 성폭력은 아는 사람에 의한 피해가 85%로 가장 많았다(한국성폭력상담소, 2013). 가장 민감한 시기의 청소년들이 부적절한 영화, 만화, 잡지, 음란영상에 자주 노출될수록 성적 욕구를 자극받으며, 왜곡된 성 의식을 심어주게 된다. 청소년기 자녀를 둔 부모는 자녀가 성적 욕구에 대한 자기통제를 강화하고, 대체할 수 있는 활동의 기회를 제공하는 것이 필요하다.

〈표 5-2〉 **자녀의 단계별 발달과업과 부모의 역할**

단계	발달과업	부모의 역할
태아기	건강한 수정 주요 기관의 발달 태아 프로그래밍 유대감 형성	아기를 기다리는 마음으로 임신 쾌적한 태내 환경 마련 심신의 건강 유지 태아와 교감하며 태교
영아기	감각운동 발달 기본적 신뢰감의 발달 자아인식과 자율성 발달 상징적 사고와 언어의 발달	건강, 영양, 안전 도모하기 욕구와 필요를 채워주는 애착형성자 기질과 양육의 조화를 이루는 양육자 탐색과 놀이의 파트너
유아기	또래관계 맺기 약속과 규칙 개념 발달 발달에 적합한 학습 성역할 발달	친사회적 의사소통의 모델되기 긍정적인 훈육자 사고력 증진을 위한 환경제공자 건강한 성역할의 모델
아동기	학업 성취감 발달 과제에 대한 근면한 태도 형성 활동의 적극적인 참여 경험 우정의 기술 발달	호기심과 문제 해결의 촉진자 자아존중감 독려자 다양한 활동의 제공과 모니터링 우정의 장(場) 제공자 역할
청소년기	자아정체감의 형성 사회적 역할 수용 학업 스트레스 극복 이성에 대한 관심	독립적 문제 해결의 기회 제공자 친사회적 규범의 가치 전달자 다양한 영역의 도전 촉진자 이성친구 사귀기, 성욕구 통제 모델 역할

Storytelling

여성작가 라이오넬 슈라이버의 원작소설을 영화화한 〈케빈에 대하여〉는 미국과 영국의 유수 영화제에서 주목을 받았다. 모성, 부모와 자녀의 관계에 대한 영화이다.

자유로이 세계여행을 다니던 에바는 원하지 않았던 갑작스러운 임신으로 좌절한다. 일과 양육을 병행해야 하는 삶도 버거운데, 아들 케빈은 세 살 때부터 말썽을 부리기 시작한다. 살갑게 대하는 아빠와는 달리 엄마를 부모로 인정하지 않고 냉담하기만 한 케빈. 아들의 이런 삐뚤어진 심성은 급기야 아빠와 동생 몰래 엄마를 괴롭히는 수준에 도달한다. 이 영화는 케빈이 성장하는 동안 어머니 에바가 무관심하게 대하고 제대로 사랑하지 않은 것이 아들을 비뚤어지게 했을지 모른다고 추측하게 만든다. 에바가 아무리 노력해도 바뀌지 않

던 케빈은 결국 고등학생이 된 후 학교 체육관에서 친구들을 무작위로 활로 쏴 죽이는 만행을 저지른다. 그것도 아버지가 사준 활과 화살로 에바를 제외한 여동생과 아버지까지 죽인다. 세상에 홀로 남은 에바는 가까스로 잡은 직장 외에 가끔 교도소에 수감된 케빈을 찾아가는 일이 외출의 전부일 정도로 단조로운 삶을 산다. 하지만 길에서 희생자의 부모에게 아무 이유 없이 뺨을 맞고, 하루가 멀다 하고 집과 차가 붉은 색 페인트에 뒤덮이는 설명이 안 되는 생활을 한다. 면회를 가서 이야기를 나누다가 에바는 케빈이 자신에게 사랑이었다는 것, 자신의 잘못은 케빈을 제대로 사랑하지 못했다는 것을 깨닫게 된다.

Q1. 케빈이 엄마(에바)에게 원한 것은 어떤 것이었을까?

Q2. 케빈과 여동생 셸리아에 대한 에바의 모성 차이는 어떻게 설명할 수 있을까?

Q3. 충분한 모성애는 '사이코패스'의 출현이나 '묻지마 학살'을 막을 수 있을까?

제 **3** 부

부모교육의 이론

제**6**장

인성형성이론

Think & Talk

- 사람의 성향과 인성은 어떻게 형성되는 것일까?
- 다른 사람과 다른 나만의 고유한 특질은 어떤 과정으로 형성되는가?
- 다른 사람과의 관계는 나의 인성에 어떤 영향을 미칠까?
- 내가 받은 유전인자는 바뀔 수 있을까?
- 내가 온전한 인격을 가지려면 어떤 노력을 해야 할까?

이 장에서는 융의 분석심리학, 아들러의 개인심리학, 거든의 후성유전학, 탄력성 이론을 중심으로 영유아의 인성 발달에 대한 내용을 다루고자 한다. 20세기 초 프로이트가 정신분석이론을 창시하면서 부모의 양육이 아이들의 인성 발달에 영향을 미친다는 이론을 발표하여 아기가 배고플 때마다 젖먹이기, 대소변 가리기 훈련을 억압적으로 하지 않기, 아이들이 만 4, 5세부터 보이는 성적 호기심을 억압하지 않으며 건강한 성역할 개념을 형성하게 하기 등을 부모들에게 알려주었다. 이 내용들은 그동안 유아교육 분야에서 충분히 숙지되어 실행되고 있기 때문에 여기에서는 부모 이외의 교사·이웃 등 공동체 모두가 아이들의 양육에 참여해야 한다는 이론들을 중심으로 설명하려고 한다. 융의 분석심리학, 아들러의 개인심리학(사회심리학이라고도 함), 번의 교류분석이론, 거든/모알렘/캐리/레인 등의 후성유전학, 탄

력성이론이 그것이다. 이 이론들은 한 사람의 인성은 유전적 요인에 의해 결정되는
부분이 있으나 후천적 노력에 의해 인성이 바뀔 수 있다는 것을 강조하고 있다.

각 절에서는 이론의 기본 개념을 설명하고 이 이론에 기초해 부모와 교사들이 가
정과 영유아교육기관에서 어떤 역할을 해야 할지에 대해 알아보고자 한다. 물론 정
신분석가, 후성유전학자, 뇌연구자들은 부모교육학자가 아니어서 부모의 역할에
대한 내용을 구체적으로 명시한 바는 없다. 그러나 이 책에 소개하는 이론가들은
모두 '새로운 나'를 만들어 가는 과정을 강조하고 있기 때문에 이들의 이론에 기반
하여 어른들의 역할에 대해 생각해 보고자 한다.

1. 융의 분석심리학: 마음의 구조와 기능 알기

스위스의 투르가우즈에서 목사의 아들로 태어난 칼 구스타브 융(Carl Gustav
Jung, 1875~1961)은 1900년부터 프로이트의 이론을 공부하
기 시작했다. 융은 프로이트의 성욕(libido) 중심 이론에 의
문이 들었으나 1906년 자유연상에 관한 논문을 써서 프로이
트에게 보냈고 1907년부터는 진지하게 의견을 주고받는 사
이가 되었다. 그러나 융은 프로이트가 계속 성욕 중심의 이
론을 펼 뿐 아니라 정상적인 인성에 대한 연구보다는 정신
질환이나 잘못된 인성에 대해 연구하는 것이 마음에 들지
않아 1912년 프로이트와 결별했다.

Jung

프로이트의 정신분석학(psychoanalysis)과 융의 분석심리학(Analytical Psychology)
은 인간 의식 너머에 무의식이 있음을 인정하고 그것을 중요시했다는 점에서 공통
점을 갖고 있다. 무의식에 있는 내용을 자유연상으로 말하게 하여 밖으로 표현하게
해야 한다고 한 프로이트의 이론과 이를 의식에 동화(이부영, 2004)시켜 자기실현을
하게 함으로써 인격성숙을 도와야 한다고 강조한 융의 이론은 같은 듯 다르다.

융이 무의식 세계를 개인적 무의식과 집단적 무의식으로 나눈 것, 원형으로서의 아니마와 아니무스를 주장한 것, 병든 마음보다 건강한 심성에 중점을 두며 연구한 것, 특히 무의식 세계를 구성하는 요소에 대해 주장한 내용은 차이를 보인다. 프로이트는 어린 시절 억압 받은 성적 욕구가 무의식 세계를 구성한다고 한 반면, 융은 억압된 성적 요구 이외에 일상생활에서 잊혀진 모든 내용이 무의식 세계로 침잠한다고 했다. 그러나 무의식 세계가 인간의 의식 세계에 영향을 준다는 사실은 두 사람 모두 중요하게 생각했다. 융은 일생 동안 '적극적 명상'을 하며 자신의 무의식 세계를 분석했다. 말년에 융은 자신의 삶을 한마디로 '무의식이 그 자신을 실현한 역사'라고 요약했다. 무의식이 의식 세계 및 인성 형성에 큰 영향력을 준다는 프로이트의 무의식 이론에 동의하면서 자신만의 새로운 이론을 발전시킨 것이다(이부영, 2004, p. 4). 다음은 융이 인간의 인성 발달을 이해하기 위해 정리한 개념이다. [그림 6-1]은 융의 '마음의 구조'를 그림으로 표현한 것이다.

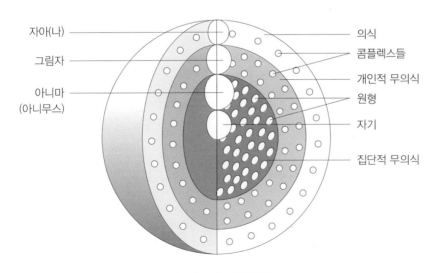

[그림 6-1] 마음의 구조

출처: 이부영(2004).

융에 의하면 우리의 마음은 [그림 6-1]과 같이 의식 세계와 무의식 세계로 나뉜다. [그림 6-1]에서 볼 수 있듯이 의식 세계에는 '나'라는 자아(自我, Ich, ego)가 있으며 외부 세계와 닿아 있다. 우리의 마음속 깊은 곳 그 어딘가에 무의식 세계가 있으며 그 깊은 곳에 '자기'가 있다고 융은 보았다. 유아교육 분야에서는 자아(나)라는 용어를 많이 쓰고 있고, 자기라는 용어는 우리나라 젊은이들이 사랑하는 사람에게 애칭으로 쓰는 단어이다. 그런데 융은 자기를 완전히 다른 개념으로 썼다. 융에 의하면 자기(自記, selbst, self)는 무의식 세계 깊은 곳에 있는 우리 자신의 일부로서 우리가 항상 관심을 가지고 의식 세계와 연결이 되도록 끊임없이 노력해야 하는 그 무엇이다. 이 무의식 세계는 다시 개인적 무의식과 집단적 무의식으로 나눌 수 있다고 융은 생각했는데 개인적 무의식은 아이가 태어나 부모로부터 받은 양육의 영향으로 형성된다. 이때 개인적 무의식에 그림자가 생긴다. 겉으로는 아무렇지 않게 보이도록 행동하지만 마음속에서는 부정적인 생각과 괴로운 마음이 끓어올라 힘들다면 개인적 무의식 안에 있는 그림자 때문일 수 있다. 어린 시절에 개인적 무의식 속에 쌓인 정서적 앙금이 원인이다.

집단적 무의식 속에는 아니마·아니무스가 있다. 남자들 속에 있는 여성성, 여자들 마음에 있는 남성성을 말한다. 우리의 마음을 구성하고 있는 이 구성요소들은 확실하게 분리되어 존재하는 것이 아니고 서로 영향을 주고받는다. 눈에 보이는 자료로 증명할 수 있는 것은 아니지만 우리는 무의식 세계를 경험할 수는 있다. 우리는 의식과 무의식, 콤플렉스의 존재를 인정하고 그 상호작용을 희미하나마 이해하기 시작하여 우리가 어제보다 오늘 더 나은 '새로운 나'로 바뀌도록 애써야 한다.

1) 페르소나와 의식적인 자아: 남이 보는 나, 남을 의식하는 나

융은 무의식을 '바다', 의식을 그 바다에 떠있는 자그마한 '섬'으로 비유했다. 또 의식(conscious)은 피부와 같은 표면이어서 외부 세계와 연관을 맺으며 살게 된다. 다른 사람들은 이런 나를 바라보고, 난 그 사람들을 의식하며 산다. 융은 의식 세계 밑에는 이보다 크고 깊은 끝이 없는 무의식이 있다고 했다. 이부영(2004, p. 61)은 융을 연구하는 학자들이 이 미지의 영역을 무의식이라고 하였다. "무의식이 무엇인지 사실상 아무것도 모른다. 단지 그것이 존재한다는 사실을 개개인이 느끼고 경험함으로써 증명할 수 있을 뿐이다. …… 우리는 결코 무의식적인 정신을 직접 탐구할 수는 없다. 왜냐하면 무의식은 진정으로 무의식적이기 때문이다. …… 언제나 무의식은 의식에 의해서 의식의 말로 표현되는데 우리는 그렇게 할 수밖에 없다. 그러므로 우리는 의도적으로 내 마음 깊은 곳에서 올라오는 감정이나 생각을 말ㆍ춤ㆍ그림ㆍ문학 등 다양한 방법으로 표현하려고 노력해야 한다. 그렇다고 해서 우리가 무의식에 관해 표현하는 것이 바로 무의식 자체라고 성급하게 단정짓지는 말아야 한다"(이부영, 2004). 이만큼 무의식 세계는 거대하게 존재하면서도 외부로 나올 때는 의식 세계를 통해야만 한다. 그래서 의식 세계가 중요하다.

　그렇다면 의식은 무엇일까? 융은 의식을 깨어 있는 시간조차도 무의식의 영향을 받는 '단속적(斷續的) 현상'이라고 보았다(Jung, 1968). 융은 우리가 명료한 의식을 가지고 생활하는 동안에도 무의식의 내용이 시시때때로 올라와 영향을 주기도 하고 주지 않기도 하는, 즉 끊어졌다 이어졌다 하는 단속적(斷續的) 영향을 준다고 했다. 융은 하루의 1/4, 1/3 심지어는 1/2 정도 사람들은 무의식의 영향을 받으며 산다고 했다. 멀쩡한 의식으로 차를 운전하다가 어느 순간에 무의식 세계의 그 무엇이 올라와 충동적으로 말하고 행동하는 것이 그 예이다.

　페르소나는 의식 세계의 중심에 있는 자아가 외부 세계에 적응할 수 있도록 세상과 관계를 맺게 해 준다. 사람들은 태어나 자신이 속하게 되는 다양한 집단에서 가치관, 기본생활습관, 도덕성, 예의, 행동양식을 배워서 모종의 추상적인 태도를 형성하는데 융은 이를 [그림 6-2]와 같이 페르소나(Persona) 또는 외적 태도(external attitude)라고 했다. '사람들이 뭐라고 하면 어떻게 해?' '체면을 지켜야 해.'라는 말은 자신이 사는 집단의 정신이나 가치관, 도덕관을 의식하는 말이다. 사람들이 함께 어울려 살기 위해 페르소나는 반드시 있어야 하지만 집단에 의해 주입된 생각이나 가치관이 곧 나의 개성이라고 여기지는 말아야 한다. 개성이란 마음속 깊은 곳

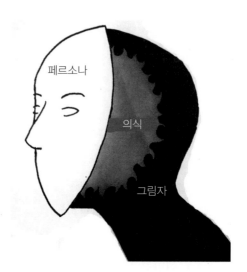

[그림 6-2] **페르소나**(다른 사람들은 날 어떻게 생각할까?)

에 있는 '자기'를 의식 세계와 연결시켜 인식하는 수준과 정도에 따라 다르게 나타나는 나의 독특한 성격이다.

가면(假面)이라는 페르소나의 말뜻이 말해 주듯이 페르소나가 강한 사람은 자신이 속한 집단의 정신은 중요하게 생각하는 반면, 무의식에 있는 '자기'에 대해서는 무관심하다. 이런 사람은 '다른 사람이 나를 어떻게 생각하지?'에 관심이 더 많아 어느 날 우울증에 걸리거나 정신적 문제를 일으킬 수 있다. 그래서 의식 세계의 '자아'와 무의식 세계의 '자기'는 끊임없이 연결을 갖도록 의식적으로 노력하여 무의식 세계의 사소한 내용이라도 알려고 해야 한다. 물론 자기를 완전하게 파악할 수는 없지만 갑자기 튀어나오는 말이나 행동은 무의식의 영향을 받는 것임을 인식하고 '내 마음에는 어떤 내용이 숨어 있기에 갑자기 이런 말이 튀어나왔을까?' '난 왜 이런 행동을 생각 없이 했을까?' '난 왜 저 사람을 싫어할까?' '내가 진정 원하는 것은 무엇일까?' '내가 왜 갑자기 그 약속을 잊어버렸을까?' 등을 자신에게 끊임없이 물으며 진정한 '자기(自己)' '새로운 나'를 발견하려고 노력해야 한다.

페르소나형 인간은 '내가 나로서 있는 것'이 아니고 '남에게 보이는 나'를 더 크게 생각한다. 우리말의 '체면'이 바로 이 '페르소나'이다. 우리나라는 페르소나를 특히 강조하는 사회로 자식으로서의 도리, 친구의 의리, 학교 동문으로서의 협력, 조직체 구성원으로서의 단합, '형평성'을 중요하게 여기기 때문에 집단에 소속하지 않고 독자노선을 걷는 사람을 '이기적·독선적·비인간적·몰인정'하다며 비난하여 심리적 압박을 느끼게 한다. 그렇게 함으로써 자신들이 속한 집단의 규범을 지키고 개인을 일정한 틀에서 벗어나지 못하게 한다. 그래서 '페르소나'는 민주주의 사회보다는 교조주의, 권위주의 사회에서 더 중요하게 여긴다. 우리나라처럼 집단정신이 강한 사회에서는 사람들이 속한 사회적 모임과의 관계를 유지하는 데 시간과 에너지를 많이 쓰고, 또 그 구성원들이 옳다고 말하는 가치나 규범을 무조건 지키려고 노력한다. 이와 같은 태도로 장기간 사는 사람들은 결국 내면의 정신 세계와 관계를 맺지 못해 '자기실현'을 못하게 된다.

나(自我)는 의식 세계의 중심에 있으며 외부 세계는 물론 내면 세계를 향해 있기도 하다. 그렇기 때문에 사람은 남들의 마음에 맞출 필요가 있는 동시에 내면 세계의 자기도 살펴 균형을 잡아야 하는 양면성을 가지고 있다. 융은 외부 세계를 향해 있는 나(자아, 自我)를 외적 인격, 마음속을 들여다보는 나(자기, 自己)를 내적 인격이라고 했다.

페르소나는 사회적 역할, 의무, 도덕규범, 예의범절을 지키는 기능을 하므로 가정과 사회를 건전하게 유지하며 살아가려면 어린 시절부터 청소년기에는 가정교육과 사회교육을 하여 건전한 페르소나를 형성할 수 있도록 도와야 한다. 그러나 개개인이 도달해야 할 궁극적인 목적은 내면 세계를 들여다보며 새로운 나를 찾는 것이다. 이 내면 세계를 들여다볼 수 있는 시기는 어린아이 때는 아니다. 빠른 학생들은 중·고등학교 시절부터 혼돈을 느끼며 생각에 잠기지만 대학생이 되어 책을 읽고 사색하며 삶에 대한 고민을 시작하면, 자기실현의 문을 두드리기 시작할 것이다. 융은 인생의 쓰고 단 맛을 겪은 50대 이후라야 진정한 개성화 과정·의식화 과정·자기실현의 과정이 될만큼 어려운 과정이라고 했다.

〈부모와 교사의 역할〉

- 어린 시기는 의식 세계의 자아가 형성되는 시기이므로 페르소나에 해당하는 사회의 가치관, 행동규범, 도덕성의 기초를 알도록 돕는다.
- 또래와 사이좋게 놀 수 있는 능력, 부모와 선생님 등 어른들과 상호작용하는 방법을 알게 한다.
- 해야 할 말이나 행동, 해서는 안 되는 말이나 행동을 알게 한다.
- 다른 사람을 인정하고 배려하며 공감하는 태도를 익히게 한다.

2) 콤플렉스: 이유 없이 감추고 싶은 그 무엇

콤플렉스는 무의식에 있기도 하고 의식에도 있는 정신적 체질이다(이부영, 2004, p. 54). 실상 의식은 많은 콤플렉스가 연결되어 구성된 것이며 '자아의식'이라는 것조차도 그 여러 콤플렉스 가운데 하나라고 융은 보았다. 그래서 합리적이고 우아하게 말하고 행동하다가도 콤플렉스가 우리의 생각을 훼방 놓으면 갑자기 당황하고 화를 내는 등 이해하기 어려운 말과 행동을 한다. 이부영(2004)은 "어떤 때는 무의식에 있는 콤플렉스가 갑자기 의식으로 올라와 우리의 가슴을 갈가리 찢어지듯 아프게 하고 목이 메게 만들기도 한다."라고 했다. 콤플렉스는, 공부도 열심히 하고 친구들과 원만하게 잘 지내는 학생이 어느 순간 갑자기 목소리가 떨리거나, 말문이 막히거나, 더듬거리거나 갑자기 횡설수설 하거나 중요한 약속을 까맣게 잊어버리거나 성을 내게 만든다. 이렇듯 콤플렉스는 우리의 의식과 무의식에 있는 정신현상을 서로 연결 지어 갈등을 일으키지만 부정적인 측면만 있는 것은 아니다. 우리 정신에 생동적인 움직임을 주기도 하고 무의식 세계로 통하는 길이 되기도 하는 긍정적인 측면도 있다. 이렇듯 콤플렉스는 의식 세계에 있으면서 무의식 세계와도 통하기 때문에 콤플렉스를 의식화하는 것은 인격성숙, 즉 '자기실현'에 아주 중요하다.

융은 "사람들은 자기가 콤플렉스를 가지고 있다는 것을 안다. 그러나 콤플렉스가 그를 가지고 있음은 모른다."(이부영, 2004)면서 우리가 말하거나 행동하는 중에 언제든지 내 속의 콤플렉스가 내 의식에 영향을 줄 수 있음을 인정하고 다른 사람이 내 마음 깊숙한 곳의 약점을 찌르거나 나를 아프게 하는 무엇을 건드릴 때 움츠러들거나 완강하게 거부하는 대신에 이를 받아들여야 한다고 했다. 비록 그 사람의 말이 나를 불쾌하게 만들고 고통스럽게 만들어도 받아들이는 용기가 필요하다. 이를 웃어넘기는 유머감각이 있으면 더욱 좋다. 그러나 우리는 우리의 콤플렉스나 무의식을 남김없이 다 파헤칠 수는 없다. 나도 모르는 내 마음속 깊은 곳 무의식 세계에 내 말과 행동에 영향을 줄 수 있는 그 무엇이 있다는 사실을 받아들이기만 해도 나는 더 새로운 사람으로 바뀔 수 있다.

어려서 키 작다고 놀림을 받아 키 작은 것에 콤플렉스를 느꼈던 어떤 사람이 열심히 노력해 사업에 성공하여 키 작은 것에 대해 무심해졌다. 그런데 어느 날 사업상 중요한 계약을 성사시켜야 하는 자리에서 상대방이 "키가 조금만 더 크시면 다 갖추시는 거네요."라는 코멘트를 했다. 상대방은 좋은 의미로 말한 것인데 이 사람은 벌컥 화를 냄으로써 계약을 망쳐버렸다. 자신은 이를 인식하지 못했지만 무의식 세계에 침잠해 있던 작은 키에 대한 콤플렉스가 그 대상에 투사되었던 것이다. 무의식의 내용이 내 의지와 상관없이 튀어나와 투사될 때에는 그 사람의 강렬한 감정이 투사 대상을 향한다. 의식과 상관없이 갑자기 튀어나온 무의식의 기능은 의식이 아무리 '화내지 마' '계약 틀어져'라고 속삭여도 조절이 안 되고 폭발했다. 우리는 무의식 작용이 의식 작용을 능가한다는 사실을 받아들여 무의식을 계속 인식하려고 노력해야 한다. 그렇게 해야 무의식 세계는 우리에게 미래에 대한 가능성을 제시해 주고 창의성도 발휘하게 해 주며 삶도 성공하게 만든다.

〈부모와 교사의 역할〉

• 누구에게나 있는 콤플렉스를 어린아이도 갖고 있음을 인지하고 아이의 속상하고 아픈 마음에 공감해 준다.

• 콤플렉스는 숨기려고 하면 할수록 개인적 무의식 세계로 빠져들어가 힐링되기 힘들다는 것을 받아들인다. 어른이 스스로 콤플렉스를 글·그림·춤·노

래·말로 풀어내는 활동을 하고 아이들과도 함께 해 본다.
- 콤플렉스가 없는 완전한 사람은 이 세상 어느 곳에도 없다. 완전하기보다 온
전한 사람이 되려고 노력한다.

3) 무의식의 내용과 기능: 희미하게 느껴지지만 잘 모르는 마음

1% 정도의 빙산 위쪽 끝에 아주 조금 나와 있는 것이 의식이라면, 무의식은 99%
가 깊은 바다 속에 잠겨 있는 거대한 빙산과 같은 것이라고 프로이트는 말했다. 그
는 의식으로부터 억압되어 생긴 것, 특히 어린 시절 억압된 성적 욕망이 무의식이
된다고 본 반면, 융은 억압된 성적 욕망 이외에 의식이었던 것들이 억압될 때 의식
에서 떨어져 무의식이 된다고 했다. 예를 들어, 다른 사람과 도덕적 가치관이나 생
각이 달라 의식 세계에서 갈등을 느끼다가 잊혀진 내용이 무의식이 된 것, 단순히
잊어버린 것, 의식되지 못하는 미미했던 것 모두 무의식의 내용이 된다는 것이다.

자신이 이성적이고 합리적이라고 생각하는 사람일수록 무의식 세계가 있음을
인정하지 않는다. 자타가 인정하는 이성적이고 도덕적인 직업에 종사하는 사람들,
교장/교사/판사/검사/변호사/과학자/교수들 중에 비이성적이고 비도덕적인 말과
행동을 저지른 후 '나도 모르게' '충동적으로' '이끌리는 기분으로' 그랬다고 하는 사
람들이 있다. "이것은 모두 내가 알고 있고 내가 조절할 수 있는 의식 세계 너머에
또 다른 무엇이 존재함을 가리키고 있는 것"이다(이부영, 2004, p. 68). 우리들이 의
식할 수 있는 한계를 넘는 초월적인 힘의 실체는 결국 하늘에서 갑자기 떨어지는
것이 아니고 우리들의 마음 깊은 곳 무의식에서 나온 것이다.

무의식(unconscious)의 기능은 실제로 보고 인지할 수는 없지만 우리의 마음에서
경험되고 느껴지기 때문에 알 수 있다. 우리의 무의식은 부정적으로 경험될 때도
있고 어떤 때는 긍정적으로 느껴지기도 한다. 무의식 기능의 긍정적인 힘은 샘솟는
샘물처럼 '창의성'의 근원이 되기도 하지만, 부정적인 힘은 수시로 의식 영역을 침
범하여 사람들의 말과 행동을 부정적으로 나오게 만든다. 그래서 우리는 무의식 세

계의 존재를 받아들여 '내 속에 다른 내가 있다.' '나도 이상한 말·생각·행동을 할 수 있다.'는 사실을 인정하고, 무의식의 내용을 의식 세계로 끌어내어 햇볕을 쬐게 해서 보다 긍정적인 삶의 태도를 갖도록 부단히 노력해야 한다.

　무의식 기능 중에 투사는 부부·형제자매·친척·친구·동료·직원 등 가까이 있는 사람들 중 삶의 각본이 맞는 대상에게로 향해 튀어나올 때가 많다. 가족이나 친구 사이의 인간관계가 복잡해지는 이유가 여기에 있다. 친하지 않은 다른 사람에게는 객관적이고 따뜻하고 합리적인 사람이 투사 대상을 대할 때는 비판하거나 불평하며 기분 나쁜 행동을 하여 그 사람을 괴롭힌다. 그러나 인간은 화해를 지향하는 본성을 타고 났으니, 싫거나 미운 느낌이 드는 사람일수록 이야기 나누는 기회를 갖도록 노력해서 내 무의식 세계에 있는 콤플렉스·그림자를 외부 세계로 끌어낼 필요가 있다.

　무의식 기능의 또 다른 특징은 '대상작용'이다. '대상작용'이란 의식이 지나치게 지적이면 무의식은 반대로 정서적인 것을 지향하는 것, 의식이 지나치게 외향적이면 무의식은 내향적인 경향을 보이는 등 반대로 반응하는 것을 말한다. 사람들이 '나도 모르는 내가 내 속에 있다.'든가 '열 길 물속은 알아도 한 길 사람 속은 모른다.'라는 말을 하는데 이는 사람들이 쉽게 무의식 작용에 의해 예측 불가능한 행동을 한다는 뜻이다. 융에 의하면 무의식 세계는 크게 '개인적 무의식'과 '집단적 무의식'으로 나뉜다.

(1) 개인적 무의식과 그림자: 엄마, 아빠가 내 속에 들어 있어요

① 개인적 무의식은 사람마다 다르다

　무의식 세계에서 의식 세계로 가장 빨리 올라오는 것은 개인적 무의식에 있는 내용이다. 개인적 무의식은 어린 시절 생활하며 느끼고 경험한 것들이 망각되면서 무의식 세계로 들어간 것이다. 크고 중요한 일들뿐 아니라 어렸을 때 의식하지 못했던 사소한 일들이 무의식이 되어 정신작용에 큰 영향을 준다. 개인적 무의식은 개

개인이 어린 시절 받은 양육과 교육·환경에 따라 사람마다 다르다. 일란성 쌍둥이라고 할지라도 다르며 개개인의 상황에 따라서도 다르다.

최근 후성유전학자들은 만 3세 미만에 뇌세포 발달이 폭발적으로 일어나기 때문에 이 시기에 양질의 양육과 교육이 필요하다고 강조하고 있다(Carey, 2011; Moalem, 2014; Raine, 2013). 가장 바람직한 일은 어린 시기에 부모와 유아교사들이 아이들의 발달에 적합한 양육 및 교육을 하여 뇌에 보다 긍정적이고 행복한 내용이 입력되게 하는 것이다. 그러나 부모, 교사의 어린 시절 경험과 환경이 각기 다르므로 아이들에게 주는 영향도 달라진다. 아이들의 뇌에 부정적 내용이 덜 쌓여 개인적 무의식에 그림자가 덜 생기도록 노력하는 수밖에 없다.

②그림자: 나도 모르는 숨겨진 나의 어두운 면이 있다

우리 속담 중에 "등잔 밑이 어둡다."라는 말은 그림자를 설명할 수 있는 명언이다(이부영, 2004). 그림자란 '나(自我)'의 어두운 면, 즉 의식 세계와 연결되어 있는 동시에 개인적 무의식에도 연결되어 있는 나의 일부이지만 숨겨져 있어 내가 잘 모르는 부분이다. 그런데 내가 알고 있는 의식 세계의 '나'만을 강조하면 바로 그 밑바닥에 숨겨진 나의 어두운 면은 더욱더 어두워진다. 그래서 다른 사람들 앞에서 말하고 행동할 때에는 합리적이고, 선하고 도덕적이고, 정의롭고 고매한 정신을 가진 사람으로 말하고 행동하지만 뒤로는 다른 사람에게 해를 끼치고, 미사여구를 써서 거짓말을 하고, 성적인 추문을 일으키고, 다른 사람을 흉보는 등 부정적인 말과 행동을 한다. 의식적인 인격과 무의식적인 인격이 다르게 나타나고 있는 것이다.『지킬 박사와 하이드씨』(스티븐슨 저)의 소설처럼 낮에는 친절하고 점잖고 유능한 의사여서 사람들로부터 존경을 받지만 밤에는 포악한 괴물 같은 인간 하이드로 변해 온갖 악한 행위를 하는 것과 같은 이중인격자이다. 아이가 성장하는 동안 부모는 아이의 개인적 무의식에 어두운 그림자가 많이 생기지 않도록 노력해야 하겠지만 이미 그들의 어린 시절 무의식 세계에 쌓인 불행한 경험들이 방해가 되어 자녀를 제대로 키우지 못하게 만든다. 따라서 부모는 자신의 내면에 있는 그림자를 의식 세계로 꺼내어 의식화하는 작업을 먼저 해야 한다.

이부자리를 햇볕에 자주 말리면 소독이 되듯이, 내가 느끼는 불행한 느낌과 생각을 말·그림·몸동작으로 표현하는 것이 별일 아닌 것 같아도 무의식을 의식 세계로 끌어내어 인식해 보려고 노력하는 것은 지금의 나를 새로운 나로 바꾸는 작업이다. 융도 계속 무엇인가를 만들고 그리고 글로 쓰면서 자신의 무의식을 의식 세계로 이끌어 냈었다. 그렇게 해도 인간 정신의 심층은 무한해서 모두 다 떠올릴 수는 없다며 완전해지려고 애쓰지 말고 원만한 성격을 갖는 것을 목표로 노력하라고 했다. 그래야만 부모 또는 교사가 어린 아이들에게 내 그림자를 투사하지 않게 된다. 이렇게 노력하는 부모와 교사를 보며 아이들도 타인에게 투사하는 잘못된 버릇을 덜 갖게 돼 원만한 인간관계를 갖게 된다.

개인적 무의식에 있는 그림자를 인정하고 받아들여 의식 세계로 떠올리는 것은 쉬운 일이 아니다. 대부분의 사람들은 긍정적인 것은 좋아하지만 그림자 또는 어두운 부분은 감추고 싶어 하기 때문이다. 또 자신의 치부를 드러내면 다른 사람이 자신을 홀대할 것 같아 표현하지 않기도 한다. 그러나 자신의 그림자에 직면하려는 노력은 새로운 나를 찾아가는 데 필수이다. 마음의 세계에 존재하는 어두운 부분을 직시하여 그 존재를 인정하지 않는다면 이 어두운 그림자가 어느 순간 내 의지와는 상관없이 의식 세계를 뒤흔들어 이상한 영향을 줄 수 있어 긍정적 방향의 의식화 기회를 망치기 때문이다. 무의식에 무관심하면 의식 세계의 자아가 강하게 조명되어 그림자의 어두운 면은 더 짙어지고 이 짙어진 그림자는 외부 세계를 향해 있는 자아를 더 강하게 지배한다. 사회정의를 부르짖으며 다른 사람들의 부도덕성을 신랄하게 비판하던 시민단체의 지도자가 자기를 돕던 여성을 성폭행한 경우, 교장이 십대 청소년과 원조교제로 사회의 지탄을 받게 된 경우, 교수·법조계 인사·고위 공무원 등이 일탈 행동을 하는 것은 모두 무의식 세계의 그림자를 자기 스스로 의식 세계로 끌어내지 못한 결과이다. 의식 세계의 규범이나 옳은 일을 지나치게 강조하고 무의식 세계의 그림자를 받아들이지 않는다면 누구에게나 일어날 수 있는 일이다. 선한 나, 정직한 나, 옳은 나를 강조하면 할수록 그림자는 인간의 의식 세계를 뚫고 나와 느닷없이 악한 충동의 제물이 되어, 들키지만 않는다면 악한 행동을 하고, 사기를 치고 거짓말하며, 가장 비도덕적인 일을 하는 해악한 사람이 된다.

그림자가 다 나쁜 것은 아니다. 개인의 노력에 따라 다른 영향을 미칠 수 있다. 어린 시절 자아의식의 좋은 면이 억압되고 외부로 보이는 '나'는 지나칠 정도로 열등하다고 생각하게 된 사람은 '좋은 것'은 모두 남에게만 있다고 믿는다. 이런 사람은 다른 사람이 말하고 행동하는 것은 모두 좋다고 생각하고, 비굴할 정도로 협력하면서 자신은 지나칠 정도로 낮춘다. 또 이런 사람들은, 다른 사람들로부터 인정을 받으려고 안간힘을 쓰기 때문에, 다른 사람이 '당신은 괜찮은 사람'이라는 말을 해 주지 않으면 불안해한다. 반면, 의식화하려고 노력하는 사람은 다른 사람이 자기를 인정해 주는 것에 연연하지 않고 스스로 '나는 약점이 있고 못하는 것도 있는 사람이지만 소중한 존재'라고 생각한다. 자신이 노력해서 이런 긍정적인 느낌을 갖지 못하는 사람은 전문 분석가의 도움을 받아 '난 괜찮은 사람이야.'라는 인식을 갖기 시작하면 의식 세계의 '나(自我)'가 자신을 소중한 존재로 인식하는 빈도가 증가한다. 나(自我)는 의식 세계의 중심에 있고 의식 세계는 내적 세계를 향해 있기 때문에 인간은 남들의 마음에 맞출 필요가 있는 동시에 자기 내면의 마음의 그림자를 살펴야 한다.

〈부모와 교사의 역할〉

- 내 마음에 나도 모르는 내가 있으므로 나도 이상한 말이나 생각 또는 행동을 할 수 있다는 사실을 인정한다. 그 그림자를 의식 세계로 끌어내기 위해 항상 자신의 말과 행동에 대해 생각해 보는 습관을 갖는다.
- 부모와 교사는 자신의 내면에 있는 그림자를 의식 세계로 꺼내어 의식화하는 작업을 먼저 해야 한다. 그래야 내 그림자를 아이들에게 투사해서 아이들의 마음에 상처가 되는 말과 행동을 하지 않게 된다.
- 나 자신의 그림자를 엷게 하는 일은 곧 어린아이들에게도 긍정적 영향을 준다는 사실을 인식하고 지속적으로 노력한다.

(2) 집단적 무의식과 아니마, 아니무스: 마음 깊은 곳의 여성성과 남성성의 만남

① 집단적 무의식: 인류 시작부터 쌓인 우리 집단 공통적인 특성이 내 안에 있다

집단적 무의식은 인간이 이 지구에 존재하는 그 순간부터 경험했던 모든 것들이 체화되어 우리 몸의 어느 구석에 잠겨 있는 내용들이다. 집단적 무의식은 개인적 무의식과는 다르다. 개인적 무의식은 부모·형제자매·이웃들과 사는 동안에 경험한 것 들 중에 잊혀진 것들이 침잠해서 콤플렉스, 열등감이 되어 무의식이 되지만 집단적 무의식은 인류가 지구상에 존재하면서부터 지금까지 경험한 모든 것이 집단적 무의식으로 집약된 것이기 때문에 다른 동식물과 다른 독특한 특성을 보인다. 그래서 집단적 무의식은 인간이라면 누구나 갖고 있는 보편적인 내용으로서 시간과 공간을 초월해서 존재하는 마음의 심층이다. 개개인의 경험에서 비롯된 것이 아니기 때문에 그 사람의 의식 세계와는 관계를 맺지 못한 상태이지만 집단적 무의식 세계에 존재하며 우리들의 말과 행동에 큰 영향을 미친다. 융은 이런 집단적 무의식의 내용이 신화나 상징적인 물건에 그 내용이 표현되어 있는 것을 발견하고 깊이 연구했다. 그래서 융은 개인적 무의식 세계에 있는 내용을 의식 세계로 끌어 올려 의식화하는 것뿐만 아니라 집단적 무의식에 있는 내용도 의식화해야 자기실현이 이루어진다고 했다.

집단적 무의식에는 앞의 [그림 6-1]에서 볼 수 있듯이 아니마(anima, 심령)와 아니무스(animus, 심혼)가 있고, 집단적 무의식 세계의 가장 깊은 중심에 자기(Self)가 있다. 우리 의식 세계의 자아는 끊임없이 집단적 무의식 가장 깊은 곳에 있는 자기를 의식 세계로 끌어올려 인지하려고 노력한다. 그러나 이 자기는 개인적 무의식 세계에 있는 그림자와 달리 혼자의 힘으로 끌어내기 어려운 점이 있어 분석전문가의 도움을 받는 것이 바람직하다. 정신건강과 의사를 만나는 것은 터부시할 일이 아니라 감기, 몸살 등 우리 몸이 아플 때 의사의 도움이 필요한 것처럼 정신건강의학을 전공한 의사로부터 도움을 받으면 된다. 개인적 무의식에 있는 그림자와 콤플렉스를 이끌어 내듯이 집단 무의식에 있는 내용도 도움을 받아 의식 세계로 끌어

올리면 의식화 과정이 더 순조로울 것이며 자기실현으로 인격성숙에 도움이 된다.

사람들이 모인 곳에는 그 집단에 공통되는 가치 판단 기준이 생기고 이 기준에 맞지 않으면 모두 의식 세계에서 배제하기 때문에 무의식 세계로 침잠하게 된다. 이는 그 집단구성원이 공통적으로 갖게 되는 그림자를 만든다. 융은 이를 '집단정신'이라고 불렀는데 한국은 집단정신이 강하게 작용하는 사회이다. 가문·동창·지역출신끼리만 모이고 그 외의 사람은 끼워 주지 않는 '패거리주의'가 좋은 예이다. 이런 패거리주의는 집단적 투사를 일으키고 다시 집단적 편견을 강화시켜 자기들끼리는 결속하면서 다른 집단과는 맞서 싸우게 만든다.

집단주의에 의한 투사는 구성원들로 하여금 그 집단에 소속되는 것만 중시하게 만들고, 각 개인의 개성을 발달시키는 것은 소홀하게 만들기 때문에 불필요한 갈등, 편견, 배타, 독선을 일으킨다. 개인적인 그림자를 가까운 사람에게 투사하듯, 집단적 그림자도 가까운 집단, 비슷한 성격의 집단에 투사된다. 이러한 집단 투사가 심해지면 민족 간 또는 인종 간 갈등이 생겨 분쟁으로 번진다. 무슬림(이슬람 종교를 믿는 사람)이 기독교인을 총살하고 이슬람의 각각 다른 종파끼리 반목하고 싸우는 것도 모두 집단주의가 투사되는 결과이다.

과거의 나를 바꾸어 새로운 나로 탄생하기 위해 우리는 개인적 무의식과 집단적 무의식을 구별하는 작업을 해야 한다. 인간은 항상 의식 세계를 대표하는 자아가 오만해지지 않도록 노력하면서 무의식에서 나오는 소리를 경건한 마음으로 '주의 깊게 들으며 생각'해야 한다. 그래야 집단적 무의식 세계에 침잠해 있는 내용들이 창의성으로 분출될 수 있다. 지역·인종·시대가 달라도 인류가 끊임없이 위대한 이념, 위대한 발견, 창의적 이미지, 큰 깨달음을 분출하는 것은 무의식 세계로부터 나오는 창조적 능력이 발휘된 결과이다. 우리가 무의식 세계에 있는 마음의 소리를 주의 깊게 듣는다면 그런 깨달음의 '찰나'는 누구에게나 올 수 있다.

② 아니마와 아니무스: 남자 속의 여성성, 여자 속의 남성성이 의식세계와 연결
　되어 균형 있게 발달해야 온전한 성인이 된다

무의식 세계를 향한 나는 내적 태도를 갖게 되는 데 이것을 융은 마음(Seele)이
라고 명명했다. 이 마음은 다시 아니마(anima)와 아니무스(animus)로 나뉜다. 아
니마는 남성들의 집단적 무의식 속에 있는 내적 인격의 특성, 특히 여성적 요소를
뜻하고, 아니무스는 여성들의 집단적 무의식 속에 들어 있는 남성적 요소이다. 이
때 말하는 남성적, 여성적이란 우리가 일상 말하는 '남자다운' 또는 '여자다운'이라
는 뜻이 아닌 사회적인 통념을 넘어선 인류의 보편적이고 원초적인 특성이다. 아
니마·아니무스는 인류가 조상 대대로 남성이 여성, 여성이 남성에 대해 경험한
모든 것의 침전물이다. 따라서 아니마는 남성들의 정신 속에 전승된 여성적 요소
로서 '기분' '정서'로 나타나고, 아니무스는 여성들의 정신 속에 전승된 남성적 요
소로서 '생각' '의견'으로 나타난다. 태어날 때부터 내면 세계에 갖고 태어났으므로
무의식에 있으면서 계속 의식 세계에 영향을 주기 때문에 체험되어야 하는 원형
(archetype)이다.

사람들이 외부 세계에서 보여 주는 남성적인 모습이나 여성적인 모습은 무의식
세계의 남성성이나 여성성과 다르다. 집 밖에서는 가장 남성다운 남자가 집 안에서
는 잔소리가 많고 소심하고 감상적인 기분에 사로잡히는 것을 예로 들 수 있다. 평
소에는 용기 있고 담대한 남자가 위기에 처했을 때 불안해하며 일을 제대로 처리하
지 못하는 경우도 해당된다. 이는 남자의 내면에 있는 아니마의 여성적 요소가 의
식 세계를 뚫고 올라온 것이다. 또한 여자다운 여자라는 칭송을 듣는 여성이 무조
건 따지기 시작하거나 남자처럼 난폭하게 말하고 행동하는 경우 역시 여성의 내적
세계에 있는 아니무스의 남성적 요소가 바깥으로 나타난 것이다. 융의 분석심리학
에 의하면 아니마 또는 아니무스의 존재를 직접 증명할 수는 없으나 내면의 상황이
밖으로 투사될 때 이를 본인이 인지할 수는 있다.

아니마 또는 아니무스의 투사는 다른 사람에게만 하는 것이 아니라 그림, 문학작
품, 이념, 종교 등에 투사되기도 한다. 이념이 공산주의든 자본주의든, 종교가 기독

교, 천주교, 불교, 힌두교, 이슬람교이든 상관없이 남자의 내면에 있는 여성성인 아니마, 여자의 남성성인 아니무스가 바깥세상으로 투사되면 강렬하고, 강박적이 된다. 남성의 여성성인 아니마가 부정적으로 기능하면 '비정상적인 감정'이, 여성의 내적 아니무스가 부정적으로 투사되면 '비합리적인 의견'으로 튀어나오는 경우가 많다.

남자의 내면에 있는 아니마가 부정적인 특성을 띠게 되면 상대방을 깎아내려 자신의 우월성을 과시하지만 실제 내면세계에서는 자신까지 깎아내리는 사람일 가능성이 많다. '나는 아무것도 아니다.'라든가 '아무 보람도 없다.'는 기분에 사로잡혀 우울해지는 경우이다. 다른 사람을 깎아내리는 사람은 상대방에게 '당신은 아무것도 아니다.' '당신은 할 줄 아는 것이 없다.' '왜 그 따위로 일을 해.' 또는 '무시하는 눈빛'으로 쳐다보거나 무시하는 태도를 보여 상대방을 기분 나쁘게 만들기 때문에 원만한 대인관계를 맺지 못한다. 여자의 내면에 있는 부정적인 아니무스 역시 파괴력이 있다. 어떤 여성이든 본인의 마음속에 부정적 아니무스가 존재할 수 있음을 인식하지 못하면 남편이나 자식들을 심리적으로 병들게 하거나 죽음에 이르게 할 수 있고 자녀들의 연애나 결혼도 방해한다. 혹은 스스로에게 또는 자녀에게 '아무도 소용없다.' '너는 아무 일도 못해.'의 메시지를 계속 주어 패자각본을 심는다.

남자들 내면의 아니마가 긍정적으로 의식화되면서 발달하면 창조적 감흥을 불러일으키는 일들이 일어난다. 또 여자들 내면의 아니무스를 잘 분화하여 발달시키면 남성들이 미처 보지 못하는 지혜의 원천이 되어 남자들의 흐려진 시야에 분명한 방향을 제시해 줄 수 있다. 아니마와 아니무스는 각각 네 단계의 발전단계를 거치며 분화된다(이부영, 2004). 아니마의 첫 단계는 Eve 상(像)으로, 본능적이고 생물학적인 여성상으로서 성적인 특성이 있다. 둘째 단계는 아니마가 파우스트의 Helen 상처럼 인격화되어 낭만적이고 미적 특징을 지니고 있다. 아직 성적인 특성을 가지고 있다. 셋째 단계는 성모 마리아 상에서 표현되는 영적이고 헌신하는 모습으로 발전한다. 그러다가 마지막 단계에서 아니마는 잘 분화되어 가장 거룩하고 순수한 지혜의 경지에 도달하는 수준으로 분화·발전한다. 남자들이 여성을 바꿔가며 성적으로 집착하는 것은 아니마의 발달단계가 낮은 수준일 때 그렇다.

여성의 아니무스 역시 네 단계에 걸쳐 분화하며 발전한다. 첫 단계는 운동선수처럼, 육체적인 영웅처럼 강인한 이미지를 보인다. '토끼인 줄 알고 결혼했더니 나중에 호랑이가 됐다.'라는 말처럼 내면의 아니무스가 강한 모습으로 분화되어 의식세계로도 올라온다. 둘째 단계는 낭만적인 남성 또는 행동하는 남성처럼 주도권을 가지고 일을 처리하며 계획하여 행동하는 능력을 갖춘 아니무스가 된다. 셋째 단계는 교수나 목사처럼 영향력을 줄 수 있는 말씀을 전하는 이미지를 갖는다. 넷째 단계에는 영적 진리로 이끄는 지혜로운 매개자, 안내자와 같은 이미지를 보인다.

아니마/아니무스의 분화는 인간이 자기실현을 하는 과정에서 아주 중요하다. 따라서 나이가 들어감에 따라 남성은 내 속의 여성성인 아니마를, 여성은 내 속의 남성성인 아니무스를 분화시켜 지혜로워져야 한다. 젊을 때는 사회의 일원으로 살아가는 것만으로도 아니마/아니무스가 분화되지 못했을 때의 상실감을 견뎌낼 수 있다. 그러나 나이 들어서까지 아니마와 아니무스를 의식화하여 자기실현을 하지 못하면 인격이 경직되거나 단조롭고 완고하며 원칙을 융통성 없이 주장하는 노인으로 늙어간다. 또한 체념 · 피로 · 게으름 · 무책임함에 빠지기도 하고 상식적으로는 도저히 이해할 수 없는 일탈행동을 한다. 이런 사람은 정신적인 노화도 빨리 오고 자기가 이렇게 된 것은 다른 사람 탓이라고 불평하며 투사한다. '네 탓'이라고 투사하는 마음이 일어날 때는 내 마음의 어떤 내용이 다른 사람을 탓하게 만드는지 그 내용을 스스로 또는 분석전문가의 도움을 받아 의식화하여 인격 성숙의 기회로 삼아야 한다.

〈부모와 교사의 역할〉

• 내 마음속에 조상 대대로 누적된 집단적 그림자가 집단정신으로 되어 공통된 가치판단 기준이 된다. 이때 불필요한 집단 간의 갈등, 편견, 배타, 독선을 일으킬 수 있음을 깨닫고 스스로 오만해지지 않고 균형 잡힌 삶을 발달시키려 노력한다.

- 남자는 내 마음의 여성성이 잘 분화되어 나이가 들면서 옹졸하고 잔소리꾼이 아닌 대하기 편안한 성숙한 감정을 표현하는 어른으로 살아가도록 노력한다.
- 여자는 내 마음의 남성성이 잘 분화되어 지혜로운 안내자와 같은 원숙한 의견을 가진 어른으로 살아가려고 노력한다.

4) 자기와 자기실현

(1) 자기: 무의식 가장 깊은 곳에 있는 진정한 나

융에 의하면 '자기(selbst, self)'는 무의식 세계 깊은 곳에 있는 우리 자신의 일부로서 우리가 항상 관심을 가지고 의식세계로 데려와야 하는 숨겨진 '나'이다. 내면세계의 가장 중심에 있는 나 자신인 자기는 다른 사람이 아닌 나의 전체이며 진정한 나의 개성(individualitat, individuality)이다. 자기실현이란, 무의식 속에 있는 내용들을 의식세계로 끌어 올려 '자아'와 '자기'가 만난 상태를 말한다. 어떤 사람은 어린 시기에 따뜻한 양육을 받아 그림자가 상대적으로 적어 자아와 자기와의 합일이 쉽지만 어떤 사람은 개인적 무의식에 쌓인 나쁜 감정이 많아 전문가의 도움을 받아야만 한다. 정신분석을 받는 것은 의식의 자아와 무의식의 자기가 단절되어 있는 것을 연결하여 전체로서의 삶을 살 수 있는 길로 들어서게 돕는 것이다. 전문가에게 도움을 받아도 자아와 자기의 관계 맺기는 끊임없이 스스로 노력해야 하므로 "고통을 수반하는 하나의 창조과정이며 결코 편안한 상태에서 이루어지는 것은 아니다. 그것은 어쩔 수 없이 받아야 하는 고통의 쓴 잔이기도 하다"(이부영, 2004). 그러나 우리 마음에는 내적인 치유기능이 있어 새로운 나로 바꾸고 싶어 하는 욕구가 있으므로 누구나 해낼 수 있다. 자기는 의식 속의 자아와 만났을 때 자기실현이 가능해진다. 그러나 완전하게 '자기'를 실현하는 것은 불가능하기 때문에 온전한 상태에 만족해야 한다. 자기실현에 이르는 과정에서 무의식의 내용을 의식 세계로 끌어 올리므로 의식화 과정이라 하며 개성화라고도 한다.

융의 자기실현이란 유아교육 분야에서 말하는 자아발견, 자아존중감의 개념과는 아주 다르다. 그에 의하면 자기실현이란 의식 세계, 의식 세계의 자아, 의식 세계의 페르소나, 무의식 세계, 무의식 세계의 그림자, 아니마와 아니무스, 자기 등이 통합된 전체(全體)로서 살게 되는 것을 뜻한다. 내 마음은 내가 제일 잘 아는 것으로 생각하지만 실은 모르는 경우가 더 많다. 잔소리하지 말아야 할 때 심한 잔소리를 해서 상대방의 마음에 상처를 주고, 화내지 말아야 할 때 분노가 폭발해 일을 그르치고, 갑자기 공격적이 되어 별일 아닌 일로 아이를 때리고, 갑자기 보복운전을 하곤 한다. 융에 의하면 우리들이 자신의 내면에 대해 알아보려고 노력하지 않으면 이처럼 무의식 세계로부터 통제할 수 없을 정도의 부정적 정서가 갑자기 올라와 내 삶을 망칠 뿐 아니라 다른 사람의 마음도 아프게 한다. 지금 우리의 눈에 보이지 않는다고 해서 무의식이 없는 것은 아니므로 자신의 내면에 대해 관심을 가져야 하는 이유가 여기에 있다. '내가 왜 소리를 질렀지?' '그 상황에서 화를 내지 않았어도 되는데, 왜 하필 그때, 그 사람에게 화를 냈을까'에 대해 생각해 보는 것이 바로 내면 세계에 관심을 갖는 것이다.

융은 많은 사람들이 '자신의 내면을 들여다보는 것'을 두려워한다고 했다. 그러나 피할 수 없다. 인간은 의식 세계의 '자아' 반쪽만 인식하며 사는 것으로는 만족하지 못하고 무의식 세계의 그림자, 아니마, 아니무스 등 무의식의 모든 속성을 포함한 '전체'로서 살고 싶은 본성을 가지고 있기 때문이다. 무의식의 내용을 멀리하는 일이 오래 계속되면 의식과 무의식의 관계가 끊어지기 때문에 사람을 인간답게 하는 자기(selbst, self)로부터 단절되어 정신장애 또는 정신병이 되므로 35세가 지나기 시작하면 무의식의 내면 세계와 관계를 맺으며 자기실현을 하는 일을 시작해야 한다는 것이 융의 기본적 관점이다. 융에 의하면 청소년기까지는 사회적 가치, 도덕관, 규범 등 사회적응에 필요한 내용들을 배우며 페르소나 형성에 많은 시간과 에너지를 쏟지만 일단 중년으로 접어들면 자기실현을 해야 한다고 했다.

(2) 자기실현: 의식에 있는 자아와 무의식에 있는 자기가 만나 온전한 나

자기실현이란 내가 나 자신이 되게 하는 것이므로 무의식 속에 잊혔던 자기 모습

을 하나씩 발견하는 과정을 통해 우리는 전체 정신, 즉 자기 자신에게 다가감으로써 개성화를 이룰 수 있다(이부영, 2004). 그렇다고 해서 사회가 요구하는 여러 가지 규범이나 가치를 무조건 따르거나 묵살하는 것이 개성화는 아니다. 또 자신의 개성을 살려 개인지상주의로 이기적인 삶을 영위하는 것이 개성화(자기실현)는 더더욱 아니다. 개인지상주의에 근거하여 자기 마음대로 사는 사람은 개성화를 이룩한 것이 아니라 사회가 요구하는 의무나 책임을 고의적으로 회피하는 무책임한 행동을 하는 사람이다.

개성화라고도 하는 자기실현은 무의식 깊은 곳에 있는 자기원형(selbst archetype)이 의식 세계의 자아와 관계를 맺고 그 사람으로 하여금 전체로서의 자기, 즉 개성이 발현되도록 하는 능동적인 행위를 말한다. 이 과정에서 자아의 결단이 있어야 하고 용기와 인내심이 있어야 한다. 일생을 노력해도 완전한 자기실현은 못하지만, '원만성'을 가지려고 노력하는 동안 평범한 행복을 얻게 된다. 이부영(1998)은 "자기실현은 농부로 하여금 농부로, 서양인으로 하여금 서양인으로, 한국인으로 하여금 한국인으로 되게 하는 과정이므로 자기실현이 되면 될수록 그는 지극히 평범한 사람의 모습을 갖출 것이다."라고 했다. 일상생활에서 의식 세계의 자아와 무의식 세계의 자기가 하나가 되어 자기실현을 하면 남과 다르거나 같은 면이 있음을 받아들이고, 나에게 합리적인 면과 비합리적인 면이 있음도 받아들일 수 있게 된다. 또 나와 다른 사람이 서로 반대되는 것을 가지고 있어도 조화롭게 공존할 수 있는 능력도 갖게 된다. 개성화를 이룩한 사람은 함께 있을 때 나의 존재를 존중해 주는 사람이며 내 말을 경청할 줄 알고 자신의 마음에 평화를 찾은 그런 사람이어서 함께 있는 것이 그냥 좋은 그런 사람이다.

〈부모와 교사의 역할〉

• 지금 우리의 눈에 보이지 않지만 내 마음속에 숨어 있는 원인에 대해 항상 생각해 보는 습관을 갖는다. '내가 왜 소리를 질렀지?' '그 상황에서 화를 내지 않았어도 되는데'라고 생각해 보며 고치려고 노력한다.

- 나 자신이 중요한 존재임을 항상 생각하며 나 자신을 존중하는 마음을 갖는
  다. 그러나 사회가 요구하는 의무나 책임을 지는 균형 있는 말과 행동을 한다.
- 참된 나를 만나면 자기실현이 되어 '원만성'을 이룰 수 있다.

2. 아들러의 개인심리학: 나의 욕구 이해하기

Adler

아들러(Alfred Adler, 1870~1939)는 오스트리아의 비엔나
에서 태어나 1939년 스코틀랜드의 애버딘에서 강연여행
중에 사망했다. 처음에는 안과의사로서 훈련을 받았으나
1902년부터 정신과로 전공을 바꾸어 프로이트와 함께 정신
분석 이론을 발전시켰다. 아들러가 비엔나 정신분석학회의
회장이 되었을 때, 그의 이론이 프로이트의 이론과 다름을
인식한 회원들이 아들러 자신의 입장을 발표할 것을 요구하
자, 프로이트와 달리 그는 인성 형성에 사회 환경의 영향이 크다는 이론을 발표했
다. 그 결과, 프로이트 학파로부터 비난을 많이 받고 회장직을 사퇴했을 뿐 아니라
아예 1911년 프로이트와 결별했다. 프로이트는 성적 흥미의 중요성을 강조한 반
면, 아들러는 인간이 갖고 있는 사회적 흥미의 중요성 및 부모교육의 중요성을 강
조했다. 에릭슨도 프로이트의 이론을 따랐지만 아들러처럼 사회 환경의 영향이 중
요하다고 생각했다. 아들러는 프로이트의 영향력이 최대로 강했던 시대에, 또 프
로이트가 생존했던 시대에 프로이트와는 다른 이론을 발표함으로써 부모교육 분
야 발전에 크게 공헌했다. 프로이트는 영유아기의 성적 충동이 억압되면 무의식 세
계로 들어간다고 본 반면, 아들러는 무의식은 성적 욕망이 억압당할 때에만 생기는
것이 아니라 인간의 우월성 추구 과정에서 의식 세계와도 관련이 있다고 주장했다.
아들러에 의하면 인간은 사회적 동물로 태어나고 사회적 충동이 동기가 되어 다른
사람들과 관계를 맺으려 하며, 협동하려 하고, 개인적 이득보다는 사회 복지를 우

선으로 생각하며 행동한다고 했다. 아들러는 인간이 날 때부터 갖고 있는 이 사회적 흥미가 사람으로 하여금 행동하게 만드는 원인이라고 보았다.

프로이트와 달리 아들러는, 인간은 몸과 마음이 분리될 수 없는 '전체'이자 '하나'로 본다. 그리고 사회적 흥미가 인간의 성격 형성에 가장 큰 영향을 미친다고 했다. 아들러는 사람들이 갖고 있는 관심과 주변 환경에 대해 스스로 무언가 하려는 창의적 자아(creative self) 때문에 개개인의 특성이 달라진다고 했다. 사회적 흥미와 창의적 자아 때문에 개개인의 특성이 달라진다는 뜻은 인간의 인성 형성에 무의식이 영향을 주지만 의식적인 노력도 영향을 준다는 의미이다. 무의식과 의식 세계의 영향 둘 다 중요하게 생각한 아들러의 인성형성이론은 무의식 세계가 의식 세계를 지배한다고 주장한 프로이트의 이론과는 다르다.

우리의 의식적 노력으로 인성이 변화하고 발전할 수 있다고 하는 아들러의 인성이론은 '새로운 나'를 나 스스로 형성시킬 수 있다는 희망을 주었다. 개개인의 인성 변화에 중점을 둔 아들러는 자신의 이론에 '개인심리학'이라는 명칭을 써서 프로이트의 정신분석이론과 구분하였으나 현대정신분석이론가들은 아들러가 사회적 영향을 중시했다는 점에서 사회심리학의 원조로 추앙하고 있다. 데일 카네기, 스티븐 코비 등 자기계발 멘토들은 아들러를 '자기계발이론의 아버지'라고도 부른다. 아들러 이론의 주요 개념은 열등감과 보상, 추상적 목적, 우월성의 추구, 사회적 관심, 삶의 양식, 창의적 자아이며 구체적인 내용은 다음과 같다.

1) 열등감과 보상: 극복해 보고 싶어요, 열등감

아들러는 누구든지 신체적으로 열등한 부분을 갖고 태어나며 이 열등함을 보상하려고 노력하는 과정에서 인성이 바뀐다고 했다. 신체적 열등함이란 신체 어느 부분 또는 신체 전반의 불완전함 또는 미완성된 부분으로 성장에 방해가 되는 것을 말한다. 감각기관, 소화기관, 호흡기관, 생식기관, 순환기, 신경계 중 어느 것이든 신체적 열등의 원인이 될 수 있다. 신체적 열등함이 성격에 영향을 준다는 개념은 아들러가 1907년 세계 처음으로 발표했다. 이 이론은 아들러를 장(場)의 이론가로 우뚝 서게 하였고, 인간을 부분이 아니라 전체로서 인식하게 하는 계기가 되었다.

　이 신체적 열등함은 상대적인 개념으로 환경이 요구하는 바에 따라 또 상황적 맥락에 따라 다르다. 예를 들어, 통통한 얼굴의 모습이 예쁘다고 생각하는 문화권에서는 마르고 날씬한 사람은 자신이 상대적으로 밉다고 생각할 것이고, 마르고 날씬한 모습을 선호하는 문화에서는 반대의 현상이 나타난다. 실제로 1990년대 중반 탈북하여 한국에 온 어느 여성은 한국에 도착하자마자 '미인이다'라는 기사에 대해 충격을 받았다고 했다. 북한에서는 '비쩍 마른 것이 조금도 예쁜 구석이 없다.'라는 핀잔을 많이 들었기 때문이었다. 따라서 어느 개인과 물리적 환경과의 관계, 개인과 사회적 환경과의 관계, 어느 특정 신체기관과 다른 신체부위와의 관계, 신체와 정신 간의 관계에 따라 사람들이 느끼는 열등감의 정도는 다르다. 아들러는 정서적 열등감도 제시했는데 이는 신체의 열등함과는 다르다. 아들러는 1910년 이후에야 열등한 감정—열등감(inferiority feeling)에 대해 이야기하였다. 아들러에 의하면 '신체의 열등함'은 객관적인 측면이고, '열등감'은 주관적인 느낌이다. 신체의 열등함에 대한 이론은 현대에 심신증(心身症, psychosomatic disease) 이론으로 발전하였다.

　인간은 성장함에 따라 또 생활하는 중 외부로부터 받는 자극에 따라 신체의 열등함을 극복해 보려고 애쓴다. 인간의 신체는 근본적으로 쾌락을 추구하는데 어느 특정 부위의 신체가 열등할 경우 이 쾌락을 얻기 위하여 심리적 구조를 동원하여 이를 보상하려고 한다.

　허약한 신체, 어설픈 행동, 병약함, 성장 장애, 추함, 미숙함과 같은 신체의 열등함은 아이들이 생활하는 동안 열등감을 느끼게 한다. 신체 불만족에서 오는 열등감은 대개 수줍음, 우유부단함, 불안전함, 부끄러움, 비겁함, 계속 누군가로부터 지지받으려는 마음, 복종적으로 순종하기(아들러는 이를 '부정직한 순종'이라고 불렀다)와 같은 인성을 갖게 만든다. 열등감이 많은 사람은 방어적이고 피해의식을 갖지만 열등감을 극복하려고 열심히 노력하면 이를 극복하며 자신감으로 바뀔 수도 있다.

신체 중 성적 기관이 열등감의 원인이 되기도 하므로 성역할에 대한 탐색이 시작되는 만 4세경부터 성을 제대로 인식하고 자신의 성기를 소중하게 생각하도록 도와주어야 한다. 유아기에는 남자 또는 여자로서 자신의 성기나 성역할을 바르게 인식하지 못하면 내면의 성숙보다는 옷, 머리, 장신구 등 외면만을 치장하는 오류를 범하게 만든다. 아들러는 부모나 교사들이 아이의 마음에 신체의 열등함 때문에 느끼는 열등감이 쌓이지 않도록 해야 한다고 강조했다. "남자애가 몸이 작아서 어떻게 해! 밥 많이 먹어!"라든가 "여자애가 뚱뚱하면 볼품 없어."라고 말하지 않아야 하는 것이 그 예이다. 아프거나 약한 아이들은 가능한 한 단시간 내에 치료해 건강을 되찾게 해야 열등감을 느끼지 않게 될 것이라고 했다.

열등감 및 보상이론을 내놓음으로써 아들러는 객관적으로만 이해하던 인간 행동을 구체적이고 주관적으로 느끼고 이해할 수 있게 바꿨다. 또한 열등감을 이야기함으로써 아들러는 인성이론에서 '태도'라는 용어를 처음 사용하였다. 이를 계기로 인성이론에서 삶을 대하는 태도와 그 개인의 견해가 중심개념이 되기 시작하였다. 열등감을 느끼는 사람은 사소한 일에도 크게 상처를 받고 복수심을 갖는다. 심한 사람은 자살 또는 다른 사람을 아예 죽여 버리고 싶다는 증오심을 갖는다. 어떤 아이들은 성적 조숙을 보여 어른처럼 행동할 수 있음을 보여 주려고 한다. 특히 부모도 싸워야 할 대상으로 보기 때문에 부모들이 하는 모든 충고를 곡해하거나 아예 듣지 않기도 한다. 반항하며 부모 이외의 다른 사람들의 충고만 듣는 아이도 있다.

증오의 감정은 인성의 기초가 무너졌음을 의미하며 꿈이나 신경증적인 증상으로 나타나기도 한다. 이를 예방하려면 아이 스스로 열등감을 이겨낼 수 있도록 다양한 활동을 하게 하여 성취감을 느낄 수 있는 기회를 줘야 한다. 특히 공격적인 행동으로 자신의 열등감을 극복하려는 성향의 아이들이나 수동적인 행동으로 위축되는 아이들 모두에게 열등감을 없앨 수 있는 활동을 하게 하는 것은 그래서 아주 중요하다. 부모들이 과보호하거나 사랑을 주지 않기 때문에 아이들이 다양한 활동을 할 기회가 적어져 열등감을 극복하지 못하는 경우도 있다.

아들러는 우리가 갖고 있는 열등 콤플렉스(inferiority complex) 또는 보완적 우월 콤플렉스(compensatory superiority complex)는 열등한 요소를 극복할 수 있게 해 주는 위대한 추진력이라고 했는데 아이들에게는 활동과 놀이가 이러한 추진력을 가질 기회를 준다. 우리는 자기 내면에 있는 열등감을 극복하려는 마음으로 우수한 사람이 되려고 애쓰며 인성도 새로운 나로 바뀌어 간다. 프로이트가 쾌락추구를 삶의 목적으로 본 반면, 아들러는 보다 나은 상태를 향해 의식적으로 나가는 것이 삶의 목적이라고 보았다.

2) 추상적 목적: 나의 꿈 갖기

추상적 목적 이론은 아들러가 프로이트 학파와 결별한 후 바이힝거(Vaihinger)의 긍정주의 철학에 영향을 받아 발전시킨 개념이다. 아들러의 '추상적 목적'이란 한 사람이 일생을 살아가는 동안 삶의 이정표로 삼는 꿈·이상(理想)·삶의 방향이다. 이 추상적 목적은 아기가 출생한 직후부터 시작되지만 만 4~5세경부터는 생활경험을 근거로 아이들은 꿈을 꾸기 시작한다. 이 추상적 목적은 개개인이 마음 내키는 대로 세우기 때문에 주관적이고 창의적이다. 아이들은 이 추상적 목적을 기준으로 세상을 보고 미래를 설계한다. 추상적인 목적은 무의식적인 특징이 있으며 행동의 동기가 된다. 남자 아이들의 경우 하루는 경주자동차 선수가 되겠다고 하고, 하루는 레고회사 사장이 되겠다고 하는가 하면 경찰이 되겠다고 하는 것이 그 예이다.

아들러에 의하면 이 세상에 태어나는 인간은 모두 유아기에 형성한 추상적 목적의 영향을 받으며 행동하고 고통도 받는다. 자신의 추상적 목적을 부모들이 이해하지 못하고 비웃거나 하지 못하게 하면 아이들은 혼돈을 느끼며 성장할 수 있다. 그래서 아들러는 왜 이런 추상적 목적을 아이가 갖게 되었는지를 부모는 이해하려고 노력하라고 했다. 또 아이 주변의 어른들은 아이에게 항상 긍정적인 말과 행동으로 영향을 주어 아이들이 추상적 목적을 긍정적으로 설정하게 해야 한다고도 했다. 추상적 목적, 예를 들면 '거짓말하지 마라.' '다른 사람에게 폐를 끼치지 마라.' '정직이 최상의 정책이다.' '목적을 세우는 것은 중요하다.' '가진 것을 나누며 살아라.' '인생에서 제일 중요한 것은 명예이다.'와 같은 말이 일단 개개인의 마음에 들어가면, 그 생각들이 사람의 행동에 큰 영향을 미친다. 이와 같이 어른들이 아이들에게 하는 말과 행동은 후일 아이들이 추상적 목적을 세우고 생활하는 동안 부딪치는 사건들을 해결할 때 지침이 된다. 청렴한 공무원인 아버지가 집에 배달된 물건을 선물로 보낸 사람에게 되돌려 보내는 것을 보고 자란 사람이 성장한 후 똑같이 뇌물을 받지 않는 청렴한 사람이 되려고 노력하는 것이 그 예이다.

아들러의 저서 『개인심리학(The Individual Psychology)』(1956)에서 한 인간이 보이는 심리적 현상 모두를 이해하려면 반드시 그 사람의 삶을 이끄는 추상적 목적을 알아야만 한다고 했다. 개개인은 그가 어린 시절 이상화한 목적에 이끌리며 행동하고 또 그로 인해 고통을 받지만 그 원인은 인식하지 못할 때가 많다. 따라서 한 사람이 갖고 있는 삶의 목적이 왜 그렇게 되었는지에 대해 나 스스로 인식하려고 의식적으로 노력해야 한다. 인간이 자신을 위해 이상적이라고 생각하는 목적, 즉 자기이상(self-ideal)은 그 사람이 관심을 갖는 것, 흥미로워 하는 것의 경향을 보고 알 수 있다. 또한 목적은 나로 하여금 열등감을 극복하여 현재의 상황에 긍정적으로 대처할 수 있게 해 준다.

3) 우월성의 추구: 어제보다 오늘 더 나은 사람이 되고 싶어요

아들러에 의하면 우월성이란 상류계층, 지도자, 사회의 저명인사가 됨을 뜻하지 않는다. 우월성 추구란 자기를 보다 완전하게 완성하려는 노력, 즉 성숙된 인격을 가지려는 노력이다. 사람들은 태어날 때부터 장애물은 극복하고, 일은 완수하며, 무언가 생산해 내기 위해 끊임없이 노력한다. 아들러는 "나는 모든 심리적 현상에서, 사람들이 우수성을 갖기 위해 노력하는 것을 명확하게 보기 시작했다. 이것은 신체적 성장과 병행하며 삶 그 자체가 본질적으로 갖고 있는 필연성이기도 하다.

…… 우리의 기능 모두 …… 모자라는 것에서 여분이 있는 곳으로, 낮은 곳에서 높은 곳으로 가려는 충동을 끝없이 갖는다."라고 하여 계속 우월성을 추구하는 인간의 성향을 표현하였다.

완전을 추구하는 의미에는 이상적인 사회를 추구하는 노력도 포함되는데 가장 대표적인 예가 종교이다. 아들러는 기독교인이 하나님을 믿는 것은 삶을 완전하게 하려고 설정한 목적이라고 했다. 인간은 신이 될 수 없으나 천지 만물을 주관하는 하나님을 향해 삶을 완전하게 하려고 노력하기 때문이라는 것이다. 다른 종교의 경우도 마찬가지이다.

아들러에 의하면 완전을 추구하는 성향은 생득적인 심리현상으로서, 열등한 위치에서 우월한 위치로, 실패에서 성공으로, 아래에서 위로 가려는 노력이 아기 때부터 죽을 때까지 계속된다. 우월성을 추구하는 과정에서 인간은 주변 환경에 적응하며 죽을 때까지 최상의 조건에 있고 싶어 하므로 계속 노력한다. 따라서 어느 한 개인이 환경에 적응하였다는 뜻은 그 사람이 환경에 산재해 있는 유익한 조건 및 불리한 조건에 모두 적응했다는 것을 뜻한다.

우월성 추구는 정상인뿐 아니라 신체적 · 정신적으로 문제가 있는 사람들에게도 나타난다. 어떤 면에서든지 열등감을 느끼는 사람은 이로 인해 발생하는 불안정감을 극복하기 위해 애쓴다. 그 노력이 화를 내거나 공격적으로 나타나기도 하지만 자아존중감을 높이려는 노력이 싸움하는 모습으로 나타난 것이다. 방어 (safeguarding tendencies) 역시 자신의 명예를 훼손당하거나 품위를 잃어버릴 경우에 사람들이 쓰는 심리적 전략이며 열등감이 원인이다. 열등감을 극복하려는 과정에서 이런 사람들은 적과 싸우는 심정으로 삶을 살아간다. 잘 싸우고, 주저하며, 쉽게 포기하고, 회피하고, 자신에게만 집착하며, 이기적이고, 남을 배려하지 않고, 사회적 흥미가 없다. 이런 사람들은 간혹 공격적인 척 행동하지만 내면으로는 문제를 직면해서 해결하려는 용기와 자신감이 없어서이다.

부모로부터 과보호를 받으며 자란 아이들은 열등감을 갖는다. 자기위주로 돌아가는 환경에 집착하기 때문에 아이들은 엄마에게 지나치게 의존하게 될 것이고 엄마에게 의존해서 얻은 우월성을 유지하기 위해 어떤 형식의 변화도 두려워하고 거부한다. 과보호를 받은 아이들은 사회적 관심이 아주 부족하고 오로지 엄마만을 향하고 엄마와의 관계를 영속적 관계로 만들고 싶어한다. 이런 아이들은 자신만을 생각하고 다른 사람의 입장을 배려하지 않기 때문에 성장한 후에 직업, 사랑, 결혼에 실패할 가능성이 높다. 미움을 받고 자란 아이들에게도 위와 같은 증상이 나타난다. 그들 역시 다른 사람들을 적으로 간주하고 항상 속고 있다는 느낌을 갖고 산다. 우월한 위치에 있을 경우 자기보다 약한 상대를 잔인하게 대하고 다른 사람들에게 폐 끼치는 일을 하는 이들도 열등감이 표출되는 것이다. 이들의 열등감은 점점 더 증가하여 사람을 의심하고 간교하게 행동한다.

열등감을 느끼는 사람들은 열등감의 원인을 부끄럽게 생각하여 이를 숨긴다. 숨기려고 노력하면 할수록 그 사람은 자신이 갖고 있는 열등감을 해결하지 못한다.

열등감을 심하게 느끼는 사람을 치유하려면 치료자는 어머니가 해 주지 못한 기능을 두 배로 해 주어 치료자를 믿고 신뢰할 만한 사람으로 생각하게 해야 한다. 영유아교육기관에서의 치료자는 교사이다. 교육자들은 아이들의 사회적 관심을 높여주고 독립심과 용기를 확장시켜 주어 아이로 하여금 자신이 처한 환경에 적응하게 해 주어야 한다.

4) 사회적 관심: 긍정적 인간관계의 시작

아들러는 환자들을 치료하는 과정에서 '사람은 사회적 존재'라는 사실을 인정하지 않는 사람들이 부적응 문제를 갖는 것을 발견했다. 그래서 아들러는 인간을 사회적 존재로 보고 말하고 행동하는 것은 선택이 아니라 인간의 피할 수 없는 운명이라고 했다. 아기들은 태어나면서부터 엄마, 아빠의 돌봄을 받으면서 사람에 대해 정말 많은 것을 느끼고 배운다. 또 어른이 되면 보다 나은 사회를 건설하려는 마음을 갖고 다양한 활동을 하는데 이 모든 것이 수준은 달라도 '사회적 관심'이다. 아들러에 의하면 인간에게 생득적인 이 사회적 관심이 잘 발달되면 개개인이 갖고 있는 열등의식을 보완해 우월성을 갖게 한다.

　태어난 그 즉시부터 아기들은 가정에서 가족들과 관계를 맺다가 학교에 가면 친구를 사귀고, 직장에서는 동료들과 관계를 맺는다. 이성과 사랑하는 관계를 맺고 결혼하여 아기를 낳는 것도 사회적 관심에서 비롯된다. 이 서로 다른 사회적 관계들은 분리된 것이 아니라 서로 유기적 관계를 맺으며 기능한다. 아들러는 "현실, 그것은 사회, 즉 공동체이다."라고 하며 사회적 관계의 중요성을 강조했다. 그래서 영유아기에는 자기의 열등감을 극복하려고, 우월성 추구를 개인적인 부분에 초점을 맞춰 하지만 점점 '완전한 사회'를 꿈꾸게 된다. 이렇게 함으로써 인간은 개인 및 사회의 약점들을 보완하여 새로워진다.

　사회적 관심이 생득적 성향이기는 해도 다른 태도와 마찬가지로 이런 인성이 저절로 생기는 것은 아니다. 아이가 생활하는 중에 인내심 있게 지속적으로 따뜻한 사랑과 관심이 흐르는 양육을 하여야 사회적 관심이 현실화된다. 만일 아이가 자기중심적이라면 아이를 양육하고 가르치는 이들은 아이들이 공공의 복지에 관심을 갖도록 각별히 노력해야 할 것이다. 초·중·고 학생들은 물론 만 6세 이전의 유아들에게 또래와 놀 수 있는 기회를 많이 주어야 하는 이유이기도 하다. 아들러에 의하면 선한 사람이란 다른 사람과 관계를 맺는 사람이고 나쁜 사람이란 사회적 관심과 동떨어진 행동을 하는 사람이다.

5) 삶의 양식: 나만이 갖고 있는 내 삶의 모습

　'삶의 양식'은 아들러 이론의 대표 개념이다. 개인의 삶의 양식은 각각 달라서 같은 양식을 가진 두 사람을 발견할 수 없다. 삶의 양식을 결정하는 요인은 각 개인이 지닌 열등함이다. 즉, 인간은 우월성을 추구하려는 궁극적 목표 달성을 위해 또는 신체적 열등함을 극복하려고 노력하는 과정에서 타인과 다른 삶의 양식을 갖게 된다. 따라서 삶의 양식이란 한 개인이 특정한 열등감을 보상하려고 노력한 결과 획득한 '새로운 나' '다른 사람과는 다른 나'이다. 신체적으로 약하게 태어난 아이는 체력을 보완하거나 운동을 해서 튼튼해지는 것, 머리가 좋지 않다고 생각하는 아이는 지적으로 우수해지려고 노력하는 것을 예로 들 수 있다.

삶의 양식을 달라지게 하는 요인은 문제에 직면할 때마다 아이들 개개인이 쉬지 않고 작동하는 창의적인 성향이다. 그래서 삶의 양식의 기초가 형성되는 영유아기가 중요하다. 삶의 양식은 태어날 때 결정된 것이 아니라 갖고 태어난 능력을 얼마나 잘 활용했는가에 따라 다르게 형성된다. 아들러의 이 이론은 100여 년이 지난 21세기에 후성유전학자들이 증명했다(Carey, 2011; Moalem, 2014). 그러므로 출생 직후부터 아이들이 창의적인 힘을 발휘하여 독특한 삶의 양식을 형성하도록 돕는 것이 아주 중요하다. 어릴 때에 형성된 삶의 양식에 의거하여 아이들은 성장한 후에 많은 경험을 하는 과정에 동화하고 조절하기 때문이다. 태도와 느낌은 어린 나이에 고정되고 습관화되기 때문에 후에 이것을 바꾸는 일은 많은 시간과 노력을 들여야 가능하다.

아들러는 아이의 삶의 양식 형성에 큰 영향을 주는 부모의 역할에 특별한 관심을 가졌다. 어린 아이에 대한 아들러의 주된 관심은 열등한 요소들을 가진 아이, 버릇 나쁜 아이들, 소홀히 키워지는 아이들이었다. 또 아들러는 자녀를 지나치게 떠받드는 부모의 태도를 대단히 못마땅하게 여겼다. 그는 응석을 받아주는 일이 아이들에게 가장 불행한 일이라고 하였다. 이러한 유아들은 사회적 감각을 발전시킬 수 없기 때문에 사회 또는 다른 사람들이 자신의 소망을 채워주기를 기대한다. 자신의 창의적인 힘을 발휘해 더 나은 인성, 더 나은 사회적 관계를 가지려고 노력하지 않는다는 뜻이다. 아들러는 이런 아이들이 장래 사회에서 가장 위험한 존재가 된다고 염려했다.

6) 창의적 자아: 난 스스로 새로운 나를 창조할 거예요

1920년부터 약 20년간 아들러가 전개한 '삶의 양식'에 대한 이론은 성격분석에 대폭적으로 적용되었다. 그러나 인간행동을 너무 간단하게 또 기계적으로 설명하는 것 같아 아들러 자신도 만족할 수 없었다. 그러다가 어느 날 '창의적 자아'라는 개념에 생각이 머물렀다. 아들러가 '창의적 자아' 개념을 발표하자 그동안 아들러가 발표했던 개인심리학 개념들이 체계화되었고 인간의 성격이 왜 서로 다른지 그 원인도 알게 되어 인성이론에서 아들러의 가장 중요한 업적이 되었다.

자아의 창의적 힘은 설명하기 어렵고, 볼 수는 없으나 그 효과는 볼 수 있다. 창의적 자아란 개인에게 작용하는 자극과 그 자극을 받아들여 반응하는 사람들 사이를 중재하는 힘이다. 창의적인 힘은 열등감을 극복하게 하여 창의적 자아를 갖게 하고 '창의적 자아'는 사람들로 하여금 자신의 독특한 성격을 갖게 한다. 다시 말해서 창의적 자아는 유전과 환경 사이에서 개인의 독특한 성격을 후천적으로 만들어 낸다. 아들러는 이것이야말로 인간이 성취할 수 있는 가장 가치 있는 일이라고 했다.

> 유전은 인간에게 특정한 능력을 주지만 환경은 인간에게 특별한 인상들을 심는다. 이러한 능력, 인상, 이들을 경험하는 방식—다시 말해서 이러한 경험에 대한 인간 자신의 설명—들은 벽돌과 같다. 이 벽돌, 즉 삶에 대한 태도로 사람들은 외부 세계와 관계를 맺는다(Adler, 1959).

창의적 자아는 삶에 의미를 새롭게 부여하며 목적을 창안해 낸다. 창의적 자아는 외부 세계에 있는 사물에 대해 행동을 취하며 독특한 양식으로 자신을 새롭게 전환시킨다. 외부인에 의해 수동적으로 이루어지는 것이 아니라 한 개인 내면의 창의적인 힘으로 유전자를 새롭게 발현한다. 이런 면에서 인간은 자신이 갖게 될 성격의 창조자이다. 실수가 전혀 없는 창조자로서가 아니라, 자신의 마음과 신체적 현상을 최선을 다해 이해하면서도 수없이 실수하는, 불완전한 인간으로서 자신의 인성을 끊임없이 새롭게 만들어 간다. 창의적인 자아의 힘으로 '새로운 나'가 탄생한다.

〈부모와 교사의 역할〉

- 열등함을 부끄럽게 생각하여 숨기지 않는다. 세상에 태어나는 모든 아이들도 나처럼 열등함을 갖고 태어난다는 것을 알게 한다. 아이와 함께 열등한 내용에 대해 이야기 나누며 함께 그 상황을 바꿀 수 있는 방법을 모색한다. 물리적 변화가 불가능하면 열등한 상황을 대하는 내 마음을 바꾼다.

- 열등감을 극복하려는 과정에서 아이들은 싸우고 공격적이 되고 자포자기도 하는데 다른 친구나 형제보다 우월해지고 싶은 마음에서 그런 것임을 인정해 주고 그런 노력이 긍정적인 방법으로 바뀌도록 돕는다.

- 삶의 목표를 정하는 연습을 한다. 교육기관에서의 생활 중에도 크고 작은 목적을 세워보는 연습을 한다. 늦게 일어나는 아이는 '10분 일찍 일어나기' 같은 작은 습관 고치기 연습을 목표로 정하고 실천해 본다.

- 아이들이 공공의 복지에 관심을 갖도록 각별히 노력하고 또래와 놀 수 있는 기회를 많이 주어 다른 사람과 관계를 맺는 방법을 배우게 한다.

- 문제에 직면할 때마다 아이들과 이 문제를 어떻게 풀어갈지 관찰하고 분석하며 여러 가지 방법으로 궁리해 본다. 나는 다른 친구와 다른 느낌, 다른 생각, 다른 모습을 갖고 있음을 알게 한다.

- 창의적 자아란 개인에게 작용하는 자극과 그 자극을 받아들여 반응하는 사람들 사이를 중재하는 힘이며 이 힘은 누구에게나 있음을 부모·교사·아이들이 함께 믿고 행동한다.

3. 번의 교류분석이론: 관계 형성 이해하기

교류분석(Transactional Analysis: TA)은 미국의 정신의학자 에릭 번(Eric Berne, 1910~1970)이 1954년에 창시한 성격이론이다. 국제교류분석협회(International Transactional Analysis Association: ITAA)의 정의에 따르면 '교류분석은 하나의 성격

이론인 동시에 개인의 성장과 변화를 시도하는 체계적인 심
리치료법'이다. 교류분석이론은 정신분석이론에 근거를 두
고 있지만, 정통 프로이트 학파에 비해 사회적 관계를 중요시
하는 점에서 '사회적 정신의학'이라고 할 수 있다. 번은 교류
분석 심리학의 이론적 근간을 이루는 저서『심리 게임(Games
People Play)』(1964),『'안녕하세요!' 말한 후 무슨 말을 하십니
까?(What do you say after you say hello?)』(1971) 등에서 인간관

Berne

계를 보다 깊게 이해할 수 있고 실천할 수 있는 현실적인 방법을 소개했다. 번과 함
께 초창기부터 교류분석가로 활동한 해리스(Harris)는『나는 옳다. 당신도 옳다(I'm
OK·You're OK)』(1967)를 썼고, 제임스와 종그워드(James & Jongeward)는『아이는 성
공하기 위해 태어난다(Born to Win)』(1971)를 저술하여 교류분석을 일반대중에게 알
렸다.『자녀와 함께 다시 성장하기(Growing Up Again)』(1998)를 쓴 클락(Clarke)과 도
슨(Dawson)도 적극적으로 교류분석이론에 기초한 부모교육을 하고 있다.

　교류분석이 궁극적으로 추구하는 목적은 '자율성 회복'이다. 자율성은 '거기서-
그 때(there-then)'의 인생각본으로부터 벗어나 '여기서-지금(here-now)'에 기초하여
느끼고 생각하며 행동하는 것이다(정원철, 2015; Berne, 1968; Tolle, 1997). 모든 아이
는 자율적인 존재로 태어난다. 그러나 생존을 위해 부모에게 의존할 수밖에 없기 때
문에 자신에게 돌봄을 제공하는 주변 어른들의 영향을 받으며 자율성을 유보하거나
포기하는 경우가 많다. 자율적이지 않은 패자인 부모가 아이를 자율성이 있는 승자
로 키우기는 어렵다. 인간은 자신의 부모에게서 부모가 되는 법을 배우기 때문이다.

　모든 사람은 본질적으로 긍정적인 존재(I'm OK, You're OK)로 태어나 자율적으로
생각하며 삶의 방향을 스스로 결단할 수 있다. 그런데 성장 과정에서 양육 및 교육
이 어긋나 이런 능력을 잃게 되는 사람들이 있다. 그럼에도 어렸을 때 자신이 무의
식적으로 정한 '초기결정'은 상황이 바뀔 때 또는 자신의 결단에 의해 융통성 있게
바뀔 수도 있다. 에릭 번 기념과학상을 수상한 제임스(James, 1974)는 이런 변화에
대해 '자기 재양육(self-reparenting)'이라고 했다. 자신의 인생각본을 평가하고 재구

조화하여 바꿀 수 있다는 것이다. '자기 재양육'이란 과거 부모로부터 받았던 부정적이고 제한적인 메시지들을 극복하여 새로운 긍정적 메시지를 스스로에게 입력하면서 '새로운 부모자아상태'를 발달시키는 자가 치료(self-therapy) 방법이다. 또 자기 재양육으로 아동자아상태의 감정, 사고, 행동에 대한 책임이 자신에게 있음을 자각한 후 자신이 지금까지 해온 부정적인 감정, 사고, 행동을 긍정적인 아동자아상태로 바꾸는 것이다.

교류분석에서는 성인자아상태를 인성의 집행자로 보는데, 성인자아상태도 자기 재양육으로 바꾸어야 한다. 성인자아상태가 제대로 기능해야 번이 말한 '통합된 성인자아상태(integrated Adult)' 또는 '유연한 성인자아'로 기능할 수 있기 때문이다. 성인자아상태는 성장한 사람으로서 여기서-지금의 상황에 반응해야 할 때 자신 및 타인에게 긍정적으로 되고 개인의 자원을 총동원하여 문제를 이성적·합리적으로 해결할 수 있기 때문이다. 즉, 당면한 문제를 해결하기 위해 필요한 정보를 부모자아상태와 아동자아상태로부터 가져와 성인자아상태로 합리적인 판단을 내린다. 자율성이 반드시 성인자아상태에만 있는 것은 아니지만, 성인자아상태로 세상에 대한 정보를 처리하고, 세 유형의 자아상태 중 적절한 유형을 선택하여 반응하게 되므로 성인자아상태의 자기 재양육은 매우 중요하다.

이와 같은 과정을 도식으로 표시하면 [그림 6-3]과 같다.

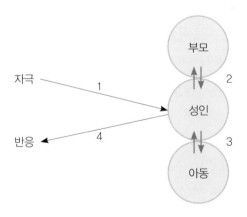

[그림 6-3] 집행자로서의 성인자아상태

1) 자아상태의 구조분석

교류분석은 인간의 행동과 교류를 자아상태(ego state) 모델(PAC 모델)로 설명한다. 인간의 감정, 사고, 행동은 부모자아(P, Parent Ego State), 성인자아(A, Adult Ego State), 아동자아(C, Child Ego State)의 세 가지 유형으로 나타난다.

부모자아상태(parent ego state)로 교류할 때에는 대개 자신의 부모나 부모처럼 생각되는 인물들이 했던 감정, 사고, 행동 중 자신이 무의식적으로 선택한 내용을 자신도 모르게 그대로 재연한다. 부모자아상태는 부모 또는 주변의 의미있는 타인들이 보여 준 감정, 사고, 행동 중 자신이 무의식적으로 선택한 내용으로 구성된다. 성인자아상태로 기능하는 사람은 '여기서-지금'의 상황을 먼저 파악한 후 그에 알맞은 방식으로 교류한다. 성인자아상태는 생후 10개월경부터 스스로 깨닫고 기억하고 판단하는 능력 및 자신감을 갖는 정도에 따라 그 수준이 달라진다. 성인자아상태는 부모자아와 아동자아의 기능을 조절하고 객관적으로 중재하여 자아상태 전체를 통합하는 자아로서 기능한다. 아동자아상태(child ego state)로 교류할 때에는 어릴 때부터 자주 했던 행동과 이에 수반된 감정 및 경험을 재연한다. 아동자아상태는 인간의 모든 생득적 충동과 출생 후 5세경까지의 주양육자에 대한 감정적 반응, 즉 인생의 초기 경험들에서 느끼게 되는 감정들과 그러한 감정들에 대한 반응양식들로 구성된다(정원철, 2015). 번에 의하면 '아동자아상태는 인간으로 하여금 자신이 누구인가를 알게 하기 때문에' 성격의 핵심이 된다.

부모가 자녀에게 보이는 부모자아상태는 고착된 모습이 아니라 수시로 변한다. 특히 부모-자녀 관계는 정서적 특성이 강해서 부모 자신도 모르는 사이에 자녀에게 다양한 모습의 부모자아상태를 보이는 경우가 많다. 긍정적인 모습도 있고 부정적인 모습도 있다. 마치 강력한 고무줄(rubber band effect)에 묶인 것처럼 부모들은 결정적인 순간 자녀에게 '초기 결정'된 어린 시절의 부모자아상태로 반응하는 경우가 허다하다. 성인자아상태가 여기서-지금에 알맞는 합리적인 반응을 하는 것이 아니기 때문에 문제해결에 도움이 되지 않는다. 도리어 부정적 반응으로 아이들의

[그림 6-4] 자아상태의 구조, 기능 분석

마음을 상하게 한다. 세 가지 자아상태가 부정적으로 형성돼 오염되거나 배제되어 잘못된 자아상태로 반응했기 때문이다.

자아상태의 오염(contamination)은 하나의 자아상태가 다른 자아상태의 경계 속에 침입하는 것이다. 부모자아가 성인자아를 오염시키면 편견으로 반응하고, 아동자아가 성인자아를 오염시키면 비합리적 사고와 판단으로 말하고 행동한다. 대부분의 오염은 부모자아와 아동자아가 동시에 성인자아를 침입하여 반응하게 하는 이중오염이다.

자아상태의 배제(exclusion)는 심리적 에너지의 이동이 자유롭게 이루어지지 않을 때 나타난다. 부모, 성인, 아동자아상태 중 전형적으로 하나 또는 두 개의 자아상태를 제외시키고 나머지 자아상태로 제한된 반응을 하게 된다. 부모자아가 배제되면 일관성 없이 상황이나 부모의 직관에 따라 대응하는 문제가 나타날 수 있다. 성인자아가 배제되면 사실검증 능력에 문제가 생겨 문제상황에 맞는 해결책을 내지 못해 어려움을 겪게 된다. 또 아동자아가 배제되면 상대방을 대할 때 매우 차갑거나 유머감각이 없이 반응하기 쉽다.

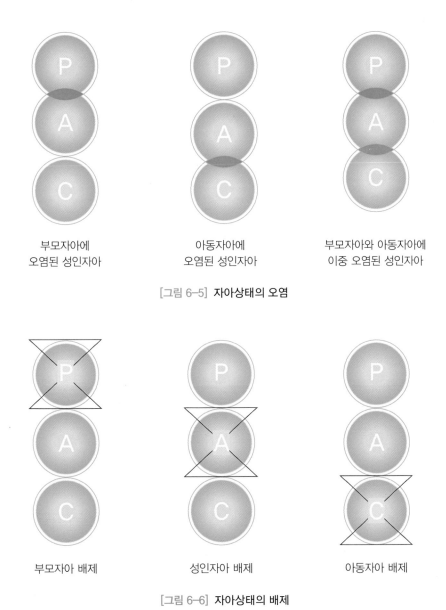

부모자아에
오염된 성인자아

아동자아에
오염된 성인자아

부모자아와 아동자아에
이중 오염된 성인자아

[그림 6-5] **자아상태의 오염**

부모자아 배제

성인자아 배제

아동자아 배제

[그림 6-6] **자아상태의 배제**

⟨부모와 교사의 역할⟩

• 아이에게 행동의 선택 기회를 좀 더 많이 줄 수 있는 부모자아상태를 갖는다.

• 부모자아상태와 아동자아상태의 내용을 검토하고 자기 재양육을 하면서 새로

운 행동패턴을 익힌다.

- 성인자아상태의 활성화로 자아를 통합한다.
- 아동자아상태를 자기 재양육하여 행복감이 증진되게 한다.
- 자율성의 의미를 알고 자율성 회복의 필요성에 대해 인식한다.

2) 자아상태의 기능분석

에릭 번은 자아상태를 크게 부모자아상태, 성인자아상태, 아동자아상태 세 유형으로 나눈 후, 그 기능에 따라 부모자아상태는 비판적 부모자아(CP, Controlling/Critical Parent Ego State)와 양육적 부모자아(NP, Nurturing Parent Ego State) 두 유형으로 나누고, 아동자아상태(C)도 자유로운 아동자아(FC, Free Child Ego State)와 순응적 아동자아(AC, Adapted Child Ego State)로 나눴다. 비판적 부모자아상태는 부모의 가치판단, 윤리, 도덕의 기준을 그대로 내면화한 것이고, 양육적 부모자아상태는 부모가 자녀를 사랑·관심·배려·헌신으로 돌본 내용으로 구성된 것이다. 성인자아상태(A, Adult Ego State)는 현재의 지식·정보·사실에 기초해서 '여기에서 지금(Here and now)' 판단하고 말하고 행동하는 현실적 특성이 강하기 때문에 나누지 않았다. 과거 부모의 양육에 의해 영향을 받은 아동자아상태 역시 둘로 나누었는데, 하나는 마음에 느껴지는 것을 있는 그대로 표현하는 자유로운 아동자아상태(FC, Free Chid Ego State)이고, 다른 하나는 자신의 내면에서 나오는 감정은 억제하고 어른의 기대에 부응하려고 노력하는 착한 아이 같은 순응적 아동자아상태(AC, Adapted Child Ego State)이다. 부모자아상태와 아동자아상태는 과거의 영향에 지배받아 형성되었기 때문에 삶의 유형이 사람마다 다르다. 같은 상황을 사람마다 다르게 해석하여 말하고 행동하는 것을 관찰한 번은 이를 '인생각본'이라고 했다. 교류분석학자들은 삶의 과정에서 사람들이 자신의 인생각본에 따라 말하고 행동하는 것, 다시 말해 비판적 부모자아상태, 양육적 부모자아상태, 자유로운 아동자아상태, 순응적 아동자아상태가 부딪치고 연결되면서 만들어 내는 교류를 분석하여 인생을 보다 새롭게 변화시키는 데 힘을 쏟고 있다고 하였다. 번에 의하면 적절한 수준의 성인자아상태는 사람들을 합리적이고 이성적으로 생각하고 말하게 해 주기 때문에 대단히 현실적이고 바람직하다. 그래서 번은 나를 새로운 나로 만들기 위해 적절한 수준의 성인자아상태를 활성화하라고 했다. 단 성인자아상태가 지나치게 강하게 기능해서 경직된 사고를 하거나 기계적 사고를 하지 않도록 주의가 필요함을 강조했다. 최근 한국교류분석상담학회는 에릭 번의 이론에 기초해 한국형 프로파일을 표준화했다(윤영진, 문호영, 김미례, 송준석, 이영호, 정정숙, 2015). 다섯 가지 자아상태의 기능별 성격특성을 살펴보면 〈표 6-1〉과 같다. 〈표 6-1〉의 상단에 아주 높음, 높음, 보통, 낮음, 아주 낮음의 다섯 척도가 있는데 타 분야에서 사용하는 평정척도처럼 '아주 높음'은 무조건 좋고, '보통'은 그저 그렇고, '아주 낮음'은 무조건 나쁘다는 식으로 획일적 해석을 하면 안 된다. 이 프로파일은 교류하는 사람과 사람의 관계와 상황을 함께 고려하며 해석해야 한다. '보통'은 균형 잡힌 또는 정상적인 기능으로 이해하고, '아주 높음'은 긍정적인 기능이지만 그 도가 지나치면 부작용을 줄 수도 있다고 해석해야 한다. '아주 낮음' 역시 자아상태의 수준이 너무

〈표 6-1〉 우리나라 부모의 자아상태 기능별 성격 특성 순서

자아상태 \ 적용수준	아주 높음	높음	보통	낮음	아주 낮음
양육적 부모자아(NP)	과보호적	헌신적	**보호적**	방임적	냉담한
성인자아(A)	기계적	경직된	**현실적**	즉흥적	비현실적
자유로운 아동자아(FC)	충동적	자유분방한	**개방적**	폐쇄적	틀어박히는
순응적 아동자아(AC)	우울한	의존적	**순응적**	독단적	고집스러운
비판적 부모자아(CP)	공격적	통제적	**주도적**	무절제한	느슨한

출처: 한국교류분석상담학회(www.taca.kr).

낮아 부정적으로 기능하는 경우로 이해해야 한다.

한국형 프로파일을 활용하여 우리나라 성인들의 자아상태 교류 현상을 주도
성으로 알아본(윤영진, 문호영, 김미례, 송준석, 이영호, 정정숙, 2015)[1] 결과는 [그림
6-7]과 같다. 우리나라 성인들이 가장 많이 주도적으로 교류하는 자아상태는 양육
적 부모자아(32.9%)였다. 그다음은 성인자아(22.5%), 자유로운 아동자아(16.4%), 순
응적 아동자아(12.9%)의 순으로 나타났고, 가장 낮은 빈도로 교류하는 자아상태는
비판적 부모자아(4.3%)였다. 그리고 나머지 응답자 11%의 자아상태 교류는 다섯
가지 자아유형 중 한 가지 유형에만 반응한 것이 아니라 두 가지 자아상태를 동일
한 비율로 적용하고 기능한 경우였다.

[그림 6-7]에 나타난 다섯 가지 자아상태의 기능을 부모역할을 중심으로 설명하
면 다음과 같다. 제일 많은 유형에 해당하는 양육적 부모자아(32.9%) 주도형 부모

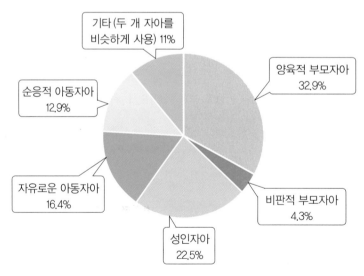

[그림 6-7] 우리나라 성인들이 주로 많이 사용하는 자아상태

출처: 윤영진 외(2015).

---

1) 주도성 분석 결과 다섯 가지 자아상태 주도성의 총합이 89%이다. 가장 높게 반응한 자아상태가 두 개 이
   상인 경우가 11%이다.

는 부모로서 자신의 역할이 중요하다고 생각하며 자녀를 돌보고, 헌신적인 사랑을 베푼다. 그러나 그 헌신이 너무 지나쳐 아이를 과보호하거나 자신이 기울이는 노력을 자녀가 알아줄 것을 기대하면서 아이에게 부담을 줄 수도 있다. 양육적 부모자아의 긍정성이 높을수록 부모는 아이를 잘 돌볼 것이고, 아이는 부모와 건강한 공생 관계를 맺는다. 그러나 자녀에 대한 배려가 자녀의 자유로운 선택권을 통제할 정도로 양육적 부모자아 교류가 '아주 높음'으로 기능하면 과잉보호가 되어 자녀의 자유로운 아동자아상태가 위축될 수 있다. 반면, 양육적 부모자아 교류가 아주 낮으면 자녀를 방임하거나 냉담하게 대한다.

두 번째 순위인 성인자아 주도형으로 교류하는 부모(22.5%)는 감정에 치우치지 않고 이성적으로 판단하며 자신에게 주어진 일을 꼼꼼하게 잘 처리한다. 공과 사가 분명하고, 가장 효율적인 방법으로 일을 추진한다. 이와 같이 성인자아의 긍정성이 높으면 자녀의 발달특성에 적합한 방식으로 상호작용하면서 자율성을 발달시킬 수 있다. 그러나 성인자아의 부정성이 더 높으면 기계적이고 경직된 모습으로 사람보다는 일을 더 중시하는 경향이 나타나서 자녀에게 부담을 주거나 심리적으로 거리감을 갖게 만든다. 그러나 성인자아상태가 적절하면 아이들은 현실을 직시하여 상황판단을 잘 할 수 있다.

세 번째 순위는 자유로운 아동자아(16.4%) 주도형이다. 이 부모들은 자녀와 상호작용 시 자유롭고 개방적이어서 의사소통이 쉬울 수 있다. 그러나 아동자아를 활성화하는 정도가 지나쳐 자유분방함을 넘어 충동적으로 반응하기 쉽다. 이런 부모는 다른 사람의 입장은 무시한 채 자기중심적으로 말하고 행동하기 때문에 어린 자녀의 입장이 무시될 수 있어 아이가 위축되는 상황을 초래할 수 있다. 또한 부모의 자유로운 아동자아가 지나치게 높으면 부모가 자녀의 양육보다는 자신의 삶을 우선하기 때문에 아이와 친밀한 관계를 형성하기가 어렵다. 반면, 〈표 6-1〉에서 보듯이 부모 자신의 자유로운 아동자아상태 활성화 수준이 '아주 낮음' 수준인 부모는 폐쇄적이고 틀어박히는 행동을 하기 쉬워 어린 자녀들이 제대로 된 양육을 받기 어려울 수 있다.

네 번째 순위는 순응적 아동자아(12.9%) 주도형이다. 이 유형으로 교류하는 부모는 개인보다는 먼저 자신이 속한 집단의 특성을 살피면서 필요하다고 판단되면 자발적으로 순응하는 모습으로 양육한다. 아이들이 사회화해 가는 과정에서 '아주 높음' 수준의 순응적 아동자아로 기능하면 순응적 아동자아가 과도하게 높아져 의존적이 되거나 자기를 억제하고 다른 사람의 눈치를 많이 보는 사람으로 성장할 수 있다. 이런 심리 현상이 지속되면 자신감을 잃고 우울해질 수 있다. 반면에 '아주 낮음' 수준에서 순응하는 아동자아상태로 교류하는 부모는 아이의 말은 전혀 듣지 않고 독단적이고 고집스러우며 권위주의적인 모습으로 자녀를 양육하게 된다.

주도형 중 가장 적은 유형은 비판적 부모자아(4.3%) 주도형이다. 비판적 부모자아상태 역시 양면성이 있다. 비판적 자아상태 수준이 높은 부모들은 아이들을 사사건건 통제하기 때문에 아이의 호기심과 탐색욕구를 억압할 가능성이 높다. 그러나 아이를 안전하게 보호하고 사회적 환경에 적응할 수 있도록 키우기 위해서는 부모의 적절한 통제가 필요하다. 부모와 아이가 함께 정한 약속을 지키지 않으면 이에 대해 합리적·이성적 비판을 해야 한다. 약속에 의미를 부여하고 이를 위해 노력하도록 안내하는 양육방식이기도 하다. 최근 부모로서의 권위가 약해지고, 아이들이 무절제하거나 규율을 지키기 못하는 이유는 부모들의 비판적 부모자아상태의 기능이 너무 낮아 무절제하거나 느슨한 태도로 자녀를 양육하기 때문이다. 부모 자신이 먼저 도덕적 가치관을 정립하고 지켜야 할 규율을 지키면서 아이에게 모범을 보인다면 상황에 따라 적절한 수준의 부모자아상태에서 잘 교류할 수 있을 것이다.

그러므로 부모는 다섯 가지 자아상태의 기능을 숙지하여 아이를 양육해야 한다. 아이가 위로를 받고 싶을 때는 양육적 부모자아상태로 반응해 주고, 스트레스를 풀며 즐겁게 놀고 싶을 때는 자유로운 아동자아상태로 반응해 주지만 공공장소에서는 성인자아상태로 반응해 주면 보다 친밀한 교류를 할 수 있다.

〈부모와 교사의 역할〉
• 다섯 가지 자아상태 중 가장 많이 기능하는 자아상태 유형을 생각해 본다.

- 내 부모가 나를 양육하고 교육할 때 어떤 유형의 자아상태가 기능했는지를 생각해 본다.
- 나의 성인자아상태는 제대로 기능하고 있는지 나를 관찰해 본다.
- 내면의 부모자아와 아동자아가 서로 내적 갈등을 일으킬 경우에 나의 성인자아는 어떻게 중재하는지 생각해 본다.
- 성인자아를 활성화하고 강화하기 위해 노력한다.

3) 교류패턴 분석

자아상태의 기능에 따라 부모-자녀 관계에서 일어나는 교류(transaction)는 달라진다.

교류는 두 사람 혹은 그 이상의 관계에서 일어나는 사회적 상호작용의 한 단위(unit)로서 교류자극과 교류반응으로 구성된다. 교류하면서 부모와 자녀는 자신의 부모, 성인, 아동자아상태(P, A, C)를 사용하여 언어적, 비언어적으로 의사소통한다. 부모가 자신의 자아상태에 대해 이해하고, 자녀와 하는 교류패턴의 유형을 파악하면 각 상황에서 보다 적절하게 의사소통할 수 있다. 버릇처럼 다른 사람의 말을 무시하는 사람은 교류분석을 배운 후 자신의 말투를 의식적으로 바꿔 교류의 질적 수준을 개선할 수 있다. 반대로 위압적인 상대방의 말에 위축되어 자신의 의견을 피력하지 못하는 사람은 의식적으로 의견을 표현하기 위해 노력하면서 상대방과의 교류를 성인자아상태 대 성인자아상태로 개선할 수 있다.

주도적인 자아상태에 따라 반복적으로 나타나는 교류의 특성, 즉 교류패턴이 형성된다. 교류패턴은 상보 교류, 교차 교류, 이면 교류의 세 가지 유형으로 구분할 수 있다. 상보 교류(complementary transaction)는 자극과 반응이 평행되는 교류이다. 언어적인 메시지 및 표정·태도 등의 비언어적인 메시지가 일치하고, 자극을 보낼 때 예상한 반응이 돌아오므로 심리적 갈등이 없다. 원만한 의사소통이 이루어진 것이다. 그러나 심리적으로 깊이 관련되지 않은 상태에서는 상보 교류를 하더라

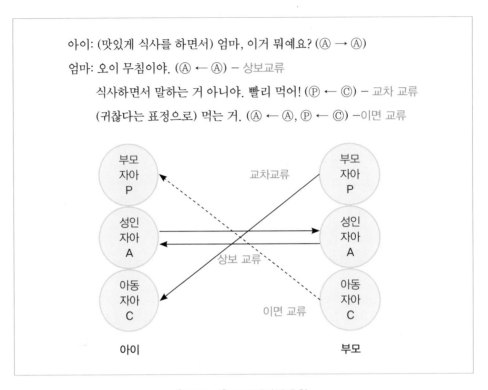

[그림 6-8] 교류패턴의 유형

도 피상적인 관계에 그칠 수 있다.

교차 교류(crossed transaction)는 예상 외의 반응이 돌아와 중도에 대화가 단절되 거나 싸움이 되는 교류이다. 두 사람이 하는 대화의 방향이 서로 어긋나면서 네 개 의 자아상태가 작용하게 된다. 교차 교류가 일어났기 때문이다(정원철, 2015). 자녀 를 양육하고 교육하는 부모로서 자녀와의 교차 교류가 부득이하게 필요한 경우도 있다. 그러나 교차 교류가 자주 일어나면 부모와 자녀의 부정성(not OK) 수준이 높 아져 부모-자녀 관계에 문제가 생긴다. 긍정적인 결과 없이 반복되는 교차 교류를 바꾸려면 자녀가 어떤 자아상태로 말하는지 관찰하면서 대응해야 한다. 대개는 부 모가 먼저 자신의 자아상태를 바꾸어 대응하는 것이 효과적이다.

이면 교류(ulterior transaction)는 언뜻 보기에 언어로 표현된 사회적 메시지는 문제가 없어 보이지만 숨겨진 심리적 메시지에는 사회적 메시지와는 다른 의도가 담겨 있는 교류이다. 언어적 의사소통인 사회적 수준의 교류와 비언어적 의사소통인 심리적 수준의 교류가 다르게 일어나므로 부모-자녀 관계에서 갈등을 일으키기 쉽다. 이면적 교류의 결과는 심리적 수준에서 결정된다.

〈부모와 교사의 역할〉

- 친밀한 교류를 하기 위한 첫걸음은 교류할 때 나타나는 부모, 교사 자신의 자아상태를 인식하는 것이다.
- 교류할 때 표현되는 언어적, 비언어적 메시지를 통해 아이의 자아상태를 살펴보면서 반응한다.
- 부모와 교사는 사회적 수준의 메시지와 심리적 수준의 메시지를 일치시키면서 교류한다.

4) 인생태도 분석

번에 의하면 인간은 누구나 타인으로부터 인정받으려는 욕구를 갖고 있으며 이를 충족시킬 수 있는 행동이 쓰다듬기(strokes, 스트로크)이다. 쓰다듬기로 이루어지는 교류는 사회적 상호작용의 기본이다. 아이는 혼자서 생활할 수 없으므로 주양육자의 쓰다듬기가 절대적으로 필요하다. 주양육자와 적절한 쓰다듬기 교환이 이루어질 때 아이는 자신이 존중받는다고 느끼며, 원만한 인간관계를 형성할 수 있다. 쓰다듬기는 말, 인상, 표정, 몸짓 등의 언어적, 비언어적 의사소통 수단으로 표현되고, 특성에 따라 긍정적/부정적, 언어적/신체적, 조건적/무조건적 유형으로 나뉜다. 사람들은 긍정적 쓰다듬기를 선호하지만 쓰다듬기가 부족한 것은 '심리적 죽음'과 같아서 생존하기 위해 부정적 쓰다듬기라도 받으려 한다.

일상생활에서 쓰다듬기를 획득하는 것은 삶의 근본적인 동기로 작용하므로 자녀는 자신이 원하는 쓰다듬기를 얻기 위해 부모나 환경을 다양한 방법으로 조작하려고 한다. 그 결과 어릴 때 주양육자에게 받은 쓰다듬기에 기초하여 자신과 타인 및 세계에 대해 긍정(OK) 또는 부정(not OK)의 가치를 부여하는 인생태도(life position, 심리적 자세)를 형성한다. 출생 후 만 8세가 될 때까지 형성되는 인생태도는 이후의 결정과 행동을 정당화하며 계속 유지된다. 국제교류분석협회(International Transactional Analysis Association: ITAA) 공식 용어집(The Core Concepts of TA, 2000)에서는 '인생태도' 대신에 '실존적 태도(Existential position)'라는 용어를 사용할 정도로 현실적인 삶의 방식으로 작용한다. 인생을 살아가는 데 항상 사용하는 태도라는 엄중한 의미가 있기 때문이다.

　인생태도는 부모와 자녀 간 접촉의 질적 수준과 내용에 따라 자기 긍정-타인 긍정(I'm OK-You're OK), 자기 부정-타인 긍정(I'm not OK-You're OK), 자기 긍정-타인 부정(I'm OK-You're not OK), 자기 부정-타인 부정(I'm not OK-You're not OK)의 네 가지 유형으로 나타난다.

　'자기 긍정-타인 긍정'의 인생태도는 어린 시절에 친밀한 부모-자녀 관계를 경험하면서 발달하며 자신과 타인을 있는 그대로 존중하고 수용한다. 다른 사람과 잘 어울리고 문제는 합리적으로 해결하는 건강한 삶의 자세이다.

　'자기 긍정-타인 부정'의 인생태도는 어렸을 때 부모로부터 충분한 보호와 사랑, 인정을 받지 못했을 때 형성된다. 자신을 과신하고 이로 인해 자신을 돌아보지 못하는 경향이 있다. 다른 사람의 존재나 능력을 인정하지 않고, 부정적으로 보면서 지배하려는 욕구가 강하고 문제가 생겼을 때 그 책임을 남의 탓으로 돌린다.

　'자기 부정-타인 긍정'의 인생 태도는 어렸을 때 부모의 인정을 받으려고 하지만 자신이 부족하다고 생각하여 의견이나 생각을 표현하지 못하는 환경에서 성장했을 때 형성된다. 자신을 믿지 못하고 열등감을 느끼며 자신의 생각과 감정을 잘 표현하지 못한다. 타인에게 기대려는 욕구가 강해 인정을 얻으려는 노력을 많이 하지만 피해를 입는 경우가 많다. 내면의 자기는 무시하기 때문에 우울하고 위축된다. 사람들과의 교류도 회피하고 죄책감과 두려움을 느끼기 때문에 삶이 불행하다.

　'자기 부정-타인 부정'의 인생태도는 어렸을 때 미움을 받거나 버림을 받은 상처가 있을 때 형성되는 경우가 많다. 자신을 미워하며 스스로 할 수 있는 일이 없다고 생각해 삶에 대해 매우 부정적으로 인식한다. 타인의 애정이나 관심도 부정적으로 인식하는 경향이 있어 불신하고 혼자서 생활하는 때가 더 많다.

각각의 인생태도에 따라 교류방식이 달라지며, 이와 같은 과정을 반복적으로 거치면서 인생각본을 형성한다. 자기 긍정-타인 긍정의 인생태도가 가장 바람직한 유형으로 자기 삶의 가치를 인정하면서 승자 각본을 형성한다.

〈부모와 교사의 역할〉
- 아이가 자기 긍정-타인 긍정의 인생태도를 발달시킬 수 있도록 긍정적인 쓰다듬기를 한다.
- 자기 긍정-타인 긍정의 인생태도를 가진 사람들과 교류할 수 있는 기회를 갖는다.
- 부모, 교사의 자기 긍정-타인 긍정 인생태도를 강화하기 위해 노력한다.

5) 인생각본 분석

인생각본(life script)은 출생과 더불어 쓰기 시작하는 무의식적인 인생계획이다 (Berne, 1996). 출생 직후부터 부모의 영향을 받으며 형성된 인생각본은 현재진행형의 프로그램으로, 자기 인생의 가장 중요한 국면에서 어떻게 행동해야 하는지에 대한 지침이 된다(문호영, 2017). 인생각본은 어린 시절 환경에 대한 반응으로 아이들이 내린 초기결정들을 토대로 형성된다. 그리고 이 세상을 살아가는 유일한 전략, 최선의 전략이라고 믿으며 따르게 된다. 아동자아상태에서 유아기적 사고와 정서를 토대로 내려진 각본결정이 사실(fact)이 아니어도 사람들은 자신의 각본결정을 지속하게 되는 경우가 많다(문호영, 2017).

인생각본은 내용에 따라 승자, 패자, 순응자의 세 유형으로 구분한다. 승자 (winner)는 '자신이 선언한 목표를 성취하는 사람'(Berne, 1972)이다. 스스로 자신의 인생목표를 정하고 전력을 다해 이를 성취하는 자기실현의 인생각본이다. 때로는 실패가 있어도 같은 실패를 되풀이하지 않으며 자신이나 세상에 대해 행한 여러 가지 결의를 실행하는 사람이다. 승자각본을 가진 부모는 자신과 자녀에게 긍정성과 만족감을 갖고 있으므로 자존감이 높다. 이와는 대조적으로 패자(loser)각본을 가진 사람은 인생의 목표를 달성하지 못한 사람으로서 아동자아의 금지명령(injunction)[2]에 지배를 받는다. 과거의 실패에 얽매여 살면서 일이 잘못될 경우 그 책임을 남에게 전가한다. 순응자(non-winner)는 자신의 인생목표와 상관없이 남과 같은 수준에 이르면 그것으로 만족하는 사람이다. 특별한 것도 없고 부족할 것도 없이 비판적인 부모자아의 지시에 충실히 따르는 삶의 방식을 지속한다.

⟨부모와 교사의 역할⟩
- 아이들의 삶을 조건 없이 존중해 주는 태도를 보인다.
- 승자의 인생각본을 발달시킬 수 있도록 각 아이의 긍정성, 자율성, 변화 가능성을 신뢰하며 긍정적으로 상호작용한다.
- 아이들이 승자의 인생각본을 발달시킬 수 있도록 부모와 교사 자신의 인생각본을 점검해 보고 재결정한다.
- 점진적으로 부모와 교사의 인생각본을 승자각본으로 변화시키면서 자율성을 회복하기 위해 노력한다.

4. 후성유전학: 유전자 발현으로 달라지는 나

코메니우스, 프뢰벨, 프로이트가 어린 시기의 중요성을 주장한 이래 유아교육자들은 아이들을 전인으로 성장할 수 있도록 돕는 데 최선을 다해 왔다. 그럼에도 일

---

2) 금지명령은 부모의 아동자아로부터 언어습득 이전의 초기아동기 자녀의 아동자아로 전달되는 언어적, 비언어적인 부정적 메시지(죽어버려, 내 옆에 오지마 등)이다.

반 사회인들은 물론 학부모들조차도 유아교육자의 말을 믿지 못했고 가정에서의 양육도 중요하게 생각하지 않았다. 과학적 연구결과가 뒷받침해 주지 못했기 때문이다. 그러나 거든(Gurdon)이 후성유전에 대한 연구로 2012년 노벨상을 받은 후 후성유전학자들은 물론 신경범죄학자와 정신의학자들이 뇌 발달에 가정 및 영유아교육기관의 역할이 중요함을 강조하기 시작했다. 비유아교육전문가들이 영아기 양육과 교육을 강력하게 주장한 것은 인류 역사상 처음이다.

John Gurdon

  영국 옥스퍼드 대학교 교수 존 거든(John Gurdon, 1933~)은 두꺼비에게 일어난 후성유전 현상을 오래전부터 관찰하기 시작했다. 두꺼비를 연구대상으로 삼았던 이유는 번식 주기가 빨라 환경적 요인이 후손의 유전자를 어떻게 변화시키는지를 비교적 쉽게 알 수 있기 때문이었다. 거든 이전에도 후성유전학 연구를 한 이들이 있었지만 결과를 얻지 못해 모든 것은 유전에 의해 결정된다는 멘델(Mendel)의 이론을 거스를 수 없었다. 그러나 거든은 환경요인이 유전자 발현에 영향을 준다는 사실을 증명하기 위해 두꺼비를 대상으로 끝까지 연구하여 유전자도 환경에 의해 영향을 받아 변한다는 것을 발견했다. 이 영향이 지속되어 후대의 유전자 염기서열까지도 바뀌는 것을 발견했다. 그는 1958년 『네이처(Nature)』지에 환경이 유전자 발현에 영향을 준다는 확실한 연구결과를 제시했지만 노벨생리의학상은 54년이 지난 2012년에야 받았다. 거든의 노벨생리의학상 수상 이후 많은 학자들이 후성유전학을 연구하고 있으며 우리나라에도 2015년부터 샤론 모알렘(Moalem, 2014)의 『유전자, 당신이 결정한다(Inheritance)』와 네사 캐리(Carey, 2011)의 『유전자는 네가 한 일을 알고 있다(The Epigenetics Revolution)』가 번역되어 일반인에게도 소개되었다. 후성유전학은 유아교육이나 부모교육이론을 직접 정립한 것은 아니나 부모와 교사들이 아이들의 유전자 발현을 바꿀 수 있다는 점을 연구하였기 때문에 중요하다.

Nessa Carey

Sharon Moalem

1) 후성유전학의 개념

후성유전학(後成遺傳學, epigenetics)이란, DNA의 염기서열이 아직 영향을 받지 않은 상태에서 시작하여 출생 후 환경적 요인에 의해 유전자 발현이 무엇에 의해, 어떻게, 어느 정도 달라지는지를 연구하는 학문이다(Carey, 2011; Moalem, 2014). 후성유전학은 '모든 생물은 그 전 세대로부터 물려받은 유전자에 의해 그 형질이 결정된다.'는 멘델의 유전 개념에 반론을 제기하였다. 우리가 살아가는 동안 몸 안의 유전자 DNA는 수천, 수만 개의 전구 스위치처럼 켜지기도 하고 꺼지기도 하며 끊임없이 변한다.

유전학자들은 유전자의 염기에 A, T, C, G라는 이름을 붙였다. 인간의 10억 개 유전자도 모두 이 A, T, C, G의 조합으로 된 것이다. 그런데 이 네 염기 중 하나가 다르게 조합이 되어도 우리 삶 통째가 바뀔 수 있다. 영재성이 나타날 수도 있고, 장애와 같은 어려움이 생길 수 있다.

'유전자 발현'이란 식물, 동물, 인간이 살아가면서 겪는 어려움을 극복할 뿐 아니라 살아남기 위해 사용하는 삶의 전략이다. 유전자 발현은 환경의 영향을 받아 변해 간다.

콘래드 와딩턴(Conrad Waddington)은 환경과 유전의 영향에 대해 다음과 같은 그림으로 비유를 하였다(Carey, 2011). 가장 윗부분에 공이 하나 놓여 있다. 이 공은 언제든 경사 아래로 내려올 수 있는데 길은 여러 방향으로 갈 수 있다. 아래로 굴러가면서 공은 아랫부분에 있는 여러 개의 깊은 계곡길 중 하나로 굴러간다.

후성유전학 개념도(Carey, 2011)

위에 놓여 있는 공은 우리가 세상에 태어날 때 부모로부터 받은 유전자 DNA 정보이다. 경사진 주변의 계곡길들은 환경을 의미한다고 할 수 있다.

　사람의 유전자 DNA는 삶의 대본으로 비유할 수 있다. 배우가 작가의 드라마 대본을 바꿀 수는 없지만 연기로 시청자들에게 대본 이상의 감동을 주듯, 환경의 영향으로 유전자 DNA가 즉시 바뀌지는 않지만 그 성향은 변하다가 유사한 환경적 요인이 지속적으로 영향을 주면 유전자 발현이 달라진다고 하였다(Moalem, 2014).

　유전자들은 고정된 채 대물림되는 것이 아니고 출생 후 여러 가지 원인으로 변할 수 있다. "우리는 우리 자신의 삶뿐 아니라 우리 부모와 조상들의 삶, 그 모든 경험의 정점이다(Moalem, 2014)."라는 표현에서 유추할 수 있듯이 우리 몸에는 조부모, 부모의 유전적 정보뿐 아니라 그들이 바꾼 후성유전 정보가 들어 있다.

　따라서 현재를 살아가는 우리들도 이 모든 것에 덧붙여 우리의 노력으로 우리의 습관을 바꿀 수 있어 어제보다 나은 삶을 살 수 있다. 중요한 것은 우리가 '여기서 지금' 바꾼 유전정보는 우리 자손들에게 전달되는 사실이다. 좋은 것은 좋게, 나쁜 것은 나쁘게 바뀐다. 그러나 사람들이 집 전체를 허물고 고쳐 완전히 새집을 만들 듯 환경의 영향으로 우리 유전자를 전부 바꿀 수는 없다. 우리의 유전자가 건강하고 좋은 방향으로 바뀔 수 있도록 최선을 다하는 것이 중요하다는 것이다. "당신의 행동이 당신 유전자의 운명을 '결정할 수 있고' 또 '결정…'한다."(Moalem, 2014)

2) 학대경험이 뇌 신경 발달에 미치는 영향

　뇌의 뉴런(신경세포)은 1,000억 개 이상인데 이 각각의 세포마다 10개의 교질세포가 붙어 있고, 별처럼 많은 각각의 교질세포에 5,000~10,000개의 시냅스(연결 부위)가 생기며 대단히 복잡한 망을 이룬다. 복잡한 신경망이 생기면서 뇌의 다양한 구조가 만들어진다. 이 과정에서 끊임없이 반복되며 들어오는 자극은 패턴화되어 기억으로 자리 잡는다(Perry, 2006).

　임신 순간부터 만 2, 3세 사이에 인간 뇌의 신경망이 폭발적으로 생기기 때문에 어린 시기의 양육·경험·교육은 중요하다. 10억 개 이상에 달하는 유전자 발현 과정은 수정되는 순간부터 시작되는 10억 단계의 여행과도 같다. 모든 크고 작은 일에 대한 아이들의 기쁨/불행감, 긍정적/부정적 감정은 모두 패턴화되어 뇌에 기록된다. 이 시기에 대뇌 변연계의 사회적 관계읽기 '시스템' 작동으로 엄마, 아빠와의 관계에서 느끼고 경험한 기억, 교사와 또래들과 유아교육기관에서 지내면서 겪은 감정과 생각도 모두 패턴화되어 뇌에 기록된다(Carey, 2011; Moalem, 2014; Perry, 2006; Raine, 2013).

겉으로 보이지는 않지만 막대한 악영향을 주는 부정적 감정과 경험은 긍정적인 감정보다 더 오래도록 무의식에 기록되어 아이의 행동과 태도에 계속 나쁜 영향을 주기 때문에 '임신한 순간부터 양육은 시작된다.'라는 생각으로 양육에 임해야 한다. 과거 우리 어른들이 태교(胎敎)를 중요히 생각했던 것은 참으로 지혜로운 일이었다.

부모와 교사를 포함한 주변 어른들이 아기의 유전자 발현이 건강하고 긍정적인 방향으로 되도록 하는 것은 인생의 첫 출발을 돕는 것이다. 어떤 이유로든 어린 시기에 유전자에 영향을 주는 요인이 있어 염기 서열이 바뀐다는 것, 임신한 순간부터 엄마, 아빠가 아기들의 행복한 느낌에 관심을 가지고 사랑하며 놀아주는 것이 중요함을 알고 행동하는 것은 꼭 필요한 일이다.

'어렸을 때 아이들이 받은 심리적 상처는 금방 회복된다.'라는 속설이 있지만 이와는 반대로 심리적 상처를 치유하지 않으면 지속적으로 일생 영향을 받으며 괴롭게 살 수도 있다. 어린 시절의 학대 경험에 대해 연구한 정신과 의사 부르스 페리(Perry, 2006)는 영아기에 소시오패스가 된 사람은 지능이 높아도 감정회로가 부족하여 다른 사람과 의사소통을 하지 못하고, 또 사람과 사귀는 방법을 몰라 회피하는 등 사회적 관계기술 발달의 어려움이 있음을 발견했다. 다른 사람의 입장에서 세상이 어떻게 보이는지, 어떻게 느껴지는지를 모르는 심맹(mind-blindness, 감정맹인)이 되었기 때문이다. 어린 시절의 경험이 어른이 되어 살아가는 방법에 극적인 영향을 미친 것이다.

캐리(Carey, 2011)도 어린 시절에 학대와 방임을 경험한 어른의 자살 위험은 일반인에 비해 3배나 높고, 심각한 우울증에 걸릴 위험은 일반인보다 최소 50% 더 높고, 걸렸을 때 회복도 어렵다고 했다. 그 외의 조현병, 식사장애, 인격장애, 양극성장애, 범불안장애를 포함한 다양한 정신질환을 겪을 위험이 더 높다는 것도 발견했다. 또 정상 생활을 한다 해도 약물과 알코올 문제를 갖게 될 위험성이 높다. 이는 뇌의 작용으로 뇌의 한 부분에서 만들어지는 화학물질이 뇌의 다른 영역에 영향을 미치고, 이 화학물질의 영향을 받은 뇌 부분이 반응하여 또 다른 화학물질을 만들기 때문이라고 하였다.

예를 들어, 공격성과 폭력성은 지속적인 학대와 방임의 경험이 뇌를 공격적인 방어본능으로 반응하게 만들었고 이로 인해 스트레스 호르몬인 코르티솔 분비 명령을 내렸기 때문이다. 신경전달물질들이 뇌에서 척추를 타고 척수가 되어 먼저 신장 위의 부신에 신호를 보내 더 많은 코르티솔을 만들게 한다. 여기서 만들어진 코르티솔은 피와 섞여 온몸을 돌다가 다시 뇌로 돌아간다. 학대를 받으며 계속 만들어지는 코르티솔은 아이의 뇌에 공격적 감정 패턴을 입력한다. 스트레스는 뇌에서만 일어나는 일이 아니라 신장 위에 있는 부신에서도 일어나는 온몸의 일인 것이다.

뇌에 부정적으로 패턴화된 감정(분노 혹은 우울)은 아이가 커도, 어른이 돼서도 스스로 학대 상황에 놓여 있을 때처럼 코르티솔을 만들라는 신호를 계속 보낸다. 영유아교육기관에서의 공격적 모습은 영유아교육기관 입학 전부터의 어려움에서 생겼을 가능성이 높다. 마치 온도조절장치가 고장 난 보일러가 여름에 겨울처럼 난방이 자동으로 켜지는 것과 같이 어떤 사소한 일에도 코르티솔이 많이 나와 쉽게 화내고 소리 지른다. 습관적인 코르티솔 과다 분비는 분노 조절의 어려움으로 무서운 범죄를 저지르기 쉽다(Raine, 2013). 일상생활에서 무슨 일이 생기면 뇌는 어린 시절의 입력 패턴대로 반응한다. 정서를 관장하는 해마는 기억의 영향을 받아 나쁜 행동을 기록하기도 하고 행복한 경험을 기록하기도 한다.

그러나 부신에서 나와 몸을 돌아 온 이 코르티솔을 인식한 뇌하수체, 시상하부, 해마가 '진정하라'라는 신호를 보내면 상황은 달라진다. 해마가 코르티솔을 감소시키려 노력하면서 '진정해.' '상황은 달라질 수 있어! 기다려 참아봐……'라고 한다. 분노한 아이를 품에 안고 달래어, 안정을 찾게 되면 공격행동을 일으키지 않는다. 스트레스 상태였으나 안정을 찾았기 때문에 자제한 것이다.

부모와 교사들이 유아의 갈등을 다루며 감정을 수용하면서 대안을 모색하는 과정은 스트레스 호르몬이 '부신 → 뇌하수체 → 시상하부 → 해마'를 거치는 동안 긍정적으로 분노를 다루는 방법을 뇌에 각인시킨다. 그러나 이러한 경험을 불가피하게 하지 못한 아이들은 코르티솔 조절을 못해 항상 스트레스 상황을 느끼며 살 가능성이 높다.

기분조절 화학물인 SERT라는 유전자는 세로토닌(serotonin: 행복감을 느끼게 하는 신경전달물질)을 뇌 신경세포 속으로 전달하는 데 필요한 단백질을 만든다. 그런데 따돌림을 당한 쌍둥이 한 명의 SERT 유전자 기능이 약화되어 세로토닌을 많이 전달하지 못하는 것이 발견됐다. 어린 시절 우리가 경험했던 나쁜 경험들은, 우리 자신이 인식하지 못한다 해도, 1,000억 개 이상의 뇌 세포와 50조~70조 개의 몸세포가 기억하고 있기 때문에, 후성유전학의 발견대로 주위 어른들의 노력으로 유전자 발현이 긍정적으로 변하도록 돕지 않는 한, 일생동안 그렇게 부정적으로 살게 될 수도 있다.

어린 시기에 정서 발달과 사회성 발달을 담당하는 변연계의 편도체와 해마가 먼저 발달하는 것에 대해 신경범죄학자인 레인(2013)과 후성유전학자 캐리(2011)는 뇌신경세포가 폭발적으로 연결되는 만 2, 3세까지 정서 발달이나 사회적 관계형성 능력이 형성되는 '민감기'이므로 이에 집중해서 양육과 교육이 진행되어야 한다고 주장했다. '신토불이' 개념과 같이 편도체와 해마조직이 발달하는 영유아기에는 정서발달이나 사회적 관계형성 능력을 길러주는 것에 주된 초점을 두고 양육하는 것이 적합하고, 지적 학습을 가능하게 하는 각회(angular gyrus)가 완성되는 민감기인 초등학교 3학년 이후인 아동 후기부터는 여러 교과목 학습에 주 초점을 두어 교육하는 것이 적합하다(Raine, 2013).

3) 양육 환경의 문제

우리나라는 역사상 유례없는 국가 지원 무상교육, 무상급식, 국가 수준 누리과정 만 3, 4, 5세 대상 전면 실시(2013) 등으로 아시아 국가 중 상위에 해당하는 제도와 정책을 실시하고 있다. 그럼에도 아동학대의 현실은 많은 아이들이 위기 상황에 있음을 말해 주고 있다.

다음 몇 가지 이유로 현대 한국 사회는 영유아에게 적합한 양육환경으로서 문제를 가지고 있다.

첫째, 개방된 성문화로 인해 많은 사람들이 준비되지 않은 채로 부모가 되고 있다. 임신과 양육의 어려움, 자녀를 낳아 기르는 보람 및 책임 등에 대한 부모교육이나 성찰 없이 아이를 낳고서, 영아 살인이나 학대를 하고 있다.

둘째, 정보산업의 발달로 사회의 빈부격차가 증대되어 사람들은 더 많은 재화를 창출하기 위해 자녀양육의 가치를 소홀히 여기는 문제가 발생하고 있다.

셋째, 아이들이 점점 더 어린 나이에 영유아교육기관에서 많은 시간을 지내면서 집단생활을 하며 개별적인 욕구를 충분히 존중받지 못하고 있다.

넷째, 1980년대 후반부터 극심해진 영유아대상 사교육이 지적 발달에 중점을 두고 진행된 결과, 젊은 엄마들의 주된 관심은 어떻게 하면 보다 이른 시기에 자녀를 똑똑하고 영리하게 키울 것인가에 집중되어 아이들의 사회정서 발달의 기회가 사라지고 있다.

다섯째, 수준이 낮은 영유아교육기관들에서 발달에 부적합한 프로그램을 운영하거나 한글, 수학, 영어 학습지 등을 가르치는 곳이 많아진 것도 상황을 악화시킨다. 그러나 레인에 의하면 이러한 주요 학습 과목의 개념을 제대로 이해할 수 있는 시기는 뇌의 각회가 발달하는 아동기 후반이다.

영유아는 양육 환경으로부터 받는 부정적 경험에 매우 취약하다. 스위스 취리히 과학자들은 갓 태어난 아구티 생쥐가 새끼일 때 어미 쥐로부터 하루 세 시간씩 떼어놓았다가 되돌려 놓곤 했는데 이 생쥐들은 커서 환경에 잘 적응하지 못했다. 태어나서 엄마의 품 안에서 따뜻한 보살핌을 받은 새끼들은 문제가 발생했을 때 싸우거나 헤쳐 나가는 데 비해 엄마 쥐로부터 분리되었던 쥐들은 포기해 버렸다. 정서 발달의 민감기에 일어난 부정적 정서 상태는, 후일 생쥐들이 아무런 스트레스가 없는 상황에서 키워진다 해도, 다음 두 세대의 후손에게까지 이런 성향이 전달된다는 놀라운 사실이 발견됐다(Moalem, 2014).

스위스 과학자들은 일부러 아이들을 괴롭힌 것은 아니지만 만 5세 아이들이 친구를 정신적으로 괴롭히는 것을 관찰하고, 몇 년 후 그 영향을 분석했다. 특히 쌍둥이 연구가 의미 있는 결과를 보여 주었다. 만 5세였던 쌍둥이 중 한 명이 집단따돌림을 아이들로부터 받았는데 그들이 12세가 되었을 때 분석해 보니 5세 때에는 보이지 않았던 후성유전학적인 차이를 발견했다. 집단따돌림이 단지 어린 시절이나 사춘기 시절의 자해 성향을 높이는 면에서만 위험한 것이 아니라, 실제로 유전자들이 작동하는 방식과 삶을 좌우하는 방식까지 변화시키기 때문에 위험하다는 것을 발견한 것이다. 이는 우리가 다음 세대에 물려주는 유전의 내용까지 변화시킬 가능성이 크다는 것을 알려준다(Moalem, 2014). 따돌림을 당하지 않은 쌍둥이 한 명은 정상이었는데 따돌림을 당한 쌍둥이는 행복감 대신 불행감을 더 많이 느낀 것으로 나타난 것은 유전적 요인이 비슷한 아이들에게 다른 사회적 요인이 작용하여 유전자 발현을 다르게 한 것이다.

유전자는 그 경험을 잊지 않기 때문에(Moalem, 2014) 아이들의 유전자 발현이 긍정적인 방향으로 바뀌도록 부모와 교사들은 최선을 다해 유아 한 명 한 명의 삶을 소중히 여기고 사랑과 도움의 손길을 펴야 한다. 아울러 부모, 사회, 국가가 아이들에게 최선을 다해 양육하도록 돕는 따뜻한 양육공동체가 되게 해야 한다.

4) 미래의 인적 자원을 교육하는 교사

후성유전학적으로 민감한 시기가 존재한다는 것이 점점 더 분명해지고 있기 때문에 부모와 대리부모인 교사의 역할은 더욱더 중요해졌다. 긍정적 유전자 발현에 가장 많은 영향력 있는 것은 유전자 정보이지만, 그다음의 중요한 영향력은 양육환경이라고 할 수 있다. 가족만큼이나 영향력이 큰 사람이 영유아교사이다.

가소성이 높은 만 2, 3세 전후까지 후천적으로 유전자 발현이 바뀔 가능성이 크므로, 만일 부모와 교사들이 후성유전학의 중요성을 인식하고, 협력하여 아이들을 기르고 교육하는 일에 최선을 다한다면 가장 바람직할 것이다.

이스라엘의 히브리 대학교 유발 하라리 교수는 "2100년이 도래하기 전 현재 우리와 같은 현대인은 사라질 것"이라고 경고하면서(조선일보, 2016. 3. 12.), "인간이 인공지능과 결합하여 초(超)인간이 될 때라도 지금처럼 따뜻한 감성을 유지하며 살기 위해서는 '마음'에 대한 연구에 공을 들여야 한다."라고 강조했다. 누가 이 일을 해야 할 것인가? 바로 아이들을 양육하고 교육하는 부모와 우리 교사들이다. 이 세상에 태어난 아기들은 사람들과 어떻게 지내야 소통이 되는지, 어떻게 행동해야 하는지를 주변 사람들과 관계를 맺으면서 배워 간다. 그리고 따뜻하게 말을 주고받는 방법이 왜 좋은지, 이런 상황에서 다른 사람은 어떻게 느끼는지 감정을 이입해 보는 것, 관심과 사랑을 받기 위해 어떻게 말하고 행동해야 유리한지도 알아간다. 만일 부모나 교사가 하루는 사랑스럽게 대하고 하루는 화내거나 때리면 그 아이는 어른이 되어 부모와 교사들에게 배운 대로, 뇌에 입력된 대로 그렇게 행동할 것이다.

그러므로 교사는 자신의 패자각본(주: 무의식 세계에 각인되어 있는 부정적 정서와 생각을 번은 패자각본이라고 표현했다)(James & Jongeward, 1978)을 아이에게 사용하지 않도록 노력해야 한다. 교사는 자신이 맡은 단 한 명의 아이라도 놓치지 말고 부정적인 상처는 치유해 주고 행복하고 긍정적인 경험을 많이 하게 해 주어야 한다. 만일 그렇지 않으면 교사 자신의 뇌와 세포기억에 쌓여 있는 파괴적 에너지가 대항할 능력이 없는 아이에게 퍼부어져 아이들의 마음에 난 상처를 더 깊게 할 수도 있다. 긍정적인 대인관계는 인성을 바꾸는 주체이고 가장 강력한 치료 행위는 바로 사람 간의 관심과 사랑이다. 어린이집과 유치원에서 교사를 만나 아이의 후성유전자 발현이 긍정적으로 바뀐다면 우리는 그 아이의 인생을 좋은 방향으로 변하도록 바꾼 것이다. 이것이 영유아교육기관이 따뜻하고 행복한 공동체가 되어야 하는 이유이다.

5) 부모와 교사 자신의 유전자 대본 바꾸기

우리나라의 미래를 위해 무슨 일을 해야 하는가? 교사 자신의 인성을 바꾸어야 하고, 부모교육으로 엄마, 아빠를 우리의 조력자로 만들어야 하며, 아이의 유전자 발현이 긍정적으로 바뀌도록 계몽해야 한다.

부모와 교사도 사람이다. 어린 시기를 지내오는 동안 우리의 의지와 상관없이 뇌세포와 몸세포 모두에 부정적인 정서가 상처로 입력되어 있다(Loyd & Johnson, 2010). 개인차가 있어 어떤 교사는 유전자 발현의 변화가 쉬울 것이고 어떤 교사는 불가능하겠지만 자신의 부정적·파괴적 기억을 지워버리려고 노력해야 한다. 우리 자신의 정서적 상처도 치유하지 못했는데 아이의 상처를, 아니 어떤 때는 그들의 엄마, 아빠의 상처까지 보듬어 안아야 하니 그 부담감이 크다. 그럼에도 항상 정서적 안정감 및 따뜻한 사회적 관계를 유지하기 위해 노력해야 할 것이다.

유아교사는 '학교 엄마/학교 아빠'이다. 앞으로 우리 유아교육자들은 부모교육을 '학부모를 가르치는 교육'이라는 생각을 버리고 따뜻한 양육공동체의 일원으로, 유아교육자로서 나 자신의 인성을 바꾸어 '새로운 나로 바꾸는 교육'이라고 생각해야 한다. 정신과 몸이 건강하고 성숙한 어른이 되어 내 속의 정서적 트라우마(없거나 적으면 더욱 좋다)를 걷어내고 마음에 상처가 있는 아이들의 트라우마가 회복되게 돕는다면 한 아이의 삶의 방향을 바꾸는 것이다.

뇌와 우리 자신은 수백만 번의 작은 결정을 통해 만들어지며, 이 과정은 대부분 무의식적으로 진행된다. 부모와 양육자가 아이에게 보이는 스킨십과 같은 애정표현·인정·격려·배려와 같은 어른들의 작은 몸짓과 정다운 말은 이 과정에서 아주 중요하다. 모알렘을 비롯한 후성유전학자들은 '양육이 본성을 이긴다.'라고 보기 때문에 교사들은 아이의 유전적 운명을 바꿀 수 있는 위치에 있다. 부모가 물려준 유전자와 출생 직후 이들이 아이에게 미친 영향을 완전히 뒤바꿀 수는 없다. 그러나 교사가 자신의 뇌에 기록된 부정적 패턴을 바꾸어 친화적인 교사로 되는 것, 부모교육을 통해 부모들을 협력자로 바꾸는 것으로 우리는 아이들에게 행복감을 주어 아이의 뇌와 세포기억에 기록된 부정적·파괴적 각본을 긍정적으로 바꿀 수 있다.

인성을 바꾸는 것이 쉬운 일은 아니지만 인체에는 신비롭게도 내재된 면역체계와 치유체계가 있어 자신의 잘못된 성격이나 행동 습관을 바꿀 수 있다. 모든 것이

내 안에 있다. 문제의 소유자도 나, 해결사도 다 내 자신 안에 있다. 그러므로 교사들은 하루라도 빨리 자신 안에 있는 마음의 부정적 패턴을 바꾸는 데 힘을 기울여야 한다. 그것이 아이들에게 교육활동을 새롭게 만들어 제공하고 지적 능력을 키워 주는 것보다 우선되어야 한다.

후성유전학자들은 삶의 요구에 반응하는 과정에서 아이들의 몸에서 유전자 발현이 긍정적으로 일어나도록, 건강한 생물학적 에너지가 끊임없이 생산되도록 부모·형제·교사·이웃들의 협력이 중요하다고 본다. 우리 몸이 필요로 하는 일을 뇌의 뇌하수체가 뉴런으로 명령을 내릴 때마다 우리 몸은 그에 필요한 화학적 구성요소들을 발현해 내는데, 이 과정이 긍정적이어야 한다는 것이다. 따라서 우리는 우리의 유전자가 "…… 시간이 지남에 따라 움직이고 변화해 스스로 세운 기대와 경험들에 맞추어 ……기억을 생성하고 감정과 기대도 생성 ……"하여 "…… 이 모든 것이 …… 모든 세포 속에 (긍정적으로) 코딩"되게 해야 한다. "뉴런들 중 많은 수는 몇 십 년 된 연결들을 유지함과 동시에 새로운 연결들을 모색하고 있다. …… 그 일들은 우리 자신을 바꾼다(Moalem, 2014)."

그러므로 우리 교육자들은 아이의 유전자 발현이 긍정적으로 바뀌도록 최선을 다해야 한다. 그러나 수정된 순간부터 만 3세까지 긍정적/부정적 감정이 각인되는 민감기이므로 부모들을 교육의 협력자로 바꾸어야 한다. 부모가 가정에서 어린 자녀를 양육하는 방식은 곧이어 교육기관에서의 교육에도 영향을 줄 것이므로 국가는 일반 국민을 대상으로 부모교육을 지속적으로 실시해야 하고 영유아교육기관 역시 부모교육을 통하여 학부모들에게 이 사실을 인식시켜야 한다.

〈부모와 교사의 역할〉

• 환경의 영향을 받는 즉시 아이의 DNA가 바뀌는 것은 아니지만, 유사한 환경적 요인이 지속적으로 영향을 주면 유전자 발현이 달라진다는 것을 인식하고 인내심을 가지고 아이들을 대한다.
• 10억 개 이상의 뇌세포에는 10억 단계의 여행이 있는 것과 같다. 우리는 아이

들에게 건강하고 행복한 경험이 쌓이게 하는 첫 번째 인생여행의 가이드임을 알고 최선을 다한다.

• 각회에 지식을 입력시키기에 앞서 편도체와 해마에 안정애착이 형성되도록 한다. 마음으로 사랑을 느끼는 것이 머리로 생각하는 것보다 먼저 쌓여야 한다.

몰츠의 심리자동기제이론

성형외과 의사 맥스웰 몰츠(Maxwell Maltz, 1899~1975)는 행복한 느낌의 환자는 성형수술 후 그렇지 않은 사람에 비해 수술결과에 만족하는 반면, 그렇지 않은 환자는 불평불만이 많은 것을 발견했다. Psycho-Cybernetics란 긍정적 또는 부정적 경험이 뇌에 기록되어 있다가 그 심리상태가 형성된 상황을 다시 만나게 되면 자동적으로 그 방향으로 반응한다는 이론이다. 그래서 몰츠는 성형수술을 받기 전 무의식 세계에 쌓인 정서적 상처를 치유하는 것이 우선이라고 생각하게 되었다. 그래서 몰츠는 "피부는 마음속 내밀함을 나타내는 인격의 얼굴이다."라고 했다. 이를 위해 몰츠는 다음과 같이 행복 습관 가지기를 제안했다.

Maltz

• 나는 오늘 하루 종일 유쾌한 표정으로 말하고 행동할 거야
• 다른 사람에게 어제보다 친절하게 대할 거야
• 다른 사람의 실수 · 실패에 대해 구박하지 않으려고 노력할 거야
• 다른 사람의 말과 행동 중에 칭찬할 거리를 더 찾을 거야
• 다른 사람의 행동을 좋게 해석하려고 노력할 거야
• 나는 성공할 수밖에 없다고 생각할 거야
• 나는 절대로 과거처럼 부정적으로 생각하거나 비관하지 않을 거야
• 오늘 하루 동안 적어도 세 번은 웃으려고 노력할 거야
• 어떤 일이든지 조용히 이성적으로 대처할 거야
• 나는 나를 바꿀 수 있어, 못한다는 마음은 내 삶에 없는 거야
• 나는 오늘부터 시작할 거야

5. 탄력성이론: 양육공동체에서 내 역할 이해하기

　많은 발달이론가들은 청년기 이후의 발달 특징에 대해서 대체로 생략하거나 소홀히 다루었다. 변화 양상이 두드러진 인생 초기의 발달 현상을 기술하고 설명하는 것이 더 쉬웠기 때문이다. 그러나 전생애적 발달을 주장하는 사람들은 다른 목소리를 낸다. 그들은 인간의 변화는 초기 20년간에만 일어나는 것이 아니라 전생애에 걸쳐 일어나며, 생을 마감하기 전까지 인간은 계속 자기 개선을 위하여 노력하고 있다는 점을 강조한다. 영유아기의 안정애착이 중요한 발달 과제이나 그 이후에라도 부모-자녀 관계의 질 향상을 위해 포기하지 말고 애착 안정성을 높이기 위해 계속 노력해야 하는 것이 중요하다는 의미이다.

　'탄력성(resilience)'이라는 용어를 처음 사용한 학자는 에미 워너(Emmy Werner, 1929~　)였다(Werner, Bierman, & French, 1971). 그녀는 캘리포니아 대학교 명예교수로서 인간과 지역사회의 발달에 대한 연구를 하고 있다. 그녀는 하와이의 카우아이(Kauai) 출신의 1955년생 신생아 698명을 대상으로 40년간 추적조사를 하였다. 카우아이 지역은 매

Werner

우 가난했으며 연구에 참여한 많은 아이들은 알코올 중독자와 정신질환, 실직상태의 부모 밑에서 자랐다. 워너의 조사에서, 어려운 상황에서 자란 아이들 중 2/3는 성관련 문제, 실업, 규모 없는 생활, 미혼모·미혼부가 되었다. 1/3은 똑같이 어려운 환경이었음에도 불구하고 문제를 보이지 않자 워너는 그 원인을 연구했다. 그 결과, 문제를 보이지 않은 집단의 아이들은 '탄력적'인 특성을 가진 것을 발견했다. 이들은 여러 위험요인이 있었음에도 불구하고 유능하고 자신감 있는 어른으로 성장하였다. 이 연구에 참여했던 연구자들은 이 탄력성 있는 아이들의 삶에는 회복력을 갖게 하는 몇몇 환경적 요인들이 있음을 확인했다. 예를 들면, 부모 이외의 따뜻한 양육자(예: 친척 이모, 돌보미 또는 교사)들이 있었으며 YMCA나 교회와 같은 지역

사회 기관에도 참여하며 이들과 강한 유대관계를 가지고 있었다.

1) 탄력성의 개념

'탄력성'이란 역경과 시련을 겪으면서 더 풍부해지는 인간의 능력으로 '되팀' '탄성' '탄력' '극복력' '회복력'이라는 사전적 의미가 있다. 자아탄력성은 결국 더 많은 힘을 보유할 수 있는 마음의 힘으로 위기나 도전에 반응하여 이를 감당하고 스스로를 바로 세우며 성장하는 능력이다(Walsh, 1998). 탄력성은 개인에 따라 다른 특징으로 나타난다. 그러나 탄력성은 개인의 유전적 특질에 의해 결정되는 것이 아니라 역동적인 발달 과정에 의해 결정된다. 노력을 하는 정도에 따라 탄력성의 수준은 달라지며(Egeland, Calson, & Sroufe, 1993), 한 개인의 탄력성은 여러 사람과 상호작용하는 동안 다양한 영향을 받으며 달라진다(Roberts & Masten, 2004). 이와 같이 역동적인 탄력성이론을 주장하는 학자들은 탄력성이란 개인이 갖고 있는 보호요인이 역경을 만났을 때 그 위험상황을 자신의 발달에 도움이 되도록 변화시켜 성공적으로 적응하는 능력이라고 하였다.

2) 탄력성의 특성

탄력성이 역경을 견디어 내는 과정에 초점을 둔 개념이라면, 자아탄력성(ego-resilience)은 역경을 견딜 수 있는 개인의 특성에 초점을 둔 개념이라고 할 수 있다. 자아탄력성은 사람마다 각기 다르다. 어떤 아이는 최적의 환경에서 태어나 성장하며 가능성을 가진 성인으로 자라지만, 어떤 아이는 많은 역경과 고난 속에서도 자아실현을 하며 성공적으로 성장한다. 이런 아이들은 부적절한 환경 요인들을 극복하는 탄력성을 가지고 있기 때문이다. 개인적 특성(traits)이 성공적으로 적응(good adaptation)할 수 있게 이끈 것이다.

루터(Rutter)는 자아탄력성을 타고난 면역력에 비유했다. 인간이 약간씩 질병에 노출되면서 질병에 대항해 면역력이 커지는 것과 같이 마음의 상처를 긍정적으로 대처하면서 자아탄력성도 커진다(Cowan, Cowan, & Schulz, 1996).

탄력성은 한 개인에게만 있는 것이 아니며, 지역사회와 국가도 탄력성을 가지고 있다. 전쟁과 자연재해와 같은 역경은 한 개인만의 문제가 아니라 지역사회, 국가, 인류 전체의 문제이기 때문이다. 한 개인의 탄력성은 연습과 교육을 통해 마음의 근력을 발달시키는 것이지만 사회와 국가의 탄력성은 더 나은 공동체를 만들기 때문에 이곳에서 출생하여 성장하는 아이들의 탄력성을 높인다.

자아탄력성이 높은 아이들은 유쾌하고 밝은 정서, 자신의 욕구조절, 참을성, 충동적이지 않음, 과도한 감정반응과 감정기복이 적은 정서적 특징(최성애, 2014)이 있다. California Healthy Kids Survey에 나타난 자아탄력성이 높은 아이들은 자아효능감과 긍정적 자기인식능력, 사회적 유능감, 협력하는 태도, 의사소통과 높은 공감능력으로 대인관계가 좋음, 적극적인 문제해결능력, 긍정적이고 희망적인 자세, 뛰어난 자기조절능력, 뚜렷한 목표의식을 갖고, 성장하면서 우수한 인지능력, 자신에 대한 확신이 높고, 가족이나 타인들과 적극적인 상호작용, 나쁜 일에도 낙관적으로 해결하려는 의지, 사회적으로 인정받는 특성이 있었다(Constantine & Benard, 2001).

자아탄력성이 높은 아이들은 어떤 가정에서 양육되었을까? 이들은 따뜻하고 애정적인 가정에서 '해서는 안 되는 일'과 '해도 되는 일'을 분명히 가르치는 환경에서 양육되었을 가능성이 높다. 이렇게 부모와 자녀관계가 긍정적이면 아이의 자아탄력성은 높아진다(Goldstein & Brooks, 2009). 자아탄력성이 높은 사람들은 다양한 위험에 직면해도 그가 가지고 있는 개인적 특성을 포함하여 가족, 학교, 이웃과 같은 환경체계를 보호요인으로 활용한다. 그러나 자아탄력성이 낮은 사람들은 위험에 처했을 때 그가 가지고 있는 개인적 특성과 환경적 특성들을 활용하지 못하고 위축되고 부적응이 심하다(Compas, Hidden, & Gerhart, 1995).

3) 탄력성의 보호요인

최근 탄력성 보호요인을 강화하기 위해 연구자들은 아이가 가진 자원에 초점을 두고 아이의 강점을 최대로 끌어내기, 아이를 존중하며 협동하는 관계 형성하기, 아이가 태어나면서부터 '탄력성 있는 마음(resilient mind set)'을 갖고 성장하게 하는(Goldstein & Brooks, 2005) 예방 원칙을 지키라고 권고하고 있으며 보호요인을 다음과 같이 세 유형으로 분류했다.

첫째, 가족의 탄력성이 보호요인이 된다. 안정적으로 지지해 주는 가정은 부모의 갈등 수준이 낮고, 아이에게 긍정적으로 반응하며 친밀한 관계를 형성한다. 부모가 항상 자녀를 민감하게 관찰하며 도울 뿐 아니라 신뢰해 준다. 긍정적인 형제 관계, 친척 및 확대가족 구성원 간 맺어진 지지적 관계도 맺고 있다. 자녀교육에 부모의 참여가 적극적이며, 자녀를 보호해 줄 수 있는 양질의 특성을 갖고 있다. 사회경제적 여건은 고등교육을 받을수록, 종교적 신념을 갖고 신앙생활을 할수록 가족의 탄력성이 높다.

둘째, 지역사회의 탄력성이 보호요인이 된다. 상식과 배려가 있는 이웃이 있으며, 안전한 지역사회로서 폭력성이 거의 없다. 삶의 질이 높은 가정들이 주위에 많으며, 쉽게 이용할 수 있는 문화 시설이 있다. 깨끗한 공기와 물, 좋은 학교가 있다. 학교에는 잘 훈련되고 보수를 잘 받는 교사들이 있고, 양질의 방과후 학교 프로그램들이 있고, 학교의 문화적 자원(스포츠·음악·미술)이 풍성하다. 부모와 자녀를 위한 고용의 기회가 제공되며, 의료시설이 좋고, 비상응급서비스(경찰·소방서·병원)가 근처에 있어 위험에 대비할 수 있다. 돌봐 줄 어른들과 친사회적인 또래가 주변 이웃에 있다.

셋째, 사회문화의 탄력성은 보호요인으로 존재한다. 아동정책은 예방적으로 이루어져 있어 선순환의 구조를 이룬다. 아동의 노동이나 학대의 예방과 아동의 건강 및 복지에 관련된 정책이 시스템으로 작동한다. 교육적 자원이 풍성한 사회로서, 억압이나 폭력이 없으며, 신체적 학대를 용납하지 않는 사회문화로서 탄력성이 있다.

4) 어려움을 탄력적으로 극복하도록 돕는 과정

성장과정에서 부모를 잃고 시설에서 지내던 아이가 따뜻한 가정에 입양되어 사랑을 받고 자라면 아이는 자아탄력성을 갖기 시작한다. 새로운 가족을 못 만나도 시설에서 따뜻한 '의미 있는 타인(the significant other)'을 만나면 애착이 형성이 된다. 하지만 이런 어른이 없어도 아이 자신이 긍정적인 방향으로 성장하겠다고 결심하고 실천하면 바람직한 생애 발달이 이루어질 수 있다. 삶의 과정에서 어려움을 겪어도 이를 도전의 기회로 삼고 극복하는 사람이야말로 가장 가치 있는 삶을 사는 사람이다.

개인이 자아탄력성이 있다 하더라도 뜻하지 않은 역경을 당했을 때, 주변의 교사와 같은 '의미 있는 타인'이 다음과 같은 네 가지 상황적 지원을 해 주면 아이가 탄력적으로 어려움을 극복한다(Hernandez, 1993).

첫째, 위협적 상황을 예견하고 준비하여 위험요인으로 인한 영향을 가능한 한 감소시킨다. 스트레스에 덜 노출되게 하며 스트레스로 인한 부담을 덜어준다. 또한 비극적인 신념들을 변화시키도록 정보를 제공한다. 예를 들어, 부모의 이혼을 겪게 되는 어린 자녀에게 부모가 이혼을 하면 어떠한 상황의 변화가 오는지 알려준다. 엄마, 아빠의 이혼은 너(아이) 때문이 아니라는 것도 말해 준다. 앞으로 양육을 맡는 부모와 그렇지 않은 부모와의 관계유지는 어떻게 할지, 아이가 겪을 상황을 가능한 한 있는 그대로 인식하도록 돕는다.

둘째, 스트레스를 받을 때 어떻게 이를 완화하고 극복할 수 있을지 방법을 알게 해줌으로써 위험요인에 대한 부정적인 반응을 최소화시킨다. 부적응적인 대처전략 대신 긍정적인 대처전략을 경험하도록 하며 힘든 상황에서도 다시 회복하고 견디어 낼 수 있도록 돕는다. 아이가 부모의 이혼과 갈등으로 인해 화가 나고 우울해질 때, 어떻게 기분을 좋아지게 할지 대처방법을 생각해 보게 한다. 자해하기보다 신체에너지를 발산할 운동과 같은 긍정적 대처전략을 사용하도록 돕는다.

셋째, 안정되고 지지적인 관계를 가질 수 있는 기회를 제공한다. 그가 속한 가족·학급·또래 사이에서 친밀감과 성취감을 가질 수 있는 기회를 마련한다. 부모의 이혼을 경험한 아이가 선생님, 친구, 교회 및 이웃에서 의미 있는 타인을 만나 친밀한 관계를 형성하고 잘 유지하도록 한다. 이들과의 만남을 계기로 어려움 속에서도 자신의 정체성을 다시 확인하고 스스로 새로운 희망을 갖도록 돕는다. 지지적 관계 속에서 안정되면 앞으로 다가올 것들을 예견하고 준비할 수 있게 된다.

넷째, 긍정적 경험의 기회를 확대한다. 과업성취나 문제해결 과정을 통해 자존감과 자기유능감을 증진시킨다면 어려움이 닥쳐와도 스스로를 지키려고 노력한다. 부모의 이혼을 경험한 아이에게 관심을 갖고, 성공감을 경험할 수 있도록 적절한 과제를 주는 것, 가족 내에서 아이가 수행하고 있는 역할에 대해 격려하는 것 등은 아이가 자기정체감을 다시 찾을 수 있게 한다.

5) 따뜻한 양육공동체의 역할

탄력성이 높은 성인은 영유아의 탄력성을 높일 수 있다. 자아탄력성이 높은 유아교사는 의사결정에 적극적으로 참여하고 아이가 성취를 경험할 수 있도록 헌신하며 부정적인 경험을 긍정적인 정서로 바꾸게 하면서 아이들에게 더 나은 교육을 제공하기 위해 노력한다(권정윤, 이미나, 정미라, 2016; Masten, 2001, Oswald, Johnson, & Howard, 2003; Patterson, Collins, & Abbott, 2004; Seligman, 2003).

자아탄력성에 대한 연구들은 경험 시기, 아이가 겪는 위기의 정도, 예방체계에 따라 탄력성이 다르게 형성된다(Wright & Masten, 1997)는 것을 발견했다. 어린 시기에는 전적으로 주양육자에게 의존하므로 부모·양육자가 학대를 하면 그 영향력은 다른 어떤 시기보다 크게 작용한다. 좀 더 나이가 들어 학교에 다니기 시작하면 또래의 영향력이 커진다. 자기 나름대로 세계에 대처하는 능력을 갖는 아동 후기에 들어서면, 양육자의 돌봄에서 벗어나 외부요인의 영향을 직접 받는다. 청소년들은 지금까지와는 다른 요인들에 대해 배반당했다고 느끼거나 상실감을 경험한다. 친구, 신앙, 신념, 학교, 정부에 대한 관심이 크게 증가하거나 크게 무관심해질 수도 있다. 이전에 이해할 수 없었던 환경요인이 자신들의 미래에 어떤 영향력을 끼치는지, 무엇을 뜻하는지 깨닫게 되기 때문이다.

이와 같은 주장은 미국 비영리단체인 West.Ed가 50년간의 캘리포니아 지역을 대상으로 한 연구에서 한 개인의 자아탄력성 발달이 발현되기까지의 과정에서도 찾아볼 수 있다.

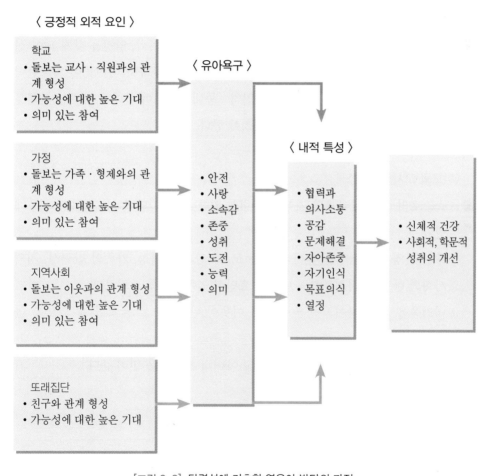

[그림 6-9] 탄력성에 기초한 영유아 발달의 과정

[그림 6-9]와 같이 아이들이 탄력성을 갖게 하려면 주변의 부모·교사·친척·동네어른들이 아이들과 따뜻한 관계를 맺고, 아이들의 삶에 의미 있게 참여해야 한다. 아이 스스로 탄력성이 생성되고 유지되기까지 아이의 내면에 긍정적 특성이 자리 잡게 해 주려면 그들의 욕구와 조절능력을 키워주려는 마음가짐을 가져야 한다. 아이가 학교, 가정, 지역사회에서 돌보아 주는 어른과 친밀한 관계를 형성하고, 그 어른이 아이의 건강한 성장과 발달 가능성을 크게 기대하고, 발달과정에 의미 있게 참여한다면 아이의 탄력성은 자란다. 내면에 자아탄력성이 형성되면 아이는 협력, 의사소통, 공감, 문제해결, 자아존중, 자기인식, 목표의식, 열정을 갖게 되어 신체적 건강은 물론 사회적, 학문적 성취도도 높아진다. 따라서 아이들이 자아탄력성을 갖게 하려면 주변의 부모·교사·친척·동네어른들이 아이와 따뜻한 관계를 맺고, 아이들을 삶의 구성원으로 동참시켜야 한다.

〈부모와 교사의 역할〉

- 스스로의 삶을 돌아보고 자신이 탄력성 있는 사람이 되겠다는 목표를 세우게 한다.
- 주변 환경의 탄력성을 높이기 위해 교육기관의 탄력성, 가족의 탄력성, 지역사회의 탄력성, 사회문화의 탄력성 요인이 높아지도록 노력한다.
- 어려움을 당한 아이·친구·가족·이웃이 탄력적으로 극복할 수 있도록 돕는다.
- 아이와 따뜻한 돌봄 관계를 형성하고 아이의 가능성을 믿어 준다.

프랭클의 의미치료(Logo therapy)

Frankl

빅터 프랭클(Viktor E. Frankl, 1905~1997)은 오스트리아의 빈 의과 대학 신경정신과 교수로서 미국 인터내셔널 대학에서 가르친 의미치료 창시자이다. 의미치료는 프로이트의 정신분석, 아들러의 개인심리학, 융의 분석심리학에 이은 새로운 정신요법으로 환자의 실존적 의미를 분석하는 치료법이다. 프랭클이 제2차 세계대전 당시 다카우, 아우슈비츠 등 4곳의 강제 수용소에서 3년을 보내며 인간이 처할 수 있는 가장 처참한 상황을 경험하면서 이론의 기틀을 잡았다. 한순간 앞을 알 수 없고 항상 죽음의 그림자가 드리워져 있는 수용소에서도 프랭클은 아내에 대한 애정, 자신이 연구한 내용을 책으로 내고 싶다는 삶의 의미를 붙잡고 살아남을 수 있었으며, 종전 후 정신질환을 앓았던 다른 사람들과 달리 생산적인 삶을 살았을 뿐 아니라 92세로 타계할 때까지 호수같이 맑은 정신을 유지할 수 있었다.

삶의 의미추구는 생명이 있는 모든 사람이 원초적으로 갖고 태어나는 성향으로 사람마다 그 의미는 다르다. 이 개별적인 삶의 의미는 유일한 것이어서 그 사람이 살아 있는 동안 이를 실현시키면 고통스러운 시련까지도 자신의 것으로 승화시켜 삶을 의미 있게 이끌며 성장한다. "사람에게는 누구나 구체적인 과제를 수행할 특정한 일과 사명"이 있다. 자신의 삶을 대신 살아줄 사람은 없으며,"각 개인에게 부과된 임무는 거기에 부가되어 찾아오는 특정한 기회만큼이나 유일한 것이다"(Frankl, 1946).

프랭클은 삶의 의미를 찾는 방법은 세 가지라고 했다. 첫째, 무엇이든 창조하거나 어떤 일이든 찾아서 그 일을 열심히 하며 대상을 사랑하는 방법. 둘째, 새로운 체험을 하거나 선한 것, 아름다운 것, 자연, 문화적인 것 등을 경험하고 다양한 사람을 찾아다니며 만나 의미를 찾는 방법 셋째, 피할 수 없는 시련을 어떤 태도로 대처할지 자유롭게 스스로 결정한 후에는 책임감을 갖고 최선을 다하는 방법이다.

"인생을 두 번째로 살고 있는 것처럼 살아라. 그리고 지금 당신이 막 시작하려고 하는 행동이 첫 번째 인생에서 그릇되게 했던 바로 그 행동이라고 생각하라."

Storytelling

크리스 가드너는 골밀도 측정기라는 새로 나온 의료용품에 전 재산을 투자했다가 망한다.

직장도 그만두고 골밀도 측정기를 팔러 돌아다니지만 생계가 힘들어지고 지친 아내와 결국 이혼을 한다. 그러고는 집마저도 잃은 크리스는 아들을 제대로 돌봐줄 여력이 없어 질낮은 탁아소에 아들을 맡긴다. 좋은 차를 모는 성공한 주식중개인을 만나 '남이 할 수 있다면, 나도 할 수 있다.'라는 희망과 함께 주식중개인 인턴에 지원한다. 덜컥 붙긴 했지만 무보수에 60대 1이라는 엄청난 경쟁을 이겨내야 하는 혹독한 과정이었다. 낮에는 주식중개인으로 일

하고 밤에는 아들을 재울 노숙자 쉼터를 찾아 헤매는 장면이나 지하철역 공중화장실에서 문을 닫고 밤을 지새우다 갑자기 문을 두드리는 소리에 무서워 떨며 눈물 흘리는 장면 등 영화 속 모습들은 실제로 있었던 일이다. 쉼터에서 제공되는 수프로 끼니를 때우고 공중화장실 세면대에서 아들을 목욕시켜야 했던 절박한 상황에서도 동료들에겐 절대 이런 사실을 알리지 않고 밤을 새우며 독학하던 크리스는 마침내 그의 성실함을 알아본 고객 중 한 사람에게 스카우트되어 당시 월 스트리트에서 가장 성공적인 투자사였던 '베어 스턴스'에서 일하게 되었고, 이를 바탕으로 최선의 노력 끝에 결국 자신의 이름을 내건 투자사 '가드너 리치 앤드 컴퍼니'를 설립할 정도의 백만장자 재산가가 된다. 어려움 속에서도 아들 손을 놓지 않았던 따뜻한 아버지는 자서전 〈행복을 찾아서(Pursuit of Happiness)〉의 주인공 크리스 가드너의 실화이다.

Q1. 왜 크리스가 동료들에게 자신의 어려움을 비밀로 하였을까?

Q2. 크리스는 아들에게 어떤 아버지였을까?

Q3. 크리스 부자가 어려움을 극복하는 탄력성을 갖게 한 보호요인은 무엇이었을까?

제 **7** 장

부모교육 이론과 프로그램

Think & Talk

- 부모–자녀 간에는 왜 갈등이 생길까?
- 가족 내에서 생기는 문제는 소통으로 해결될 수 있을까?
- 부모님께 받은 훈육 중에 적절했던 방식과 부적절했던 방식이 있었나?
- 자녀가 책임감 있는 민주 시민으로 성장하기 위해 부모는 어떤 노력을 기울여야 할까?
- 영유아교육기관에서 부모교육 프로그램을 계획할 때, 그 목표·내용·방법은 어떻게 정할까?

20세기 후반 정신분석이론·사회심리학·아동연구이론이 발달하자 이 이론들을 일반 부모들에게 전달하려는 학자가 많아졌다. 학자들은 부모의 역할을 효율적으로 수행해 내려면 배워야 하고 배운 것을 아이를 키울 때 적용해야 한다고 했다. 이 시기에 소개된 부모교육 이론들은 프로이트, 에릭슨, 아들러 등의 이론을 정통으로 전수하기보다는 이러한 이론의 장점을 종합·분석하여 실생활과 접목함으로써 부모들이 자녀양육에 적용할 수 있도록 한 것이 특징이다. 이 장에서는 민주적 부모교육 이론, 인본주의적 부모교육 이론, 행동주의적 부모교육 이론과 이들 이론들로 개발된 부모교육 프로그램의 실제를 알아본다.

1. 드라이커스의 민주적 부모교육 이론

Dreikurs

미국의 소아정신과 의사이며 아들러의 제자이자 동료였던 교육심리학자 루돌프 드라이커스(Rudolf Dreikurs, 1897~1972)는 아들러의 개인심리학에 기초한 양육이론을 적용하기 위해 1939년에 시카고의 아브라함 링컨센터에 부모상담소를 개설하였다. 그는 체계적이고 논리적인 형태로 부모교육, 가정상담, 정신요법을 부모와 교사들에게 가르쳤다. 드라이커스는 가정·학교·사회 등 사람들이 함께 살며 상호작용해야 하는 곳에서는 반드시 갈등이 일어나며 이 갈등은 민주적 방식으로 해결되어야 한다고 했다.

드라이커스가 적극적으로 지원한 아들러식 부모교육(adlerian parent education)은 아이들에게 삶의 목표를 설정하도록 하는 것이었다. 아이가 어려움을 만날 때 좌절하지 않고 용기 있게 삶의 목표를 달성하려고 노력하게 한다. 그리고 부모에게는 아이와 동등한 관계를 인정하고 용기와 동정심으로 자녀를 키울 수 있는 방법을 지원함으로써 아들러의 개인심리학을 발전시켰다. 아들러의 개인심리학을 크게 발전시킨 드라이커스에게 그의 제자들은 드라이커스 학파 명칭을 붙일 것을 제안했으나 거절하고 아들러의 방식을 펼치는 데 힘을 기울였다.

드라이커스의 부모교육 이론과 실제는 부모연구회(parent study groups)에서 실시되었다. 부모연구회는 8~12명으로 구성되어 있고 부부가 함께 참여하는 것이 바람직하다. 부모교육은 8~12주간 매주 1회 2시간씩 시행한다. 이 모임에서 부모들은 양육원칙을 배우고 토의하며 개개인의 문제도 토의한다. 모임 때마다 프린트를 배부하며 과제도 내주어서 모임에서 배운 개념들을 확실히 기억하게 한다. 부모연구회에는 늘 지도자가 있으나 지도자는 전문가 역할보다는 중개자, 촉진자, 안내자의 기능을 한다. 가정을 중요한 사회단위로 보았던 아들러의 이론대로 드라이커스는 가정생활을 중요하게 여겼다. 그의 부모교육 이론은 『아이들: 도전(Children: The Challenge)』이라는 저서에 집약되어 있다.

1) 부모-자녀 관계에 대한 견해

　과거 미국의 자녀양육 방법은 빅토리아 시대의 가치관에 기초한 것이었기 때문에 권위적이며 엄격하였다. 봉건사회에서의 자녀양육은 자신이 취해야 할 바를 알게 하고 또 자신들보다 나은 사람을 존중하는 태도를 보이도록 하는 것이었기 때문에 우수한 자와 열등한 자, 잘 아는 사람과 모르는 사람에 대한 개념을 뚜렷하게 가르치는 것이었다. 따라서 부모는 아이들에게 권위자로서 설명하고, 지시하고, 가르치는 입장이었고 아이들은 수동적으로 듣고 복종해야 했으며 잘 따라할 때는 보상을 받고 그렇지 못할 때는 벌을 받아야 했다.

　드라이커스는 가장 이상적인 부모와 자녀 관계는 민주적인 관계라고 보고 부모나 교사는 아이의 행동을 이해하고 효과적으로 행동할 수 있어야 한다고 했다. 그는 아이의 잘못된 행동을 때리거나 야단쳐서 고치려고 하지 말고 민주적인 방식을 써야 한다고 했다. 또한 다른 사람들과의 관계에서 아이의 행동에 대한 이유를 찾고 이해하기 위해서는 사회적 환경에서 관찰하여야 하고 사회적 상황을 행동의 동기로 활용함으로써 아이들이 사회적 관심을 가지게 될 것이라고 했다. 서로를 존중하는 민주적인 분위기에서 성장한 아이들은 자신감과 책임감을 갖게 되기 때문에 독립적이면서도 바른 아이로 자란다. 따라서 민주적인 부모나 교사가 된다는 것은 아이와 내가 동등하다는 것을 받아들이는 것이다. 그가 밝힌 민주적 부모의 행동원칙을 보면 다음과 같다(Dreikurs & Soltz, 1991).

- 자신의 위치를 찾으려는 아이의 마음 이해하기
- 아이의 행동 뒤에 숨겨진 잘못된 목표를 찾아 바른 목표로 바꾸도록 돕기
- 일관성 있게 행동하기

- 아이의 말에 귀 기울이기
- 아이들 간의 싸움에 간섭하지 말고 관찰하다가 필요할 때 개입하기
- 아이의 부당한 요구에 '안 돼'라고 말하기
- 아이들에게 하는 말투에 신경쓰기
- 힘겨루기를 초래하는 권위적인 명령 피하기
- 질서의 필요성을 경험으로 깨닫게 하기
- 상황에 알맞은 칭찬 · 인정 · 격려로 아이를 북돋아 주기
- 상과 벌을 남발하지 않기
- 과잉보호로 아이를 무기력하게 키우지 말기
- 아이의 올바른 행동에는 기쁨을, 잘못된 행동에는 그 대가를 받는 자연적, 논리적 귀결의 원칙 경험하게 하기

드라이커스는 어른이든 아이든 모두 인간은 동등한 권리를 갖고 있다고 보았다. 따라서 부모와 자녀가 상호 존중하는 것은 생활의 기본이다. 그러나 동등한 권리를 부여하는 것이 '지나치게 허용하는 것'과 혼동되어서는 안 된다고도 하였다. 부모의 자녀양육은 인간적인 가치 면에서는 동등하지만 사회질서를 유지하거나 다른 사람에게 폐를 끼치지 않는 것 역시 배워야 한다고 했다. 이런 이유 때문에 아이들은 주어진 한계 내에서 자유를 경험해 볼 수 있어야 한다.

부모가 민주적인 양육태도를 가지면 다시 말해서 아이들을 이해하고 격려하여 그들이 자발적으로 행동할 수 있도록 노력하다 보면 아이들은 내면에 스스로 자신의 감정을 조절할 수 있는 능력을 갖게 된다. 이와 같은 드라이커스의 주장 때문에 그의 이론은 '동등성을 찾는 양육이론' 또는 '민주적 양육전략'이라고도 부른다.

2) 자녀양육의 원리

자녀의 인성을 형성시키는 데 부모가 큰 영향을 미친다는 사실에 대해 드라이커

스는 다음과 같이 밝혔다.

"가정에서 아이의 인격이 형성되는 시기 동안, 아이들은 자신에 대해, 다른 사
람에 대해, 자신의 위치에 대해 시행착오를 겪으며 발전해 나간다. 처음에는 가
정 내에서, 그다음으로 인생 전반에 걸쳐 특정한 개념을 발전시킨다. 아이 자신
이나 아이 주위에 있는 사람들은 그가 어떤 개념을 실생활에 적용하는지 잘 모른
다. 아이의 모든 행동이나 태도는 그가 갖고 있는 삶의 형태의 단면일 뿐이다. 일
반적으로 위험과 실망이 삶의 형태를 형성시키는 데 중요한 역할을 한다. 삶의
형태는 일련의 행동으로 구성되는 데 이 행동들은 아이들이 삶의 목표를 세울 때
사용된다. 어린 아이들이 세우는 삶의 목표는 대개 '나는 인정받고 싶다.' '나는
우리집에서 중요한 사람이다.'와 같은 감정을 느낄 수 있기를 바란다. 이런 아이
의 욕구를 부인하는 우리의 문화는 신경증적이다."

(1) 아이의 심리적 목표 파악하기

아이들은 부모와 생활하는 동안 삶의 형태를 형성하기 때문에 부모는 아이들이
잘못된 목표를 정하지 않도록 주의깊게 관찰해야 한다. 혹시 아이들이 목표를 잘못
세웠을 때에는 민주적인 방법으로 이를 고칠 수 있도록 도와줌으로써 부모-자녀
관계를 긍정적 관계로 변환시켜야 한다.

아이들이 세우는 심리적 목표는 크게 직접적 목표(immediate goals), 중간적 목표
(intermediate goals), 장기적 목표(long range goals, final fictional goals) 세 가지로 나
뉜다. 이 세 종류의 심리적 목표는 아이가 다른 사람과 관계를 맺을 때 자신의 심리
적 위치를 정하는 기준이 된다.

직접적 목표는 상황이 일어날 때마다 그 즉시 설정하는 목표이다. 그 예로 TV에
서 선전하는 과자를 바로 먹어야겠다고 목표를 정하거나 동생이 갖고 있는 빵을 보
는 순간 먹고 싶다는 목표를 정하는 것은 직접목표 설정이다. 직접목표 설정 후 아
이는 "사줘" 하거나 동생이 갖고 있는 빵을 덥석 뺏어먹는다. 과자의 경우 이 아이

의 심리적 위치는 어른에 비해 낮고 빵은 동생보다 높아 즉시 행동하여 성취했다.

중간적 목표는 심리적 · 신체적 편안함 누리기, 사람을 기쁘게 하기, 다른 사람 조정하기, 다른 사람보다 우세하게 느끼기, 삶의 의미 찾기 등을 추구하여 목표를 세운다. 이 경우 아이는 적절한 상황을 기다리거나 그 상황을 유리하게 만든다. 그 예로 동생의 빵을 뺏어 먹고 싶지만 동생이 울면 엄마에게 야단맞을 수 있으니 동생이 좋아하는 장난감으로 일단 유혹하여 동생이 달라고 하면 그 빵 좀 주면 주겠다고 하여 울리지 않은 상태로 자기의 목표를 달성한다.

장기적 목표는 모든 상황에서 주의집중을 받아 중심이 될 수 있도록 목표를 설정하고 그것을 성취하기 위해 끊임없이 노력하며 오래 기다리며 준비한다. 항상 좋은 사람이 되려고 노력하는 것도 장기적 목표를 달성하기 위해서일 때가 많다. 예를 들어, 행동을 바르게 해 엄마가 자발적으로 과자를 자주 주게 하는 것이다. 즉, 장기적 목표를 세우는 사람은 현재에는 대인관계가 만족스럽지 못하지만 장기적으로는 사회적 인정을 받을 수 있도록 최선의 노력을 한다. 장래에 타인으로부터 굴욕을 받지 않으려고 노력하는 목표도 이에 속한다. 직접적 목표와 중간적 목표를 설정하고 수행하는 과정에서 얻은 경험은 장기적 목표를 설정하는 데 기본이 되며 장기적 목표 역시 직접적 목표를 수행하는 데 영향을 준다. 드라이커스에 의하면 어린아이들은 발달 특징상 즉각적인 상황에 반응하기 때문에 직접적인 목표를 주로 설정한다고 했다. 심리적 목표는 다음과 같은 특징을 가지고 있다.

- 아이의 행동은 그냥 일어나는 것이 아니라 목적이 있고 원인이 있다.
- 아이의 행동은 사회적 관계성 내에서 관찰하면 이해할 수 있다.
- 심리적 목표는 행동을 설명한다.
- 행동을 이해하려면 아이가 경험한 사건들을 어떻게 해석하는지 이해해야 한다.
- 크고 작은 사회집단에서 소속감을 느끼는 것은 어른과 아이 모두의 기본욕구이다.
- 모든 사람들은 자신의 행동을 결정한다. 그릇된 가치관에 근거해서 잘못된 결

정을 하는 아이들이 있다.

• 부모와 교사들은 아이가 긍정적으로 생을 계획하도록 관찰하며 돕는다.

(2) 잘못된 행동의 뿌리 파악하기

아이의 잘못된 행동이 어디에서 시작되었는지 그 뿌리를 파악하기 위해서는 그 아이의 직접적 목표 또는 행동전략을 알아야 한다. 직접적 목표 전략은 주의집중 또는 서비스받기, 힘 행사하기 또는 반항하기, 복수 또는 보복하기, 부적절성 또는 부족함 나타내기 이 네 가지 행동전략으로 표현된다.

① 주의집중 또는 서비스받기

가정이나 집단에서 심리적 소속감을 느끼지 못하고, 의미 있는 공헌도 못한다고 생각하는 아이들은 다른 사람으로부터 주의집중이나 서비스를 받아야만 안전한 위치를 차지할 수 있다고 생각한다. 이러한 잘못된 해석으로 인해 아이는 부모로부터 끊임없이 주의집중을 받거나 서비스를 받으려는 전략을 쓰며 부단히 애를 쓴다. 능동적인 태도로, 때로는 수동적인 태도로 노력하며 효과 있는 방법을 쓸 때도 있고 효과 없는 방법을 쓰기도 한다. 다른 사람들이 자신을 위해 바쁘게 행동하도록 만드는 아이들도 있다. 아이는 부모 또는 타인의 주의집중을 받기 위해 대개는 기분 좋은 방법을 쓰려고 하지만, 결과가 나쁘다 하더라도 그 전략을 써야만 주의집중을 받을 수 있다고 생각하면 다른 사람의 기분을 상하게 하고, 손해를 보더라도 부정적으로 행동하며 목표를 달성하려 한다. 징징 우는 소리를 하거나 부산스럽게 행동하는 것은 자기 목적을 달성하려는 목표이다.

② 힘 행사하기 또는 반항하기

끊임없이 주의집중을 받으려고 간청하거나 요구하는 것을 어른들이 무시하거나 무관심하게 내버려두면 아이는 다시 두 번째 형태의 행동전략을 쓴다. 이 두 번째 단계에 채택하는 행동목표는 자기가 하고 싶은 대로 해버리는, 즉 자신의 힘을 최대로 활용하거나 반항한다. 아이는 이렇게 해야만 자신의 위치를 유지할 수 있다고 잘못 판단하기 때문에 무엇인가 하라고 하면 안 하고, 하지 말라고 하면 해버리는 행동들을 한다. 그러한 행동의 내면에는 '나는 절대 항복 안 할 거야, 나에게 이래라 저래라 하지 말아요, 내가 내 마음의 주인이야.' '내가 원하는 것은 다 할 수 있어, 그래도 날 막지 못할 걸' 하는 전략적 목표가 숨어 있다. 대부분 어른들은 아이들과의 힘 대결에 어떻게 반응해야 하는지 모르는 때가 많다. 대개는 아이들의 고집을 꺾으려고 안간힘을 쓰기 때문에 갈등이 더 심화될 수 있다.

③ 복수 또는 보복하기

주의집중을 받는 일이 잘 안 되고 힘을 행사하는 목표도 성취되지 않으면 아이는 복수 또는 보복전략을 쓴다. 다른 사람들에 의해 심리적 상처를 받은 만큼 다른 사람들에게 상처를 주어야만 자신이 집단에 속하게 되고 중요한 인물로 인정받을 수 있다고 잘못 판단하고 세운 전략이다. 이 행동은 네 종류의 전략 중 제일 심술궂다. 복수 또는 보복적 행동은 다른 사람의 마음을 아프게 하기 때문에 이런 아이는 미움을 받는다.

④ 부적절성 또는 부족함 나타내기

앞의 세 가지 행동전략이 제대로 효과를 거두지 못하면 아이는 실제로 또는 가상적인 무능력을 보인다. 실망하며 쉽게 포기하고, 사회적 상호관계나 책임을 피해 퇴행함으로써 자신의 위치를 확보하려고 한다.

드라이커스에 의하면 이 네 가지 잘못된 행동전략을 아이들이 쓰는지 안 쓰는지는 10세 이하일 때 쉽게 관찰할 수 있지만 연령이 증가함에 따라 직접적 목표는 중간적 목표로, 중간적 목표는 장기적 목표로 바뀌어 관찰이 쉽지 않다.

드라이커스 및 아들러 학파의 이론에 의하면 어려서부터 자신은 가치 있는 사람이고, 가정에서 중요한 위치를 차지하고 있다는 확신을 가지고 있는 아이들은 삶의 목표도 미래지향적으로 잘 세우고 행동전략도 긍정적 방향으로 세운다. 집단 내에 서 소속감, 안정감, 수용된다는 느낌을 받는 한 아이들은 상황이 요구하는데 따라 자연스럽게 행동할 수 있기 때문이다. 주위 사람의 태도에 실망하고 자신의 위치가 불안하다고 느끼며 자신이 해낼 능력이 모자란다고 생각하면 삶의 목표도 부정적 으로 세우고 네 가지 행동전략도 한 가지 또는 두 가지 이상의 부정적 전략을 쓴다. 어렸을 때 사용하던 전략은 청년기에 들어서서도 계속되는데 또래집단에서 사회 적 위치를 차지하려고 계속 흥밋거리를 찾는 것은 좋은 예이다. 성인 또한 잘못된 목표를 쓰는 경우가 많다. 계속 돈을 벌려고 노력한다거나 권력을 가지려 하는 등 의 행동이 그것이다. 어린 시절에 쓰던 부정적 행동전략은 나이가 많아진다고 해서 완전히 사라지는 것은 아니다. 정도의 차이는 있지만 어느 연령층의 사람이 사용할 뿐 아니라 다른 사람과 상호작용할 때 자신이 기대하는 것을 상대방에게 은근히 전 달할 때 사용한다. 따라서 결국 우리들은 우리 자신이 기대하는 바대로, 그것이 올 바로 설정된 목표이든 아니든 간에 주위의 상황을 자기의 목표대로 끌고 나가게 된 다고 드라이커스는 보았다. 어린 시절에 부모의 관심을 끌겠다는 삶의 목표를 달성 하기 위해 울거나 불쌍하게 보이는 전략을 썼던 경험은 커서도 선생님이나 상사에 게 불쌍하게 보임으로써 관심을 끌고 도움을 받으려고 하는 것이 그 예이다.

(3) 그릇된 행동목표를 변경하기

모든 행동의 뒷면에는 목표가 있다. 아이들이 삶의 목표를 잘못 선정하고 전략 도 부정적으로 쓸 때 문제행동이 발생한다. 그 행동을 나쁘고, 게으르며, 정신 나갔 고, 병적이라는 등의 말로 단정 지어서는 안 된다. 그 아이를 잘 관찰하면서 아이들 이 선정한 삶의 목표는 무엇이며, 그 목표를 달성하기 위해 어떤 행동전략을 쓰는 지 알아내야 한다. 그다음 그러한 행동에 부모로서 어떻게 반응해야 하는가를 판단 해야 한다. 대부분의 사람들은, 아이들을 포함해서, 자성예언적 기대와 행동을 한 다. 또 이를 성취하기 위해 다른 사람들을 화나게 만들기도 하고, 화나게 유도하기 도 한다. 그러므로 전략을 구체적으로 파악하여 이들이 보다 바람직한 목표, 전략,

상호교류적 형태로 바뀌쓰도록 도와주어야 한다.

아이들의 이와 같은 행동을 보완적 행동(complementary behavior)과 비보완적 (noncom-plementary behavior) 행동으로 나누어 볼 수 있다. 보완적 행동이란 서로 어울리고 의사소통하면서 심리적으로 필요한 것을 충족시키는 것이고, 비보완적 행동은 서로 부정적으로 상호작용해서 인간관계가 나빠지게 하는 것이다. 보완적 상호작용이 일어나면 인간관계가 원만하며 긍정적 관계가 된다. 보완적 상호작용 과정에서 사람들은 서로의 행동이나 역할을 받아들이고 협력한다. 부모가 권위적 이라고 해도 자녀가 이러한 부모의 권위를 받아들인다면 이들의 관계는 보완적이 다. 반면, 자녀가 사춘기에 들어서면서 자주성과 독립성을 갖기 위해 부모가 하는 말이나 행동을 거부한다면 부정적 관계가 되고 비보완적으로 된다. 비보완적 행동 은 상대방이 기대하는 행동과는 완전히 반대되는 행동을 하는 것을 뜻한다.

부정적 행동으로 상호작용하는 자녀를 둔 가정은 아이들도 힘들지만 부모들도 어려움을 겪는다. 이런 가정에서는 부모-자녀 모두 자신의 존재를 인식시키려고 다투고 소속감·안정감·자기존중감을 획득하려고 서로 투쟁한다. 부정적 상호작 용을 변화시키려면 부모-자녀 양자의 행동에 변화가 와야 한다. 아이 내면에 자신 감이 생겨서 부모의 양육행동에 과민하게 반응하지 않는 경우와 아이의 행동에 반 응하는 부모의 행동을 변화시키는 경우를 예로 들 수 있다. 그러나 아이의 행동이 먼저 변하기를 기다리기보다는 부모가 솔선해서 변화하는 것이 더욱 효과적이다.

학업부진, 게으름, 야뇨증, 거짓말, 훔치기 등의 행동은 네 가지 그릇된 심리적 전략이 나타나는 것인데 일단 관찰을 통해 아이들의 그릇된 삶의 목표와 전략을 발 견하면 부모 및 아이 자신이 이야기를 나누며 문제의 원인을 파악한다. 즉 '인식반 응(recognition reflex)'이 일어나도록 한다. 드라이커스에 의하면 인식반응이란 자신 이 왜 그렇게 행동했었는지를 이해하는 것으로, 아이가 어느 순간 자신의 목표와 전략을 갑자기 깨닫고 이상한 미소, 눈빛으로 나타내기도 한다. 형제간 싸움이 잦 은 가정의 예를 들어보자. 자녀들은 부모의 주의집중을 계속 받기 위해 자주 싸우 고 부모는 끊임없이 싸움을 말리느라 큰 소리를 치는 악순환이 계속된다. 부모-자

녀 간, 형제가 서로 부정적 행동에 근거한 상호작용을 계속하고 있기 때문이다. 이
것을 깨달은 부모가 만일 "동생과 그렇게 싸워서 엄마를 바쁘게 하려는 건 아니겠
지?" 하며 물어보았을 때 아이가 본능적으로 즉시 "응" 했다든가 놀란 눈빛을 했다
면 그 상황을 인정하는 '인식반응'이 일어난 것이다. 인식반응을 일으키려 할 때는
비난하거나 꾸짖는 어조는 피하는 것이 좋다. 이 일에 대한 훈육을 갈등이 없을 때
하는 것이 효과적이다.

(4) 논리적 귀결을 경험하게 하는 귀납적 훈육

그릇된 목표를 변경시킬 수 있는 또 하나의 방법은 귀결(consequence)인데 자기행
동의 결과를 경험하게 하는 것이다. 드라이커스의 접근 방식은 민주적 원칙에 근거
한 것이기 때문에 가족 구성원 모두에게 동등성이 부여되어야 한다. 부모, 자녀들
이 모두 동등한 권리를 행사하려면 가족 구성원의 행동을 주관하는 규칙을 개개인
이 이해하고 따라야 한다. 논리적 귀결을 경험하게 하면 아이들은 쉽게 자신의 그
릇된 행동을 이해하고, 변화시키고, 미리 그런 일이 일어나지 않도록 할 수 있다.
영유아에게 귀납적 훈육을 사용하는 것은 유아가 자신의 행동이 다른 사람에게 어
떤 영향을 주는지 알게 하고, 어떤 행동은 해도 되고 어떤 행동은 하면 안 되는지를
스스로 결정할 수 있도록 돕는다.

저녁식사를 여러 번 차려야 하는 일은 어머니에게 불공평한 일이다. 만일 영유
아가 저녁시간에 떼를 부리고 먹지 않았다면 가정의 약속된 규칙을 어긴 것이므로
야단치며 먹게 하기보다는 조용히 밥상을 치우고 그날 저녁을 못 먹게 하면 된다.
이때 자녀는 두 가지의 귀결을 경험한다.

첫째, 어떤 행동의 결과가 자연적으로 발생되는 것, 즉 자연적 귀결을 경험한다.
밥을 안 먹었기 때문에 어느 정도 시간이 지나면 배가 고픈 것을 경험하는 것이다.

둘째, 사회의 질서유지를 위하여 정한 규칙을 어기면 대가를 받는다. 정해진 저
녁식사 시간에 밥을 안 먹었더니 그로 인해 밥을 먹지 못하게 되었다는 결과를 얻
었다. 이 경우 밥이 있으면 스스로 밥상을 차려 먹고 치우는 수고를 하고, 밥이 없

다면 굶어야 한다.

자연적 귀결이든, 논리적 귀결이든 아이가 경험하면 그 아이의 행동변화에 도움이 된다. 이 양육원칙은 행동의 책임이 부모에게 있는 것이 아니라 아이 자신에게 있음을 알게 한다. 소리치거나 야단치는 일이 없이 논리적 귀결을 경험하게 해 주면 아이는 자신의 행동을 조정할 수 있고 행동에 대해 책임지는 것도 배운다. 논리적 귀결을 경험하는 동안 아이는 자신의 그릇된 삶의 목표와 행동전략을 수정해야할 필요성을 느끼게 된다. 아이가 규칙을 어겼을 때나 기대하는 대로 하지 않았을 때, 실수로 인해 부정적 결과가 발생했을 때 부모들은 훈육 방법으로 벌을 사용하는데, 이는 논리적 귀결과는 차이가 있다. 〈표 7-1〉은 논리적 귀결과 벌의 차이를 정리한 것이다.

〈표 7-1〉 **논리적 귀결과 벌의 차이**

논리적 귀결	벌
• 잘못된 행동과 논리적 관계가 있음을 안다. (친구의 우유를 쏟으면 걸레로 깨끗이 닦는다)	• 잘못된 행동과 무관한 방식으로 제약받는다. (우유를 쏟아서 간식시간에 복도에 서 있는다)
• 일반적으로 인식되고 있는 사회질서이다. (자신이 한 일에 대해서 책임을 진다)	• 강한 자가 약한 자에게 힘을 과시한다. (선생님이 시키는 대로 해라)
• 현재와 미래의 행동에 중점을 둔다. (우유를 쏟게 된 이유를 알아보고 예방한다)	• 과거행동에 초점을 둔다. (너는 항상 우유 쏟는 아이야)
• 자유로운 선택을 허용한다. (친구에게 사과하고 책임지기 위한 해결방법을 결정한다. 예: 자신의 우유를 좀 나누어 준다)	• 복종을 요구한다. (시키는 대로 벌을 받아야 한다. 다른 것을 하면 안 된다)
• 도덕적 판단을 배제한다. (못된 아이의 나쁜 행동이 아닌 누구에게나 그 일이 있을 수 있는 일이다)	• 나쁜 행동을 했다는 뜻을 전달한다. (너는 부주의한 애다. 문제아이다)

바람직한 훈육을 위해 논리적 귀결을 사용하려면 꼭 지켜야할 사항이 있다. 어떤 규칙을 설정할 때 아이가 어떤 방식으로 책임질지에 대해 선택하게 한다. 부모도 아이의 결정을 수용해야 한다. 그리고 상황에 따라 결정을 변경할 수 있다는 점을 자녀에게 인식시킬 필요가 있다. 대부분의 부모들은 아이의 행동이 옳은 방향으로 즉시 변화되지 않으면 실망하기 때문에 실패하는 경우가 많다. 만일 부모가 인내심을 갖고 일관성 있는 태도를 보인다면 아이는 부모와 힘겨루기를 피하고 서로 존중하는 태도로 자신의 행동에 대해 책임지게 된다.

2. 고든의 부모 효율성훈련 이론

고든의 부모교육 이론은 특정한 이론을 따른 것이 아니라 정신분석, 아동심리 및 발달 이론들을 종합하여 실제 민주적 인간관계를 적용함으로써 의사소통을 증진시키는 이론이다. 토마스 고든(Thomas Gordon, 1918~2002)은 시카고 대학교에서 임상심리학 박사학위를 받고 교수로 재직했다. 정서적·지적으로 문제가 있는 아이들을 치료하는 과정에서 고든은 자신이 배운 정신의학적 지식이 맞지 않음을 발견했다. 예를 들어, 환자 또는 내담자로 마주 앉게 된 아이에게 "자, 네 문제가 무엇인지 이야기해 보겠니?" 하면 아이들은 "전 문제가 없어요." "이야기할 게 없어요." 라고 대답하였기 때문이다. 아이는 부모에게 문제가 있고, 부모는 아이에게 문제가 있다고 서로 미루는 것도 발견했다. 이런 임상적 경험에 비추어 고든은 아이들의 정서적 문제는 정신의학적 문제로 다룰 것이 아니라 부모-자녀 간의 인간관계에 문제가 생긴 것으로 보아야 하며, 양자의 관계를 개선시킬 수 있는 방법을 부모들에게 교육해야 한다고 생각하게 되었다.

Gordon

20세기 초반에 우세했던 보상과 벌을 주는 양육방법도 효과가 없다고 생각한 고든은 부모의 효율성훈련(Parent

Effectiveness Training: PET) 프로그램을 개발하여 1962년 캘리포니아 주 파사디나 (Pasadena) 지역 부모를 대상으로 적용했다. PET 프로그램은 스포크(Spock), 게젤 (Gesell), 기노트(Ginott)가 다루지 않았던 부분을 깊게 다루었다는 평가를 받고 있다. PET 교육을 받은 부모들이 보다 많은 부모를 대상으로 기회를 확대할 것을 제안함에 따라 고든은 부모의 효율성훈련협회(Parent Effectiveness Training Associates)를 창설하게 되었고 이 기구를 통해 어린이·청소년을 위해 일하는 교사·행정가·부모를 대상으로 전문적인 훈련 프로그램을 전국적으로 실시하게 되었다.

고든은 자신이 정리한 PET 이론은 지나치게 학문적이거나 학습 중심이 아니라고 했다. PET는 사람들로 하여금 다양한 사건이나 일들을 이해하고 설명하도록 돕는 일종의 청사진 또는 지침서라고 하였다. PET는 두 사람 간의 인간관계에서 일어나고 있는 많은 일들을 설명해 주는 상호작용 관계이론이다.

PET 프로그램은 창의적 이론이라고 보기는 어렵다. 고든의 저서 『PET』와 『PET in Action』을 보면 로저스(Rogers), 액슬린(Axline)과 같은 인본주의 심리학자, 하임즈 (James Hymes, 『Teaching the Child Under Six』), 홀트(John Holt, 『How Children Fail』), 니일(Neill, 『Summerhill』), 바루흐(Dorothy Baruch, 『One Little Boy』)와 같은 아동 중심 교육을 주장하는 교육철학자와 기노트, 드라이커스의 저서들을 참고한 것을 보아 알수 있다. 그러나 이러한 PET 프로그램은 세계적인 조직을 갖고 체계적으로 보급하였기 때문에 그 파급효과가 다른 프로그램에 비해 컸다. PET는 우리나라와 일본에도 보급되어 시행되고 있다. 고든 자신은 PET 프로그램을 '민주적 인간관계 모형'이라고 명명하고 있다.

현재 PET는 우리나라를 비롯해 세계 50개국의 수백만 명의 부모가 참여한 프로그램으로, 20명 내외의 집단을 구성하여 2개월간 매주 1회 3시간씩 총 8주간 24시간 동안 진행한다. 매 회기마다 의사소통 기법의 이론적인 배경을 이해하고 실제로 적용하기 위하여 워크북을 이용하여 작업한다. 이는 실제 역할 연습과 피드백 주고받기, 강사의 모델링을 관찰하고 문답하는 등의 형식으로 진행한다. 자녀를 초점으로 하여 자녀의 행동을 변화시키기보다는 자녀보다 더 큰 힘을 가진 부모의 행동을 변화시키는 데 역점을 두고 있다.

1) 부모-자녀 관계에 대한 견해

현대 교육자 및 정신 의학자들이 주장하듯이 고든 역시 애정과 존경을 바탕으로 한 따뜻하고 책임감 있는 시민을 길러내는 것이 부모의 중요한 역할이라고 했다. 이러한 시민을 길러내려면 권위적 · 전제적 태도나 상벌을 주는 방식으로는 어렵다. 이보다는 효율적인 인간관계를 유지하는 것이 더 중요한데 이는 부모-자녀 간의 원만한 의사소통 수준에 따라 가능하기도 하고 그렇지 못하기도 한다.

효율적인 의사소통이 이루어지지 못하기 때문에 부모-자녀 관계에 갈등이 생기

〈표 7-2〉 **의사소통의 걸림돌**

① 명령 · 지시 · 요구하기: "내 아들 중엔 학교를 그만두는 애가 없다. 안 돼!"
② 경고 · 위협하기: "학교를 그만둬 봐라. 당장 용돈을 끊을 테다."
③ 훈계하기 · 설교하기: "배우는 것은 누구에게나 제일 중요하단다."
④ 충고하기 · 해결해 주기: "숙제를 혼자 할 수 있게끔 스케줄을 짜지 못하겠니?" "내가 해 줄게."
⑤ 강의하고 가르치기: "대학졸업자는 고등학교 졸업자보다 50%나 더 번단다."
⑥ 판단하고 비판하기 · 탓하기: "단기적인 안목이야. 성숙되지 못했다는 증거야." "너 그럴 줄 알았어."
⑦ 가식적으로 칭찬하기 · 추어올리기: "너는 가능성이 많은 좋은 학생이었잖아." "왜? 잘할 수 있을 줄 알았는데."
⑧ 비웃기 · 별명부르기: "애개, 겨우 80점이야." "넌 히피처럼 얘기하는구나."
⑨ 해석하기 · 분석하기: "넌 네 노력이 수포로 돌아갈까 봐 두렵구나." "내 생각에 넌 자신감이 없어."
⑩ 동정하기 · 재확인하기: "네 느낌이 어떤지 알아, 상급학년으로 올라가면 괜찮을 거야." "너 확실히 했어?"
⑪ 반문하기 · 철저히 조사하기 · 신문하기: "교육을 받지 않으면 뭘 하겠다는 거야?" "어떻게 살아갈 생각이야?"
⑫ 퇴행하기 · 주의돌리기 · 화제바꾸기: "저녁식사 시간에는 그런 말 하지마." "요즈음 어떤 연예인이 뜨지?"

는 경우 '세대차이가 있다'든지 '불가사의한 10대'라는 말로 표현하기도 하지만 피할 수 없는 일들은 아니다. 부모-자녀 관계가 개선되면 자녀의 문제행동, 세대의 반항, 분노의 수준을 감소시키거나 전혀 일어나지 않게 될 수도 있다. 대부분의 부모들이 자녀와 의사소통을 못하는 이유는 다음과 같은 부정적 언어표현 때문으로, 고든은 이를 〈표 7-2〉와 같이 '의사소통의 걸림돌'이라고 했다.

부모들은 자녀에게 의사소통에 걸림돌이 되는 언어표현은 하지 않는 것이 좋다. 그런데 왜 부모들은 어린 자녀들에게 바람직하지 않은 말을 하게 되는 것일까? 고든은 다음과 같은 이유 때문이라고 했다.

(1) 과거의 자녀양육 방법 사용

오늘날의 부모들은 자녀양육 및 가정문제를 다룰 때 대부분 자신의 부모, 조부모, 아니 조상 대대로 사용하던 방법을 그대로 쓰고 있다. 다른 문명화된 사회구조와는 달리 부모-자녀 관계는 변화하지 않은 것처럼 여겨진다. 부모들은 2000년 전에 사용하던 양육법에 그대로 의존하고 있다. 20세기에 들어 정신분석학, 심리학, 부모교육학, 아동발달학, 행동과학 등의 연구에서 부모-자녀 관계에 대한 새로운 지식이 발견되었으나 부모들에게 실질적인 영향을 주지 못했기 때문에 양육방법 및 태도에 변화가 없는 것이다.

(2) 역할개념의 혼동

부모-자녀 관계를 유지함에 있어 부모들은 이중적 역할 개념을 가지고 있다. 개인으로서의 자신은 부족하고 실수를 저지르기도 하는 완전하지 못한 사람이라는 것을 인식하지만, 자녀를 기르는 부모로서는 무엇이든 잘 아는 사람으로 보여야 하며 부모의 행동은 완전해야 한다고 무의식적으로 기대하는 경향이 있다. 이러한 이중적 역할개념 때문에 부모-자녀 사이에 갈등이나 좌절이 생길 수 있으며 언어소통이 단절된다.

(3) 성인 중심의 인간관

아이를 성숙된 존재로 보지 않는 인간관이다. 아이들은 미숙하기 때문에 야단이나 체벌이 필요하다고 생각하고 함부로 대한다. 성인 대 성인의 관계는 평등한 것으로 보면서도 성인 대 아이의 관계는 주종관계 또는 수직적으로 본다.

고든은 아이들도 성인과 마찬가지로 인간이며 부모-자녀 관계는 친구-친구 관계, 부부관계 등 성인끼리의 관계와 마찬가지로 사려 깊게 대해야 한다고 보았다. 아이들은 인간적인 면에서 미성숙한 존재가 아니라 성장과정에 있는 존재로 존중받아야 한다. 또 아이들이 어떻게 행동하는가는 부모-자녀 관계가 어떤가에 따라 결정된다는 것을 인식하고 관계를 개선하도록 노력해야 한다.

2) 자녀양육의 원리

고든의 저서에 나타난 의사소통의 원리를 정리하면 크게 넷으로 나눌 수 있다. 부모와 자녀의 관계는 부모가 자녀에게 베푸는 것으로만 이루어지는 것도 아니고 또 자녀의 노력만으로 이루어지는 것이 아니라 상호작용에 의해 결정되는 것이기 때문에 자녀양육도 양면적으로 고려되어야 한다.

(1) 수용성 수준 파악하기

자녀들의 행동을 받아주는 부모의 견해에는 차이가 있다. [그림 7-1]에서 볼 수 있듯이 같은 종류의 행동도 B부모는 문제로 여기고 A부모는 정상적 행동으로 여긴다. 자녀양육을 할 때 부모는 자신의 수용성 수준이 어느 정도인가를 파악할 필요가 있다.

수용 불가능 행동수준이 높은 부모는 수용 불가능 행동수준이 낮은 부모보다 자녀를 문제아로 파악하는 경향이 높다. 부모들은 자녀의 행동을 이해하고 수용하는 자신의 인식 또는 지각수준이 어느 정도인지를 늘 파악해 둘 필요가 있다. 만일 수용 불가능 수준이 높은 부모라면 자신의 가치관을 바꾸어야 한다. 자녀의 행동을

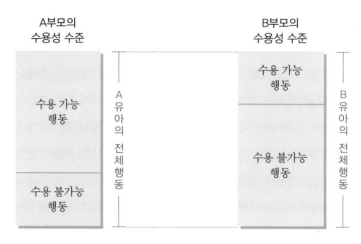

[그림 7-1] 자녀의 행동에 대한 수용성 수준

수용하는 수준은 부모들의 기분, 집안사정, 사회 분위기에 따라 항상 변화하고 자녀의 출생순위에 따라서도 달라진다. 주방에서 냄비와 그릇을 꺼내서 노는 자녀의 행동이 보통 때에는 수용 가능하지만 손님을 초대한 날에는 수용 불가능한 행동으로 변화되는 것, 첫째 아이의 행동과 막내 아이의 행동을 판단하는 기준이 다른 것이 그 예이다.

(2) 문제의 소유자 파악하기

부모 자신의 관용성이 어느 정도인지 평가한 후에도 문제는 남아 있다. [그림 7-2]에서 부모가 아이의 행동을 수용할 수 있지만 아이 자신이 문제를 갖고 있기 때문에 좌절과 갈등을 느끼는 경우이다. 함께 놀 친구가 없다든가, 친구들에게 따돌림을 받는다든가, 숙제가 너무 어렵게 느껴지는 경우, 선생님에 대해 화가 난다고 투덜거리는 경우, 너무 뚱뚱하다고 생각하는 경우는 아이 자신이 문제를 소유한 경우이다. 이러한 아이들의 문제는 부모의 태도, 생활과 관계 없이 본인 중심의 인간관계 및 생활에서 일어난 것이기 때문에 자신이 해결하는 것이 가장 효과적이다.

자녀를 양육하는 부모들이 어려움을 더 많이 느끼는 이유는, 아이들이 소유한 문

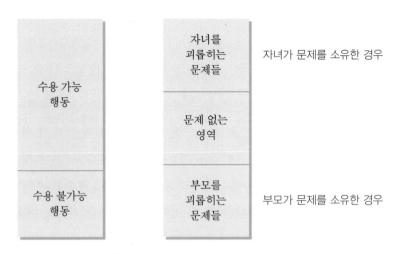

[그림 7-2] 문제의 소유자 파악하기

제를 부모의 문제로 받아들여 모두 해결해 주려고 하기 때문이다. 타인의 문제를, 상대방, 비록 아이라 할지라도, 부모가 전지전능하게 해결해 줄 수 없으며, 있다 하더라도 부모가 떠안아 해결해 주면 아이의 적응 능력을 발달시키지 못하는 결과를 초래한다.

실상 아이들은 어른들이 생각하는 것 이상으로 자신의 문제를 현명하게 처리할 수 있는 능력이 있다. 또 장래 부딪히게 될 모든 문제들을 해결할 수 있게 되려면 어려서부터 문제를 해결해 보는 경험을 해야 한다. 이렇게 함으로써 부모들은 객관적인 태도를 갖고 아이를 심리적으로 도와줄 수 있다.

[그림 7-2]에서 아이의 행동 중 부모가 수용 불가능한 행동이 많아 부모가 괴롭고 힘들면 이때는 부모가 문제를 가진 경우이다. 손님과 이야기를 나누고 있는데 자꾸 칭얼거리며 방해한다든지, 곧 외출을 해야 하는데 준비는 안 하고 느리게 행동한다든지, 벽에 낙서를 하는 일 등 수없이 많은 예가 있다. 이때는 부모가 문제를 소유한 것이다. 따라서 부모와 자녀 모두에게 문제가 없는 부분이 원만한 관계이다. 일단 문제의 소유자가 누구인가를 파악한 후 자녀가 문제를 소유했을 때는 아이를 돕는 기술의 방법을 사용하고 문제의 소유자가 부모일 경우는 부모의 입장 알

리기 방법을 사용한다.

(3) 아이를 돕는 기술 사용하기

아이가 문제를 소유했을 경우에는 돕는 기술(helping skills)을 적용한다. 아이가 문제를 소유하였을 때 도울 수 있는 최선의 방법은 부모가 말을 해서 해결해 주려 하지 말고 먼저 아이의 말을 잘 들어주는 것이다. 훈련받은 상담자나 정신과 의사와 같은 역할을 해야 한다는 것이다. 자신의 문제를 언어로 표현하는 동안 아이는 나름대로 건설적인 방법을 터득해 가게 될 것이다. 들어주는 기술은 다음의 네 가지 방법을 활용한다.

① 조용히 들어주기(passive listening or silence)

부모가 계속 말을 하게 되면 아이는 자신의 문제를 이야기할 수 있는 기회를 포착하기 어렵다. 조용히 들어주는 태도는 '너의 느낌이 어떤지 듣고 싶다.' '너의 느낌을 받아 줄게.' '네가 나에게 뭘 이야기할 건지는 네가 결정해라.' '이건 네 문제이니 네가 책임지고 해결할 수 있을 거로 믿는다.'라는 비언어적 메시지를 전달하게 되므로 아이는 편안하게 자기의 생각을 말하게 된다.

② 인정반응(acknowledgement responses) 보이기

시종일관 가만히 듣기만 하는 것만으로는 충분치 못하다. 아이는 열심히 자신의 문제를 이야기하는데 부모가 묵묵히 듣기만 하면 아이는 자신의 행동이나 문제가 수용되지 않는다는 것으로 생각한다. 열심히 듣고 있다는 표시를 언어적 · 비언어적으로 할 필요가 있다. 고개를 끄떡거린다든지, 앞으로 상체를 기울이며 듣는다든지, 미소를 짓거나, 이마를 진지하게 찡그리는 등 몸으로 표현하는 것은 비언어적 표현이며 "아아" "그랬구나" "그래서" 등은 언어적 표현이다. 열심히 듣고 있다는 언어적 · 비언어적 인식반응을 보이면 아이들은 부모가 자신의 문제를 진지하게 생각하며 듣고 있음을 알게 될 것이다.

③ 계속 말하도록 격려하기(door openers or invitations)

아이가 느낌이나 문제를 이야기할 때는 계속해서 더 말을 하도록 다음과 같이 격려해 주어야 한다.

"그 문제에 대한 네 생각이 참 흥미 있는데."

"그 문제에 대해 무언가 느끼고 있는 것 같네."

"그 문제에 대해 더 말하기를 원하니?"

"어려운 얘기를 해 주어 고맙구나!"

위의 문장에서 알 수 있듯이 판단·비평·비난이 아니라 문제를 함께 걱정하는 뜻만 전달하고 있다.

④ 적극적으로 들어주기(active listening)

전문적 상담자들에게 지금까지 가장 효과적인 방법으로 알려진 기술은 '적극적인 경청'이다. 조용히 들어주기(passive listening)는 그냥 들어주는 태도였던 것에 반해 적극적으로 들어주기는 아이로부터 들은 것을 이해하고 송환효과(feedback, 피드백)를 보내면서 들어주는 것이다. 적극적인 경청을 도식으로 표시하면 [그림 7-3]과 같다.

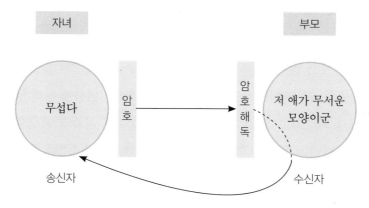

[그림 7-3] 적극적으로 들어주기의 과정

아이들 중에는 자신의 느낌을 부모에게 적극적으로 표현하지 못하는 아이들이 있기 때문에 간접적, 상징적으로 표현하는데, 이를 암호화 과정(coding process)이라고 한다. 아이는 자신의 내적 감정을 표출하지 않으면서 부모가 그 뜻을 이해해 주기를 바라기 때문에 암호화하는 것이다. 그렇게 하면 자신의 감정을 직접 표현할 경우 무시당하거나 비난받는 것을 피할 수 있다고 생각한다. 간접적으로 표현하면 안전하다고 생각되어 그렇게 하는 것이다. 암호화된 메시지를 받은 부모는 그것이 무엇을 뜻하는지를 잘 해석해야 하는데 이것이 암호해독(decoding process) 과정이다.

그림으로 보기에는 간단하고 쉬워보이지만 암호해독과정에서 부모는 늘 추측을 해야 하기 때문에 의미를 잘못 해석할 때도 있다. [그림 7-3]은 엄마의 위로를 받고 싶어 하는 아이에게 엄마는 "남자가 용기가 없어 어떻게 하니?" "여자애도 그러지는 않겠다."고 했다면 그 순간 그 아이가 느끼는 감정을 적극적으로 해석해 낸 것이 아니다. 만일 "천둥소리가 정말 무서웠구나." 하였다면 '내 생각에 네 감정이 이런 것 같은데 그러니?' 하는 뜻을 보낸 것이다. 이러한 송환효과를 받은 아이들은 상대방이 적극적으로 들어주었기에 "나 참 무서워요. 천둥이 나를 죽이면 어떻게 해요?" 하며 마음의 느낌을 표현해 내므로 정서적 불안감을 해소하게 될 것이다.

이러한 의사소통 과정이 효과적으로 진행될 때 아이들이 소유하고 있는 문제의 폭은 줄어들 것이며 앞의 그림에서 볼 수 있었던 부모-자녀 관계에 문제가 없는 영역이 늘어나 화목하고 평안한 관계가 유지될 수 있다.

(4) 부모의 입장 알리기

자녀를 양육하노라면 하루에도 수백 가지의 문제에 직면하게 되며 이 상황은 불가피한 일이다. 때문에 부모 자신이 해야 할 일을 못하게 되고 또 좌절을 느끼게 되며 신경이 날카로워지는 때가 많다. 이런 문제를 해결하는 방법으로 어떤 부모는 자식의 장래를 위해서 모든 것을 희생하는 반면, 어떤 부모들은 어린아이들과 대결하며 좌절·갈등을 표출하곤 한다. 이 두 가지 경우 모두 건설적인 부모-자녀 관계가 아니다. 왜냐하면 전자의 부모는 과보호하거나 지나치게 허용적이어서 무례

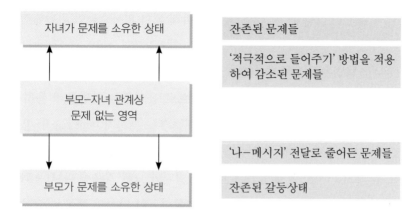

[그림 7-4] 부모-자녀 간 문제의 소유에 따른 갈등 해결 방법

하고 버릇없는 자녀를 양육하기 때문이다. 이런 부모들은 자신의 생활이나 나름대로의 견해를 명확히 표현하지 않고 지내는 경우가 많으며 부모-자녀 관계도 민주적 관계는 아니다. 후자의 경우 부모의 입장을 명확하게 표현하기는 하나 모든 잘못의 근원이 아이에게 있다고 비난하기 때문에 아이는 반항한다.

나-메시지 전달의 3요소는 행동, 감정, 영향이다. 첫째, 자녀의 행동을 있는 그대로 비난없이 객관적으로 표현하고, 둘째, 자녀의 행동으로 인한 나의 감정을 과도하지 않게 솔직하게 표현한다. 셋째, 자녀의 행동과 나의 감정이 미치는 영향에 대해 가감없이 예고한다.

아이의 행동이 부모에게 좌절과 갈등을 일으켜 부모가 문제를 소유하게 되는데 이를 효과적으로 아이에게 전달할 필요가 있다. "너는 왜 그렇게 설치니?" "너는 참 못됐어." 하는 등 '아이 때문'이라는 너-메시지(You-message)를 주어 대결하기보다는 "낮잠을 자려는데 너무 시끄러워서 못 자겠구나, 좀 조용히 해 줄 수 있겠니?" 식으로 부모의 입장 및 느낌을 직접 말하는 것이 좋다. 이렇게 아이의 행동으로 인해 나 자신이 어떻게 느끼고 있는지를 객관적으로 전달하는 것, 지금 있는 그대로의 상황을 화내거나 나무라지 않고 담담하게 표현하는 것이 '나-메시지(I-message)'이다. 아이의 행동을 비판·질책·훈화하기보다 '나-메시지'를 보내며 협동을 구하는 태도는 아이의 판단을 신뢰한다는 의미를 전달하게 되어 의사소통이 원활해진다.

(5) 비권위적 방법 또는 민주적 방법

아이가 문제를 소유했을 경우에는 적극적으로 들어주는 방법을 적용하여 문제영역을 좁히고, 부모가 문제를 소유했을 때에는 '나-메시지(I-message)' 방법을 적용함으로써 문제영역을 좁힐 수 있음을 앞에서 살펴보았다.

이러한 두 가지 의사소통 방법들은 효과가 있지만 모든 경우에 다 적용되는 것은 아니다. '나-메시지'를 받았음에도 불구하고 아이들이 자신의 행동을 수정하지 않으면 부모-자녀 간의 갈등은 그대로 남는다. 이렇게 부모-자녀 관계에 갈등이 계속 존재할 때 사용되는 방법은 크게 셋으로 구분된다.

첫째, 부모가 자신의 권위를 사용하여 위협하거나 경고하며 자녀를 복종시킨다. 부모-자녀의 심리적 대결에서 부모는 이기고 아이는 지는 경우이다.

둘째, 부모는 무기력하게 있고 아이는 자신이 원하는 대로 일을 끌고 나간다. 지나치게 허용적인 부모들이 많이 경험하는 사례로서 아이는 승자이고 부모는 패자인 상태로 해석될 수 있다. 이런 아이들은 버릇없는 아이로, 다른 사람에게 폐를 끼치는 행동을 한다.

셋째, 상대방과 내가 둘 다 문제를 소유했을 때는 양자가 모두 패하지 않는 승승(win-win)의 방법인 '제3의 방법'을 통해 문제해결을 시도하라고 고든은 가르친다. 고든은 승패(제1의 방법), 혹은 패승(제2의 방법)은 모두 부작용이 크기 때문에 승승(제3의 방법)의 법칙을 사용하라는 것이다. 다만 가치관이 서로 다른 경우에는 제3의 방법으로 문제를 해결하기가 어렵기 때문에 이때는 서로 상처를 적게 주는 쪽으로 의사결정을 할 수밖에 없다.

부모-자녀가 앉아서 객관적인 태도로 사실에 입각하여 문제들을 토의하면서 해결해 나가는 민주적 방법(no-lose method)이다. 부모는 아이의 의견·의사결정능력을 존중하고 아이 역시 부모의 제안을 존중하면서 토의하며 해결하는 방법이다. 민주적 방법은 양자의 힘이 동등할 때 행사될 수 있는 것이므로 부모가 아이의 인격을 존중할 때 사용할 수 있다. 비권위적인 방법을 사용하여 문제해결을 하게 되면 아이는 자신이 한 결정에 대해 책임을 지는 사람이 된다. 고든이 제시한 의사소통 증진을 위한 민주적 방법의 6단계는 다음과 같다.

- 1단계-문제 정의하기: 각자의 입장에서 갈등이 되는 문제를 비판 없이 진술한다.
- 2단계-가능한 해결책을 생각해 보기: 두 입장 모두 문제해결을 위한 다양한 해결방안을 제시한다. 이때 제시되는 방안은 비판 없이 수용해 준다. 서로 공평하다고 인식되는 적절한 수의 해결책을 제시한다.
- 3단계-가능한 해결책을 평가하기: 각 해결책을 다양한 관점에서 현실적으로 실현 가능한지 평가한다.
- 4단계-수용할 수 있는 최선의 해결책을 선택하기: 평가에 따라 최선의 해결책을 선택한다. 여기에서의 최선이란 두 사람 모두 조금씩 양보할 수 있으며 두 입장 모두 만족할 수 있는가를 의미한다.
- 5단계-해결책을 실행해 보기: 두 입장의 동의하에 결정된 최선의 해결책을 미리 설정한 기간 동안 실천해 본다. 각자의 실천 사항을 기록하고 격려한다.
- 6단계-사후 평가하기: 일정기간 실시한 후 약속된 시간에 그 실천여부와 만족스러운 결과인지를 평가한다. 계속 진행할지 아니면 좀 더 보완해야 할 사항이 있는지 함께 논의한다. 만일 약속대로 해결책이 실천되지 않았다면 다시 문제를 정의하는 1단계로 돌아간다.

고든의 PET 프로그램 방법

고든 타계 후 제자들은 고든의 이론을 적용하여 PET 부모교육 방법을 제시하였다. PET 프로그램은 약 20명의 집단을 구성하여 2개월간 매주 1회 3시간씩 총 8주간 24시간 진행한다. 매주 고든의 민주적 의사소통 기법을 이해하고 실제 적용해 보게 하는 소집단 부모교육이다. 강사와 실제 역할연습을 하면서 피드백을 주고받는 등 질문하기도 한다. 자녀행동을 변화시키기보다는 부모의 행동을 변화시키는 데 역점을 둔 목표로 수업을 진행한다.

- 첫째 주: 강사 및 참가자의 소개, PET 소개와 정의, 목표 설정하기/자녀의 행동 중 부모가 수용할 수 있는 행동과 수용할 수 없는 행동에 대해 이야기하기/문제의 소유자를 알아보기
- 둘째 주: 반영적 경청 방법 알기/의사소통의 걸림돌 알아내기/소극적 경청과 반영적 경청 알기
- 셋째 주: 반영적 경청 실습하기/자녀와 의사소통하기
- 넷째 주: 나−전달법 알기/나−전달법의 3요소 알기/나−전달법 체험하고 인식하기
- 다섯째 주: 나−전달법 연습하기/자녀를 대상으로 나−전달법 연습하기/환경 재구성하기
- 여섯째 주: 제3의 방법 생각해 보기/욕구갈등 이해하기
- 일곱째 주: 문제해결의 6단계 알아보기/욕구를 말로 표현하기/제3의 방법 실행계획 세우기
- 여덟째 주: 자녀의 가치관과 대립되는 가치관 인식하기/자녀의 가치관에 영향 주기

3. 기노트의 인본주의 부모교육 이론

임상심리학자이자 어린이 심리치료사인 하임 기노트(Haim Ginott, 1922~1973)는 컬럼비아 대학교를 졸업하고 뉴욕 뉴스쿨 대학원에서 심리학 박사학위를 취득하고 아델피 대학의 임상학 교수 · 뉴욕 대학의 교수를 역임했다. 정신요법과 심리학에 깊은 관심을 가지고 부모와 어린이, 교사를 상대로 활발한 연구활동을 펼쳤다. 그의 대표작인 부모교육 관련 '우리들 사이(Between us)' 시리즈『부모와 아이들 사이』『부모와 십대 사이』『교사와 학생 사이』는 수십 년간 자녀교

Ginott

육 지침서로 사랑받으며 전 세계 30개 언어로 번역되어 좋은 부모와 교사가 되기 위한 방법 등을 안내하고 있다. 부모와 교사들이 좀 더 다정한 마음으로 좀 더 효과적으로 아이들을 대하고, 아이들이 자기감정에 대해서 어떤 생각을 갖고 있는지를 인식하고 그들의 감정을 깊이 이해하는 데 실질적인 도움을 주기 위해서 저술했다.

그는 부모들을 위한 육아워크숍의 발전에 공헌하여 부모와 교사들에게 섬세히 배려하는 방법으로 아이들을 대하는 방법을 터득하게 했다. 또한 그는 정신의학적 이론과 부모교육을 연결시켜 부모와 자녀 간의 의사소통 기술을 증진시키려고 노력한 선구자였다. 그의 연구와 실험의 결정체라 할 수 있는 '어린이를 위한 집단 심리치료' 등은 아이들의 개별성을 인정하고 존중을 바탕으로 상처를 주지 않는 것이 중요함을 일깨워 준다. 위험한 것은 아이들의 행동이지 아이의 감정은 검열의 대상이 될 수 없다면서 아이의 감정을 이해하고 해소되도록 도와주는 것이 부모의 중요한 역할이라고 했다. 기노트는 이스라엘에서 교사로 재직하다가 미국으로 이민하여 놀이요법의 권위자가 된 액슬린(Virginia Alxine, 『딥스』의 저자)과 슬라브슨(S. R. Slavson, 어린이 그룹치료의 창시자로 아이들의 사회적 기술 개발 및 지역사회의 감각을 강화시킴)에게 배우며 영향을 받았다.

　그는 액슬린으로부터 아이에겐 애정적 경험이 중요하며 아이가 바람직하게 성장하는 데 예민함과 연민의 정을 갖고 반응해 주는 어른이 필요하다는 것과 놀이요법 기술을 배웠고, 슬라브슨에게는 심리적 역동성이론(psychodynamic theory)과 부모-자녀 관계의 발달수준에 대한 이론을 배웠다. 이 두 사람의 이론을 보다 확대 · 발전시킨 기노트는 이론과 실제를 결합시키고 정신분석에서의 승화이론을 학습(교육) 가능한 의사소통 기술로 연결할 수 있었다. 비그너는 이를 인본주의 전략(humanistic strategy)이라고 명명했다. 이는 액슬린의 놀이요법이론이 인본주의 심리학(humanistic psychology)에 기초했고 기노트의 양육이론이 아이를 인간적으로 대우하면서 의사소통하는 것을 강조한 것에 근거했기 때문이다.

1) 부모-자녀 관계에 대한 견해

　기노트는 부모가 자녀를 있는 그대로 수용하고(Accept as she/he is), 현재 아이들의 사고 수준 · 신체 · 성격이 어떻든 간에 아이가 하는 말을 잘 들어줌으로써 자기의 느낌을 부모에게 표현하고 싶은 마음이 일어나게 해 주어야 한다고 했다. 아이와 부모가 대화하려면 상담자나 치료자들이 내담자의 이야기에 어떤 조건을 붙이지 않고 잘 들어주는 것과 같은 기술을 부모도 익힐 필요가 있다는 것이다.

부모는 아이와 대화를 할 때 아이 입장에서 아이 중심으로 사고할 필요가 있다. 그러면 아이의 문제를 더 잘 이해할 수 있다. 아이 중심이라는 것이 방관하는 태도 또는 방임상태로 방치하는 것을 의미하지는 않는다. 방임할 경우 아이는 더 많은 문제를 일으킬 수 있고 그 결과 부모는 좌절감과 분노 및 죄의식을 갖게 될 것이다. 따라서 부모는 아이 중심적 사고를 갖고 양육하되 객관적인 태도로 문제를 해결하는 마음을 가져야 한다.

부모는 손님을 대하듯 아이들을 대하는 법을 익혀야 한다면서 기노트는 이렇게 말했다. "나는 어린이 심리치료사입니다. 정신적인 문제가 있는 어린이들을 치료합니다. 치료를 할 때는 보통 한 어린이를 주 1회 1시간씩 1년간 만납니다. 그러다 보면 아이의 정신이상 증세가 사라지고, 기분도 훨씬 더 좋아지고, 다른 아이들과 사이좋게 지내고, 학교에서 잠시도 가만히 앉아 있지 못하던 증세도 사라집니다. 어떻게 그렇게 될 수 있을까요? 나는 따뜻한 마음으로 아이들과 대화를 나눕니다. 기회가 있을 때마다 아이들이 자신감을 키울 수 있도록 도와줍니다. 상대를 배려하는 마음으로 대화를 나누어 병든 어린이를 건강하게 할 수 있다면, 부모와 교사들은 그 원칙과 실천 방법을 터득해야 합니다. 심리치료사들은 치료만 할 수 있을 뿐입니다. 어린이들을 심리적으로 건강하게 해 주는 일은 매일 그들과 접촉하는 사람들의 몫입니다."

기노트는 부모와 아이들이 갈등을 겪을 때에는 부모가 아이와 대화하는 방법을 바꾸는 것이 빠른 방법이라고 했다. 의사소통 기술이 있는 어른은 아이의 마음을 이해하게 되고 따뜻한 마음으로 아이의 세계로 들어갈 수 있다고 했다. 또한 아이의 감정을 파악하여 적절한 방법으로 엉킨 마음을 풀어줄 수도 있다.

2) 자녀양육의 원리

기노트의『부모와 아이들 사이』저서의 내용 중 아이와의 대화, 칭찬과 꾸중, 분노 다루기, 훈계하기에 대한 자녀양육 원리를 살펴보면 다음과 같다.

(1) 아이와의 대화

① 아이들과 대화를 나누는 새로운 방법

존경과 기술이다. 첫째, 부모가 자존심을 갖는 것처럼 아이들의 자존심도 존중한다. 둘째, 아이에게 충고하기 전에 그들의 마음 상태를 이해한다. 이해심을 가지고 아이를 대한다. 그러면 아이는 부모가 자기의 감정을 이해해 준다고 느끼면서 외로움(loneliness)과 상처도 모두 사라진다. 부모의 깊은 동정심이 아이의 상처받은 마음을 달래 주는 정서적인 치료제(emotional bandaid) 역할을 했기 때문이다. 이런 부모의 반응은 부모와 아이 사이에 친밀감(intimacy)을 갖게 한다. 아이들은 이해심(sympathy) 있는 부모를 더욱 사랑하게 된다.

② 상반된 감정의 소리 인정하기

아이들은 부모를 사랑하기도 하지만 미워하기도 한다. 이것은 아이들뿐 아니라 어른들에게도 있고 누구에게나 이런 두 가지 감정이 섞여 있다. 부모들은 이 상반된 감정(ambivalence)이 우리 생활에 존재함을 알고 있음에도 불구하고 용납하기 힘들어 한다. 아이는 엄마를 좋아하면서도 엄마가 밉다고 생각한다. 이 두 갈래 감정이 우리 어른들에게도 있고 아이에게도 있다는 것을 받아들이고 인정한다. 이런 감정이 정상적이고 자연적이라는 것을 아이가 깨닫도록 해야 한다. 그럼으로써 아이가 느끼는 죄의식이나 필요 이상의 걱정을 덜어 준다. 감정을 비춰주는 거울 역할을 해 준다. 즉, 비꼬지 않고 느끼는 감정을 있는 그대로 보여 주는 것이다. "넌 몹시 화가 난 모양이지?" "넌 동생을 몹시 미워하는 말투구나!" 이런 감정을 지닌 아이들에게는 이런 말들이 도움이 된다. 이렇게 감정을 비춰주는 거울은 아이 스스로 성장(self-initiated grooming)하는 기회를 마련해 준다.

(2) 칭찬과 꾸중하기

① 바람직한 칭찬

사람들은 칭찬이 아이에게 자신감과 안정감을 줄 수 있다고 믿는다. 그러나 실제에 있어 칭찬은 긴장과 나쁜 행실(misbehavior)의 결과를 가져다주는 수가 종종 있다. 아이가 칭찬을 받을수록 행실이 더 나빠지는 것은 본연의 자기(true self)를 보여 주려고 하는 심리 때문이다. 이는 아이들이 가족들에 대해 때때로 파괴적인 생각(destructive wishes)을 하고 있기 때문이다. 칭찬이란 항생제와 같아서 함부로 주어서는 안 된다. 효능이 뛰어난 약이 모두 그렇듯이 법칙(rules)과 주의(cautions)가 필요하다. 칭찬에서 가장 중요한 법칙은 반드시 아이의 실제적인 노력과 무엇을 성취한 정도와 행동에 맞추는 것이다. 예로 들면, "혼자 다 먹고 싶었을 텐데 동생에게 과자를 나누어 주었네." "오늘 네 장난감을 치워 줘서 고마워." 등이다. 주의할 점은 아이의 성격(character)이나 개성(personality)에 대해 칭찬해서는 안 된다는 것이다. 예를 들면, "넌 천사야, 착한 아이야!" "참 멋진 아이다."와 같은 개성에 대한 칭찬은 마치 직사광선 같아서 편안치 못하다.

칭찬에는 두 가지가 있다. 하나는 말(words)이고 다른 하나는 아이 마음속의 추론(inferences)이다. 아이를 돌보는 어른은 아이의 노력과 일·달성·도움·상상과 창작 등의 진가(眞價)를 잘 알고 있다는 것을 명확하게 말해 주어야 한다. 그렇게 함으로써 아이들로 하여금 그들 스스로가 자신의 개성에 관한 실질적인 결론을 내릴 수 있도록 말하는 것을 잊지 말아야 한다. 우리의 말은 요지경 속처럼 아이들이 자신의 초상화를 긍정적으로 그릴 수밖에 없도록 해야 한다. 예시하면 다음과 같다.

- 부모의 말(words): 네가 만든 생일 카드가 날 기쁘게 했다.

  ⇒ 아이의 추론(inferences): 나도 다른 사람에게 큰 기쁨을 줄 수 있구나!

- 부모의 말(words): 오늘 장난감을 치워 줘서 고마워.

  ⇒ 아이의 추론(inferences): 나도 도움이 될 수 있구나!

② 바람직한 꾸중

무엇이 잘못 되었을 때 아이의 개성에 관한 부정적인 비평(negative remark)은 절대 삼가야 한다. 예를 들면, "너 몇 살이니? 아직도 컵을 제대로 들지 못해 우유를 엎지르니!" "조심해라, 벌써 몇 번째냐!" 등이다. 잘못을 저지를 때에는 일어난 일 자체만을 다루어야 하고 그 개인의 인격을 무시해서는 안 된다. 그 예를 들면 "저런, 우유를 쏟았구나. 행주 여기 있다. 어서 치워라!" "다른 우유 여기 있다." "컵을 깼구나. 저쪽으로 피하렴. 위험하니까." 등으로 마치 아무렇지도 않다는 듯이 행주와 우유를 집어 주거나 깨진 유리를 조심스레 치운다. 쓸데없는 훈계나 깎아내리는 말을 하지 않으며, 아이가 한 일을 인식하게 한다.

많은 가정에서 부모와 자녀 사이에 발생하는 소동의 발단은 거의 규칙적이고 예측할 수 있을 정도로 연쇄적이다. 아이가 무엇인가를 잘못하면 부모는 자연히 모욕적인 언사(with something insulting)로 대한다. 그래서 아이가 반사적으로 투덜대는 말투로 대꾸하면 부모는 극도로 화가 나서 큰 소리를 지르고 위협하든가 매를 든다. 이렇게 되면 아이는 이 소동에서 그 자신과 부모에 대하여 반항하는 것을 경험으로 배운다. 문제는 이러한 언쟁이 과연 필요했는가 하는 점이다. 컵이 깨어졌을 때에도 부모는 아이를 도와 유리조각을 치우면서 컵은 쉽게 깨어진다는 것과 컵이 깨어지면 아무리 작은 것이라도 이렇게 많이 흩어진다는 등 영향을 줄 수 있는 말을 해 줄 수도 있다. 이러한 조용한 태도의 말(low-toned)은 아이로 하여금 자기가 저지른 일에 대하여 반성(atonement) 또는 사과(apology)하는 마음으로 이끌어 준다.

(3) 지혜롭게 분노 다루기

분노는 마치 감기와 같아서 빈번이 발생한다. 분노의 발생은 그 원인과 결과가 거의 예측되는 것이지만 그것은 언제나 예기치 않게 밀어 닥친다. 그리고 분노의 상태가 오래 계속되지는 않지만 그 순간만은 영원할 것처럼 보인다. 성이 나면 마치 넋이 나간 사람처럼 행동한다. 원수에게나 할 수 있는 말과 행동을 자녀에게 퍼붓는다. 이렇게 한바탕 소란을 피운 후엔 뉘우치면서 다시는 이렇게 안 하겠다고 다짐하고 결심을 하지만 이내 동일한 소란이 반복된다.

① 분노(화)가 날 때 처리하는 3단계 방법

첫째, 아이는 부모를 화나게 할 수도 있다. 또한 누구나 화가 날 수 있음을 인정한다.

둘째, 부모는 죄의식이나 부끄러움 없이 분노의 감정을 말로 표현한다. 희로애락의 모든 감정을 표현하는 것과 같다.

셋째, 부모는 느낀 대로 감정을 표현한다.

예를 들면, '화나게 하지 마라.' '그렇게 하니 너무 화가 나잖아.' '너무너무 화가 나서 못 견디겠다.' '화가 나서 미칠 지경이야.' '나는 네가 동생을 때리는 것을 보면 몹시 화가 난단다.' '밥을 먹으라고 불렀지만 네가 이내 오지 않을 때는 화가 버럭 난다.' 등 설명을 길게 붙이지 않고 간결한 말로 감정을 표현한다.

이렇게 함으로써 부모는 아이의 개성과 인격을 손상시키지 않고서도 격노한 감정을 해소할 수 있고 자녀에게도 분노를 해소시키는 중요한 방법을 알려주게 된다.

② 분노(화)가 날 때 고려할 점

감정은 용납되도록 표현되어야 하고 행동은 제한과 지시를 받아야 한다. 즉, 화가 난 감정은 말로 표현할 수 있으나, 화가 났다고 동생을 때리는 것은 제지를 하는 것이다. 제지나 지시는 이치에 합당하게 하고 일관성이 있어야 한다.

(4) 훈계: 관용과 제한하는 방법

아이들에게는 받아들일 수 있는 행동과 받아들일 수 없는 행동에 대해 분명한 선을 알게 한다. 아이들은 그들이 해도 되는 행동의 한계를 알 때 안도감을 갖는다. 아이의 행동을 신호등 색으로 구분한다.

① 초록색 영역(green area)

무엇을 기대한다거나 어떤 일을 인정해 주는 행동들이다. 이 영역은 언제나 자유롭고 친절하게 그 행동을 하라고 '예(yes)'라는 대답으로 인정을 해 준다.

② 노란색의 영역(yellow area)

어떤 행동을 인정해 주는 것이 아니라 특별한 이유 때문에 묵인해 주는 것이다. 첫째, 배우는 사람에게 베풀어지는 행동, 둘째, 어려운 상황일 때 돌봐주는 것, 즉 재난, 새로운 곳으로 이사, 친구와의 이별, 죽음, 이혼 등과 같은 특별한 환경에서는 새롭게 적응해야 하므로 더욱 돌봐주기를 요구한다. 어쩔 수 없는 환경이므로 눈감아 주는 행동들이다.

③ 빨강색의 영역(red area)

하고 싶은 대로 행동해서는 안 된다는 의미로 다른 사람에게 폐를 끼치거나 위험한 행동을 멈추게 하는 행동 목록이다. 그 행동은 가족의 행복과 건강뿐 아니라 물질적으로나 경제적으로도 손해가 되는 행동들이다. 만일 이러한 위험한 행동을 묵과하게 되면 아이는 마음속에 불안감을 갖게 된다. 아이는 부모가 자기를 내버려 두는 것은 사랑하지 않기 때문이라고 생각하게 된다.

훈계는 아이가 최소한 알아들을 수 있는 범위 내에서 한 번만 한다. 훈계를 되풀이하면 잔소리로 듣게 되며 대부분의 아이들이 부모에게 반항을 하게 된다.

제지는 아이의 자존심이 상하지 않는 범위에서 해야 하며, 아무 한계점도 없이 임의로 해서는 안 되고 교육적이며 아이의 인격 성장을 위해서만 해야 한다. 제지를 할 경우에는 어떤 행동에 대하여 해도 되는지 안 되는지를 분명히 한다. 막연한 주의(vague statement)는 아이들로 하여금 명쾌하게 상황을 결정할 수 있는 판단력을 주지 못한다. 아이에게 주의를 줄 때에는 구체적이면서도 간결한 말로 한다. 두 가지 방법의 예를 들면 다음과 같다.

- 좋지 않은 예: "장난감이 많은데 또 사달라는 거야? 도대체 어떻게 된 애가 장난감을 보는 대로 다 가지려고 하니? 갖고 싶어도 참아야지!"
- 좋은 예: 넌 그 장난감이 갖고 싶은 거구나! 하긴 이 백화점에 있는 모든 장난감을 다 갖고 싶겠지, 하지만 오늘은 장난감을 살 계획은 없단다. 대신 풍선이나 껌 한 개를 골라보렴!"

아이를 적당한 말로써 제지하기란 실로 어려운 일이다. 그러나 다음의 네 단계 방법이 때로는 효과적일 수 있다고 기노트는 제안한다.

첫째, 부모는 아이가 원하는 바를 인정하고 간단한 말로 다시 반복해 준다. "넌 오늘 밤 조금 늦게 자고 싶은가 보구나."

둘째, 특별한 행동(specific act)에 대해서는 분명하게 제지를 가하는 말을 해 준다. "내일은 유치원/어린이집 가야 하는 날인데 일찍 자는 것이 우리 집 규칙이잖니!"

셋째, 부모는 아이가 원하는 바를 최소한 극히 일부분이라도 할 수 있도록 배려한다. "그 장난감은 살 수 없지만 껌이나 풍선 중에서 한 개를 살 수 있겠다."

넷째, 아이가 제지를 받고 분하게 생각할 때 일어나는 마음을 표현하도록 도와준다. "너는 그런 규칙이 싫다고 생각하지? 그래서 매일 밤늦게까지 놀고 늦게 자도 된다고 규칙을 바꿨으면 좋겠지!" "네가 자라서 어른이 되어 아빠(또는 엄마)가 되면 그때는 네 마음대로 규칙을 바꿀 수도 있어."

3) 부모교육의 유형

(1) 부모교육 전문기관에 의한 부모훈련

강연회나 워크숍과 달리 부모교육 전문기관에서 실시하는 부모훈련은 보다 체계적인 교육과정을 가지고 8주 이상의 장기간의 프로그램으로 운영된다. 기노트는 전문가에 의해서 이루어지는 '부모상담 모임(guidance group for parents)'의 모형과 단계를 제시하였다. 그는 부모훈련 집단을 구성할 때, 아이의 연령을 고려하여 비슷한 시기의 발달단계에 따라 나누어 발달상 일어나는 유사문제들을 쉽게 다룰 수 있도록 하였다. 그러나 이런 동질집단은 다양한 경험을 간접적으로 해 볼 수 있는 기회를 감소시키기 때문에 문제도 있다고 했다.

대개 10~20명의 집단크기로 15주 과정으로 매회 90분간 운영한다. 둥근 테이블에 둘러앉아 모임할 것을 권하는데 이는 권위주의적인 태도로 전문가가 비전문가들에게 지식을 전달하는 강의식 형태를 피하기 위함이다. 회원들 앞에는 아이의 이름이 쓰인 카드를 놓는데 토의의 중심에 아이가 있음을 부모가 인식하게 하기 위함이다.

기노트는 부모교육이 여러 단계를 거치는 동안 내용의 수준을 높여야 한다고 생각했다.

(2) 부모상담 모임에서 사용하는 교육내용

기노트의 부모훈련 과정은 불평 늘어놓기 단계(recitation phase), 감수성 높이기 단계(sensitization phase), 개념형성 단계(concept formation phase), 기술 익히기 단계(skill learning phase)로 구분되어 이루어진다고 그의 제자 오겔(Orgel)이 분류하였다.

① 불평 늘어놓기 단계

이 단계에 부모들은 아이와 생활하면서 부딪히는 모든 문제와 어려움을 털어 놓을 수 있다. 아이와의 문제에 대한 불평, 분노, 좌절, 죄의식을 털어놓게 되면 지도

자는 이를 이해하고 용납하는 태도로 주의 깊게 들어주는 과정이 계속된다. 이런 과정을 통해 부모들은 서로 연민의 정을 갖게 되고 공통된 또는 다른 경험을 하게 된다. 또한 자녀 양육상 일어나는 문제들이 자기 혼자만 가지고 있는 문제가 아님을 깨닫고 안심하는 단계이다.

② 감수성 높이기 단계

각자의 불평을 늘어놓다 보면 부모들은 어떻게 그런 행동을 고칠 수 있는지 토의 지도자에게 요구하게 되는데 이 단계에서는 문제행동을 보이는 아이들의 느낌은 어떨 것인가에 관심의 초점을 두게 된다. 부모를 괴롭히는 문제 그 자체 때문에 괴로워하고 불평을 하는 대신, 이 상황에서 아이의 느낌은 어떤지 아이의 입장을 깊이 생각해 보는 것이다. 이 단계에서 부모들은 문제행동을 고칠 수 있는 쉬운 처방을 요구하겠지만 해결방법은 뒤로 미루고 아이의 느낌은 어떨지, 아이의 느낌과 행동 사이에는 어떤 원인 및 결과가 작용하고 있을지에 초점을 두는 단계이다.

이와 같이 아이의 느낌이 어떨까에 대한 과정을 갖는 이유는 "아이는 감정이 나쁘기 때문에 못된 짓을 하게 된다."라는 기노트의 기본철학 때문이다. 아이의 문제행동만을 문제로 보고 그 행동에 내포된 아이의 감정을 무시하는 것은 문제를 고치기는커녕 실패만 초래한다는 것이다. 아이의 감정은 어떠했는가를 생각해 보면 문제행동 때문에 일어난 미움보다는 아이에 대한 연민과 애정을 느끼게 되고 '왜' 아이들이 그런 행동을 하게 되었는지를 이해하게 된다.

감수성 높이기 단계는 다시 두 단계로 나뉜다. 이 두 단계를 거치는 동안 부모들은 비판적인 코멘트를 하지 않고, 들어주고, 수용하는 것이 얼마나 가치 있는지를 인식하게 된다. 그 후 다시 부모가 아이를 무시할 때, 나무랄 때, 또는 깔볼 때 아이들의 감정적 반응에 대해 중점적으로 토의한다.

- 1단계에서 그룹 리더는 '부모-아이의 관계가 어려울 때 아이는 어떻게 느낄까?'에 초점을 둔다.

• 2단계는 그룹 구성원인 부모들이 일상생활을 해나가며 겪는 정서적 경험과 관련시켜서 이야기를 끌어간다. "고기를 굽다가 태웠을 때 만일 남편이 '당신은 언제 고기를 제대로 굽게 될까?' 하고 빈정댔다면 당신의 느낌은 어떨까요?"라는 것을 예로 들 수 있다.

③ 개념형성 단계

일단 아이의 느낌에 대한 통찰력이 생기면 왜 부모로서 그 문제를 다루는 데 실패했는지 원인을 파악하고 또 아이의 심리발달에 대한 이론을 실제에 적용해 보도록 하는 단계이다.

아이의 감정을 용납한다는 것은 아이들의 행동이 비합리적인 때에도 무조건 용납한다는 것이 아니라는 것, 사람이라면 누구든지 좋은 감정과 나쁜 감정이 때때로 양립하게 되는데 이는 자연스러운 일이라는 것, 아이 수준에 맞는 기대를 해야 한다는 것, 아이들이 느끼는 분노 · 좌절 등의 감정은 건설적으로 표현되어 나오도록 도와주어야 한다는 등의 감정과 실제를 연관시켜 개념화한다.

개념형성의 단계를 거치는 동안 부모들은 감수성 높이기 단계에서 얻은 통찰력을 지침으로 하면서 왜 자신의 양육방식이 실패하였는지를 평가해 보고 보다 나은 부모로서의 역할을 생각해 보게 된다.

④ 기술 익히기 단계

이론적으로 개념을 정리하는 것으로 그치는 것이 아니라 부모상담 모임 구성원들이 각각 안고 있는 문제를 해결하는 데 적합한 양육기술을 발견해서 적용해 보는 단계이다. 각 회원마다 당면하고 있는 문제를 처리할 수 있는 새로운 방법을 서로 생각하고 토의한 후 집에 돌아가 적용을 해 본다. 부모들은 자신의 문제에는 주관적이 되고 정서적으로 반응하지만 다른 가정의 문제에는 보다 객관적이고 통찰력도 쉽게 갖는다. 일단 집에서 적용해 본 후에 그 방법이 성공했는지 실패했는지 그 효과를 다시 토의하며 새로운 양육기술에 대한 지식과 기술을 몸에 익힌다.

이 단계를 거치는 동안 부모들은 보다 애정적인 어휘들을 사용할 수 있게 된다. 이런 어휘들을 사용할 수 있게 되면 부모들이 아이와 의사소통하는 기술은 점점 더 늘게 된다. 또 부모들은 토의하는 동안 자신이 겪고 있는 어려움을 표현해 낼 수 있는 기회를 갖게 된다. 기노트는 아무리 유능한 부모라 할지라도 아이의 행동 때문에 속이 상할 때가 있는데 이는 자녀를 둔 부모들에게 불가피하게 일어나는 일이다. 부모들이 이러한 느낌을 느끼는 일이 당연한 일이다. 하지만 이러한 감정은 수용하거나 표현할 수 있어야 한다.

4. 행동주의 부모교육 이론

1) 부모-자녀 관계에 대한 견해

행동주의는 환경과 훈련을 중요하게 생각한다. 따라서 인간의 능력은 유전에 의해 결정되는 것이 아니라 학습자에게 제공되는 환경이 개인차를 만들어 낸다고 주장한다. 행동주의의 기본 가정은 다음과 같다.

- 인간의 모든 행동, 즉 바람직한 행동과 바람직하지 않은 행동은 학습된다. 따라서 모든 행동은 학습을 통해 변화시킬 수 있다.
- 학습은 경험과 연습에 의해 이루어져 행동이 변화된다. 인간은 백지 상태로 태어나 환경에 영향을 받으며 학습한다.
- 복잡한 환경은 단순한 자극으로 나눌 수 있고, 복잡한 행동은 단순한 반응으로 나눌 수 있다. 또한 복잡한 행동은 단순한 반응이 결합된 것이다. 즉, 전체가 부분의 합과 같다.
- 학습은 자극과 반응 사이의 연합을 형성하는 과정이다.

행동주의적 관점에서 볼 때 경험을 축적하고 연습하는 학습과정에서 아이들의 인격·습관·행동이 변하기 때문에 부모는 아이가 태어날 때부터 바람직한 습관과 행동이 일어나도록 일관성 있게 또 지속적으로 이와 관련된 경험을 제공하여야 한다. 왓슨은 '행동주의 심리학자의 선언(1925)'에서 조건화의 원리에 의하여 어린 아이들에게 원하는 행동을 배우게 할 수 있다고 하였다. 1928년 출판된 왓슨(John B. Watson, 1878~1958)의 양육서『영아 및 아동의 심리학적 양육(Psychological Care of Infant and Child)』은 미국 전역의 부모들에게 영향을 주었다. 왓슨의 행동주의에 기초한 양육이론을 소책자로 만들어 미국 전역에 배포했기 때문이었다. 우리나라의 1950년대 가정 교과서에도 그 이론이 소개되어 모유를 먹이되 시간을 정해 놓고 반드시 그 시간에만 주라고 할 정도였다. 1940년대 이후 정신분석이론, 사회심리학, 인본주의 심리학에 근거한 부모교육 이론들이 다양하게 소개된 이후에도 행동주의 이론은 전 세계 부모들에게 많은 영향을 주었다.

신행동주의 학자인 스키너(B. F. Skinner, 1904~1990)는 1948년『월든 투(Walden Two)』라는 양육서를 썼다. 행동은 반응과 강화의 연합에 의해 변화되므로 부모는 자녀의 말과 행동에 알맞은 강화방법을 써서 행동을 변화시켜야 한다고 보았다.

Skinner

행동주의 이론에서 제시하는 부모의 역할은 사회화의 대행자(김명희, 이현경, 2011)로서 바람직한 행동을 유발할 수 있는 환경을 조성하는 것이다. 부모는 자녀의 행동이나 기본생활습관 중 사회적으로 바람직한 교육목표를 구체화한 다음, 아이가 그 목표에 부합되는 행동을 보이면 강화해 주고, 바람직하지 못한 행동은 다시 반복하지 않게 하는 역할을 함으로써 자녀의 행동을 지도·통제해야 한다. 왓슨(1920)에 따르면 인간의 정서도 고전적 조건형성을 통해 학습되는 것이다. 행동주의적 관점에서 볼 때 모든 행동은 변화 가능하므로 현재의 부적응적인 정서행동은 부정적인 행동이 아니라 훈련을 다시 받아야 할 행동이다. 자녀가 경험하는 공포와 같은 심리적인 문제의 해결이 아니라 부적응적인 정서로 인해 나타나는 구체적인 행동을 수정하는 것이 행동주의 심리학에 기반한 부모교육의 목표이다.

2) 자녀양육의 원리

행동주의에 근거해서 자녀를 양육하려면 부모는 아이의 행동이 그 아이가 속해 있는 환경과 기능적으로 관련되어 있음을 인식하고 예방적인 접근을 해야 한다. 이미 부적응 문제를 지속적으로 보이는 아이는 주변 사람들과 상호작용하면서 부적절한 행동을 배우게 되고 부적 강화의 원리에 의해 유지되는 경우가 많으므로 부적절한 행동을 하는 것이 의미 없다는 것을 아이들이 경험할 수 있는 기회를 제공하는 노력이 필요하다. 구체적인 방법은 다음과 같다.

(1) 모델링과 모방

모델링은 부모 자신이 바람직한 행동을 아이에게 보여 주는 것이고, 모방은 부모가 보여 주는 그 행동을 아이가 따라하는 것이다. 이 방법은 부모가 쉽게 실행할 수 있고, 일단 행동이 학습되면 외적 강화 없이도 유지될 수 있다. 주로 빠른 시간 내에 새로운 행동을 가르치고자 할 때 목표 행동을 아이에게 정확하게 시범을 보인다. 부모는 아이와 유사한 특성이 많고, 비슷한 관심과 문제를 공유하며 아이보다 우월한 점이 많아 매우 효과적인 모델이 된다. 자녀가 모방하기 원하는 행동을 분명하고 구체적으로 모델링하고, 가장 쉬운 행동부터 시작하여 어려운 행동을 시범 보인다. 그 아이가 그 행동을 따라 하면 모델링이 이루어진다. 부모를 비롯하여 여러 모델을 통해 시범을 보여 주고, 바람직한 행동을 한 후에 모델이 강화 받는 모습을 아이가 직접 관찰할 수 있으면 더욱 효과적이다. 아이의 연령이 어릴수록 무조건 모방하는 경우가 많으므로 부모는 자신의 말과 행동에 주의해야 한다.

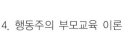

(2) 협약 · 신속한 반응 · 점진적 쇠퇴 · 안내

협약(arrangement)은 자녀와 부모가 어떤 문제행동에 대해 함께 이야기 나눈 후 약속을 정하는 방법이다. 부모는 자녀와 함께 앉아 이해하기 쉬운 말로 약속내용을 구체적으로 쓴다. 간략하고 분명한 글로 기록하고 날짜를 써서 아이가 서명하게 하면 좀 더 효과적이다. 처벌은 최소한의 수준으로 정하고 목표행동과 관련되는 보상은 구체적으로 제시하되 적용기간을 정해 두고 실천하게 한다. 협약은 수시로 조정한다.

신속한 반응(rapidity)은 부모가 새로운 자극을 주었을 때, 자녀가 목표행동을 보이면 그 즉시 보상해 주는 것이다. 신속한 반응은 자녀가 새로 익힌 노래를 하다가 가사를 잊었을 때 부모가 소리 나지 않게 입모양을 보여 주는 언어적 신속성, 손에 뜨거운 것이 닿기 전에 피하도록 하는 신체적 신속성, '쉿' 하는 몸짓으로 조용하게 하는 신속성, 글이나 그림으로 목표행동을 알리는 회화적 신속성, '삐' 소리가 나면 달리기를 시작하듯 행동하게 하는 기계적 신속성이 있다.

점진적 쇠퇴(progressive decline)는 아이가 새로운 자극에 익숙해지면 행동 단서를 점진적으로 제거하여 일반화시키는 방법을 말한다.

안내(guidance)는 관찰과 분석에 의해 분명한 목표를 설정하고, 성취수준을 극대화하되 실패를 극소화할 수 있도록 가르치는 방법이다. 부모와 자녀가 자주 반응을 주고받고 피드백을 나누면 효과적이다. 아이마다 갖고 있는 개인차를 인정해 주면 더 큰 효과를 볼 수 있다.

(3) 강화

새로 배운 행동이 습관이 되게 하려면 효과적인 강화방법을 쓴다. 강화는 부모가 세운 목표행동을 아이가 할 때 보상을 해 주어 그 행동을 많이 하게 하는 것이다. 강화에는 정적 강화와 부적 강화가 있다. 정적 강화(positive reinforcement)는 바람직한 행동이 나타났을 때 자녀에게 칭찬이나 상을 주어 그 행동을 다시 하고 싶게 하는 것을 말한다. 정적 강화를 받으면 세로토닌(serotonin)의 분비가 증가하여 우울감이 감소하고 기분이 좋아지는 긍정적인 효과가 있다. 정적 강화에는 소모 강화(먹을 수 있는 것), 활동 강화(놀이나 게임하기 등), 소유 강화(놀잇감, 책 등 소유할 수 있는 것), 사회적 강화(칭찬, 미소 등 언어적 자극이나 신체적 접촉)가 있다(김명희, 이현경, 2011). 자녀가 선호하는 물건이나 반응을 강화물로 쓰면 효과가 크다. 평상시에는 갖지 못하는 물건을 강화물로 선택하여 제공하는 방법도 효과적이다. 예를 들어, 자녀가 좋아하지만 평소 자주 먹지 못했던 식혜를 만들어 강화물로 이용하는 동시에 자녀와 함께 만들면 아이는 식혜와 함께 엄마의 관심까지 받아 강력한 강화를 받는다.

부적 강화(negative reinforcement)는 바람직한 행동을 못하게 만드는 방해요인이나 자녀가 싫어하는 자극을 제거함으로써 바람직한 행동이 일어나게 하는 것이다. 예를 들어, 부모가 기대하는 바람직한 행동인 '입을 옷을 꺼내 스스로 입는 행동'을 하게 하기 위해서 기대하는 행동이 나타난 직후 아이가 입기 싫어하는 옷을 하나씩 꺼내 따로 담게 하면 아이는 입고 싶은 옷을 스스로 꺼내 입는 것에 부적 강화가 된다. '부적 강화'에서 '부적(negative)'이라는 단어의 의미는 나쁘거나 불쾌한 것이 아니다. 단지 아이의 행동에 방해가 되는 '나쁜 자극'을 제거한다는 의미이다(문광수, 2013). 증가시키고자 하는 행동이 나타나지 않아 정적 강화를 하기 어려운 경우 아이를 관찰하며 나쁜 환경 자극을 제거하는 부적 강화의 방법으로 원하는 목표 행동을 촉진할 수 있다.

(4) 소거와 벌

소거(extinction)는 아이가 바람직하지 않은 행동을 했을 때 기대하는 것을 받지 못하도록 상황을 조정하는 방법이다. 벌(punishment)은 아이의 나쁜 행동이나 말을 약화 또는 없애려는 목적으로 쓰는데 정적 강화와 부적 강화가 있다(변영계, 2007). 아이가 바람직하지 않은 행동을 할 때 아이가 싫어하는 반응을 해주거나(가, 加) 좋아하는 자극을 제거(감, 減)하는 두 가지 방법이 있다. 불쾌한 자극을 제공(加)하는 방법은 아이의 분노나 반항심을 불러일으키기 쉽고 교육적이지 못한 경우가 많아교육현장에서는 좋아하는 자극을 제거(減)하는 방법을 주로 쓴다. 벌은 바람직하지 못한 행동을 제거하는 데 효과가 가장 빨라 어쩔 수 없이 쓰지만 효과가 일시적이어서 자주 사용하지 말아야 한다. 벌로 인해 아이가 더 이상한 행동을 할 수 있으므로 벌을 주려 할 때는 심사숙고 해야 한다. 예를 들어, 부모에게 벌을 받고 나서 동생에게 화풀이를 하는 경우가 이에 해당한다. 또 벌을 주는 것 자체로는 아이의 행동을 완전히 바꿀 수 없으므로 벌 대신 정적 강화, 즉 아이가 바른 행동을 하는 그 순간 인정·칭찬·격려하는 방법을 쓰는 것이 좋다.

　체벌뿐만 아니라 격리하기, 교정의 방법도 벌에 해당한다. 격리하기(time-out)는 아이가 공격적·파괴적 행동을 할 때, 그 행동으로 다른 사람의 관심을 끌지 않도록, 그가 속한 집단에서 분리시키거나 즐거움을 주는 공간에서 떨어져 있게 하는 것을 말한다. 아이가 공격적인 행동을 보일 때 이에 자극받아 다른 아이들이 동요되지 않도록 공격적인 아이를 놀이상황에서 분리하여 진정시키는 것이 그 예이다.

　교정은 아이의 행동이 지나치게 잘못되었을 때, 효과적으로 강화해 줄 만한 행동을 아이에게서 관찰할 수 없을 때 사용할 수 있는 행동수정 방법이다. '복원'과 '정정(바꾸기 연습)'의 두 가지 방법으로 벌의 부정적인 특성을 최소화하면서 행동을 교정할 수 있다. 아이의 어떤 행동으로 인해 환경에 일어난 변화를 이전의 모습으로 돌아오게 복원하는 것은 아이가 자신의 행동에 책임지게 하는 효과가 있다. 정정(바꾸기 연습)은 부적절한 행동을 보일 때 그에 상응하는 적절한 행동을 정확하게 할 수 있도록 가르치고 연습시키는 방법이다. 밥을 먹기 싫다며 짜증내다가 식탁의 그릇을 던져 음식물이 방바닥에 흩어졌다면 자녀에게 방바닥을 깨끗이 닦게 하고 식탁을 다시 이전 상태만큼 깨끗하게 정리시키는 복원 방법을 적용하고, 식탁에서 바른 자세로 식사하는 방법을 가르쳐 정정(바꾸기 연습)의 기회를 갖는 것이다.

5. 부모교육 프로그램

그동안 개발된 부모교육 프로그램은 매우 다양하지만 이 절에서는 우리나라에 소개된 효율적 부모역할 수행을 위한 체계적 훈련(STEP), 적극적 부모역할 훈련(APT)을 중심으로 그 목적과 내용 및 절차를 간략하게 알아본다. 앞서 살펴본 고든의 부모 효율성훈련(PET)은 가장 많이 알려진 프로그램으로 그 이론을 아는 것이 중요하여 앞쪽에서 이론과 함께 자세히 소개했다.

1) 효율적 부모역할 수행을 위한 체계적 훈련(STEP)

효율적 부모역할 수행을 위한 체계적 훈련(Systematic Training for Effective Parenting: STEP) 프로그램은 딩크메이어(Dinkmeyer)와 맥케이(Mckay)가 드라이커스의 민주적 양육방식이론, 기노트의 인본주의적 부모교육 이론, 고든의 부모 효율성훈련 이론, 번의 교류분석이론, 행동수정 등의 이론을 종합하여 1976년에 만들었다. STEP은 강사들을 위한 지침서가 명확하고 체계적이어서 널리 활용되고 있다.

이 프로그램의 수석 책임자이자 저자인 딩크메이어는 과거에 함께 일을 했던 드라이커스의 개념을 많이 도입하였다. 드라이커스의 '행동 목표파악' '논리적 귀결' '인식반응' '격려하기'와 고든의 '반영적 경청' '나-메시지' 등을 STEP에 적용했다.

Dinkmeyer

Mckay

(1) 목표와 내용 및 기술

STEP은 사랑과 존중으로 한 사람 한 사람이 인간으로서 갖고 있는 가치를 구현하게 돕는 것을 목적으로 하여 상호존중, 격려, 즐거운 시간 갖기, 사랑의 표시를 목표로 한다. 부모는 아이를 용기와 격려로 양육하면서 존중해 주고 자녀 스스로 결정하여 행동할 수 있는 기회를 보다 많이 주게 한다. 또 민주적 의사소통을 하여 부모와 아이가 질적으로 좋은 관계형성을 갖게 한다. 따라서 STEP에서는 의사소통을 위한 대화기법, 환경 구성하는 방법, 부모 자신이 변화하려는 노력, 자녀를 변화시키는 방법, 가족문제 해결방법 등을 다룬다.

① 의사소통을 위한 대화

STEP은 아이와 의사소통을 하면 대화가 원만하게 이루어지는 것을 중요하게 여긴다. 따라서 부모는 아이가 어떤 세계를 경험했는지, 그 경험을 어떻게 아이가 느끼고 있는지, 이러한 경험이 부모에게 어떤 영향을 미치는지에 대해 자주 대화를 나누도록 한다.

상호존중하며 의사소통하는 방법으로는 눈을 맞추며 이야기 나누기(eye contact), 잘 들으며 반응하기(reflective listening, 반영적 경청), 관심 보이기(caring), 수용적 태도 갖기 등 비언어적 행동(non-verbal behavior)뿐 아니라 듣기 · 말하기와 같은 언어적 의사소통 기법도 훈련한다.

- 듣기 기법은 감정이입(empathy), 반영적 경청(reflective listening), 적극적 경청(active listening), 감정이입적 반응(empathic responding), 공감하기(shared meaning), 반영하기(mirroring) 등을 연습한다.
- 말하기 기법은 나–전달법(I-message), 수평적 대화하기(leveling) 등을 활용하여 아이에게 부모의 느낌을 정직하게 표현하기가 있다. 나–메시지 전달하기는 자녀의 행동에 대한 평가와 비판 없이 행동을 있는 그대로 묘사하는 것이 중요하다. 아이에게 그의 행동이 왜 방해가 되는지 또한 그 방해에 대해서 부

모가 어떻게 느끼는지를 말한다. '나-전달법'의 구성 요소는 "네가 ~을 하면 (행동), 나는 ~라고 느낀다(느낌), 왜냐하면(결과)~"의 순서로 되어 있다. 이때 부모의 말에 대한 아이의 느낌을 이해하고 분명하게 전달하기 위해 다시 반영적 경청을 한다.

② 환경의 구성

가족들과 함께 보낼 시간·공간·활동 등을 계획하는 것이 환경 구성인데 환경을 바꾸면 가족이 신선한 느낌을 갖게 되고 재미있게 시간을 보낼 수 있어 아이의 문제행동이 감소한다.

③ 부모 자신을 변화시키는 기술

부모-자녀 간의 갈등을 줄이려면 무엇보다도 부모 자신이 먼저 바뀌어야 한다. 부모가 잔소리 습관을 바꿔 아이의 입장에서 상황을 이해하려고 노력하면 아이가 할 수 있는 것과 할 수 없는 것을 알게 되고 자신의 기대수준을 어떻게 바꿔야 할지 알게 된다.

또 부모가 기대하는 것을 하라고 요구하기 전에 아이의 욕구를 먼저 존중해 주면 갈등이 줄어든다. 아이의 욕구를 이해하고 받아줘도 자녀는 부모가 인정해 주고 존중해 주기를 갈망하기 때문에 부모의 기대에 맞추어 행동한다. 부모는 자녀의 말을 잘 듣고 행동을 주의 깊게 관찰하는 방향으로 태도를 바꾸어야 한다. 그러면 아이가 주의집중 끌기, 힘 행사하기, 보복하기, 부적절하게 행동하기 등의 네 가지 전략을 사용하는지 아니면 바람직한 행동을 알아서 하는지 알 수 있다.

부모 자신이 변화하려 하지만 부모가 자기패배적(self-defeating) 각본을 갖고 있을 때는 혼자서는 바꾸기 힘드므로 보다 전문적인 상담을 받는다.

④ 아이를 변화시키는 기술

STEP에서는 행동주의식의 행동수정 방식보다는 아이가 지켜야 할 범위를 설정해 주고 그 한계를 지키지 못했을 때 자연적 귀결과 논리적 귀결을 경험하게 하는 훈육방법을 사용한다. 보상과 처벌은 수직적 부모-자녀 관계를 바탕으로 하기 때문에 부모가 시키는 대로 복종하는 것을 강조한다. 이러한 훈육방법은 아이가 책임 있게 생각하고 행동하는 것을 막는다.

부모는 화를 내거나 야단을 쳐서 아이를 통제하려고 애쓸 필요가 없다. 단지 일정한 한계점을 주고 아이가 스스로 결정해서 행동하고 그 결과로부터 배우도록 하는 것으로 충분하다. '먹지 않으면 배가 고프다.'는 것은 자연적 귀결을 통해 배운다. 그러나 자연적 결과를 사용할 수 없을 때에는 논리적 귀결을 사용한다. '늦잠을 자면 유치원/어린이집에 늦게 되고, 재미있게 놀 수 있는 시간이 줄어든다.'라는 논리적 결과의 경험은 사회적 질서를 지켜야 한다는 것을 깨닫게 한다. 자연적 · 논리적 귀결을 사용할 때는 다음의 열두 가지 원칙을 지킨다.

- 자녀의 행동에 내재한 목적과 감정을 이해한다.
- 부모는 단호한 태도와 행동으로 하되 전달되는 메시지는 명료하고 친절한 말로 한다.
- 부모는 일관성 있게 행동한다.
- 용기를 북돋우고 격려하며 독립심을 갖게 한다.
- 말은 적게 하고 행동을 먼저 많이 한다.
- 가족 모두가 책임을 나눈다.
- 동정심을 남용하지 않는다.
- 완벽한 부모가 되려고 하지 않는다.
- 문제의 소유자가 누구인지 파악한 후 문제해결방법을 생각한다.
- 문제행동과 아이의 인격은 구분해서 다룬다.
- 지나치게 의존하는 아이를 대신해 결정해 주지 않는다.
- 아이와 싸우거나 포기하지 않는다.

적절한 상황에서 알맞게 격려해 주면 자아존중감이 생긴다. 격려란 첫째, 자녀를 있는 그대로 수용하는 것이다. 둘째, 아이 스스로 옳은 행동을 했을 때 제대로 했다고 믿어 주는 것이다. 셋째, 자녀의 자존감을 보다 중진시킬 수 있는 말이다. 이런 격려를 통해 아이는 자기 자신을 더욱 신뢰할 수 있게 된다.

⑤ 가족을 변화시키는 기술

STEP에서는 가족 간의 긍정적인 관계를 강조한다. 상호존중, 즐거운 시간 갖기, 격려, 사랑 표현하기로 가족 간에 긍정적인 관계를 형성한다. 가족 간에 발생하는 갈등해결은 고든의 민주적 방법(no-lose method)을 쓰거나 드라이커스의 가족회의(family council)를 통해서 해결한다. 가족 사이에서 생기는 문제를 해결하는 과정은 단계적으로 이루어진다. 첫째, '문제 진술하기'로 시작한다. 둘째, 다양한 해결책(brainstorming)을 논하여 그중 '가장 좋은 해결책을 선택'한다. 셋째, '실행'하고 그 '결과를 평가'한다. 이런 노력에도 불구하고 문제가 해결되지 않는다면, 그 문제를 처음 단계부터 다시 논의한다. 주의할 점은 가족 중 특정한 사람만을 희생양 삼아서 문제를 일으키는 사람으로 보지 않도록 주의해야 한다. 다음의 내용은 가족모임에서 가족 구성원이 지켜야 할 몇 가지 지침이다.

- 사회자는 가족들이 돌아가며 한다.
- 브레인스토밍하며 대안을 모색한다.
- 정규적으로 계획된 시간을 정하여 모인다.
- 가족 내에 일어난 좋은 일을 알리고 서로 격려한다.
- 모든 가족이 개방적인 태도로 경청하고 감정과 느낌을 솔직하게 표현한다.
- 소요시간은 가족들이 함께 정하고, 정해진 시간 내에 끝내도록 한다. 어린아이인 경우 20~30분, 조금 큰 아이인 경우도 1시간을 넘기지 않는다.
- 모임 중에 나온 계획 사항이나 결정사항은 기록해 둔다.
- 회의를 마치면 미리 준비한 가족 전체가 함께할 수 있는 오락이나 게임을 한다.

(2) 부모교육의 운영 방법

STEP에 참여한 부모들은 훈련 받은 전문가와 함께 지침서에 의한 체계적 훈련을 받는다. 자녀의 건강한 성장을 위한 양육기술을 부모에게 제공하며 현재 가지고 있는 가족의 장점은 더 많이 격려한다. 또한 지침서대로 수행하는 데 걸림이 될 만한 것은 참여한 부모들과 함께 개선되도록 토의한다. 참여한 부모들은 스스로를 평가하고 더불어 그 효과와 문제점도 평가한다. STEP은 단계적, 점진적이고 체계화된 특징을 갖고 있으므로 참여자들이 매주 배운 내용을 실생활에 적용하기 쉬운 프로그램이다.

2) 적극적 부모역할 훈련(APT)

적극적 부모역할 훈련(Active Parenting Training: APT)은 마이클 팝킨(Michael Popkin)이 1983년 아들러, 드라이커스, 로저스, 칼크허프와 고든, 기노트, 엘리스와 에릭슨의 이론 등을 정리하여 체계화했다. 1995년에 APT(2~12세 아동의 부모를 위

팝킨과 자녀의 발달에 따른 APT 부모교육 교재

한 프로그램)가 보급되었고, 1996년에 AP-Teens(10대 자녀의 부모를 위한 프로그램)가 보급되었다.

기존의 부모교육 방법이 책이나 지침서만을 사용했던 것과는 달리 상황이 담긴 비디오를 제작하여 전문가와 함께 시청하면서 토의함으로써 부모들의 공감을 쉽게 얻는 프로그램이다. 6개의 비디오테이프로 새로운 내용을 소개하면서 양육기술을 관찰할 수 있으며, 부모용 지침서의 과제 활동을 실행하면서 새로운 기술을 가정에서 실습해 보도록 하고 있다. 10~20명이 모여 8주간 약 2시간 30분 정도의 시간동안 다음과 같은 방법으로 진행한다.

- 전문가는 토론이나 비디오 상영을 통하여 내용을 소개한다.
- 비디오에 출연한 가족이 보여 주는 부모역할 기술을 관찰한다.
- 비디오와 다른 집단활동을 통해 배운 내용을 실습해 본다.
- 가정으로 돌아가 부모용 지침서에 있는 과제를 기록한다.
- 부모용 지침서를 보고 새로운 기술을 가정에서 적용한다.
- 모임에서 가정에 적용한 사례를 '함께 이야기 나누기' 하며 피드백과 격려를 받는다.
- 배운 기술을 꾸준히 반복하고 연습하며 유지 · 향상시킨다.

(1) 목적 및 내용

APT의 궁극적 목적은 아이들이 민주 시민으로 생활하는 데 필요한 협동심, 용기, 책임감, 자기존중감을 기르는 것이다(홍경자, 1995). 매주마다 가족화목 활동을 하면서 APT는 다음과 같은 내용을 다룬다.

① 부모의 지도 유형

보상과 처벌을 사용하는 것의 문제를 지적하며 부모역할의 유형을 소개한다. 어떠한 지도방법을 선택할지 기회를 준다. 또한 민주적 가치의 소중함을 알게 한다.

적극적인 부모는 '현재 안에서의 자유'를 아이에게 준다. 곧 선택의 자유를 준다는 뜻이다. 아이에게 선택의 기회를 주는 방법은 아이의 연령에 따라 달라져야 한다. 선택의 자유를 제공하면서 책임지는 것도 함께 가르친다. 민주적 가치가 존중받는 여부에 따라 부모의 지도 유형은 군주형, 허용형, 민주형으로 구분한다.

- 군주형(autocratic): 독재자처럼 아이들이 무엇을 할지, 언제 해야 할지를 명령한다. 아이들은 부모의 명령에 도전하거나 반대할 수 없다. 순종을 잘하면 보상을 받고 그렇지 못하면 처벌을 받게 된다. 이러한 양육법은 오늘날과 같은 평등의 시대에는 부작용이 있을 뿐이다.
- 허용형(permissive): 거칠고 완고한 독재적 방식에 강력하게 반대하여 아이들의 말과 행동을 모두 받아 주는 허용형의 부모들은 아이들의 심부름꾼처럼 행동한다. 아이들이 제멋대로 하고 싶은 일을 맘껏 하도록 허용한다. 질서와 규율 없이 무제한의 자유가 허용된다. 종종 아이들이 버릇없이 굴고 부모의 권위에 도전하는 것도 방임한다.
- 민주형(democratic style): 민주형은 군주형과 허용형의 중간 그 이상의 의미를 가진다. 적극적인 부모라 불리는 이들은 자유를 추구하면서도 타인의 권리와 책임도 똑같이 보장해 줘야 할 것으로 여긴다. 부모는 아이가 다른 친구와 협동하라고 가르치고 스스로 학습하도록 돕는 역할을 한다. 진정한 리더십을 발휘하므로 이 가정은 민주적이며 질서가 있고 세심한 돌봄과 관심이 있다. 개개인이 모두 중요한 구성원으로서 인정을 받기 때문이다.

② 용기와 자기존중감
실패회로와 성공회로를 소개하면서 아이를 성공회로에 머물게 할 수 있는 방법으로 격려하라고 독려한다. 격려의 구체적인 방법과 기술을 연습한다.
어떤 문제상황을 접했을 때 실패를 경험하게 되면 스스로 무능하다고 낙심하며, 위축되거나 자포자기하기 쉽다. 자기존중감과 용기 있는 아이는 긍정적인 행동을 보이지만, 그렇지 않은 아이는 부정적인 행동을 보이기 쉽다. 따라서 사고와 감정과 행동이 순환하며, 자기존중감이 형성되는 것을 배운다. 실패했을 때에나 성공했을 때 긍정적인 사고와 감정을 갖도록 용기와 격려를 주라고 한다. 성공-실패 회로에서 낙심하고 있는 아이가 빠져나오도록 돕고 계속해서 성공회로에서 있도록 자기존중감을 높이고 용기를 얻는 대화로써 격려를 아끼지 않아야 한다.

③ 아이를 이해하기

아이의 행동을 이해하기 위해서 성격 형성요인, 발달과정, 아이의 그릇된 행동의 이면에 숨겨진 심리적 욕구를 이해하기를 배운다. 드라이커스의 아이의 잘못된 행동 목표 네 가지를 중심으로 아이의 행동을 이해한다.

(2) 부모교육의 주 개념

① 책임감 갖게 하기

책임감 갖게 하기를 배울 때 나-전달법을 쓰게 한다. 또한 자연적 귀결과 논리적 귀결을 사용하는 요령을 설명한다. 책임감이란 자신의 행동을 선택하고 그 선택의 결과를 받아들이는 과정이다[책임감(Responsibility)=선택(Choice)+결과(Consequence)]. 즉, 책임진다는 것은 '자신이 선택한 것을 수용한다.'라는 것을 아이가 이해하는 것이다. 책임감을 갖게 하려면 정중히 요청하기, 나-전달법 쓰기, 논리적 귀결 사용하기를 활용한다.

- 정중히 요청하기: 어떤 상황에서 부모가 원하는 바를 아이가 잘 알지 못할 때는 성인에게 하듯 부드럽게 요청하며 바라는 바를 밝힌다.
- 나-전달법: 부모가 인식한 문제점을 구체적으로 전달한다. 현재 상황을 가감 없이 객관적으로 말하며, 이 상황에서 부모가 느끼는 바를 말한다. 그리고 그렇게 느끼는 이유를 밝힌다. 이렇게 하면 아이는 자신의 행동이 다른 사람에

게 주는 영향을 인식하게 될 것이다.

• 논리적 귀결 경험하게 하기:

-아이에게 선택할 수 있는 권리가 있음을 말해 준다.

-자기 행동의 결과로 치르는 대가에 대한 토론에 아이를 참여시킨다.

-선택한 행동의 결과로 치르게 되는 대가는 논리적으로 타당성이 있어야 한다. 예를 들면, 친구 집에서 계속 놀고 싶어서 떼쓰는 아이에게 귀가시간을 지키지 못하면 보름 동안 친구와 놀 수 없음을 상기시킨다.

-부모 쪽에서는 실제로 실천할 수 있는 선택권만 주도록 한다(오늘 놀고 싶은 만큼 놀고 보름 동안 친구와 놀지 못할 것인지, 오늘 귀가시간을 지키고 친구와 계속 놀 것인지).

-단호하면서도 조용한 목소리로 말한다.

-일단 아이에게 선택권을 주고 아이가 선택한 대로 실행한다.

-아이는 부모가 실제로 그렇게 할지 시험한다는 사실을 기억한다.

-아이가 행동의 결과를 경험하는 기회를 준다.

② 협동심 자극하기

협동심 자극하기는 협동심을 기르는 의사소통의 기법으로서 의사소통의 걸림돌을 피하고 적극적인 의사소통 기법을 사용하는 것이다. 협동은 두 사람 이상이 공동목표를 향하여 함께 일하는 것이다. 협동심을 기르는 의사소통의 기법은 두 단계로 나뉜다. 첫 단계는 서로의 입장 이해하기이고, 둘째 단계는 공동의 목표를 실현하기이다. 첫째 단계에서는 의사소통의 걸림돌을 피하고 적극적인 경청과 나-전달을 사용한다. 둘째 단계에서는 서로의 요구를 충족시킬 수 있는 실현 가능한 대안을 찾아보고 실행하며 결과를 모니터링하면서 지도한다.

③ 민주사회에서의 적극적 부모

민주사회에서 요구되는 부모역할은 화목하고 민주적인 가족이 되도록 리더십을 발휘하는 것이다. 가족 간의 대화, 문제해결을 위한 토론, 가족 회의하기 등의 구체적인 방법과 요령을 제시한다.

아이들의 입장에서 자신의 발언과 의견이 존중되고 있다고 생각하면 스스로 협동심과 책임감을 갖는다. 가족회의는 가족 구성원들이 참여하여 가족문제를 해결하고 결정을 내리도록 한다. 가족회의의 진행은 칭찬 주고받기, 회의록 낭독, 구안건, 새로운 안건, 실행 또는 가족행동의 순서대로 할 수 있다. 이 순서는 각 가족의 상황에 맞게 조정할 수 있다. 모든 사람은 동등한 목소리로 생각이나 느낌을 나눌 수 있다. 결정은 합의에 의하며 모든 결정은 다음 회의 때까지 유효하다. 그러나 어떤 사항은 부모에게 결정권이 있다.

가족 내에서 문제를 다루는 절차는 문제점을 규명하기 위해 서로의 이야기를 잘 경청하여 문제점을 명료화한다. 브레인스토밍을 하여 가능한 해결책을 끌어내고, 결정된 대로 실행한다.

④ 참여자들의 자기 평가
APT 부모역할 훈련에 참여한 부모들은 훈련 시작과 끝에 아이용 목표 카드를 작성하여 각자의 훈련 효과를 점검한다. 목표 카드에는 적극적 부모역할 훈련의 네 가지 목표인 '책임감' '협동심' '용기' '자기존중감'과 함께, 자기 아이에게 바라는 목표를 기록하여 10점 척도상에 점수로 표시하여 평가한다.

Storytelling

성공한 건축가 료타는 아들 '케이타'와 아내 '미도리'와 함께 살면서 일중독에 시달리며 산다. 가장 아끼고, 공들이는 아들 '케이타'를 최고급 유치원에 보내놓았음에도 불구하고 경쟁심 없이 마냥 순진하기만 한 모습이 영 마음에 들지 않는다.

그러다가 병원으로부터 충격적인 소식을 전해 받는다. 6년간 키운 아들 '케이타'가 자신의 친자가 아니고 병원에서 바뀐 아이라는 것을 듣고서, 자신의 친자인 '류세이'를 키우는 '유다이' 가족을 만난다. 낙후된 동네에서 허름한 전파상을 운영하고 '내일 할 수 있는 일을 오늘 하지 않는다.'는 겉모습에 실망하면서 원래 아들을 돈으로 사들여 거둘 생각까지 하게 된다. 그러나 유다이는 진심으로 아이들을 존중하고, 사랑하며 그들의 시각으로 볼 줄 아는 선량하고 끈끈한 가족애를 지닌 인물이었다.

결국 주말마다 아들들을 교환하며 알아가자는 양쪽 가족의 합의를 받아들여 친자 '류세이'와 생활하게 되지만 생각보다 료타와 류세이 양쪽 다 서로에게 쉽게 적응되지 않으며, 반대로 케이타는 바르게 유다이와 친해져 료타와 아버지로서 묘하게 동급으로 대하는 모습에 료타는 은근히 상실감을 느낀다. 지금까지 키운 아들 '케이타'를 내주고, 친자 '류세이'를 돌려받음으로써 기른 정보다 혈육을 선택하게 된다. 그리고 키우던 아들 케이타에게는 냉정하게 이별을 고한다.

그렇게 돌려받은 친자 류세이지만 핏줄로 이어져 있기에 어떻게든 서로 금방 닮게 될 것이라는 료타의 낙관적인 예상은 빗나가고, 자유로운 가족 문화에서 자라난 류세이는 료타의 엄격한 규율을 통한 훈육과 낯선 환경에 적응하지 못하고 반항하며 끝내 가출하여 원래 집으로 몰래 달아나는 일까지 벌이고 만다. 료타는 이와 같은 상처를 통해 단순히 아버지로서의 부성이 그냥 얻어지는 것이 아니라는 것을 깨닫게 된다.

Q1. '유다이' 가족과 '료타' 가족의 차이는 무엇인가?

Q2. 료타가 간과하는 부모의 역할은 무엇인가?

Q3. 케이타와 류세이의 부적응과 적응은 무엇에서 비롯된 것일까?

제**4**부

부모교육의 현장 적용

제**8**장

부모교육의 계획, 실행, 평가

Think & Talk

- 영유아교육기관에서 부모교육을 해야 하는 이유는 무엇일까?
- 부모들은 영유아교육기관과 협력할 때 어떤 역할을 해야 할까?
- 영유아교육기관에서 부모교육을 계획 · 실행 · 평가할 때 고려해야 할 사항은 무엇인가?
- 부모참여, 부모상담을 할 때 교사가 주의해야 할 사항은 무엇일까?
- 부모와 동반자적 관계로 교류할 때의 지침은 무엇일까?

대개 많은 부모들이 유치원과 어린이집에 자녀를 보내면서 처음 학부모의 위치에 서게 된다. 자녀의 첫 기관 생활임과 동시에 부모의 첫 학부모 역할이 시작되는 것이다. 따라서 영유아교육기관에서의 부모교육은 앞으로 부모로서의 역할 수행에 방향성을 가지게 된다는 점에서 매우 중요하다고 할 수 있다.

유치원과 어린이집과 같은 영유아교육기관에서의 부모교육은 우선 부모와 어린이를 어떤 존재로 바라보느냐에 따라 계획, 운영 및 평가의 과정이 달라진다. 가정과 기관의 관계를 어떻게 정의할 것인가는 기관의 교육 철학, 신념 및 아동관을 그대로 드러내는 것이라고 할 수 있다.

부모에게 어떤 역할을 기대하느냐에 따라 그 성격이 달라질 수 있다. 부모의 역할에 따른 부모교육의 차원을 소개하면 다음과 같다.

모든 부모가 자기 자녀의 보호자와 양육자의 역할뿐만 아니라 계속 성장해야 할 평생교육의 학습자, 양육공동체의 동반자로서의 역할에 이르기까지 그 역할들을 충실히 해낼 수 있도록 영유아교육기관은 다양한 부모교육의 실제로 도와야 한다.

첫째, 영유아교육기관의 서비스 이용자로서의 부모는 '보호자' 역할을 안내받아야 한다. 유치원과 어린이집에 다니는 자녀의 생활을 지원할 때 책무가 무엇인지 알아야 한다. 예를 들어, 입학(입소)을 앞둔 신입 원아 보호자 오리엔테이션, 가정통신문, 알림장 등을 통해서 받는 다양한 안내 수준의 가정연계 실제라고 할 수 있다.

둘째, 양육책임자로서의 부모는 '양육자' 역할을 잘 수행하도록 지원 받아야 한다. 자녀의 성장과 발달을 도우려면 부모들이 이런 역할에 대해 알아야 한다. 교육·상담·전문가의 강연, 부모상담이라고 할 수 있다.

셋째, 부모 자신도 평생 '학습자'로서 양질의 교육을 받아야 함을 알게 한다. 부모교육을 통하여 부모 자신의 인성을 향상시킬 수 있고 양육의 질적 수준도 높아질 수 있기 때문이다. 부모의 인성이 바뀌면 그 효과가 가정에서 시작될 것이고, 유치원과 어린이집, 지역사회, 국가로까지 이어지게 된다(한국유아교육학회, 1996).

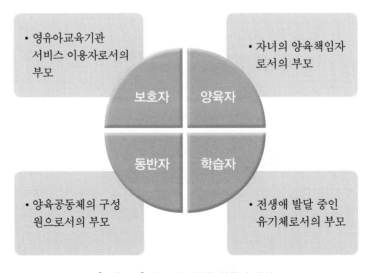

[그림 8-1] 부모의 다양한 역할과 정의

넷째, 모든 부모들은 양육공동체의 일원으로서 다음 세대를 위해 협력해야 한다. 자녀가 속한 영유아교육기관의 운영뿐만 아니라 지역사회, 지방자치단체, 국가와 국제 사회의 아동관련 정책 등 세계 시민으로서 다음 세대를 위한 의사결정에 참여해야 한다. 영유아교육기관에서 동반자로서의 권리와 의무는 학부모위원으로서 운영위원회에 참여하기, 시군구 지방자치단체의 정책위원회에 참여하기, 교육감 선거에 참여할 권리 등이 해당된다.

1. 부모교육의 계획

영유아교육기관에서 부모교육을 계획할 때 고려해야 할 일반적인 원칙은 다음과 같다(김희진, 2006).

(1) 부모들의 욕구를 최대한 반영한다

부모들의 욕구가 반영되면 부모들은 수동적 태도를 능동적 태도로 바꾼다. 프로그램을 진행하는 교사와 부모들이 동등한 관계로 협력하며 일하게 된다.

예를 들어, 어린이집에 영아를 보내는 맞벌이 부부는 영아발달에 관한 지식과 정보에 관한 내용을 가장 많이 원한다. 자녀의 출생순위와 연령에 따라 양육을 어떻게 해야 하는지를 알고 싶어 한다. 그래서 자녀의 발달에 초점을 맞춘 부모교육을 자녀가 다니는 영유아교육기관에서 받고 싶어 한다. 자녀와 효과적인 대화 및 상호작용, 영아의 질병 및 아플 때 간호 방법, 올바른 식생활습관, 영아의 성격과 사회성 발달에 대한 내용을 원한다(정보미, 김낙흥, 2016).

(2) 영유아교육기관의 교육계획과 통합적으로 운영되어야 한다

기관 교육과 가정 간에 일관성을 갖는 것은 영유아의 성장·발달을 지원하기 위함이다. 따라서 연간 계획안 작성 시 부모참여 프로그램의 목표, 주제, 방법 등이 영유아교육기관의 교육과 일관성이 있어야 한다. 기관의 연간 교육계획을 포함한 계절, 행사, 기관 구성원의 요구를 기초로 구체적으로 계획해야 한다. 〈표 8-1〉은 부모교육 연간 계획의 예이다.

〈표 8-1〉 **유치원의 연간 부모교육 계획안의 예**

월	주제	목적	내용	대상	방법	비고
2	오리엔테이션	자녀의 적응을 위해 협력한다.	• 유치원교육과정 및 교육계획	신입 원아 학부모	발표 및 질의 응답(원장)	교육계획서, 협력사항안내서
3	학급별 교육과정 및 운영 소개	자녀의 발달에 적합한 교육과정 및 교수학습 방법을 안다.	• 발달 특성 • 일과운영 • 놀이지도 • 생활지도	학부모	반별 간담회 (담임교사)	반별 운영계획 및 안내 자료
4	개별 상담	자녀의 적응 및 협력 방안에 대해 논의한다.	• 관찰 보고 및 부모 개별 상담	학부모	상담 (담임교사)	관찰 자료, 상담 설문지
5	부모교육 강연회	자녀와의 바람직한 대화기술을 익힌다.	• 자녀의 발달적 요구 이해 • 나-전달과 반영적 경청 • 민주적 문제해결	학부모 및 조부모	강연회 (전문가)	강연자료, 평가지
	가족참여 수업	자녀와 활동에 즐겁게 참여한다.	• 영아-워크숍 • 유아-수업참관	학부모 및 보호자	워크숍 수업참관 (담임교사)	참관평가서
7	방학 중 안전지도 건강생활 안내	건강하고 안전한 생활습관 형성을 위해 협력한다.	• 건강 생활 안내 • 안전 점검 및 수칙	학부모 및 보호자	가정 배부 (소책자, 생활점검표)	가정연계 실천 평가지
9	민속의 날 (자원봉사)	전래놀이와 송편 만들기 등의 활동에 보조교사로 참여한다.	• 전래놀이 시범 및 놀이 지도 • 송편 만들기 요리활동 진행	참여 희망 학부모	워크숍 (학부모)	놀이터와 유희실, 교실

10	가족의 날	반 또래의 가족과 함께 즐거운 시간을 가진다.	• 다양한 신체활동 레크리에이션	가족	레크리에이션 (체육교사)	운동장
11	개별상담	자녀의 발달지원을 위한 기관과의 협력 사항을 논의한다.	• 관찰 보고 및 부모 개별 상담	학부모	상담 (담임교사)	관찰자료, 설문지
12	초등학교 입학준비와 지도	초등학교 생활 적응을 위한 부모역할을 안다.	• 초등학교 교육과정 이해 • 학교 생활 안내	학부모	강연회 (지역사회 인근 초등학교 교사 초빙)	강연자료, 초등학교 교육과정
2	수료 및 졸업식	자녀의 수료와 졸업을 축하하며 기관과 가정의 협력의 의미를 나눈다.	• 반별 교육과정 보고 • 유아별 생활기록부	학부모	집단면담 (교사)	교육만족도평가서

(3) 프로그램은 다양성과 일관성 있게 계획하여 실행한다

부모교육의 형태와 유형은 다양하나 서로 유기적이며 일관성이 있도록 구성한다. 예를 들어, 오리엔테이션에서 전인교육을 강조한 후 학기 중에 학습지 구매를 하면, 내용, 정보, 철학이 상충되어 신뢰를 잃게 된다. 따라서 부모교육을 하는 목적을 분명히 하고 그에 맞는 구체적인 내용과 실천방안을 규모 있게 실시한다.

(4) 부모의 사회 · 문화 · 경제 · 교육적 맥락을 고려한다

영유아교육기관이 위치한 지역의 사회적 상황, 문화적 특성, 경제적 수준, 가족의 생활맥락에 따라 프로그램의 내용수준, 부모교육 형태 · 실시 방법 등을 조정한다. 예를 들어, 결혼이주자 가정과 같이 다문화 가족이 많은 기관에서는 심층 면담을 통한 그들의 요구에 근거한 부모교육 프로그램으로 자녀양육을 지원할 수 있다.

(5) 부모 개인의 요구를 반영한다

학급 전체를 대상으로 일관적인 프로그램을 실시하기보다는 부모 개개인이 의미를 발견할 수 있는 형태로 계획한다. 맞벌이 부부를 위해 행사를 토요일 오후에 갖는다든지, 졸업식을 퇴근 후 저녁시간에 하도록 하는 것을 예로 들 수 있다.

배지희, 조미영, 봉진영, 김은혜(2011)의 연구에서 부모들은 부모의 관심과 요구가 반영되지 않은 오리엔테이션, 지식 전달 위주의 강연회, 형식적이라는 느낌이 드는 활동, 그리고 부모와의 소통이 이루어지지 않는 일방적인 홈페이지와 가정통신문을 비효율적이라고 생각하였다. 부모들은 부모와 유아가 계획하고 적극적으로 참여할 수 있는 부모참여, 다양한 가족형태를 고려하는 부모참여, 부모들 간의 친목과 교류가 이어질 수 있는 부모참여, 그리고 일회성으로 그치는 것이 아니라 지속적인 지원이 이루어지거나 멘토링으로 진행되는 부모교육을 원하는 것으로 나타났다.

〈표 8-2〉는 발달 과정에서 흔히 발생하는 양육 문제를 소집단으로 부모교육한 사례이다.

〈표 8-2〉 **부모교육 세미나의 예**

시기	제목	형식	대상	원내 참여
2월	영아의 낯가림, 분리불안 그리고 적응	강연과 소집단 토의 (질의응답)	신입 영아 학부모	원장, 교사
5월	아이의 식욕과 식사 지도	강연과 소집단 토의 (질의응답)	신청자	영양사, 원장, 교사
6월	배변 조절 능력 발달 및 배변훈련	강연과 소집단 토의 (질의응답)	만 1세~2세 반 학부모	간호사, 원장, 교사
10월	문식성 발달과 바람직한 언어교육 방법	강연과 소집단 토의 (질의응답)	만 4세, 5세 반 학부모	원장, 교사

(6) 부모의 참여 수준을 다양하게 계획한다

　　부모참여 효과에 대한 기대 때문에 기관에서는 무리한 계획을 밀고 나가는 경우가 있다. 그러면 부모들은 강제 동원을 받는다는 기분이 들어 참여 자체에 부담을 가질 수도 있다. 모든 부모들이 일률적으로 참여할 수 없으므로 형식적, 비형식적 부모교육의 기회를 다양하게 제공하는 것이 바람직하다. 어떤 형태로든 모든 부모

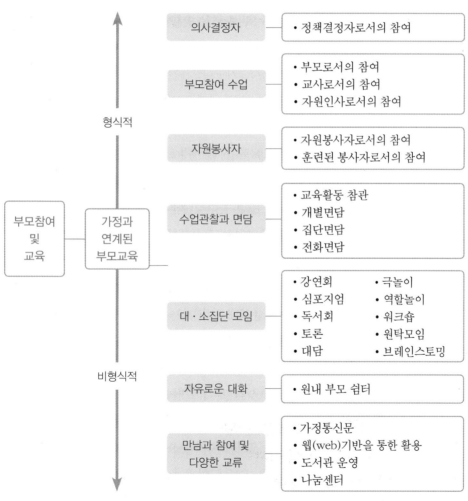

[그림 8-2] 부모교육의 다양한 형태

출처: 김영옥(2012).

들이 기관에 소속감을 느끼고, 필요한 정보를 충분히 제공받을 뿐만 아니라 의사결정 과정에 참여하게 해야 한다. [그림 8-2]는 부모교육의 다양한 형태이다.

(7) 적극적인 참여가 가능한 계획을 수립한다

과거 부모들은 제공되는 정보를 수동적으로 받아들였으나, 현대의 부모들은 주도적으로 정보를 찾고 제공하기를 원한다. 일방적으로 참여를 종용받는 행사가 되지 않도록 하며 주도적으로 선택할 수 있는 프로그램을 운영한다.

2. 부모교육의 실행

영유아교육기관에서 계획한 부모교육을 실시하고 운영할 때는 각 프로그램의 성격에 따라 고려해야 할 사항이 다르겠으나, 일반적으로 부모교육을 할 때 필요한 절차를 소개하면 [그림 8-3]과 같다.

기획	자원 확보	홍보	준비	당일 실행	평가
기획안 작성 및 결재	섭외, 일정 조정	대외, 대내, 개별 홍보	설비, 물자, 서류	분담업무 일정숙지	만족도조사, 교사평가회의

[그림 8-3] 부모교육의 운영 과정

(1) 기획

부모교육 활동의 목적, 목표, 대상, 내용, 일정, 예산, 자원 파악, 역할분담, 주의사항 등을 중심으로 기획안을 작성한다. 작성한 기획안은 결재상에 있는 부장교사, 원감, 원장 등에게 보고하며 결재를 받는다. 담당 실무자, 담당 부장교사, 원감, 원장의 순으로 실무자부터 최고 책임자에 이르기까지 결재를 받아서 행사 관련 정보를 공유한다.

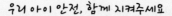

우리 아이 안전, 함께 지켜주세요

1. 활동목적:
   - 안전 민감성을 높여 가정과 원에서의 영유아 안전사고 예방을 위해 협력한다.
   - 보건복지부의 보육사업 안내지침에 따른 안전부모교육을 실시한다.

2. 활동목표:
   - 영유아의 발달특성에 따른 안전사고 유형과 추이를 이해한다.
   - 영유아 안전사고를 예방하기 위한 수칙을 숙지한다.
   - 원과 가정 간의 안전 관련 협력사항을 이행한다.

3. 일정 및 참여대상:

   1차 – 5월 24일(오전) 영아반 40명

   2차 – 5월 27일(오후) 유아반 40명

   3차 – 6월 1일(저녁) 영아반+유아반 40명

4. 내용:
   - 안전사고 예방(놀이안전, 교통안전, 생활안전)
   - 응급처치교육(상해별 응급처치, 기도폐쇄, 심폐소생)

5. 예산: 총 _____원 (연 부모교육예산 중 ___%)
   - 다과 간식 ___인 × ___회 × _____원
   - 강사비 ___인 × ___회 × _____원

6. 인적 자원: 안전교육 전문업체에 의뢰(강사, 실습장비 공급)

7. 비고:
   - 모든 가정의 1인 이상 의무적으로 참여할 것을 권함
   - 안전교육 이수증, 교육만족도 조사지 준비
   - 2학기 아동학대예방 부모교육 홍보

[그림 8-4] 부모교육 기획안의 예

(2) 자원 확보

원장이 결재한 후, 필요한 인적·물적 자원을 확보한다. 확보한 시간에 가능한 인적 자원(강연자 및 전문가 등)이 있는지 섭외한 후, 강연자의 일정, 행사 공간 확보 가능 일정, 원내 사정 등을 고려하여 일정을 확정한다. 실무를 맡은 교사들과 함께

브레인스토밍을 하며 정해진 시간과 공간에 필요한 물품의 목록과 직무 등을 추출한다. 예를 들어, 직무는 진행자, 안내자, 사진촬영자, 기기 담당자 등이며 필요 물품은 참여 부모의 이름표, 명단, 차와 간식 준비, 마이크, 컴퓨터, 스피커, 포인터 등이다.

(3) 홍보

시간, 공간, 자원이 확보되면, 기관 내외의 홍보를 위한 전략을 수립한다. 대외적으로는 지역사회와 이웃기관에 홍보하고, 대내적으로는 모든 영유아의 가정이 이에 해당한다. 프로그램의 내용과 성격상 꼭 참여를 했으면 좋겠다고 여겨지는 영유아의 가정에는 개별적으로 참여를 독려하도록 한다. 현수막 · 게시판 · 가정통신문 · 알림장 · 대면 홍보 등 다양한 방법([그림 8-5])의 여러 차원의 홍보로 대상 부모들이 가급적 많이 참여할 수 있도록 여러 번 접촉하여 확인한다. 행사일을 앞두고는 직접 개별적으로 연락하여 참석 유무를 확인하는 것이 바람직하다. 홍보는 시간을 두고 여유있게 하는 것이 좋다.

(4) 준비

반별로 참여 부모의 명단을 준비하고, 자료, 행사장의 프로젝션, 음향장비, 컴퓨터, 포인터를 포함한 기타 준비물을 챙기고, 강사를 위한 제반 사항들(강사 프로필, 주차 공간, 음료, 영수증, 개인정보수집 동의서 등)도 준비한다.

(5) 당일 실행

직무별로 역할을 분담하여 효율적으로 진행되도록 유의한다. 당일 일정 순서대로 담당자는 자신의 역할을 숙지하고 있어야 한다. 사회자, 안내자, 강사의전 지원자, 주차안내자, 간식 도우미 등이 각자의 정해진 위치에서 제 역할을 충실히 해야 한다.

일정상 부모가 아이들과 함께 귀가를 할 수도 있고, 부모교육이 이루어질 때 아

○○어린이집 부모님께

안녕하십니까. 저희 ○○어린이집은 가정과 어린이집이 적극적으로 협력하는 열린어린이집이 되고자 노력하고 있습니다. '열린'이란 영유아의 가족분들, 특히 부모님의 참여가 활발히 이루어질 수 있도록 어린이집의 개방성을 증진한다는 의미입니다. 우리 아이들의 행복과 건강을 위해서는 아이들의 가장 친근하고 중요한 환경인 가정과 어린이집의 신뢰와 소통이 필수적이기 때문입니다.

이를 위하여 올 한 해 동안 다음의 활동들을 함께하려고 합니다. 부모님의 참여가 어려우실 경우에는 조부모님 등 아이와 친근한 양육자가 오실 수 있습니다. 많은 관심과 참여를 부탁드립니다.

활동	내용	운영 시기
○○ 사랑방	가족들이 오고가며 자유롭게 이용할 수 있는 공간입니다. 서적과 차를 비치해 놓았습니다.	상시
○○ 텃밭	현관에 작은 텃밭을 아이들과 함께 가꿀 것입니다.	상시
○○ 모임	육아와 관련된 다양한 이야기를 공유할 수 있는 부모님들의 소모임입니다.	상시
우리동네놀이터	아이들이 좋아하는 어린이집 바깥놀이터를 정해진 시간 동안 오픈합니다.	상시
우리반 게시판	각 반 앞에 월간·주간계획안, 운영위원회 의결사항, 어린이집 재정 자료, 각종 행사 안내, 무기명 의견함을 비치할 예정입니다.	상시
운영위원회	대표 부모님들이 참여하여 어린이집 운영 전반을 논의합니다.	4, 7, 10, 1월
부모일일교사	부모님들이 어린이집에서의 하루 일과를 교사와 동일하게 경험해 보는 날입니다.	4월, 10월
산책, 견학 도우미 활동	인근 지역으로 산책을 나가거나 멀리 견학을 갈 때 안전 도우미로 부모님들이 함께합니다.	5월, 11월
장터 활동	각 가정에서 모인 안 쓰는 물건, 아이들이 만든 물건 등을 동네 주민들에게 판매하고 수익금을 기부하는 장터입니다.	7월

열린어린이집 운영에 대한 의견을 자유롭게 적어주세요.

원아 _____의 _____(관계) _____(성함)

20   년   월   일

○○어린이집 원장 ○○○

[그림 8-5] 부모참여를 위한 열린어린이집 안내문의 예

출처: 중앙육아종합지원센터(2017).

이들이 교실에서 지낼 수도 있다. 각 교실에서 영유아들을 지도하는 교사들도 당일 행사 일정을 숙지하여 아이들의 안전과 흥미를 동시에 고려하는 자원과 활동을 준비해야 한다.

(6) 평가

당일 일정을 마치기 전에는 반드시 만족도를 참여자들로부터 받는다. 목표·내용·시간·자료·장소·제반 건의사항 등에 대한 항목을 넣어 만족도 조사지를 제작 배부하여 부모들이 간단히 체크하고 제출하도록 한다. 부모들의 평가는 다음 부모교육을 계획할 때 자료로 활용한다.

또한 교직원들의 평가 시간을 가져 성과 및 개선점을 논의하고 기록하여 다음 프로그램 계획 시 반영하도록 한다.

3. 부모교육의 평가

부모교육을 계획하고, 실행한 결과를 평가하는 것은 매우 중요하다. 애초에 세운 부모교육의 목적과 하위 목표가 성취되었는지 살펴봐야 할 것이며, 아울러 투입된 자원(시간, 예산, 인력, 노력 등)에 비해 산출된 결과(참여율, 참여자 만족도, 시간과 공간 활용도 등)이 어떠한지 꼼꼼히 따져야 할 것이다.

이호준(2008)은 부모교육 참여자 관점에서 평가되어야 할 다섯 가지 지표로서 ① 효과성(기대하는 것을 얻었는가?), ② 충실성(참 권위가 느껴지는 친절한 전달이었는가?), ③ 참여성(교육에 직접 참여하고 발언할 수 있었는가?), ④ 신뢰도(기관에 대한 신뢰가 증진되었는가?), ⑤ 편의성(교육 시 편안하고 시설 설비 자료의 활용이 편리하였는가?)을 측정해야 한다고 하였다.

연간 부모교육 계획이 충실히 이루어졌는지 자체적으로 점검이 필요하다. 부모교육의 계획, 준비, 실행, 평가가 체계적으로 이루어졌는지 점검한다. 다음의 사항을 분기별, 연도별로 평가하도록 한다.

◈ 계획단계의 평가 사항

• 부모교육의 주제를 선정할 때 부모의 의견과 요구를 반영하였는가?

• 부모교육의 의의와 계획을 잘 안내하였는가?

• 다양한 가족 구성원이 참여할 수 있게 계획하였는가?

◈ 준비단계의 평가 사항

• 부모교육의 목적, 내용, 방법을 교직원들이 공유하였는가?

• 홍보는 다양한 차원에서 이루어졌는가?

• 인적 · 물적 자원 확보에 대한 논의는 충실히 이루어졌는가?

• 공간 구성은 편이성과 심미성을 확보하였는가?

◈ 실행단계의 평가 사항

• 참석이 어려운 부모들을 위해 실행 내용을 공유하였는가?

• 부모교육을 교육과정과 연계하였는가?

• 교직원이 담당한 직무는 적정하게 분배되었는가?

• 예산과 인적 · 물적 자원 확보의 개선사항은 있었는가?

◈ 평가단계의 평가 사항

• 부모교육 활동별로 참여자의 만족도 조사가 이루어져 결과 반영을 위한 시사
　점을 도출하였는가?

• 부모교육 활동별로 교직원의 평가가 이루어져 다시 반영될 수 있는 시사점을
　도출하였는가?

• 활동별로 유지, 심화 및 축소 방안의 근거와 대안은 마련되었는가?

〈표 8-3〉 부모회와 교직원 간의 평가회의의 준비 및 실행 사례

실시기간	분기별 1회
소요기간	1시간~1시간 30분
활동자료	기관 평가 설문지, 회의록, 필기구, 다과

활동내용	
사전준비	• 평가하고자 하는 항목을 정해 이를 부모가 쉽게 평가할 수 있는 문항으로 기관 평가 설문지를 제작한다. • 알림장, 가정통신문, 블로그 등을 통해 평가 설문지 기록 및 수거 기간에 대해 부모에게 알린다. • 평가 설문지 수거함을 설치한다. • 기관 평가 설문지를 기관 전체 부모에게 전달하고 작성하도록 부탁한다. • 일정 기간 동안 설문지를 수거한다. • 수거된 기관 평가 설문지의 각 항목당 빈도와 기타 의견을 기록한다. • 부모참여 평가 워크숍 일정을 전체 부모에게 공고한다. • 참여하고자 원하는 부모가 모두 자유롭게 참여할 수 있도록 독려한다.
본 활동	• 원장, 교직원 대표, 부모가 부모참여 평가회에 참여한다. • 원장은 수거된 기관 평가 설문지의 각 항목당 빈도와 기타 의견을 모인 인원에게 공개, 전달한다. • 한 항목씩 빈도를 살펴보고 항목의 개선점을 찾아 논의한다. • 논의된 내용 중 결정이 필요한 항목은 경우에 따라 표결에 부친다. • 최종 확정 내용을 결정한다.
사후활동	• 결정된 내용을 알림장, 가정통신문, 블로그 등을 이용하여 전체 부모, 교직원에게 공고한다. • 결정된 내용을 실행한다. • 실행 과정을 지속적으로 관찰, 평가한다.

유의사항
• 설문지 항목은 부모이면 누구라도 쉽게 문장을 이해하고 평가 가능하도록 제작한다. • 기관 평가 설문지의 평가 항목이 부모가 느끼기에 많다고 생각되면 응답률이 떨어지고 응답을 한다 하더라도 신뢰할 수 있는 응답이 되지 않기 때문에 가능한 한 15문항 내외에서 조절한다. • 설문지 수거함은 부모의 접근성이 좋으며 CCTV가 없고 부모의 익명성이 보장되는 위치에 설치한다.

출처: 권미경 외(2015).

부모교육 프로그램은 부모의 의견 조사를 통해 평가할 수 있다. 의견 조사 결과를 기초로 교사회의를 하여 그 해의 부모교육 프로그램에 대한 평가를 한 후 다음 해의 연간 부모교육을 계획한다.

　부모의 의견 조사 결과와 교사회의를 통해 이루어진 평가와 다음 해 계획은 게시판, 가정통신문, 홈페이지를 통해 부모와 공유한다. 의견조사로 부모참여 및 부모교육 프로그램에 대한 만족도를 살펴보고 그 결과를 기초로 부모와 함께하는 평가회의를 진행한다. 평가회의의 결과는 전체 부모와 교직원에게 공지하여 다음 해의 부모교육 연간계획 및 운영에 동반자로 여기고 있음을 알린다. 〈표 8-3〉은 부모교육 프로그램에 대한 부모회와 교직원 간의 평가회의의 준비 및 실행 사례이다.

Storytelling

　'이 영화는 중국 운남성 누강주 푸공현에 실재하는 일을 바탕으로 합니다'라는 설명과 함께 영화가 시작된다. 학교에 옹기종기 모여 있는 아이들의 귀엽고 발랄한 모습, 책상에 앉아 공부하는 모습, 세찬 물살의 누강을 오로지 외줄 하나에 의지해 건너가는 모습, 바닥에 쭈그리고 앉아 책을 읽는 모습 등이 장면으로 이어진다.

　중국 차마고도 원난성의 외진 고산지대에서 살고 있는 '나샹'과 '와와'는 우애가 깊은 남매이다. 이들이 학교로 가는 길은 강 협곡 사이에 놓인 외줄뿐이다. 범상치 않은 등굣길로 인해 엄마는 누나 나샹만 학교에 가는 것을 허락하고 어린 동생 와와에게는 학교를 못 가게 한다.

　와와는 매일 아침 누나와 헤어지는 것도 싫었지만, 학교가 너무 궁금했다. 어느 날 와와는 큰 결심을 하고 엄마 몰래, 또 누나 몰래 학교에 갔다가 너무나도 큰 문화충격을 받게 된다. 선생님도 좋고, 친구들도 있고, 재미있는 공부도 할 수 있는 학교의 모든 것이 신기했던 것이다.

와와는 그 뒤로도 몰래 학교에 가서 도둑 수업을 받기 시작한다. 학교교육의 힘이었을까? 와와는 본의 아니게 점점 유식해져서 누나에게 들키고 만다. 도시에서 온 젊은 선생님 '니에(차오시위엔)'의 눈에도 띈다. 한편, 마음씨 고운 니에 선생님은 오지의 아이들이 추운 날씨에도 맨발에 슬리퍼를 신고 다니며 위험천만한 방법으로 등교를 한다는 사실에 충격을 받는다.

니에 선생님은 아이들에게 주려고 장화선물을 마련한 뒤 산골 나샹의 집에 가정방문한다. 그리고는 어머니에게 와와도 배움의 기회를 주자고 말한다. 그러던 어느 날 누나 나샹이 사고를 당하는 일이 생긴다.

Q1. 와와가 그렇게 가고 싶어 했던 학교는 어떤 의미일까? 우리나라의 영유아들에게 어린이집과 유치원은 어떤 의미일까? 무엇이 같고 다른가? 중요한 것은 무엇일까?

Q2. 선생님의 가정방문의 가치에 대해 토론해 보자.

Q3. 영유아교육기관과 가정, 교사와 부모의 협력이 갖는 의의에 대해 토론해 보자.

제**9**장

부모교육의 실제

Think & Talk

- 어린이집과 유치원에 자녀를 보내는 부모가 가지고 있는 정체성과 역할은 무엇일까?
- 어린이집과 유치원이 부모와 파트너십을 가지기 위해서 노력해야 할 것은 무엇일까?
- 영유아교사의 직무로서 부모교육 프로그램을 계획, 실행하고 평가할 때 고려해야 할 사항은?
- 영유아교사로서 부모와의 교류, 부모참여, 부모교육, 부모상담 시 주의해야 할 것은?

영유아교육기관에서 입학상담을 할 때부터 부모와의 접촉이 이루어진다. 동반자로서 협력 관계를 형성하기 위해 부모들에게 기관 운영 전반에 대한 정보를 제공함으로써 부모로부터 신뢰와 지지를 확보할 필요가 있다. 진정한 동반자 관계를 형성하기 위해서는 민주적인 의사소통을 통하여 교육의 목적과 목표를 설정하고, 협력과 참여의 기회를 충분히 제공해야 한다.

게스트위키(Gestwicki, 2000)는 기관과 가정의 동반자적 관계가 가지고 오는 긍정적 효과가 영유아, 부모, 교사 모두에게 나타난다고 하였다. 영유아에게는 환경의 안정과 자아개념의 향상을, 교사와 부모들에게는 합리적·논리적·일관적인 반응을 확보할 수 있게 한다. 보다 더 구체적으로 살펴보면, 부모에게는 기관으로부터 지원을 받았다는 느낌, 부모역할에 대한 지식과 기술의 습득, 부모 자신의 자아개

넘 향상을 가져다준다. 교사는 부모와 아이로부터 긍정적인 반응을 받을 수 있어 자신감이 향상될 수 있으며 다양한 지원으로 교육의 질적 수준을 향상시킬 수 있다. 이 장에서는 부모교육을 그 내용과 수준에 따라 다음의 세 가지로 구분하여 다루고자 한다.

- 부모와의 교류: 등 · 하원지도, 알림장, 가정통신문, 홈페이지 등과 같이 부모와의 소통은 아이에 대한 정보를 주고받아 가정과 기관에서 자녀가 보다 안정적이며, 즐거운 생활을 하도록 돕기 위함이다.
- 부모의 참여: 신입 원아 오리엔테이션, 입학식, 수업참관, 자원봉사, 가족행사, 운영위원회 등과 같이 부모가 영유아교육의 주체로서 다양한 활동에 참여하여 영유아교육기관의 교육목적 및 목표 등의 실현에 동반자로서의 역할을 수행하기 위함이다. 비슷한 발달 과업을 겪고 있는 아이들을 키우며 부모들의 고민과 어려움도 거의 비슷하다. 비슷한 요구를 가진 부모들이 모여 자녀양육에 대한 전문가의 강연회, 토론회 등을 하거나 워크숍, 독서회 등의 모임을 말한다.
- 부모상담: 아이의 요구를 깊이 이해하기 위한 부모와 교사의 상담은 가정에서의 부모역할과 기관에서의 교사역할에 긍정적인 영향을 준다. 정기적, 비정기적으로 이루어지는 1:1 개별상담과 반별 집단면담, 전화상담 등은 대부분의 영유아교육기관에서 실시되고 있다. 뿐만 아니라 서비스 수요자로서 서비스 개선과 관련된 부모들의 의견에 대한 상담을 포함한다.

1. 부모와의 교류

영유아교육의 효율성을 높이려면 가정과의 긴밀한 협력이 필요하므로 부모와 교사가 만날 수 있는 형식적인 기회와 통로를 다양하게 마련하여야 한다. 가정과의 의사소통과 협력을 통해서 기관은 부모와 일관된 교육적 신념을 가지고 아이의 성장을 도울 수 있다. 따라서 기관에서는 다양한 경로의 의사소통을 통해서 부모역할을 잘 수행하도록 도와야 한다.

기관과 가정과의 활발한 교류는 아이를 둘러싸고 있는 미시체계인 가정·기관·지역사회의 기능을 강화할 뿐만 아니라, 중간체계로서 가정과 기관, 기관과 지역사회, 가정과 지역사회를 연계할 수 있는 다양한 기회를 가지므로 아이를 위해 가치충돌 없이 협력할 수 있다.

등·하원 지도 시 부모와의 만남부터 알림장, 가정통신문, 온라인 교류 등 다양한 방법을 활용하여 가정과 교류하도록 한다.

1) 등·하원 시 인계

등·하원 시간에 교사와 부모는 아이를 인계하면서 아이의 건강, 기분, 활동 경험 등과 같은 특이사항 등에 대해 소통을 나누게 된다. 아이들은 가족들의 돌봄을 받으며 원하는 대로 자유롭게 놀며 지내다가 기관에서의 생활을 시작하면서 어려움을 겪게 된다. 여러 구성원 중의 하나로서 규범과 약속을 지켜야 하고 또래와 공간과 기회를 나눠가져야 하는 집단생활을 해야 하므로 등원 시 스트레스를 겪을 수 있는 것이다. 어릴수록 부모와 분리되는 것에 대한 불안으로 현관 입구에서 부모에게 울며 매달릴 수도 있다. 등·하원 시 부모와의 소통에서 유의해야 할 사항을 살펴보면 다음과 같다.

첫째, 등원 시 교사는 인사를 잘 나눠야 한다. 교사는 모든 아이 한 명 한 명과 인사를 나눌 뿐 아니라 부모와도 인사를 나눈다. 아이가 부모와 헤어지며 인사를 나누고, 교사는 아이가 선생님들과 또래들에게도 인사를 나누도록 지도한다.

둘째, 등원 시에는 보호자에게 아이의 건강상태, 기분, 일과 중의 경험과 특이사항에 대해 직접 대면하여 묻거나 부모가 작성한 알림장으로 반드시 확인하여야 한다. 아픈 아이는 투약 혹은 사전에 알아야 할 사안에 대해 메모하고 기억하며, 반의 다른 교직원과 공유한다.

셋째, 하원 시에는 아이의 건강상태, 기분, 일과 중의 경험 및 특이사항에 대해 부모에게 알린다. 투약 의뢰된 사항에 대해 보고하며, 하원 시 귀가동의서에 기록된 보호자에게만 아이를 인계해야 한다. 만약 다른 보호자에게 인계할 경우에는 부모에게 확인 후 책임인계를 한다. 만일 하원 시 보호자가 아이를 책임질 수 없는 상태(심신미약, 만취, 미성년자)일 경우도 부모에게 확인을 한다.

넷째, 통학 차량으로 하원할 시 보호자가 정해진 장소에 없을 경우에는 아이를 혼자 하차하여 귀가시킬 수 없으므로 다시 기관으로 데리고 와 보호자가 데리러 올 때까지 보호한다.

다섯째, 등·하원 시 아이에 대한 부모와의 소통은 간단명료하게 나누는 것이 바람직하다. 이야기가 길어지면, 다른 아이의 안전을 감독하기 어려워지므로, 중요 용건을 간단히 언급하며, 시간을 요하는 사안은 알림장이나 전화상담 등 다른 경로로 소통하는 것이 좋다.

여섯째, 아이의 겉옷, 신발, 가방, 물품 등의 개인 용품의 관리 및 손씻기를 안내하며, 아이의 기본생활습관(예절, 청결, 질서, 절제) 형성을 돕는다.

일곱째, 통학차량으로 등·하원하는 아이의 경우, 차량안전지도를 맡은 교사가 부모를 만나게 되어 도보로 통학하는 아이의 부모에 비해 담임교사와 부모와의 소통의 기회가 적으므로, 정기적으로 알림장이나 전화상담을 하도록 하여 교류가 부족해지지 않도록 유념한다.

2) 알림장

유아교육기관의 알림장은 아이의 양육과 보육에 필요한 정보를 주고받는 문서로서 아이의 가정과 유아교육기관의 생활경험에 대한 소통과 교류의 '메신저' 역할을 한다. 특히 영아의 경우는 자기 표현을 하거나 의사전달 능력이 미숙하므로 부모에게 기관에서 영아가 어떻게 지냈는지 알려주어 가정에서 일관성 있는 돌봄을 받을 수 있도록 한다.

영아교사가 적는 알림장은 유아교육기관에서 무엇을 얼마나 먹고, 자고, 어떻게 놀이를 했는지에 대한 기초 보고서의 성격을 가지고 있다(김민정, 김갑순, 2012). 직접 수기(手記)로 하거나 컴퓨터로 작성하여 하원 시 전달하는 방식에서 요즘에는 디지털 기기와 모바일 플랫폼을 이용한 알림장으로 변화하고 있다.

알림장에는 작성일자와 시간, 작성자(교사 이름, 반 이름), 아이 이름 등의 형식적 정보를 기록하는 부분이 있고, 아이의 건강(배변, 발열, 투약관련 사항 등), 영양(수유 정보, 이유 · 간식 · 식사 등의 메뉴 · 양 · 시간)에 관련된 내용을 기록하는 정량적 숫자를 기입하는 부분이 있다. 아이의 유아교육기관의 놀이, 활동, 일상과 관련된 생활 경험이 서술되어 있으며, 마지막으로 가정에 보내는 공식적인 안내사항 등을 기록한다.

알림장 작성 시에는 다음과 같은 사항을 유의해야 한다(강정원, 김승옥, 2015).

첫째, 기관에서 가정으로 보내는 공적 문서로서 아이에 대한 객관적인 정보를 충실히 정확히 기록한다. 온라인상의 애플리케이션을 이용하여 알림장을 작성할 경우에는 맞춤법, 오탈자, 문단의 구조 등에 더욱 유의한다. 친밀감을 나타내기 위해 이모티콘(^^, ㅋㅋ, ㅎㅎ, ㅠㅠ 등)을 지나치게 사용할 경우, 소통이 왜곡되어 부모의 기분이 나빠질 수 있다.

둘째, 직접 대면하여 나누는 대화와 달리 문자 소통은 오해를 불러일으킬 소지가 있다. 대화는 억양과 표정으로 정서를 함께 전달할 수 있지만, 알림장은 문자로만 소통해야 하므로 한계가 있다. 정황을 설명해야 하거나 동의를 구하는 사안은 직접 통화를 하거나 대면하여 소통을 하는 것이 바람직하다.

셋째, 사소한 실수는 신뢰에 문제를 일으킬 수 있다. 알림장에 기록된 아이의 이름을 잘못 써서 바뀌거나, 적절한 에피소드가 아니거나 문법적 오류나 오탈자를 쓰는 등의 실수를 하지 않도록 유의한다.

넷째, 부모들이 아이의 등원 전 상태, 상황을 확인하여 교사에게 꼭 전달해야 함을 명확히 안내한다.

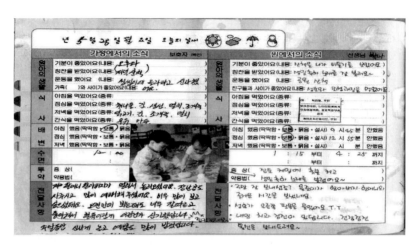

[그림 9-1] 알림장 수첩(위)과 스마트 알림장(아래)의 예

가정에서는 전날 하원 시부터 등원할 때까지 아이가 보인 특별한 반응 또는 교사에게 부탁하고 싶은 점을 간단히 기록하여 보내도록 안내한다. 특히 급·간식 메뉴에 알레르기 유발 물질이 함유되어 있어 대체식품이 필요한 경우, 질병으로 인한 투약 의뢰 사항을 꼼꼼히 기록하도록 요청한다. 또한 귀가 예정 시간과 귀가 시 인계할 보호자가 누구인지 기록해 교사가 확인할 수 있도록 한다.

3) 가정통신문

가정통신문은 영유아교육의 효과를 높이기 위해 서신 및 전언으로 의사소통하는 부모교육의 형태이다. 이는 기관에서 교수학습 하는 내용, 행사 계획·운영 활동들을 부모에게 알리는 것을 목적으로 한다. 주로 가정에서 부모-자녀 간의 긍정적인 상호작용을 도모할 수 있는 아이디어를 제공하며 메모, 편지, 연간/월별/주간/일일 교육 예정안 등이 가정통신문의 유형이다(김신재, 1987). 그 밖에 회의, 공지사항이 발생할 때마다 통신문, 전언통신, 컴퓨터통신 등을 이용할 수 있다(한국유아교육학회, 1996).

가정통신문은 일반적으로 많이 실시하는 방법으로서 가장 소극적인 부모참여 형태이지만 부모들은 자녀와 기관에 대한 정보를 가질 수 있어 신뢰감을 높일 수 있다. 가정통신문은 공지사항과 같은 공식적인 것과 일이 일어날 때마다 보내는 쪽지와 같은 비공식적인 것으로 분류할 수 있다. 공지사항 형식의 통신문은 기관의 생활을 부모에게 알려주기 위한 '주간교육계획안'이 대표적인 예이다. 주로 다음 주에 할 교육계획이나 가정에서 준비시켜야 할 사항 등을 기재한다. 대체로 매주 주말에 아이를 통해 가정으로 발송한다.

가정통신문의 효율적 운영을 위해서는 다음과 같은 사항에 유의해야 한다. 첫째, 내용은 부모들과 아이들의 관심이 있는 것으로 한다. 만일 개인 아이에 관한 개별 통신이면 교사가 판단하여 모든 것을 사실대로 알리는 것이 좋으나, 부모들 간에 오해와 갈등을 일으킬 수 있는 여지가 있는 것은 대면으로 하는 것이 바람직하

원훈	가정통신문	제 15 호
몸과 마음이 건강한 어린이 즐겁게 배우는 어린이 생각을 나누는 어린이	○○○ 유치원 ☎ 2000-4000	2000. 05. 30.

1. 27일에는 '○○ 패밀리 파크' 현장학습을 잘 다녀왔습니다. 즐거운 현장학습이 될 수 있도록 준비물을 잘 챙겨주셔서 감사합니다. 이날 함께 가셔서 애써주신 학부모자원봉사자님께도 깊은 감사를 드립니다.

2. 매월 4일은 안전 교육의 날입니다. 6월 4일(수)에는 재난으로부터 우리의 소중한 생명과 재산을 보호하기 위하여 현장학습으로 실시하지 못했던 『재난대응 안전 한국훈련』을 실시하고자 합니다. 이번 훈련은 지진 및 화재대피 훈련으로, 재난을 당했을 때 신속하게 대피하는 능력을 기르고, 안전이 소중하다는 사실을 체험적으로 터득할 수 있도록 하는데 의의가 있습니다. 각 가정에서도 만일의 사태에 대비할 수 있도록 가족 간의 대화하는 것이 좋겠습니다.

3. 부모지원교육자료(2017-13)를 보내드립니다. 자녀교육에 잘 활용해 주시기 바랍니다.

4. ○○대학교 재학 중인 예비교사 두 분이 우리 유치원에서 실시한 교육실습을 5월 말로 마무리하게 되었습니다. 두 분 예비 선생님들의 노고에 감사드리며 앞으로 좋은 선생님이 되시기를 함께 기원해 주십시오.

5. 6월 6일(금)은 현충일입니다. 이 날은 나라를 지키기 위해 목숨을 바친 조상들의 넋을 추모하는 날이므로 국민 모두 경건한 마음을 가지고 나라와 민족에 대해 다시 한 번 생각해 보는 시간을 갖습니다. 호국영령들을 추모하는 의미에서 각 가정에서는 반기(半旗)를 게양하고, 오전 10시에 울리는 사이렌 소리에 맞춰 모두 1분간 순국선열의 넋을 위로하는 묵념을 합니다. 국립현충원, 국립묘지, 전쟁기념관, 독립기념관 등 위령을 모신 곳을 방문하여 헌화도 합니다. 현충일은 공휴일이므로 에듀케어를 포함한 전체 영유아가 유치원에 오지 않습니다.

6. 학기 초에 실시한 학부모도우미 희망조사 자료에 기초하여, 교육활동에 필요한 교재교구 제작 도우미 봉사활동에 참여하실 학부모님 명단을 알려드립니다. 도우미를 희망해 주신 학부모님께 감사드리며 상세한 일정은 개별로 안내해드리겠습니다.(추후에도 각 반 담임교사에게 신청 가능합니다.)

2000. 05. 30
○○○ 유치원장

[그림 9-2] 가정통신문의 예

며, 가급적 부모에게 알리기 전에 원장, 원감, 주임, 선임 등 사안의 책임자들과 의논하여 정하는 것이 좋다.

둘째, 중요한 사항일 경우 부모가 읽었다는 확인을 받아야 한다. 즉, 아이들에게 가정통신문을 부모에게 보이고 의견 및 확인을 받아오게 하면 보다 확실한 서면 의사소통을 할 수 있다.

셋째, 다양한 계층의 부모임을 고려하여 가능한 한 전문용어의 사용은 피한다. 그리고 한 번에 너무 많은 정보를 싣는 것은 부모가 가정통신문에 주의를 덜 기울이게 되므로 주의해야 한다.

넷째, 부모들이 가정통신문을 재미있고 유익한 정보원으로 기대하고 중요한 자료라고 인식하도록 노력한다. 가정통신문이 단순히 활동 목록의 나열이 되어서는 안 된다.

다섯째, 가정통신문을 활용하여 부모교육의 효과를 거두기 위해서는 정기적으로 발간하여 가정과 기관 간의 지속적인 소통이 이루어질 수 있게 한다.

4) 홈페이지

부모가 직접 방문하지 않아도 기관에서 계획·실행하는 운영 내용을 쉽게 살펴볼 수 있도록 웹을 이용한 블로그, 카페, 홈페이지를 활용하여 교류할 수 있다. 부모가 블로그 등에 올라온 내용을 보고 관련된 의견을 건의할 수 있는 온라인 공간을 마련하여 운영한다. 이 방법은 신속하고 정확하게 많은 양의 정보를 기억하고 처리할 수 있으며, 장소와 시간의 제약을 받지 않는 인터넷의 장점을 활용할 수 있다. 항상 누구나 쉽게 소통할 수 있으며, 계속 업데이트를 하여 새로운 정보를 제공함으로써 그 효과를 높일 수 있다.

홈페이지 운영의 경제적 부담을 피하려면, 포털 사이트에서 무료로 구축할 수 있는 블로그 또는 카페를 개설한다. 예산에 여유가 있으면 홈페이지를 구축할 수도 있다. 교육계획안, 공지사항, 정보 자료실, Q&A 게시판, 자유게시판, 아이들의 놀이 사진 앨범 등 다양한 정보를 부모에게 전달할 수 있도록 메뉴를 구성한다. 교직원 중 한 명을 블로그 관리 담당자로 업무를 분장하거나 일반 사무직원이 담당하게 한다. 개설한 블로그 또는 카페, 홈페이지 주소와 활용 방법을 부모에게 홍보하고 회원가입을 유도한다. 부모 중 지원자를 모집하여 학급 소식을 개설된 블로그 등에 올릴 수 있는 역할을 하게 할 수도 있다. 웹 블로그, 카페, 홈페이지의 구성 메뉴에 적절하고 다양한 정보를 전송하며, 전송한 내용에 대해 부모가 자신의 의견을 제시할 수 있도록 댓글 기능을 사용한다. 블로그를 담당한 교직원은 정기적으로 부모의 댓글, 질문, 의견, 건의사항을 확인하여 원장에게 보고한다. 원장은 보고 받은 내용을 분석하고 필요시 교직원 회의에서 그 안건을 논의한 후 운영할 때에 반영할 점을 정한다. 또한 부모가 질문한 내용에 대한 적절한 답변을 교직원들과 함께 찾아본다(권미경 외, 2015). 아울러 웹을 이용한 블로그, 카페, 홈페이지를 회원제로 운영하여 아이와 부모의 개인정보 유출이 되지 않도록 유의하여야 한다.

2. 부모의 참여

1) 신입 원아 부모 오리엔테이션

오리엔테이션은 부모와의 공식적인 첫 대면인 동시에 협력을 이끌어 내기 위한 의미 있는 시간이다. 원의 교육목표, 운영방침 및 생활 전반에 대한 내용을 알리고 동의를 구하며 협력의 첫 단추를 끼워야 하기 때문이다.

대체로 신학기 시작 전인 2월경에 실시하나, 중간에 입학(입소)하는 아이들을 위해서도 개별적으로 오리엔테이션을 실시하여야 한다. 오리엔테이션에서는 아이의 초기 적응을 위한 적응 프로그램과 지원에 대해 알리고, 기관의 교직원, 물리적 환경의 소개, 원 운영, 반의 일과 및 교육과정 전반에 대한 정보를 충분히 설명한다. 참여하는 부모들은 교직원뿐만 아니라 또래의 부모들과도 친밀함을 형성할 수 있

- 실행 시기: 매년 2월경, 중간 신입 원아 생길 때마다 수시로
- 참석 대상: 신입 원아 학부모 전체(혹은 연령별)
- 활동내용:

  원의 교육철학, 아동관, 연령별 교육과정 및 일과

  반별 교직원 인사 및 소개

  적응 프로그램의 취지, 일정, 적응 단계 및 부모역할 안내

  교육비용 수납 및 지원에 관한 안내

  연간 행사 안내

  건강, 영양, 안전 관련 유의사항 고지

  부모참여 활동 계획 및 운영위원회 위원 선출 안내
- 질의응답
- 유의사항: 대상이 되는 모든 부모가 오리엔테이션 내용을 전달받을 수 있도록 필요 시 개별 안내한다.

[그림 9-3] 신입 원아 부모 오리엔테이션의 예

는 시간이 되도록 활용 가능하다. 거의 대다수의 부모들이 참여하기 때문에 부모교육 프로그램이나 강연을 함께 기획하는 것은 부모의 참여를 이끌어 낼 수 있어 효과적이다.

따라서 새로 기관 생활을 시작하는 아이와 부모의 요구를 미리 파악하고, 그들의 불안을 최소화할 수 있도록 자상하게 안내한다. 교직원들도 마찬가지로 새로운 구성원인 신입 원아의 부모가 보다 편안하게 느끼도록 적극적으로 다가가서 소통하여야 한다.

2) 운영위원회

어린이의 교육 받을 권리는 부모의 교육권에 의해 실현될 수 있다. 우리나라의 헌법재판소는 헌법 31조에서 규정하고 있는 "교육받을 권리"에 근거하여 부모의

교육권을 인정한 바 있다(고창규, 1999). 부모의 교육권은, 부모-자녀 관계가 자연적인 혈연관계이기 때문에 자연법적 권리라고 본 것이다. 아이의 능력이 발달하는 데는 부모 책임이 크며 부모는 국가를 상대로 아이가 교육받을 권리를 주장할 수 있다는 의미로도 해석할 수 있다.

영유아교육기관은 부모의 교육할 권리와 아이의 교육받을 권리를 지원해야 할 의무가 있다. 그러나 아무리 기관이 이 의무를 수행할 의사가 있다 하더라도 부모가 참여하지 않거나 동의하지 않으면 이루어지기 어렵다. 이러한 의미에서 운영위원회는 교직원과 부모가 같은 목적을 갖고 의사소통할 수 있는 기구가 되어야 한다.

운영위원회는 부모의 원 운영에 대한 상호 협조와 신뢰성을 바탕으로 각각의 지역 특성에 맞는 다양한 교육(보육)과정을 창의적으로 실시하고 자율성 및 투명성을 보호받으며 원과 부모, 지역사회의 의견과 요구를 나눌 수 있는 공식적인 통로로서, 아이들에게 보다 질 높은 교육(보육)서비스를 제공하기 위해 운영되는 것이다.

부모, 교직원, 지역사회 대표로 구성되는 운영위원회는 심의기구, 자문기구로서의 성격을 갖는다. 운영위원은 부모들의 투표, 지명이나 위촉에 의해 선출되며, 부모위원은 당해 연도에 기관에 자녀를 보내는 부모여야 한다. 그러나 만일 그 지위를 남용하여 영리를 목적으로 영유아교육기관과 거래를 하거나 재산상의 권리, 이익의 취득이나 알선을 할 경우 운영위원 자격은 상실된다.

운영위원회의 위원장은 부모위원 중에서 1인이 해야 한다. 부모 대표가 전체 인원의 1/2 이상이어야 한다. 운영위원은 참여발언권, 중요 사안의 심의 및 자문권, 보고 요구권 등의 권한을 가지며, 회의 참여의 의무, 지위 남용 금지의 의무를 가진다. 운영위원회는 분기별 1회 이상 개최해야 하는데, 아동학대 예방 등의 사유로 학부모 대표 등의 요구 시 수시 개최가 가능하다.

운영위원회가 심의해야 할 내용은 다음과 같다.

첫째, 운영규정의 제정이나 개정에 관한 사항
둘째, 예산 및 결산의 보고에 관한 사항

셋째, 영유아의 건강, 영양, 안전 및 학대 예방에 관한 사항

넷째, 보육/교육 시간, 보육/교육 과정의 운영방법 등 운영에 관한 사항

다섯째, 교직원의 근무환경 개선에 관한 사항

여섯째, 영유아의 보육/교육 환경 개선에 관한 사항

일곱째, 기관과 지역사회의 협력에 관한 사항

여덟째, 보육료/교육비 외의 필요경비를 받는 경우 그 수납액 결정에 관한 사항

아홉째, 부모들의 원 운영에 대한 제안 및 건의사항

운영위원회의 개최는 알림장, 가정통신문 등으로 사전 고지하며, 개별위원들에게 알리고 참석 여부를 확인한다. 제출할 안건이 있는 운영위원은 안건 제출서 양식에 맞게 작성하여 회의 전 미리 제출하도록 한다. 안건 제출서가 모두 수합되면 운영위원회 참석 요구서를 작성하여 알림장, 팩스, 이메일 등으로 각 위원에게 고지한다. 운영위원회의 절차를 정리하면 다음과 같다.

① 위원장이 개회를 알린다.

② 지난 회의에서 협의된 안건의 조치 과정, 상황 등을 보고한다.

③ 제출된 안건을 위원장이 소개한다.

④ 안건 제출자가 안건 제출의 이유, 취지, 방향 등을 설명한다.

⑤ 각 안건에 대해 질의 및 답변한 후 토론을 거쳐 표결한다.

⑥ 위원장은 각 의결에 대한 표결 결과를 선포한다.

⑦ 폐회를 선언한다.

운영위원회의 간사는 회의록을 기록하며, 회의 결과를 알림장, 가정통신문, 게시판, 홈페이지 등에 게시하여 공개하는 것을 원칙으로 한다. 운영위원회에서 결정된 사항은 원 운영에 반영하여 부모의 의사결정자로서의 참여권 행사가 실현되도록 해야 한다.

어린이집 원장, 교사대표, 지역사회 인사, 반별 부모대표들로 이루어진 운영위원회

3) 강연회

부모들은 자녀발달과 교육에 대해 올바른 지식과 기술을 배우고 싶어 한다. 이들은 성인학습자로서 부모교육을 받아 보다 성숙해지고 사랑하는 자녀와 원만한 관계를 갖고 싶어 한다.

강연회는 모임의 크기를 부모 전체를 대상으로 하는 대집단 모임, 한 학급 정도의 부모를 대상으로 하는 중집단 모임, 8명에서 10명 내외로 모이는 소집단 모임으로 나눌 수 있다. 원장, 원감 등 역할을 맡은 교직원이 주로 진행하지만 부모회 임원과 함께 진행하도록 노력하는 것이 좋다.

집단형태의 강연회는 유치원·어린이집의 교육(보육)과정, 강사 선정, 장소, 준비물 등을 함께 준비한다. 강사는 주제를 가장 잘 아는 전문가를 모시지만 기관의 원장, 교사, 학부모 중에 전문가가 있으면, 자생적으로 초청하여 강연회를 갖는다. 그러나 여의치 않으면, 원장·원감이나 교사가 부모교육 전문기관에서 전문가 과정을 이수한 후 부모교육을 할 수도 있다. 기관 내의 구성원이 강사가 되어 부모교육을 실시하면 부모 입장에서는 시간과 비용을 절약할 수 있고, 참가자끼리 쉽게 상호 작용할 수 있는 장점이 있다. 또한 부모와 자녀의 상태를 이미 파악하고 있기 때문에 문제 해결의 실마리를 찾아 빨리 해결할 수 있다. 뿐만 아니라 부모교육 프로그램이 끝난 후에도 자주 도움을 줄 수 있다.

강연회가 끝나면 참여한 부모들에게 평가서 작성을 요청한다. 부모들의 반응을 보기 위해 평가가 필요하기도 하지만 이후의 계획에 도움이 되므로 정확하고 합리적인 평가가 이루어지도록 한다. 부모교육의 내용에 따라 객관적인 평가가 이루어질 수 있는 평가서를 개발하는 것도 효과적이다.

다음은 강연회를 위하여 준비해야 할 사항들이다.

첫째, 주제 선정이다. 주제와 내용에 따라 부모교육의 효과가 달라지므로 주제를 선정하기 전에 아이의 발달 상황은 어떤지, 아이들이 당면한 문제는 무엇인지, 부모들이 필요로 하는 분야는 어떤 것인지 요구조사를 한다. 주제는 적어도 두 달 전에 정하고 그에 맞는 강사를 즉시 선정한다.

강연회에 적합한 교육내용으로는 아동 교육철학, 아동발달과 지도, 아동 건강, 문제행동과 지도, 부모−자녀의 상호작용, 형제관계, 가정환경의 중요성, 부모역할, 성교육·왕따 문제 등, 자녀교육 관련 지식과 정보, 영유아기의 바람직한 학습지도 등이 있다. 강연의 내용은 그 지역과 원의 특성과 가정 문화를 충분히 이해하여 부모의 요구에 적극적으로 반응할 수 있는 것이면 바람직하다. 그러나 부모교육의 궁극적인 목적은 아이의 전인발달을 돕는 것이다. 만일 대다수 부모들이 요구하는 문제가 아이의 발달에 적합하지 않다면 강사 선택 시 그 내용을 교육적인 방법으로 다루는 방법을 알려 달라고 부탁함으로써 부모들의 왜곡된 정보를 수정하는 기회로 삼는다.

둘째, 주제가 결정된 후에는 그 주제에 대한 내용을 가장 잘 전달할 수 있는 강사를 선정한다. 강사들은 대개 직장에 근무하기 때문에 미리 시간계획을 해야 한다. 갑자기 다음 주에 강연을 요청하면 시간이 적절하지 않아 거절될 수 있음을 고려한다. 일단 강사가 승낙한 후에는 약속한 일시·장소를 기억할 수 있도록 몇 차례 확인하는 것이 좋다. 약속한 일자가 두 달 후라면 한 달이 지난 시점에서 한 번 안부

부모교육 강연회 안내문

안녕하십니까? 입학식이 엊그제 같은데 벌써 여러 날이 지났습니다. 아이들은 이제 제법 적응을 하여 재미있게 생활하고 있습니다. 이번 저희 원에서는 ○○○교수님 초청 강연회를 갖기로 하였습니다. 바쁘시겠지만 부디 오셔서 자녀양육에 도움을 받으시기 바랍니다. 다음은 강연회 내용입니다. 참석여부를 아래 확인서에 기입한 후 잘라서 ○○일(○요일)까지 담임교사에게 보내 주시기 바랍니다.

일시: 4월 ○○일 ○○시(10분 전에 오시기 바랍니다)
장소: 강당
강사: (이름) ○○○ (소속) ＿＿＿＿＿＿＿
강연제목: 자녀의 안정적 애착형성을 위한 부모역할

년   월   일

○○○유치원 원장 · 부모회장

자녀 이름: (   )반 (   )

참여할 수 있다 ＿＿＿＿   참여할 수 없다 ＿＿＿＿

＊참여하실 수 없다면 그 이유를 간단히 적어 주십시오.
 (앞으로의 행사 계획에 참고하기 위한 것입니다.)

[그림 9-4] 부모교육 강연회 안내문의 예

전화를 하는 것을 예로 들 수 있다. 강연 전날이 되면 다시 강사에게 전화로 차편, 기관의 위치, 강사가 원하는 시청각 기구, 강사가 출발하는 곳에서부터 걸리는 예상 시간, 도착 희망 시간, 강연 시간, 주제, 질의와 응답 여부 등을 확인해 두는 것이 필요하다.

셋째, 장소를 결정한다. 부모교육의 장소는 원내에서 하는 것이 편리하다. 그러나 원아 모집 시기에 재원아의 부모와 함께 다른 지역사회의 부모들을 초청할 때에는 보다 넓은 장소에서 해야 하므로 장소 섭외를 미리 해 두어야 한다. 주제, 강사 선정은 무난히 끝냈는데 장소가 섭외되지 않아 낭패를 보는 경우가 있기 때문이다.

넷째, 강연 시간은 부모들이 마음 편히 참석할 수 있는 시간을 택하는 것이 좋다. 가급적 아이들이나 남편이 집에 머무르는 토요일, 반일제 학급 아이들이 하루 일과를 끝내는 시간, 저녁을 준비해야 하는 시간은 어머니의 참석률이 낮으므로 피한다. 맞벌이 부모를 위해서는 저녁시간에 계획하는 것이 좋다.

다섯째, 초청장을 발송한다. 강연 10~14일 전 초청 편지를 발송하여 부모들이 다른 약속을 하지 않고 강연회에 반드시 참석할 수 있도록 독려한다. 초청장이 화려할 필요는 없다. 아이들이 그린 그림을 활용하여 초청장을 만들어도 좋다. 초청장에는 주제, 강사 인적사항, 장소, 예상소요시간을 반드시 기록한다.

여섯째, 강연회 당일 준비를 한다. 당일 강연 시작 2시간 전 강연장에 강사가 설 곳, 마이크 준비, 부모들이 앉을 수 있는 의자 준비, 일찍 온 부모들이 간단히 마실 수 있는 음료 등을 준비한다.

일곱째, 기관을 대표하는 사람은 강사가 도착하면 즉시 대기 장소로 모시고 차를 대접하고 부모들의 이해 수준, 그 지역사회의 특성, 원의 특수 사정 등을 미리 제공하여 강연의 효과를 높인다.

여덟째, 각 반 담임은 부모들이 도착하는 대로 아이의 성명이 쓰인 이름표를 달게 하고 반갑게 인사한다. 이때 기관에서의 생활에 대해 짧게 코멘트하여 부모의 궁금증을 풀어 주면 부모들이 안심한다. 한 아이의 부모와만 길게 이야기 나누지 않는다. 부모들이 모이는 데 시간이 걸리므로 강연 시작 전 15분 전까지 도착될 수

부모교육 강연회 평가지

(   )반 자녀 이름 (   )

바쁘신데도 불구하고 부모교육에 참여하여 주셔서 감사드립니다. 더 좋은 부모교육 프로그램을 운영하기 위해 부모님들께 오늘의 부모교육 내용에 대해 부모님의 의견을 듣고자 합니다. 다음의 질문에 답해 주시면 감사하겠습니다.

• 오늘 부모교육에 참여하신 분은 자녀의 <u>아버지, 어머니, 기타;</u>
• 오늘 강연에 대해 어떻게 느끼셨습니까? 의견을 간단히 적어 주십시오.
• 앞으로 개선되었으면 하는 점과 건의 사항을 적어 주십시오.(강사, 진행과정, 준비, 시간 등)
• 오늘의 강의 내용을 어떻게 실천해 보실 생각이십니까?
• 다음 강연회에 듣고 싶은 내용이 있으시면 적어 주십시오.

[그림 9-5] 부모교육 강연회 부모용 평가지의 예

있도록 시간을 정한다. 평가지를 함께 배부하면서, 강연을 마치는 대로 부모들에게 부모교육에 대한 평가지를 작성하도록 안내한다.

아홉째, 강연회 이후 원장은 강사에게 감사 통화를 하고 각 학급 담임 교사는 결석한 부모에게 전화하여 결석 이유를 확인하고 다음에 반드시 참석하도록 권유한다.

4) 가족행사

부모들이 참여하는 가족행사는 아이들에게 좋은 추억이 되고, 교사와 부모 간의 깊은 교류와 공동작업의 계기가 되며, 주체적으로 참여한 부모에게는 기관에 대한 신뢰감을 갖게 하는 효과가 있다. 가족행사를 위한 준비는 다음과 같이 한다.

(1) 행사의 의미와 성격을 정한다

먼저 프로그램의 의미는 무엇이며, 무엇을 가장 중요한 성과로 볼 것이고, 참여자 모두가 공유할 수 있는 것인지 정한다. 행사를 준비할 때부터 부모, 교사, 아이모두가 참여하여 같이 준비할 수 있도록 노력한다. 준비와 진행하는 모든 과정이 유익하고 즐거워야 한다. 부모를 포함하여 지역사회 전체가 공감할 수 있는 내용으로 한다. 프로그램을 훌륭하게 준비해도 참여율이 낮으면 의의가 없으므로 구성원들이 함께 공감하는 자리가 되도록 기획한다. 가족행사를 준비하느라 교사들이 무리하지 않도록 유의한다. 매년 되풀이되는 비슷한 행사 준비에 교사가 지치면 아이들에게 소홀하기 쉽기 때문이다. 또 아이들도 반복 훈련에 힘들어하고, 부모들도 낯선 사람들 틈에서 좋은 얼굴, 좋은 말로 마음에 없는 칭찬만 하다 와야 하므로 의미 없는 타성화된 행사는 하지 않는다. 그런 의미에서 재롱 잔치, 발표회, 전시회는 하지 않는다. 있는 그대로의 아이들의 생활을 보이는 행사를 기획한다.

(2) 행사 규모를 설정한다

총 예상 경비, 참여 인원을 산출한다. 이를 근거로 행사의 규모와 기관의 예산 범위를 정한다. 너무 무리하게 예산을 써야 하는 행사보다는 전달하는 메시지가 분명하면서도 알뜰한 행사를 계획한다.

(3) 행사의 일시 · 일정 · 장소를 정한다

공휴일이나 주말 등 아이와 부모 모두가 가장 많이 참여할 수 있는 날짜와 시간으로 정한다. 하루 정도가 적당하다. 실내외에서 진행되는 행사도 있기 때문에 너무 춥거나 더워도 행사진행이 어려우므로 날씨를 고려해야 한다. 일정은 봄, 가을로 예상해 놓는 것이 좋다. 봄 행사는 서로 친해질 수 있는 기회가 될 것이고, 어느 정도 친숙해진 가을행사는 행사 전반에 활기가 넘치게 될 것이다. 장소는 영유아교육기관의 모든 공간을 활용하고, 공간이 더 필요하면 근처의 놀이터나 인근 학교운동장을 이용하는 계획을 세운다. 이동 거리가 너무 멀면 불편하므로 최대한 가까운

거리의 장소로 정한다.

(4) 행사기획 회의를 한다

원장, 교사 대표, 학부모 대표, 그 외 자원봉사자 등으로 구성하여 기획을 함께한다. 행사는 개막과 폐막을 어떻게 할 것인지, 볼거리는 무엇으로 할 것인지, 같이 참여하여 즐길 수 있는 프로그램은 무엇이 있는지 생각한다. 전체 기획, 준비, 실행까지의 계획일정을 구체적으로 표로 작성하여 역할을 분담한다.

행사일 약 한 달 전에 행사의 개최 여부 및 준비사항을 함께 점검한다. 행사일 4주 전에는 행사의 명칭, 내용, 일시, 장소 등 책임자를 정하며, 행사일 3주 전에는 각 순서 책임자의 구체적인 준비물, 계획, 홍보물 제작, 초청장 준비를 점검한다. 행사일 약 2주 전에는 구체적인 행사 준비를 하고, 초청장을 발송한다. 진행과 평가를 위한 일정을 다시 점검한다.

(5) 부모 및 관계자들의 참여를 위해 홍보한다

부모 모임이나 관계자들에게 행사 전반에 대해 개요를 설명하고 협조를 부탁한다. 행사 주체나 자원봉사자를 구성하고, 부모 자원봉사자들과 함께 진행에 필요한 것을 마지막으로 점검하며 행사의 구체적인 상황을 미리 연습해 본다. 초청장 또는 팸플릿의 모시는 글을 만들고 초청대상, 예상인원 명부를 작성한다. 행사준비 및 진행 점검표를 만들어 역할을 분담한다. 전체 무대장치와 행사장은 전날에 다 준비해 놓고, 바깥 장치는 날씨를 고려하여 아침 일찍 한다.

(6) 행사를 진행한다

행사가 진행되는 동안 각 순서의 책임자들 간에 수시로 연락하여 진행이 원활하게 한다. 행사를 알리는 방송이나 안내를 수시로 하여 참여할 수 있도록 도우며, 정한 순서대로 시간에 맞추어 진행한다. 안전사고가 발생하지 않도록 유의하고, 사고가 발생하면 신속하게 처리할 수 있도록 비상체제를 가동하며, 아이와 노약자들의

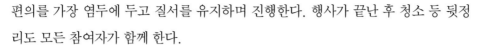

편의를 가장 염두에 두고 질서를 유지하며 진행한다. 행사가 끝난 후 청소 등 뒷정리도 모든 참여자가 함께 한다.

행사는 가족 간의 친밀함을 더욱 증진시킬 수 있는 기회를 제공해 주고 학부모들 간의 관계도 더욱 돈독히 할 수 있는 기회이다. 아이들은 가족과 함께 있어 좋다. 행사는 기관 구성원 간의 친밀도를 높이고 부모참여로 가정과의 협력이 증진되어 바람직하다. 예를 들면, 어린이날이나 개교기념일에 부모들을 오게 하여 특별 파티를 열면 기관에서 축제 분위기를 느낄 수 있다. 어머니/아버지/아이가 함께 또는 부모 두 사람과 아이가 다른 가족들과 함께 갯벌체험이나 등산하기, 기차여행하기 등 특별 이벤트를 계획할 수도 있다.

5) 자원봉사

부모가 원의 교육활동 보조자로서 참여하는 형태이다. 이 형태는 교육자료 제작, 환경조성, 각종 행사 참여지원, 동화 읽어주기, 안전지도, 귀가지도, 자유놀이와 같은 학급활동을 보조하는 것에서부터 프로그램 자원봉사까지 다양하다. 부모들이 일정기간 전문훈련을 받아 학급 보조자로서 봉사하는 것은 교사 대 영유아 비율을 낮춰 주는 부모교육 프로그램이다. 자원봉사자로 활동한 부모는 영유아기 발달에 대해 이해하며 상호작용 방법을 배울 기회를 얻는다. 봉사하면서 기관에서 배운 바를 가정에서 적용해 볼 수 있다. 가정에서의 부모역할과 능력의 중요성을 확인할 수도 있다. 부모가 기관에서 보조할 수 있는 역할은 다음과 같다.

첫째, 간식 및 점심 준비 봉사이다. 아이들의 간식이나 점심 준비를 도와주며 식사예절이나 식기 정리 등을 지도한다.

둘째, 놀이시간 보조자 봉사이다. 특히 자유놀이시간에 교사의 시선이 미치지 못하는 곳에서 영역을 담당하며 놀이를 도와주거나 아이의 요구에 교사의 보조자로서 봉사한다.

셋째, 소집단 학습 보조자로서 봉사한다. 소집단으로 활동할 때 교사는 주된 활동을 하고 부모는 그에 따른 소집단 활동을 돕는다.

넷째, 환경정리와 교재 제작 봉사이다. 다양한 교구들을 직접 제작하는 경우가 많은 영유아교육기관에서는 절대적으로 교구제작 도우미가 필요하다. 부모들은 일정한 교육을 받고 교육용 자료 제작을 돕는다.

다섯째, 현장학습, 소풍, 운동회 등 행사의 보조원 역할이다.

데스테노(Desteno, 2000)는 부모들에게 잡일만 맡길 것이 아니라 특별한 요구가 있는 아이와 친해지도록 봉사하는 것이 좋다고 제안한다. 즉, 친구가 없는 아이에게 친구가 되어주는 과정은 그 아이와 자원봉사하는 부모 모두에게 가치 있는 일이다(김진영, 김정원, 전선옥, 2009).

부모 자원활동은 부모의 관심이나 흥미, 시간적 여유, 능력, 영유아교육에 대한 관심 정도를 감안하고, 부모 자신이 참여하고 싶은 내용영역과 적절한 시간을 부모 스스로 자원, 선정하도록 하는 것이 바람직하다. 끝으로 부모와 교사는 참여활동의 특성, 참여 방법, 준비물, 시간 및 활동계획, 구체적인 진행내용 및 활동평가에 이르기까지 자주 의논하며 협력한다. 학급의 규칙과 일과의 흐름, 학급에서 사용할 수 있는 자원, 이용 가능한 환경에 대한 정보를 제공하여 부모가 학급의 전반적인 상황을 이해할 수 있도록 안내한다.

교사의 주의 깊은 감독·자문 하에 보조교사 기능을 수행하도록 돕는다. 부모가 수업을 보조할 경우 교사들은 각 활동에서 아이를 적절하게 돕는 방법, 아이들 간에 갈등이 일어났을 때는 어떻게 지도하고 어느 정도 개입할 것인가에 대해 자문을 하지 않는다면 역효과가 날 수도 있기 때문이다. 아이들이 활동 중에 예상치 못한 반응을 보일 때 자원봉사자가 학급의 규칙에 대해서 알고 있다면 더욱 도움이 될 것이므로 부모들에게 규칙을 얘기해 둔다.

부모들은 영유아교육에 대한 전문지식이 없으므로 사전 안내가 필요하다. 그렇지 않으면, 특정 아이들과만 상호작용하거나 아무것도 하지 않고 소극적으로 행동할 가능성이 있다. 따라서 당일 아침이나 당일 전 20분 내외의 시간을 갖고 자원봉사자 역할에 대해 간단히 안내한다. 자원봉사자 역할 지침을 준비해 두었다가 부모

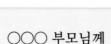

○○○ 부모님께

안녕하십니까? 저희 △△ 유치원은 부모님들께서 유치원 생활을 보실 수 있고 아이들은 다양한 경험을 할 수 있도록 자원봉사 제도를 활용하려 합니다. 아래의 내용은 부모님들의 자원봉사가 필요한 분야들입니다. 이 외에도 부모님의 취미나 기술 등을 적어 보내 주시면 개별적으로 연락을 드리겠습니다. 가족과 함께 의논한 후 작성하시어 ◇◇일까지 자녀 편에 보내주시면 감사하겠습니다.

△△ 유치원장 □□□ 올림

반 이름: 영유아 이름:

* 아래 내용들 중에 지원 가능한 분야에 표시해 주시거나 상세히 기술해 주시고, 관계는 부/모/조부/조모/이모/고모/삼촌 등으로 기입하여 주시기 바랍니다.

지원 가능한 분야	지원이 가능하시면 ○해 주십시오	관계
1. 간식 및 요리 준비		
2. 역할놀이 의상제작		
3. 동작 활동 (무용 및 체조)		
4. 악기연주	악기명:	
5. 미술 활동		
6. 건강영양교육(의료보건계열)		
7. 책 읽어 주기		
8. 목공놀이		
9. 현장학습 지원		
10. 동화구연		
11. 동극		
12. 컴퓨터 및 홈페이지 관리		
13. 박물관 견학 지도		
14. 대청소		
15. 교재 · 교구제작		
16. 가구 리폼		
17. 급 · 간식지도		
18. 등하교길 교통안전지도		
19. 놀잇감 및 도서 대여 지도		
20. 기타 1:		
기타 2:		
기타 3:		

[그림 9-6] 부모 자원 활동 안내 및 신청서의 예

○○○ 부모님 안녕하십니까?

한가위 명절을 맞이하여 영유아들과 함께 간식으로 송편을 만들어 보려고 합니다. 다음과 같이 부모님들의 협조를 얻어 활동을 준비하고자 하오니 참석이 가능하신 부모님께서는 아래에 표시하여 ○○일까지 제출해 주시면 감사하겠습니다.

- 활동명: 송편 만들기
- 활동일시: 9월 ○○일 수요일 9:00~11:30
- 활동목표: 한가위 음식을 즐겁게 만들어 먹는다.
- 대상: 만 4세, 5세 영유아
- 인원: 소집단 3~5명
- 복장: 편안한 옷차림
- 준비된 재료: 쌀가루, 솔잎, 조림콩, 밤, 참기름 찜통, 면천 등
- 활동방법:
  1. 영유아들과 함께 쌀반죽을 합니다. 적당한 비율에 대해서 이야기 나눕니다.
  2. 반죽을 젖은 면천으로 덮어놓는 이유에 대해서 이야기 나눕니다.
  3. 영유아들과 함께 만들기 적당한 크기의 경단모양으로 동글여 봅니다.
  4. 송편을 만드는 시범을 보이시면서 영유아들과 함께 만들어 봅니다.
  5. 찜통에 천을 깔고 솔잎을 깔며 그 이유를 이야기 나눕니다.
  6. 주방으로 가져가서 쪄온 송편에 참기름을 함께 발라봅니다.
  7. 다 만들어 간식으로 영유아들과 함께 식혜를 곁들여 먹습니다.

참여가 가능한 여부를 (   )안에 V표 하여 보내주십시오.

반 이름:　　　　　　　유아의 이름:

- 도우미로 참여가 가능하다. (   )
- 참여가 어렵다. (   )

[그림 9-7] 송편 만들기 활동 부모참여 안내지

에게 안내하면 좋다(하경용, 2003).

부모의 전문적 지식을 활용하는 경우라면, 활동 단계마다 예상되는 질문이나 반응 등을 사전 논의하면서 교육을 실시한다. 부모가 학급 교육활동에 참여할 때, 참여 유형, 참여 성격, 준비 모임 유무, 당일 소요시간, 수행할 역할 등 부모에게 요구되는 사항은 달라진다. 각 활동 주제에 적합한 역할을 수행할 수 있는 부모의 신청으로 효율적인 참여가 이루어지도록 자세히 안내한다. [그림 9-6]은 학기 초에 부모들의 도우미 및 교육자원으로서 참여자를 모집한 설문의 예이다. 이를 바탕으로 연간 부모참여 프로그램의 인적 자원을 확보할 수 있다.

[그림 9-7]은 요리활동의 도우미로서 '추석' 주제 활동인 '송편 만들기'에 참여할 자원봉사자를 모집하기 위한 안내문의 예이다.

6) 수업참관

부모의 수업참관은 영유아교육기관의 교육방향을 알리고, 자녀의 성장발달 정도를 직접 관찰할 수 있도록 부모를 초대하여 수업 상황을 보여 주는 것을 말한다. 수업참관은 부모를 초대하지 않을 때라도 수시로 부모의 편의에 따라 개방하는 것이 기관의 신뢰를 높이는 데 도움이 된다.

부모로 하여금 영유아교육기관에서 이루어지고 있는 교육활동을 이해할 수 있는 기회가 되고, 또래집단에서의 자녀의 적응 정도를 관찰할 수 있고, 개인차를 이해할 수 있으며, 부모가 교사의 지도방법을 배워서 가정에서도 일관된 방법으로 지도할 수 있게 한다는 의미에서 부모의 수업참관이 이루어진다.

계획된 수업참관은 학년 초에 계획을 공지함으로써 많은 부모들이 참여할 수 있게 한다(이명숙, 1999). 수업참관을 효율적으로 운영하기 위해 고려할 사항은 참관일 선정, 참관방식, 참관 시 주의사항을 자세히 알리는 것이다. 수업참관은 부모들을 몇 개의 소집단 참관 방식, 수시로 교실을 개방하여 참관하는 방식, 대집단 참관 방식이 있는데 참관을 실시할 때는 평소와는 달리 교사와 부모들의 세심한 배려가 필요하다.

부모들이 참관할 때 학급 분위기가 소란해져 영유아들이 평소와는 다른 행동을 보이기도 하고, 부모들이 자녀에 대해 간섭하거나 수업을 방해할 수도 있어 수시로 교실을 개방하는 일은 교사들에게 부담이 될 수도 있다. 일방경(one-way mirror)이 설치된 관찰실이 있는 경우 수시로 부모가 수업참관을 하도록 할 수 있지만 그렇지 못한 경우 수업에 지장을 줄 수 있으므로 부모들이 어떤 주의를 해야 하는지 전체로 모이는 시간에 알려두는 것이 중요하다.

함께 모일 시간이 없으면 참관에 앞서 참관 안내서와 함께 참관할 때 주의할 점과 기록할 사항 등을 가정통신으로 보내야 한다. 참관 후, 교사와 상담의 기회를 갖길 원하는 부모와는 상담의 시간을 따로 약속하도록 한다.

수업참관의 목적은 기관에서 아이들이 어떻게 생활하는지 부모들에게 있는 그대로 보여 주면서 아이의 발달 정도, 학습 습관, 태도 등에 대한 객관적인 자료를 얻게 하는 것이다.

부모에게 자녀의 생활을 관찰할 수 있는 기회를 주면 자녀교육에 대한 관심도가 높아지고, 교사의 교육방법을 보며 기관 교육을 신뢰할 기회가 된다. 부모참관은 연 1~2회, 또는 월 1회 또는 격월로 실시할 수 있다. 그러나 너무 자주 실시하면 교사들에게 부담이 될 뿐 아니라 맞벌이로 시간이 없는 부모들에게도 부담이 될 수 있다. 수업참관일은 미리 부모에게 통지하여 직장 일을 조정하도록 시간을 충분히 주어야 한다. 수업참관은 부모들이 기관의 자녀 생활을 관찰하는 것이어서 대부분의 부모들은 꼭 참여하고 싶어 하는 프로그램이다. 직장을 다녀야 하는 부모를 배려하기 위해 토요일 또는 저녁시간에 수업참관일을 정하는 곳도 있다.

수업참관 및 참여수업을 보다 교육적으로 이끌어 가기 위해 참관 및 참여의 목적, 내용, 주의사항 등을 문서로 만들어 미리 나누어 주고 이에 대해 질의응답 시간을 가진 후 참관하면 좋다. 교사는 결과물 보여 주기 식의 수업을 하기보다는 아이들이 기관에서 보내는 일상의 생활을 있는 그대로 보여 준다. 참관일을 위해 장기간 준비하여 부모들에게 보이려 하면 아이들과 교사들에게 어려워질 것이고 아이들은 과정보다 결과가 중요하다는 잘못된 생각을 하게 될 것이다. 영유아기의 교육은 아이에게 많은 지식·기술을 주입시키는 것이 아니라 뇌의 편도체와 해마에 자신감, 행복감, 배려심 등 정서 및 사회성 발달과 관계된 내용을 먼저 입력해야 한다. 아이들이 준비하는 과정, 실수하는 모습까지 다 함께 볼 수 있을 때에만 수업참관 목적을 달성하는 것이다. 부모들이 앉는 위치는 아이들의 수업을 방해하지 않는 곳이어야 한다.

부모들이 자녀의 학교생활을 관찰하게 하려면 일방경이 있는 참관실을 활용하면 된다. 그러나 참관실이 작을 때에는 부모를 소집단으로 오게 하여 몇 번에 걸쳐 관찰하게 한다.

3. 부모상담

부모-교사 간 면담은 교육효과를 높이기 위해 협력하는 쌍방적 의사소통 과정으로, 그 형식과 실시시기에 따라 목표가 다르다. 부모에게 아이의 발달과정 및 교육 프로그램을 설명할 때, 아이의 가정환경과 성장과정에 대한 정보를 얻고자 할 때, 부모의 자녀에 대한 기대수준을 알고자 할 때, 부모의 걱정이나 염려를 표현할 기회를 주고 싶을 때, 아이의 발전을 위해 함께 협력하고자 하는 목표가 있을 때 부모상담은 효과가 큰 방법이다(Decker & Decker, 2003).

1) 개별면담

기관에서의 개별면담이란 아이와 관련이 있는 사안을 교사가 부모와 함께 마주앉아 의논하는 것을 뜻한다. 부모들은 자녀가 기관에 다니면서 잘 적응하는지, 처음에 왔을 때보다 얼마나 나아지고 있는지 궁금해 한다. 교사가 아이들과 교육을 할 때에는 어떤 방법을 사용하며, 자녀의 동기를 유발하기 위해서 교사가 어떤 노력을 기울이는지 알고 싶어 한다. 교실과 실외에서 자녀가 특별히 관심을 보이는 놀이나 활동은 무엇이며, 학급의 생활에 얼마나 기여하는지 구체적인 사례와 작품, 관찰 기록물 등을 통해서 알고 싶어 한다.

이처럼 개별면담의 내용으로는 아이의 신체 발달 정도 및 신체 활동 참여 정도, 적응 문제, 자신감, 친구 관계, 활동 참여 정도, 교사와의 관계, 생활 습관, 탐색 능력, 주의집중 정도, 호기심을 보이는 상황, 대화의 이해 수준, 인지 발달 상황 등 다양하다. 그 밖에도 부모가 궁금해하는 사항은 모두 개별면담의 내용이 될 수 있다.

개별면담은 형식적 면담과 비형식적 면담으로 나눌 수 있다. 형식적 면담은 기관이 주체가 되어 면담 시간을 결정하고 이를 부모에게 통고한 후 영유아교육기관 현장에서 부모를 면담하는 것이다. 비형식적 면담은 부모가 필요를 느낄 때나 아이에게 문제가 발생했을 때마다 교사와 부모가 만나 아이에 대해 의논하는 상황을 말한다. 형식적 면담은 기관에서의 아이의 생활을 부모에게 보고하는 것이 보통이다. 교사는 아이의 작품을 모아 놓은 포트폴리오, 사진, 각종 관찰 결과 등을 미리 준비하여 부모에게 제시한다. 그러나 교사 혼자서만 이야기하지 말고 부모들이 자유롭게 이야기할 수 있게 한다. 부모들이 하는 이야기 중 아이를 이해하고 돕는 데 필요한 내용은 메모해 둔다. 대화의 초점은 아이의 발달 상황, 진보 정도, 협력사항 등에 둔다. 다른 아이와 비교하거나 다른 가정을 비평하는 것은 피한다.

개별면담은 부모와 교사의 개인적 접촉으로 이루어지기 때문에 아이에 대해 많은 것을 물어보고 싶어 하는 부모의 요구를 채워 줄 수 있다. 개별면담은 교사와 부모가 긍정적 관계를 맺을 수 있는 기회가 되므로 학기 초에 계획하는 것이 효과적이다.

교사는 부모와 개별면담을 할 때 다음의 사항에 유의하도록 한다.

첫째, 개별면담은 독립적인 공간에서 따뜻하고 편안한 분위기에서 이루어지도록 한다. "오늘 ○○가 게임을 아주 신나게 열심히 했어요."라고 하며 그날 자녀가 기관에서 한 일을 중심으로 시작하면 부모들은 아이에 대해 더 듣고 싶어 교사에게 호감을 갖게 된다. 아이의 가정 조사서에 기록된 사실에 기초하여 "요즈음은 일하시는 직장이 아주 바쁠 때이지요?" 하며 부모의 일상과 관련이 있는 코멘트를 하는 것은 부모와 친밀감을 느끼게 만든다.

다리를 꼬거나 몸을 뒤로 젖히면 대화에 대해 소극적인 자세를 가지고 있는 것처럼 느껴지므로 상대방을 향해 약간 몸을 기울이고, 가급적 상대방의 눈을 부드럽게 바라보면서 이야기를 나누도록 한다. 어떻게 말해야 할지를 생각하기보다 부모의 이야기를 잘 들으려는 태도를 갖는다.

둘째, 부모의 입장을 이해하고 그의 생각을 존중한다. 물론 부모의 생각에 동조할 수 없는 경우도 있지만 사람은 서로 다른 생각을 가질 수 있음을 이해하고 부모를 수용한다. 부모의 입장에서 느끼고 생각하려는 적극적 경청의 자세를 가지면 좋다. 교사는 부모가 이야기를 많이 할 수 있도록 배려한다. 말하는 동안 부모는 감정이 해소되며 문제를 스스로 정리하고 해결할 수 있는 실마리를 찾게 된다.

그러나 교사와 상담 후 부모가 평가받는다는 느낌을 갖게 하는 것은 바람직하지 않으므로 면담 중에 옳다거나 틀리다, 좋다거나 나쁘다는 언급은 피하도록 한다. 또한 가정에서 부모가 아이의 문제행동을 어떻게 지도해야 할지 난처해 하거나 자녀를 위해 중요한 결정을 내려야 할 때 교사의 의견을 구한다면, 상담 도중 갑작스럽게 떠오른 아이디어나 의견을 성급히 이야기하거나 다른 성공적인 사례를 들며 부모에게 강권하는 것은 바람직하지 않다. 부모의 어려움을 공감하며 신중히 수첩에 기록하며 좋은 방안을 숙고해 보겠다고 수용하는 자세를 보이는 것이 부모에게 신뢰감을 가져다준다.

셋째, 부모를 두려워하지 않는다. 부모보다 젊고 미혼이거나 자녀양육의 경험이 부족한 교사는 경력, 지식, 경험 등이 많은 부모를 두려워하는 경향이 있다. 교사는 영유아 담임교사로서 자신감을 가져도 좋다. 학급에서의 아이의 행동을 면밀히 관찰하고 경험할 수 있는 사람은 교사이기 때문에 부모와는 다른 측면의 정보를 갖고 있다. 그러나 부모가 이해할 수 없는 전문적인 용어를 사용하는 것은 피한다. 부모가 하는 이야기를 들으면서 교사는 이야기의 요점을 정리하여 간단하게 반응하면서 대화하면 부모는 자신의 생각을 명료하게 개념화할 수 있다. 결국 교사로부터

○○○ 부모님께

안녕하십니까?

봄이 오는 소리가 완연합니다. ○○가 유치원 생활에 잘 적응해 나가고 있습니다. 교육활동에 즐겁게 참여하고 또래 친구들과 지내는 일에도 점점 익숙해지고 있습니다. 유치원에서의 생활에 대해 부모님과 함께 이야기 나눌 수 있는 개별 면담시간을 아래와 같이 가지려고 합니다. 부디 참석하시어 담임선생님과 뜻깊은 시간을 가지시기 바랍니다.

1. 면담 일시: 4월 8일부터 4월 12일까지
2. 면담 장소: 하양반―1층 하양반 교실   노랑반―2층 참관실
        파랑반―1층 파랑반 교실   빨강반―2층 자료실
3. 면담 시간: 14시~16시(개인별 20분에서 30분 정도)

* 평소 자녀에 대해 상담하고 싶은 내용, 고쳐야 할 습관, 유치원에 대해 궁금하신 점, 바라는 점을 이야기하시면 됩니다. 면담일과 시간은 본인의 형편에 따라 별지의 시간 계획표에 1차 희망 시간과 2차 희망 시간을 표시해 주시면 전체적으로 조정한 후 다시 알려 드리겠습니다. 직장 근무 시간 등의 사정으로 계획된 시간에 오실 수 없는 분은 미리 면담 희망 시간을 말씀해 주시면 조정하겠습니다. 일단 면담일과 시간이 결정되면 약속을 반드시 지켜 주시면 감사하겠습니다. 약속시간 10분 전에 오셔서 기다려 주시면 감사하겠습니다. 사정이 생겨 오시지 못할 경우에는 미리 연락 주시기 바랍니다. 개별 면담 희망 시간 신청서는 3월 20일까지 보내 주십시오.

20○○년 3월 15일 담임교사 ○○○

면담 희망시간   반   이름

4월 8일 오후 2:00~2:30, 2:30~3:00, 3:00~3:30, 3:30~4:00

4월 9일 오후 2:00~2:30, 2:30~3:00, 3:00~3:30, 3:30~4:00

4월10일 오후 2:00~2:30, 2:30~3:00, 3:00~3:30, 3:30~4:00

4월11일 오후 2:00~2:30, 2:30~3:00, 3:00~3:30, 3:30~4:00

4월12일 오후 2:00~2:30, 2:30~3:00, 3:00~3:30, 3:30~4:00

_____ 부모님께

개별면담 시간이 결정되었습니다. 반드시 어머니 또는 아버지께서 개별면담에 참석해 주십시오. ○○이 어머니/아버지의 면담 시간은 4월 8일 오후 2시부터 2시 30분까지 30분간입니다. 시간 변경을 원하시면 담임선생님께 연락 주시기 바랍니다.

20○○년 3월 25일
○○○ 유치원장

[그림 9-8] 개별면담 안내문의 예

이해받고 있다는 느낌도 갖게 될 것이다.

넷째, 아이에 대해 말할 때는 되도록 긍정적으로 표현한다. 그러나 긍정적으로 표현한다는 것이 아이의 문제를 은폐하라는 뜻은 아니다. "○○는 너무 공격적이에요."라고 표현하기보다는 "친구를 좋아한 나머지 표현이 지나칠 때가 있습니다. 친구들이 좋아하는 방법으로 관심을 표현하는 방법을 배우면 되지요."라고 표현하는 것이 부모의 마음에 상처를 덜 준다는 의미이다. 대부분의 부모들은 자녀의 문제를 어느 정도 알고는 있지만 이를 인정하려 하지 않고 또 대처 방법을 몰라 아이의 바람직하지 않은 행동을 그대로 묵인하는 때가 많다.

교사의 태도에 따라서 면담의 효과는 크게 달라진다. 교사는 부모에게 정확하지만 부드러운 말로 아이의 문제를 알려주고 가정과 협력하고자 하는 뜻을 전하며 도움을 구하는 자세로 말하고 행동한다. 부모를 가르치려 한다든지, 부모의 문제에 대해 시인하도록 요구한다면 부모는 방어적 입장을 취하게 되고 면담은 효과 없이 시간만 낭비하는 것이 된다.

다섯째, 면담 시간은 약 20분 또는 30분 정도면 적절하다. 면담시간이 지나치게 길어지면 이야기를 반복하거나 불평을 늘어놓을 수 있기 때문이다. 면담의 시작과 끝에 아이의 장점이나 부모의 장점에 대해 이야기하는 것이 친밀감을 느끼게 한다. 또 대화 도중에 부모가 기관에 대한 불만이나 제안을 하는 경우에는 이를 기록하며 진지하게 듣는다. 다 들은 후 부모님의 의견을 존중하며 관계자들과 의논하겠다고 말한다. 아울러 관심을 가져주심에 감사하다는 뜻도 전한다. 면담을 마무리하기 전 5분에서 10분 정도에 의견을 짧게 물어보아도 좋다. 되도록 면담의 초점은 아이에게 집중한다. 예상시간보다 길어지면 "다음 부모님과 만나야 할 약속이 되어 있어 죄송합니다. 다음 기회에 따로 만나 뵈면 어떨까요?"라고 하며 공손히 양해를 구한다.

2) 집단면담

교사와 다수의 부모가 함께 모여 아이들 및 학급운영에 대한 의견을 나누는 활동을 집단면담이라 한다. 대개 1학기가 시작된 후 1~2주 이내에 실시하는 것이 일반적이다. 한 학급 전체가 참여하면 좋겠으나 참여 가능한 시간 등을 고려하여 두 팀으로 나누어 진행할 수도 있다.

집단면담은 자녀양육에 대한 부모들의 공통된 관심사를 이야기하는 좋은 기회가 될 수 있다. 또한 학급의 일반적 정보와 교사의 교육철학을 부모들에게 알리는 기회도 될 수 있다.

학급 아이들의 성비, 생년월일 분포, 신입생과 재원생 비율, 학급 환경구성의 원

- **일시**: ○월 ○일 오후 6:00~7:00
- **장소**: ○○○반 교실
- **인사**: 1학기 ○○○반 학부모 집단면담에 오신 여러분을 환영합니다.
- **소개**: 1) 담임교사, 부담임교사   2) 학부모   3) 학급소개
- **취지 안내**: 오늘 이 모임은 ○○○반 부모님과 함께 자녀들의 유치원/어린이집 생활에 대한 이야기를 나누는 시간입니다. 아이들을 이해하실 수 있고 부모님들도 의견을 함께 나누는 자리가 될 것입니다. 학급을 맡은 교사로서 갖고 있는 교육신념과 학급운영 방침을 소개해 드리고 부모님들께 저희 원의 교육방침을 말씀드리겠습니다.
- **질의 및 토의**: 먼저 반의 생활에 대해 궁금하신 점이 있으시다면 말씀해 주십시오. 아이들을 위해 의견 있으시면 말씀해 주셔도 좋습니다.
- **요약 및 안내**: 오늘 부모님들께서 제안하신 내용에 대해 감사드립니다. 원에서도 의견 수렴 절차를 거쳐 충분히 논의해 보도록 하겠습니다. 앞으로도 계속 ○○○반이 더욱 즐겁고 행복한 학급이 되도록 부모님들의 많은 관심과 협조를 부탁드립니다. 오늘 나누지 못한 궁금하신 사항이나 상담이 필요하시면 개별상담의 기회를 가질 수 있습니다. 교실을 더 둘러보시고 귀가하셔도 좋겠습니다. 감사합니다.

[그림 9–9] 집단면담의 예

칙, 발달적 특성에 따른 놀이 양상, 안전지도의 원칙 등과 같이 학급 특성을 파악하는 데 도움이 되는 이야기를 나눈다. 교사의 교육의도와 학급 상황을 잘 이해할 수 있도록 노력하되, 부모가 가정에서 함께 지도해야 할 기본생활습관 기르기, 또래관계 등에 대해 이야기를 나누면 교육의 효과를 거둘 수 있다.

부모좌석 배치를 원형으로 하면, 집단 내 의사소통을 활성화하는 데 도움이 될 수 있다. 정해진 시간 내에 효율적으로 진행하기 위해 교사가 알려야 할 사항이나 순서를 유인물로 작성하여 배포한다. 시작 시간까지 편안한 분위기가 조성되도록 음악과 간식을 준비한다. 자녀의 이름표를 미리 준비하여 가슴에 부착할 수 있도록 하고 참석 여부를 체크할 수 있게 아동명단을 준비한다. 종종 집단면담이 교사 입장에서는 부담이 되기도 한다. 교사의 진행이 매끄럽지 못하거나 특정 부모의 의견이 지나치게 부각되면, 기관에 대한 불만으로 이어져 문제가 복잡해질 수도 있다. 가급적 단정적인 답변을 피하고 말을 아낀다. 한 사람이 지나치게 많은 시간을 소비하지 않도록 사전에 유의점으로 말해 둔다. 먼저 집단면담을 경험해 본 학부모가 있다면 본보기가 되도록 발표를 부탁해도 좋다. 자리에 앉은 순서대로 모두 발언을 하게 하는 것이 무작위로 하는 것보다 참여율을 높이고 기회가 골고루 돌아가게 하므로 부모의 불만이 적다. 교사가 답변하기 어려운 내용에 대해서는 다른 부모들의 의견을 구하여 서로 의사소통이 가능하게 한다.

3) 민원상담

부모의 교육참여 범위가 넓어지고 다양한 형태로 표출되면서 능동적, 적극적, 전문적인 수준으로 변하고 있다(윤기영, 박상님, 2001). 교사와 부모 관계에서 의사소통은 핵심적 요소이고(Ginott, 2003), 적극적인 소통 과정을 통해 형성된 상호 친밀한 유대관계는 갈등을 해결하는 과정에서 완충작용을 한다. 그러므로 교사와 부모가 직접 의사소통할 수 있는 수단을 확보하고 소통의 질적 수준을 높이기 위한 노력이 필요하다(윤기영, 박상님, 2001).

(1) 아이에 대한 부모상담

부모는 자녀가 영유아교육기관에 다니기 시작하면서부터 전반적인 사항에 관심을 갖고 교사에게 다양한 요구를 한다. 부모가 가장 알고 싶어 하는 것은 자녀의 기관 적응과 발달 양상에 대한 구체적인 내용이다. 자녀에 대해 담임교사가 정확하게 관찰하고 이해한 사실에 기초해서 전문적으로 소통하고 싶어 한다. 특히 공격성, 과잉행동, 부주의, 충동성, 거짓말 등의 외현적 행동과 사회적 위축, 불안, 우울증, 두려움 등의 정서적 표현행동이 나타날 때 교사와 상담하여 아이가 잘 적응할 수 있는 방법을 찾는다.

교사 입장에서 부모에게 자녀의 문제행동이나 장애에 대해 이야기하는 것은 매우 조심스러운 일이다. 부모와 교사는 가정과 기관이라는 서로 다른 환경에서 아이를 관찰하기 때문에 아이에 대한 기대 수준과 문제행동에 대한 관점이 다를 수 있고, 이 차이로 인해 종종 상담과정 중에 어려움을 겪을 수 있다. 그러나 일상생활의 다양한 맥락에서 나타나는 아이의 문제행동을 가정과 기관에서 각자 관찰하고 부모와 교사가 협력하여 지도하면 아이의 행동이 개선될 수 있다. 상담내용과 부모의 특성을 고려하여 적절한 상담방법을 적용하면서 부모에게 자녀의 행동을 이해시키고, 필요한 경우 놀이치료 기관 등 유관 기관을 안내한다.

종종 부모가 아이의 말만 듣고 섭섭하거나 속상한 감정을 갖고 내원하여 교사에게 책임을 추궁하는 경우도 있다. 어린 자녀를 대신해 그들을 보호하고 권리를 주장하기 위한 불가피한 선택임을 강조하기도 한다. 교사의 말을 불신하고 자녀나 교육에 대해서 자신이 가장 잘 알고 있다고 믿으며 강력하게 자신의 의견을 표현하고 간혹 무리한 요구를 하는 경우도 있다. 부모가 자녀의 문제행동에 대해 알고 있음에도 불구하고 자녀의 잘못이나 문제에 대해 인정하고 솔직하게 말하는 대신 방어적인 태도를 취하는 부모도 있다. 가정에서는 자녀가 그런 행동을 보이지 않는다면서 교사의 의견을 불쾌하게 받아들이거나 부인하고 거부하기도 한다. 아이의 부적절한 행동이 최근에 나타나기 시작했으므로 그 원인이 기관에 있다고 주장하면서 교사에게 책임을 묻거나 자녀의 행동을 문제시한다는 이유로 교사에게 화를 내면서 공격적으로 반응하는 경우도 있다. 이와 같은 부모의 반응은 자녀의 문제행동을 지나치게 확대해서 생각하며 예민하게 받아들일 때 나타나기 쉽다. 아이의 문제행동이 곧 부모의 문제라고 생각하거나 평소의 부모역할에 대한 죄책감이 강할 때 자주 나타날 수 있는 반응이다. 이 유형의 부모에게는 자녀의 문제에 대해 교사와 상담을 하게 된 부모의 불편한 심정을 이해하고 배려하며 이를 완화하려는 교사의 노력이 무엇보다 필요하다.

교사는 부모가 걱정하고 불만스러워하는 부분에 대해 말할 수 있는 기회를 제공하고, 교사의 입장을 방어하기보다는 부모 입장에서 부모의 의견을 듣기 위해 노력해야 한다. 부모의 부정적인 태도 이면에 있는 자녀교육에 대한 열의와 관심이 긍정적이고 협조적인 방식으로 표현될 수 있는 기회가 필요하기 때문이다. 교사 입장에서 비협조적, 비우호적인 태도로 불만을 표현하는 부모를 만나는 것은 매우 부담스럽다. 이로 인해 변명이나 항변을 하면서 방어적인 태도를 취하기 쉽다. 그러나 불만을 가진 상태에서 교사를 만나는 부모는 자신의 입장을 충분히 이야기해서 자기 잘못이 아닌 것을 증명하려 하는데, 교사가 충분히 들어주지 않으면 더 화를 내면서 문제를 확대한다. 교사는 이런 부모를 대할 때 그 어느 때보다 더 교사의 전문성을 살려 인내심 있게 들으며 대응해야 한다. 부모의 입장을 공감해 주고 이해하려 노력하며 진지하게 경청하는 교사에게 자신의 불만을 말하는 것 그 자체가 부모의 부정적인 감정을 진정시켜 줄 수 있다.

교사는 부모와 대화를 나누며 자녀의 문제행동 및 부적응행동에 대해 부모가 이해하고 있는 바를 유의해서 살펴야 한다. 아이 관찰 자료를 참고한 교사의 의견을 부모에게 전달하는 것은 부모가 자녀에 대해 더 잘 이해하는 데 도움이 될 수 있다. 부적응행동이나 문제행동에 대해 이야기하기 전에 전반적인 발달 사항을 언급하면서 아이의 당면 문제를 간단한 질문의 형태로 전하고 부모의 답변을 들어볼 수 있다. 이 과정에서 교사는 자신의 전문성을 전하는 동시에 아이에 대해 전반적으로 파악하고 있음을 부모에게 인식시키는 효과가 나타난다.

너무 성급하게 부모를 이해시키려고 하기보다는 부모의 이야기를 충분히 듣고

난 후 그 사건의 실제적 내용, 관련되는 전후 상황 및 교사가 했던 구체적 말과 행동 및 그 이유 등을 침착하게 설명하여 부모가 오해를 풀게 한다.

만약 교사가 명백히 실수한 점이 있을 때는 정중히 사과하고 같은 일이 반복되지 않도록 노력하겠다고 약속한다. 부모의 흥분을 가라앉히기 위해 무조건 사과부터 하고 무마하는 것은 자칫 부모의 무리한 요구로 이어질 수 있다. 필요하다고 생각될 때는 원감 등 최소한 한 명의 다른 교직원과 함께 부모상담을 진행한다. 이를 통해 흥분한 부모가 더 이상의 위험한 행동을 하지 않도록 보호하고, 교사의 언행에 대해 부모가 잘못된 말을 퍼뜨리지 않도록 방지할 수 있다. 부모에게 다른 교직원이 동석한다는 사실과 그 이유를 간단히 설명하고 대화의 주도권은 교사가 가지고 상담을 진행한다. 다른 교사와 함께 대화를 나누더라도 부모의 불만 사항을 듣고 이해하며 해결할 수 있는 능력이 있는 당사자는 담임교사임을 분명히 알릴 수 있다. 동석한 다른 교직원이 부모의 이야기를 듣고 대신 사과하거나 해결방안을 제시하는 것은 교사의 전문성을 스스로 포기하면서 문제를 더 복잡하게 하는 역효과가 날 수 있음을 인식하고 객관적인 입장을 유지하도록 애쓴다. 상담을 통해 부모의 불만이 해결되었다면 부모의 노력에 대해 감사함을 전하고, 이후의 문제해결과정에 대한 구체적인 정보를 제공하며, 이를 지켜줄 것을 정중하게 요청한다. 상담에도 불구하고 부모의 공격적인 태도가 가라앉지 않거나 무리한 요구가 계속되면 일단 부모의 입장을 충분히 숙지했음을 알리고, 부모와 교사 모두 보다 적절한 방법에 대해 생각해 보고 구체적인 일정을 잡아 다시 만날 것을 제안해 본다. 부모와의 상담 후 교사는 관련된 다른 교직원들과 협의하며 바람직한 해결방법을 모색하고, 필요한 자료(CCTV, 관찰자료 검토 등)를 살펴보면서 상황에 대한 정확한 이해를 하도록 노력한다.

아이들과 함께 있는 상황에서 심각한 수준의 공격적인 행동으로 부모가 자신의 요구를 표현할 때 교사는 아이의 안전을 최우선적으로 고려해야 한다. 옆반의 동료교사, 경험이 풍부한 선배교사 등 주변의 도움을 요청하여 아이가 위험하지 않도록 보호하고 겁에 질리지 않도록 주의한다. 교사 자신도 당황하여 눈물을 보이거나 감

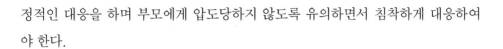

정적인 대응을 하며 부모에게 압도당하지 않도록 유의하면서 침착하게 대응하여야 한다.

(2) 기관의 교육과정 운영에 대한 부모상담

교사는 부모들이 교육기관의 철학과 교육내용을 잘 이해하여 아이의 발달을 도울 수 있도록 지속적으로 의사소통하여야 한다. 기관에서 진행하는 다양한 프로그램과 활동에 대해 학부모에게 충분히 소개하고, 운영위원회의 활성화를 통해 기관 운영의 전반적인 사항을 학부모 운영위원이 포함된 운영위원회에서 결정되었음을 알려서, 학부모들의 의견을 정확하게 듣는 동시에 기관의 입장을 알리고 설명하는 통로로 활용한다. 이 과정에서 기관의 교육시책에 대한 불만을 교사에게 토로하며 무리한 해결을 원하는 경우가 종종 발생한다. 놀이 중심의 교육과정보다는 과도한 인지 중심의 교육과정과 다양한 특성화 활동의 운영을 요구하는 경우가 많다. 기관이나 교사의 교육방침 또는 교육방식에 대한 불만은 기본적으로 이에 대한 불신에서 비롯되는 경우가 많다. 이로 인해 불만이 많은 부모일수록 교사와의 상담 자체에 대한 필요성을 간과하기 쉬워 교사의 말을 듣지 않고 일방적으로 자신의 의견만을 표현하려고 한다. 완벽주의적 성향이거나 자녀에 대한 책임감이 강할 때, 그리고 부모로서의 효능감이 높아 모든 일을 자신이 처리할 수 있다는 자신감이 강할 때 종종 교사에게 도전적인 모습을 보인다. 교사 역시 부모가 교권을 위협하는 것으로 느낄 수 있으므로 교사에게도 매우 어렵고 도전적인 상황이다. 그러나 교사가 감정적으로 대응하는 것은 부모와의 관계를 더 악화시키고 문제 해결을 어렵게 하므로 평정심을 유지해야 한다.

기관의 교육과정에 대해 부모와 상담할 때 대부분의 교사는 상황 설명, 부족한 부분에 대한 공부, 부모의 요구 수용, 대화 포기, 동료 및 선임교사에게 조언 구하기 등의 다양한 방법으로 대응하고 있다. 그러나 기본적으로 자녀교육에 관한 열의와 관심이 있는 부모이므로 그 에너지가 긍정적으로 전환될 수 있는 방법을 생각해 보아야 한다. 먼저 부모가 불만을 갖게 된 직접적 원인이 된 사건이나 상황에 대해서 부모의 말을 듣는다. 부모가 알고 있는 내용이 무엇인지 구체적으로 들어야 한다. 이때 부모 입장에서 가질 수 있는 감정과 생각을 살펴보면서 경청하고, 부모의 감정을 반영하는 것은 교사가 방어적인 태도를 갖지 않게 하는 측면에서 교사 자신에게도 유익하다. 부모가 말을 마치면 교사가 들은 내용을 재진술하면서 부모의 말을 정확하게 이해했는지 확인한다.

교육과정에 대한 불만은 대개의 경우 각 기관의 교육철학과 관련되는 경우가 많으므로 교사와의 상담에 의해 부모의 요구를 전면적으로 수용하기는 어려울 때가 많다. 그럼에도 상담의 과정을 거쳐 교육과정에 대해 부모가 의견을 표현할 수 있고 협의를 거치는 과정을 통해 의사결정자로서의 부모의 참여수준을 높이려는 교사의 노력이 요구된다.

(3) 교사에 대한 부모상담

교사와 부모의 관계는 아이의 발달과 교육을 위해 서로 협력하는 관계에 있다. 그러므로 교사와 부모는 대등한 관계에서 공동의 목적을 이루기 위해 함께 노력하며 서로를 존중해야 한다. 교사가 부모를 개별 아이에 대한 전문가로 존중하며 동반자 관계를 형성할 때 자녀에 대한 부모의 관심과 그들의 가정에서의 경험을 반영하여 보다 효과적인 교육이 가능해질 수 있다. 부모 또한 교사를 교육전문가로서 존중해야 한다.

부모와 교사가 갈등을 겪는 대표적인 상황은 기관에서 안전사고가 발생했을 때 이에 대한 책임소재 문제로 상담을 하는 경우이다. 아이가 다쳤을 때 부모에게 먼저 연락을 취해서 다친 상황에 대해 정확히 전달하지 않거나 상처의 정도나 책임소재에 관계없이 아이가 다친 것에 대해 부모에게 최대한 미안한 마음을 표현하지 않으면 부모 불만이 발생하기 쉽다. 아이가 어리거나 첫 아이일 때, 상처의 정도가 심할수록 부모는 교사의 무관심과 무책임을 탓하면서 교사에게 감정적인 언행을 보이기 쉽다. 부모는 기관에서 발생하는 안전사고의 주요 원인을 교사의 부주의와 실수로 인식하기 때문에 교사의 목격 및 중재 여부와는 상관없이 교사에게 책임을 추

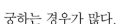
궁하는 경우가 많다.

또한 기관의 교육과정에 부합되지 않는 학습지도 및 조기교육, 일상 생활습관 지도에 대한 과한 요구, 기관의 규칙에 어긋나는 일 또는 예외를 바라는 경우 교사는 많은 부담감을 겪게 된다. 교사를 교육자로 대우하지 않거나 영유아교육기관을 학원 등과 동일하게 여기며 상급자와 문제를 해결하려고 하거나 교사가 말할 때는 소홀히 듣다가 나중에 문제가 발생했을 때 교사가 말해 주지 않았다고 탓한다든지 본인의 생각만 주장하면서 항의하는 경우도 있다. 친숙함의 표현으로 교사에게 반말을 하거나 지시적이고 사무적인 태도로 무시하는 듯한 말과 행동을 할 때 교사는 자신의 전문성을 인정받지 못하는 것으로 느껴 심리적인 불편함을 겪게 된다. 교사에게 갖추어야 할 기본적인 예의를 지키지 않거나 교사에 대한 불신과 거부감을 표현하면서, 부모가 하고 싶은 말만 하며 항의할 때 교사로서의 자존감은 현저히 떨어질 수 있다. 부모의 감정적인 대응만 일방적으로 당하고, 교사의 입장에서 말할 기회조차 갖지 못하는 경우도 많다. 교사의 경력이나 연령을 문제시하면서 교사가 관찰한 내용에 대해 부모가 의심스러운 태도를 보이면 교사는 객관적인 입장에서 자신의 판단을 전달하기가 어려워진다.

실제로 대부분의 교사들은 부모와의 갈등상황 자체에 스트레스를 느끼지만 부모와 원만한 관계를 유지하기 위해 부모 중심적 대처 방식을 많이 사용한다. 자신보다는 부모의 입장이나 심정을 먼저 헤아리고 배려하면서 오해의 소지가 없도록 상황을 설명하고, 되도록 부모의 요구를 수용하려고 한다. 교사들은 부모와 상호작용할 때 긍정적인 정서를 보여 주기 위하여 부정적인 자신의 감정을 참으면서 조절하려고 한다. 그러나 이와 같은 교사의 노력은 자칫 부모-교사의 관계에 이중적 특성을 야기하고 정서적 소진 현상만 가중시키는 결과를 초래하여 대화를 포기하는 상황까지 악화될 수 있다.

교사는 부모를 존중함과 동시에 전문가로서 자신의 권위를 지키기 위해 노력해야 한다. 형식적인 차원을 넘어 부모와 교사의 역할 차이를 인식하고, 부모를 진정으로 이해하는 것은 부모뿐만 아니라 교사 자신에게도 새로운 관계를 정립하고 역할을 감당하게 하는 효과가 있다. 부모가 교사에 대해 부정적인 태도를 가지게 된 이유가 있을 수 있다는 사실을 수용하고, 부모가 불만스러워하는 부분에 대해 대화를 시도하며, 부모 입장에서 부모의 의견을 들어본다. 평상시에 부모가 자녀교육에 대해 가진 생각과 기대를 들어보는 것도 부모의 입장을 이해하는 데 도움이 된다. 그러나 이렇게 노력하는 교사의 모습을 접하고도 부모가 그 의도를 의심하거나 진지하게 받아들이지 않으며 경계할 수도 있다. 교사에 대해 부정적인 태도를 가진 부모들은 교사의 긍정적인 말이나 행동은 당연시하면서 축소하거나 왜곡하는 반면에 부정적인 말이나 행동은 과장하여 받아들이기 쉽기 때문이다. 그러므로 부모의 부정적인 태도가 변화되고, 신뢰가 회복되려면 시간이 필요함을 기억하고 교사로서의 역할에 일관성을 지키려는 노력이 필요하다.

4) 가정방문

가정방문은 교사가 학년 초 또는 학기 초에 아이의 가정을 방문함으로써 부모와 아이에 대해 정보를 나누는 부모교육의 형식이다. 부모는 자신의 가정에서 교사와 1대 1로 자녀에 대해 상담할 수 있다. 때문에 기관에서의 생활에 대한 정보를 얻을 수 있고 자녀양육이나 교육문제에 대해 의논할 수 있어 부모교육 효과가 높다. 부모는 교사를 단독으로 만나 이야기를 나누기 때문에 교사에 대해 친밀감을 느낄 수 있어 기관에 대해 좋은 이미지를 갖게 된다.

아이의 입장에서 볼 때, 가정방문은 아이에게 큰 의미를 준다. 영유아교육기관에서는 다른 친구들과 선생님을 공유해야 하기 때문에 충분한 관심을 받기 어렵지만 가정에서는 선생님의 관심을 독차지할 수 있어 교사와 더욱 친밀해지므로 기관에서보다 적응을 더 잘할 수 있다. 교사의 입장에서 볼 때, 가정방문은 시간과 노력이 많이 들기 때문에 힘들고 부담이 된다. 그러나 가정방문은 아이가 살고 있는 가정의 문화, 부모의 가치관, 양육태도, 양육방법, 부모와 아이의 상호작용 수준 등을 파악할 수 있어 아이를 이해하고 교육하는 데 도움이 되는 정보를 많이 얻을 수 있는 장점이 있다. 따라서 교사는 가정방문을 하며 아이에 대한 정보를 수집하는 것 외에도 부모가 필요로 하는 바람직한 양육방법, 아이와 가정에서 할 수 있는 활동, 아이와 상호작용하는 방법, 질문에 대처하는 기술 등을 가르쳐 줄 수 있는 영유아 교육전문가로서의 역할을 한다.

아이가 기관에 입학한 후 갖게 되는 첫 번째 오리엔테이션 시간에 기관의 운영 철학이나 운영 계획을 이야기할 때 가정방문에 대해서도 안내를 한다.

가정방문을 실시할 경우 교사가 유의해야 할 점은 다음과 같다.

첫째, 서로 합의한 가정방문 날짜와 시간은 반드시 지킨다.

둘째, 부담이 되지 않도록 하루에 한두 명 정도 방문한다.

셋째, 가정방문 시간은 너무 길지 않아야 한다. 보통 30분 이내로 하는 것이 좋다.

넷째, 가정방문 시간 동안 교사는 아이에 대한 여러 가지 정보를 알아보고 아이를 보다 효율적으로 지도하는 데 필요한 사항을 유심히 관찰한다.

다섯째, 교사는 기관을 대표한다는 생각으로 예의 바르게 부모를 대한다. 또한 부모와 이야기를 나눌 때 사적인 이야기를 나누지 않도록 한다.

Storytelling

부모의 폐쇄회로 텔레비전(CCTV) 열람

유치원과 어린이집의 CCTV 설치 의무화는 사생활 침해와 개인정보 노출의 우려도 있었지만, 대다수의 국민 여론으로 법이 개정되어 설치 근거가 마련되었고, 유치원과 어린이집의 CCTV 설치 예산을 지원하여 모든 원에 설치가 되었다. 부모는 열람 목적의 타당성이 인정되면, 정해진 절차에 따라 열람할 수 있다.

부모가 CCTV를 열람하려면, 먼저 열람요청을 해야 한다. 열람 요청 사유는 보호하고 있는 아동이 학대 또는 안전사고로 신체·정신적 피해를 입었다고 의심될 경우이며, 열람요청은 서식을 작성하여 원장에게 직접 영상정보의 열람을 요청할 수 있다. 열람 요청을 받은 원장은 열람 장소와 일시 등 필요한 사항을 정하여 열람 요청자에게 10일 이내에 통지해야 한다. 열람의 일시는 보육과 교육에 지장이 없도록 보호자와 원장이 협의하여 결정하되 가급적 신속히 해야 하므로, 회신일로부터 최장 7일을 초과하지 않도록 한다. 부모는 정한 일시에 가족관계증명서, 주민등록증, 공문서, 신분증 등 보호 아동과의 관계를 확인할 수 있는 증서를 지참하고 원을 방문하여야 한다. 열람 시 보호자가 동의할 경우 어린이집은 관계공무원, 보육교사 및 어린이집 운영위원, 육아종합지원센터, 아동보호전

문기관, 어린이집안전공제회 직원 등이 입회하게 할 수 있다. 이것이 일반적인 형태의 열람의 요청 및 열람하는 방식이다.

　원장은 열람 등의 조치 시 정보주체 이외의 자의 사생활 침해 우려가 있는 경우 해당되는 정보주체 이외의 자의 개인영상정보를 알아볼 수 없도록 보호조치를 하는 등 개인정보보호를 위해 노력하여야 한다. 어린이집 원장은 열람 요청자가 다수(2인 이상)이거나 열람할 분량이 상당하여 수시 열람하게 할 경우 보육과 교육에 차질이 빚어질 우려가 있을 때는 영상정보 내부 관리계획에 의거, 특정한 일시를 정하여 일괄하여 열람하게 할 수도 있다.

　부모가 열람할 수 있는 또 하나의 방법도 있는데, 보호하고 있는 아동의 피해사실이 적시되어 있는 의사소견서를 제출하거나 관계공무원, 원의 운영위원회 위원장, 육아종합지원센터장이 동행하여 열람을 요청하는 경우로서, 이와 같은 경우에는 열람요청서를 작성할 필요도 없으며, 현장에서 바로 열람할 수 있다. 이는 시급한 경우와 그렇지 않은 경우를 구분하여 부모의 열람권 보장과 보육(교육)의 안정적 운영을 하기 위함이다.

　원장이 열람을 거부할 수 있는 사유로는 개인영상정보의 보관기간(60일)이 경과하여 파기한 경우이거나, 원의 운영위원장이 피해의 정도, 사생활 침해 등 제반 사항을 고려하여 열람 거부하는 것이 영유아의 이익에 부합한다고 판단하는 경우로서, 운영위원장은 영유아의 안전 등 영유아의 복리를 최우선적으로 고려하여 최소한의 필요한 수준에서 열람될 수 있도록 권고할 수 있다.

Q1. 타급학교에는 없는 CCTV가 왜 영유아교육기관에만 설치 의무화가 되었을까?

Q2. 대부분의 영유아교사들이 CCTV 설치를 부담스러워 하지만, 영유아교사들을 보호하는 기능도 할 수 있다고 한다. 어떤 경우가 있을까?

Q3. CCTV 열람자가 영상자료를 열람한 후 알게 된 영상 속의 내용을 제3자에게 누설하거나 부당한 목적으로 사용하는 것을 방지하려면 어떻게 해야 할까?

참고문헌

강상욱(2000). 가상 공동체 의식이 사이트 충성도에 미치는 영향: Flow 개념을 중심으로. 서강대학교 대학원 석사
학위논문.

강수경, 정미라, 이방실, 김민정(2014). 유아기 자녀를 둔 한국과 프랑스 어머니의 양육참여, 양육효능감 및 양육불
안에 대한 비교연구. 유아교육연구, 34(6), 539-555.

강정원, 김승옥(2015). 원과 가정의 신뢰의 시작, 실제 알림장 사례를 통해 알아보는 알림장 작성 가이드. 황금사자.

강진숙, 이경님(2015). 원장의 코칭리더십과 영아교사의 자아탄력성 및 직무스트레스가 이직의도에 미치는 영향.
유아교육학논집, 19(1), 321-342.

고창규(1999).학부모의 교육권 및 학부모회의 학교 참여–바람직한 학부모회를 만들기 위한 시론. 교육이론과 실천,
9, 265-277, 경남대학교 교육문제연구소.

고혜정(2005). 연장아 입양 부모의 자녀문제 지각과 적응촉진요소 및 장애요소에 대한 사례연구: 한국입양홍보회
(MPAK) 연장아 입양가족을 중심으로(부모의 관점에서 본 사례). 한남대학교 학제신학대학원 석사학위논문.

교육부(2012). 누리과정지도서.

교육부(2015). 다문화가정 학생 교육 지원 계획.

권대훈(2009). 교육심리학의 이론과 실제. 학지사.

권미경(2016). 가정 내 양육지원 요구와 개선 방향. 한국아동학회 학술발표논문집, 101-115.

권미경, 도남희, 강은진, 최지은, 신윤승, 서원경, 김유미(2015). 열린어린이집 가이드라인. 보건복지부.

권용은(2003). 자녀가치에 대한 세대 간의 유사성과 상이성에 관한 연구: 청소년·어머니·할머니세대 집단 간 비
교를 중심으로. 인하대학교 대학원 박사학위논문.

권용은, 김의철(2004). 자녀가치와 출산율. 아동교육, 13(1), 211-226.

권정윤, 이미나, 정미라(2016). 영아교사의 경력, 회복탄력성, 교사효능감 및 교사민감성 간의 구조적 관계. 유아교
육연구, 36(3), 293-312.

권준수(2009). 정신질환의 병리기전 및 치료기전 모델 개발. 교육과학기술부.

권지성, 변미희, 안재진, 최운선(2008). 입양아동발달에 관한 종단연구: 2차년도 보고서. 한국입양홍보회.

금지윤(2008). 유아교육기관의 다문화가정 유아 지도 현황 및 교사의 요구에 관한 연구. 중앙대학교 대학원 석사학 위논문.

김경호, 소순창(2011). 저소득층 조손가족의 양육지원요구와 영국 사례를 토대로 한 정책적 개선방안. 한독사회과학 논총, 21(2), 117-142.

김광호, 조미진(2012). EBS 다큐프라임 오래된 미래 전통육아의 비밀. 라이온북스.

김명희, 이현경(2011). 행동수정과 치료-아동 · 청소년 행동치료 사례중심. 교문사.

김미례(2015). 교류분석상담의 기초 2. 아카데미아.

김미숙, 오정숙, 김의철, 박영신(2009). 세대집단별 자녀를 가지면 어려운 점-유치원과 고등학생의 부모집단을 중 심으로. 한국심리학회 연차 학술발표 논문집, 1(6), 210-211.

김민아, 이재신(2004). 어머니 특성 및 유아의 기질과 유아의 부적응행동과의 관계에 대한 연구. 유아교육연구, 24(5), 145-166.

김민정, 김갑순(2012). 어린이집에서의 알림장 이용 현황 및 이에 대한 부모와 교사의 인식 및 요구. 유아교육학논집, 16(2), 61-84.

김선미(2005). 맞벌이 가족의 자녀양육방식을 통해 본 아동양육지원의 정책적 함의. 한국가정관리학회지, 23(6), 105-116.

김승희(2016). 사회적 자본의 관점에서 본 조손가족 조부모의 양육문제 해결방안. 육아정책연구, 10(1), 1-30.

김신재(1987). 유치원 부모교육 프로그램의 변화에 대한 연구. 이화여자대학교 대학원 석사학위논문.

김연(2011). 유아의 인지, 사회, 정서 발달에 영향을 미치는 맞벌이 부부의 환경 변인에 관한 연구. 유아교육연구, 31(6), 95-120.

김연숙(2014). 부모용 양육의미척도 개발연구-영아 어머니를 중심으로-. 동덕여자대학교 대학원 박사학위논문.

김영옥(2012). 부모교육. 공동체.

김영주(2006). 태아프로그래밍이란 무엇인가?: 태내의 건강이 평생의 건강을 좌우한다. *Obstetrics and Gynecology*, 49(10), 2055-2065.

김외선(2016). 국내입양부모교육에 관한 방안고찰. 한국가정관리학회 학술발표대회 자료집, 5, 158-165.

김유경, 변미희, 임성은(2010). 국내입양실태와 정책방안 연구. 한국보건사회연구원.

김은정, 김지연, 이성림, 김태헌, 조영태, 이지혜(2010). 평균수명연장에 따른 자녀가치와 출산율 관계 연구. 한국보건사 회연구원.

김의철, 박영신, 권용은(2005). 한국세대별 어머니 집단의 가족관련 가치인식 분석. 한국심리학회지: 문화 및 사회문제, 11(1), 109-142.

김일명, 이정덕(1996). 삼국유사에 나타난 부모-자녀 간 윤리에 관한 연구. 한국가족관계학회지, 1권 단일호, 19-34.

김정미(2004). 예비부모교육 프로그램의 구성과 적용효과. 중앙대학교 대학원 박사학위논문.

김진영, 김정원, 전선옥(2009). 영유아를 위한 부모교육. 창지사.

김치곤, 채영란(2013). 유아 인성교육 프로그램의 연구동향. 유아교육학논집, 17(6), 305-333.

김태인, 박성혜(2007). 멘토링을 통한 부적응 유아지도에 대한 교사의 인식 및 교수 실제 변화 탐색. 열린유아교육연구, 12(6), 431-458.

김태한(2010). 새엄마의 재혼자녀 양육경험에 관한 질적 사례연구. 숭실대학교 대학원 박사학위논문.

김혜경(2010). 가족복지론. 공동체.

김효순(2006). 재혼가족의 역할긴장이 적응에 미치는 영향에 관한 연구: 계부모와 청소년 계자녀 관계를 중심으로. 성균관대학교 대학원 박사학위논문.

김희진(2006). 유아교육기관에서의 부모교육과 지원. 파란마음.

노충래, 홍진주(2006). 이주노동자 자녀의 한국사회 적응실태 연구. 한국아동복지학, 22(12), 127-159.

뉴턴코리아(2007). 뇌와 마음의 구조. 뉴턴사이언스.

문광수(2013). 정적강화와 부적강화가 직무수행, 정서, 스트레스에 미치는 효과 비교. 중앙대학교 대학원 박사학위논문.

문호영(2017). 교류분석 이론에 근거한 드라이버 척도와 시간의 구조화 척도 개발. 대구가톨릭대학교 대학원 박사학위논문.

박경애(2008). 조손가족 정책분석을 통한 활성화 방안: 산물분석을 중심으로. 아시아아동복지연구, 6(4), 21-40.

박문호(2013). 그림으로 읽는 뇌 과학의 모든 것. 휴머니스트.

박선경(2011). 농촌마을 공동체 학습 활동의 생태학적 분석: Y시 행군 평생학습마을을 중심으로. 평생학습사회, 7(1), 129-152.

박선주(2015). 한부모 가족 부모의 부모교육 현황 및 부모교육 내용에 대한 요구도. 여성연구논총, 17(8), 99-127.

박성석, 오정아, 이영주, 최경화, 최금해(2009). 가족복지론. 양서원.

박수현(2003). 대학생의 가족개념 인식 및 가족가치관에 관한 연구: 서울시 남·녀 대학생을 대상으로. 경희대학교 대학원 석사학위논문.

박은숙, 김은경, 성경숙, 원정완, 윤영미, 오원옥, 석민현, 임여진, 조헌하, 임혜상(2005). 개화기 소설을 통해 조명한 한국의 부모상. 영유아간호학회지, 11(1), 99-108.

박정란(2009). 여성새터민의 자녀 돌봄과 일: 실태와 지원방향. 한민족문화연구, 28, 97-135.

배종필(2012). 손자녀의 발달단계에 따른 조손가족 조부모의 양육스트레스와 우울감에 관한 연구. 명지대학교 대학원 석사학위논문.

배지희, 조미영, 봉진영, 김은혜(2011). 유아교육기관에서의 부모교육 및 참여에 대한 부모들의 경험과 기대. 유아교육연구, 31(3), 279-304.

백혜리(1997). 조선시대의 성리학, 실학, 동학의 아동관 연구. 아동권리연구, 창간호, 47-63.

백혜리(2006). 해방 전 한국인의 아동관 변천: 1876~1945. 열린유아교육연구, 11(2), 391-497.

법무부(2008). 다문화가족지원법. 제2조. 법률 제8937호.

변영계(2007). 교수 · 학습 이론의 이해. 학지사.

보건복지부(2017). 국내입양현황 자료.

봉진영(2011). 다문화 가정 어머니의 자녀 양육과 교사의 교육 경험에 대한 연구. 성신여자대학교 대학원 박사학위
　　논문.

서유헌(2015). 뇌의 비밀. 살림출판사.

서현(2009). 농촌지역 조부모-손자녀 가정 유아의 양육에 대한 조부모의 어려움. 한국생활과학회지, 18(1), 13-27.

송혜림(2012). 남성의 일-가정 양립 실태와 요구도. 한국가족자원경영학회지, 16(2), 1-18.

신연식(1978). 부모교육-사랑의 본질과 응용. 학문사.

신윤정, 기재량, 우석진, 윤자영(2014). 저출산 정책 확대에 따른 자녀 양육행태 변화 분석. 한국보건사회연구원.

신지혜, 최혜순(2014). 유아행복관련 연구동향의분석. 유아교육연구, 34(1), 5-27.

신혜연(2013). 발달장애 아동의 부모를 위한 행동주의적 부모교육의 효과성 연구: 이론교육과 실습교육의 비교. 연
　　세대학교 대학원 석사학위논문.

안재진, 권지성, 변미희, 최운선(2009). 국내 입양 아동의 문제행동 수준에 영향을 미치는 요인. 한국아동복지학지,
　　29, 187-219.

양진희(2012). 유아기 자녀를 둔 재혼가정어머니의 재혼가족생활 경험에 대한 연구. 유아교육연구, 32(4), 5-34.

여성가족부(2010). 조손가족 실태조사.

여성가족부(2015). 2015년 한부모가족지원사업 안내.

우남희, 현은자, 이종희(1993). 사설학원과 가정 중심의 조기교육 실태 연구. 유아교육연구, 13(1), 49-63.

원숙연, 송하나(2015). 부모상위정서철학이 학령기 아동의 사회적 유능성에 미치는 영향. 아동학회지, 36(2), 167-182.

유은경(2014). 프랑스 가족정책의 변화와 부모성 담론의 부상. 페미니즘연구, 16(1), 221-264.

유향선(1996). 어머니와 교사 개입에 의한 상호작용적 문해 프로그램이 유아의 초기 문해능력 발달에 미치는 효과.
　　중앙대학교 대학원 박사학위논문.

윤기영, 박상님(2001). 유아교사와 학부모의 인간관계. 한국교원교육연구, 17(1), 379-404.

윤영진, 문호영, 김미례, 송준석, 이영호, 정정숙(2015). TACA 자아상태 검사 프로파일. 한국교류분석상담학회. 아카
　　데미아.

이광수(1925). 모성중심의 자녀교육. 신여성.

이기숙, 장영희, 정미라, 홍용희(2001). 유치원에서의 특별활동 실시 현황 및 교사의 인식. 아동학회지, 23(4), 137-143.

이명숙(1999). 유아교육기관 가정통신문에 나타난 부모교육내용 분석. 경희대학교 대학원 석사학위논문.

이미선(2009). 입양아동의 양육과 관련된 이슈들에 대한 소고. 임상사회사업연구, 6(2), 85-102.

이미영(2007). 조손가정의 형성과정 및 생활실태. 복지행정논총, 17(1), 201-230.

이부영(2000). 그림자. 한길사.

이부영(2001). 아니마와 아니무스. 한길사.

이부영(2002). 자기와 자기실현. 한길사.

이부영(2004). 분석심리학. 일조각.

EBS 아기성장보고서 제작팀(2009). 아기 성장 보고서(EBS 특별기획다큐멘터리). 예담.

EBS 퍼펙트베이비 제작팀(2013). EBS 다큐프라임 퍼펙트베이비: 완벽한 아이를 위한 결정적 조건. 와이즈베리.

이삼식, 김태헌, 박수미, 오영희, 박효정(2006). 미래세대의 결혼 · 출산 친화적 가치관 정립을 위한 종합연구. 한국보건사
    회연구원.

이순형, 민하영, 권혜진, 정윤주, 한유진, 최윤경, 권기남(2010). 부모교육. 학지사.

이아영, 박부진, 김세영(2016). 부모의 지지와 통제 및 학교생활 적응이 남녀 청소년의 자살생각에 미치는 영향: 우
    울의 매개효과를 중심으로. 한국아동학회지, 37(1), 61-71.

이와츠키 겐지(2001). 부모의 긍정지수를 1% 높여라. 오근영 역. 랜덤하우스.

이원영(1985). 부모교육론. 교문사.

이원영(1997). 유아교육기관과 가정의 협력관계. 유아교육 학술대회 자료집, 19-51.

이원영(2004). 백년 후에도 변하지 않는 소중한 육아지혜. 샘터.

이원영, 김정미(2011). 대학생을 위한 예비부모교육. 학지사.

이원영, 이태영, 강정원(2008). 영유아교사를 위한 부모교육. 학지사.

이윤정(2015). 대학생의 부모됨 동기, 부모됨 인식, 부모역할 자신감에 관한 연구. 한국영유아보육학, 2(1), 1-18.

이윤화(2010). 발달단계 구분에 따른 조손가족 손자녀의 우울과 학교생활적응 영향 요인. 인문사회과학연구, 29.

이재림, 손서희(2013). 미취학 자녀를 둔 맞벌이 여성의 일-가족 갈등: 직장 및 자녀양육 관련 자원과 지각을 중심
    으로. 한국가족관계학회지, 18(1), 93-114.

이지애(2008). 다문화가정 아동과 일반가정 아동의 학교적응에 관한 비교연구: 자아존중감을 중심으로. 고려대학
    교 대학원 석사학위논문.

이혜연, 이용교, 이향란(2009). 위기가정 아동 · 청소년의 문제와 복지지원 방안 연구. 한국청소년정책연구원.

이호준(2008). 부모교육평가척도 개발: 참가자 관점의 적용. 아시아교육연구, 9(4), 201-238.

이훈구(2001). 미안하다고 말하기가 그렇게 어려웠나요. 이야기.

장래혁(2006). 잠들어 있는 당신의 뇌를 깨워라. Brain News.

장래혁(2015). 급변하는 미래 사회, 필요한 인간 두뇌 능력은?, 브레인, 51, 5-5.

장영희, 김희진, 엄정애, 권정윤(2007). 생애초기 저소득층 및 다문화 가정 자녀 발달지원프로그램 개발방향. 교육
    정책연구과제, 12, 273-285. 교육인적자원부.

장인협 외(1993). 아동 · 청소년 복지론. 서울대학교 출판부.

전우경(2002). 영아기 어머니 역할 교육 프로그램 이 모아상호작용과 영아발달에 미치는 효과. 중앙대학교 대학원 박사학위논문

전우경, 강정원(2007). 유아기 자녀를 둔 어머니의 양육태도에 대한 1980년대 초반과 2000년대 중반의 차이 비교 연구: Schaefer의 양육 태도 모형을 중심으로. 한국교육문제연구, 25(2), 61-84.

전지경(2011). 미혼 커플관계 탄력성 척도 개발 및 타당화 검증. 한남대학교 대학원 박사학위논문.

전진아(2014). 복합정신질환(Comorbidity)의 현황과 정책과제. 보건 · 복지 Issue & Focus, 241호.

전홍주, 배소영, 곽금주(2008). 결혼이민자 가정에서 이루어지는 자녀 교육지원의 실제와 의미-필리핀과 일본 어머니들의 사례를 중심으로. 가족과 문화, 20(3), 161-186.

정범모(1983). 國家發展과 어린이. 배영사.

정범모(1998). 미래의 선택: 탈발전과 성숙을 위한 결단. 나남출판.

정보미, 김낙홍(2016). 영아기 첫 자녀를 둔 맞벌이 부부의 부모교육 경험 및 요구. 아동교육, 25(3), 377-393.

정원철(2015). 교류분석상담의 기초 1. 아카데미아.

정은미(2010). 청소년기 손자녀를 둔 저소득 조손가정을 위한 조부모교육 프로그램의 효과성 연구. 부모교육연구, 7(1), 5-21.

정익중, 권지성, 민성혜, 신혜원(2011). 연장입양가족의 적응과정에 대한 질적 연구: 주 양육자인 입양모의 입장에서. 사회복지연구, 42(1), 399-432.

정지영(2008). 초등학교 다문화 가정 아동의 특성 및 교사의 교육적 갈등 연구. 창원대학교 대학원 석사학위논문.

조미진(2008). 저소득 조손가정 조부모 양육스트레스와 사회적 지지가 아동학대에 미치는 영향: 지역사회복지관 서비스 이용대상자를 중심으로. 중앙대학교 대학원 석사학위논문.

조복희, 정민자, 김연하(2007). 미혼 성인의 자녀양육신념 양상과 자녀에 대한 가치 및 부모 부양의무감 간의 관계. 한국보육지원학회, 3(2), 22-47.

조성연(2006). 대학생의 부모됨의 동기에 대한 부모됨의 의미와 감정이입 및 자아존중감과의 관계. 아동학회지, 28(3), 219-233.

조성연(2006). 예비부모교육. 학지사.

조영달 외(2006). 다문화가정의 자녀 교육 실태 조사. 교육정책연구과제: 2006-이슈-3. 교육인적자원부.

중앙육아종합지원센터(2017). 열린어린이집 가이드북.

최성애(2014). 나와 우리 아이를 살리는 회복탄력성. 해냄.

최순자, 深谷昌志, 이관형(2006). 육아불안 구조의 국제비교-한국 · 일본 · 대만 어머니의 자녀양육 의식을 중심으로-. 한국일본교육학연구, 11(1), 163-176.

최진숙(2016). 다문화가정 유아의 쓰기특성과 쓰기발달에 대한 교사 인식 연구. 전남대학교 대학원 박사학위논문.

통계청(2013). 여성경제활동인구 및 참가율.

통계청(2015). 2014년 다문화 인구동태 통계결과 보도 자료.

통계청(2016). 2016년 맞벌이 가구 및 경력 단절 여성 통계 집계 결과.

하경용(2003). 유치원의 부모 학급보조자 사전 교육 프로그램 모형 개발. 이화여자대학교 대학원 석사학위논문.

한국건강가정진흥원(2013). 2013 가족역량 강화사업 운영 매뉴얼.

한국교육개발원(2011). 교육통계DB.

한국성폭력상담소(2013). 한국성폭력상담소 2013년 상담통계 현황. 반성폭력, 8, 73-79.

한국어린이육영회(1991). 부모교육용 소책자–강의지침서–. 한국어린이육영회.

한국유아교육학회(1996). 유아교육백서. 한국사전연구사.

홍경자(1995). 현대의 적극적인 부모 역할 훈련. 한국심리교육센터 출판부.

홍영숙(2007). 다문화가정이 봉착하는 자녀교육 문제와 시사점. 광주교육대학교 대학원 석사학위논문.

홍용희, 나영이, 장현진, 김혜전, 전우용(2013). 유아 행복교육 탐구(어린이교육의기본 바로알기 시리즈 4). 창지사.

황정숙(1996). 유아수학교육의 효과적 지도: 구체적 조작에 의한 활동 중심과 학습지에 의한 교사 중심 교수방법의 비교 연구. 중앙대학교 대학원 박사학위논문.

뉴욕일보(2013. 2. 15.)

동아일보(1927. 5. 11.)

동아일보(1927. 5. 22.)

동아일보(1927. 6. 6.)

동아일보(1997. 8. 17.)

동아일보(2015. 1. 15.)

세계일보(2017. 2. 22.)

세계일보(2016. 9. 19.)

세계일보(2017. 1. 9.)

전북일보(2017. 3. 29.)

제주도민일보(2017. 1. 10.)

조선일보(2016. 3. 12.).

조선일보(2017. 1. 19.)

Adler, A. (1956). *The Individual Psychology of Alfred Adler: A systemic Presentation in selections from his writings*. In H. Ansbacher & R. Anshacher (Eds.). New York: Basic Books.

Archambault, R. D. (1974). *John Dewey on Education*. The University of Chicago Press.

Ariès, P. (1960). *Centuries of childhood: A social history of family life*. Trans. by Robert Baldick(1962). New York: Vintage.

Arnold, F., Bulatao, R. A., Buripakdi, C., Chung, B. J., Fawcett, J. T, Iritani, Lee, S. J., & Wu, T. A. (1975, 1994, 2001). *The value of children: Vol. 5. National Institute of Child Health and Human Development*. Honolulu, HI: East-West Population Institute.

Axline, V. M. (1947). *Dibs: in search of self*. LD: Penguin. 주정일, 이원영 공역(1985). 딥스: 자아를 찾은 아이. 서울: 샘터.

Baruch, D. W. (1983). *One little boy*. NY: Dell Publishing Co.(1st published in 1952)

Baumrind, D. (1967). Child care practices anteceding three patterns of preschool behavior. *Genetic Psychology Monographs, 75*(1), 43-88.

Baumrind, D. (1991). Effective parenting during the early adolescent transition. In P. A. Cowan & E. M. Hetherington (Eds.), *Family transitions* (pp. 111-163). Hillsdale, NJ: Lawrence Erlbaum.

Baxter, J. (2009). Parental time with children: Do job characteristics make a difference? Australian Government, Australian Institute of Family Studies, Research Paper No. 44. s

Berne, E. (1972). *What Do You Say After You Say Hello?* LD: Corgi Books.

Bigner, J. J. (1985). *Parent-child relations: An introduction to parenting* (2nd ed.). New York: Macmillan Publishing Co.

Boehm, J. K., & Lyubomirsky, S. (2009). The promise of sustainable happiness. In S. J. Lopez (Ed.), *Handbook of positive psychology* (2nd ed., pp. 667-677). Oxford: Oxford University Press.

Carey, N. (2011). *The epigenetics revolution*. Book House Publishers Co. 이충호 역(2015). 유전자는 네가 한 일을 알고 있다. 현대생물학을 뒤흔든 후성유전학 혁명. 해나무.

Compas, B. E., Hinden, B. R., & Gerhard, C. A. (1995). Adolescent development: Pathway and processes of risk and resilience. *Annual Review of Psychology, 46*, 265-293.

Constantine, N. A., & Benard, B. (2001). *California Healthy Kids Survey Resilience Assessment Module: Technical Report*. Berkeley, CA: Public Health Institute.

Cowan, P. A., Cowan, C. P., & Schulz, M. S. (1996). Thinking about Risk and Resilience in Families. In E. M. Hetherington & E. Blechman (Eds.), *Stress, Coping, and Resiliency in Children and Families, Advances in Family Research* (Vol. 5, pp. 1-38). Mahwah, NJ: Lawrence Erlbaum Associates.

Cunha, F., Heckman, J., Lochner, L., & Masterov, D. V. (2005). Interpreting the evidence of life cycle skill formation. NBER Working paper No. 11331. Cambridge, MA: National Bureau of Economic Research.

Curtis, W. J., Zhuang, J., Townsend, E. L., Hu, X., & Nelson, C. A. (2006). Memory in early adolescents born prematurely: A functional magnetic resonance imaging investigation. *Developmental Neuropsychology, 29*, 341-377.

Decker, L. E., & Decker, V. A. (2003). *Home, school, and community partnerships*. Lanham, MD: Scarecrow Press.

DeMause, L. (1974). The Evolution of Childhood. In: History of Childhood Quarterly: *The Journal of Psychohistory, 1*(4), 503-575. (Comments and reply: pp. 576-606)

Dobbing, J., & Sand, J. (1979). Comparative aspects of the brain growth spurt. *Early Childhood Development, 3*, 79-83.

Dreikurs, R., & Soltz, V. (1991). *Children: The challenge*. New York, NY: Plume Books. 김선경 역(2012). 민주적인 부모가 된다는 것. 우듬지.

Dunn, L., & Kontos, S. (1997). What have we learned about developmentally appropriate practice? *Young Children, 52*, 4-13.

Edward Melhuish(2007). 유아교육의 장기적 효과와 영국정부의 역할. p. 40. 이군현 국회의원, 한국영유아교원교육학회, 한국육아지원학회, 유아교육 발전을 위한 유아교육대표자 연대, 한국교원단체 총연합회 주최(2007. 11. 23.). 2007환태평양 유아교육연구학회 한국학회 국제세미나 차기정부에 바란다—유아교육의 정책방향—

Egeland, B., Carlson, E., & Sroufe, L. A. (1993). Resilience as process. *Development and Psychopathology, 5*(4), 517-528.

Elicker, J., & Fortner-Wood, C. (1995). Adult-child relationships on early childhood programs. *Young Children, 51*(1), 69-78.

Erikson, E. (1950). *Childhood and Society*. New York: Norton.

Field, T. (2001). *Touch, Cambridge*. MA: MIT Press. 김선영 역(2006). 사람이 사람에게 줄 수 있는 가장 따뜻한 선물. 터치. 책으로 여는 세상.

Fine, M. J. (1989). *The second handbook on parent education: Contemporary perspectives*. NY: Academic Press.

Folbre, N. (1994). *Who pays for the kids?: Gender and the structures of constraint*. London: Routledge.

Frankl, V. E. (1946). ... *trotzdem Ja zum Leben sagen: Ein Psychologe erlebt das Konzentrationslager*. Verlag für Jugend und Volk (Austria). *Man's Search for Meaning* (1959, United States). 이시형 역(2005). 죽음의 수용소에서. 청아출판사.

Gentner, D., & Goldin-Meadow, S. (2003). *Language in mind: Advances in the study of language and thought*. Cambridge, MA: MIT Press.

Gestwicki, C. (2000). *Home, school, and community relations: A guide to working with families*. Albany, NY:

Delmar Publishers.

Ginott, H. (2003). *Between Parent and Child: The Bestselling Classic That Revolutionized Parent-Child Communication* (Revised and Updated). New York: Three Rivers Press.

Goldin-Meadow, S., & Morford, M. (1985). Gesture in early child language: Studies of hearing and deaf children. *Merrill-Parmer Quarterly, 31*, 145-176.

Goldstein, R., & Brooks, S. (2009). *Raising a self-disciplined child: Help your child become more responsible, confident, and resilient (Family & relationships)*. NY: McGraw-Hill Education.

Gottman, J. M., & Nahm, E. Y. (2007). *Raising an emotionally intelligent child: The heart of parenting*. Seoul: Korea Daily & Business Publications, Inc. 존 가트맨 저 · 남은영 공저 및 감수(2007). 내 아이를 위한 사랑의 기술. 한국경제신문.

Grolnick, W. S., & Seal, K. (2008). *Pressured parents, stressed-out kids: Dealing with the competition while raising a successful child*. Amherst, NY: Prometheus Books.

Harris, T. A. (1969). *I'm OK-You're OK: A practical guide to transactional analysis*. New York: Harper & Row. 이형득, 이성태 공역(1995). 인간관계의 개선과 치료. 중앙적성출판사.

Hay, D. F. (1980). Multiple functions of proximity seeking in infancy. *Child Development, 51*(3), 636-645.

Hernandez, D. J. (1993). *America's children: Resources from family, government, and the economy*. NY: Russell Sage Foundation.

Hernandez, L. P. (1993). *The role of protective factors in the school resilience of Mexican American high school students*. Unpublished doctoral dissertation, Stanford University, Stanford, CA.

Hoffman, L. W., & Hoffman, M. L. (1973). *The value of children to parents*. NY: Basic Books.

Holmes, J. (1993). *John Bowlby & Attachment theory*. Taylor & Francis Books Ltd. 이경숙 역(2005). 존 볼비와 애착이론. 학지사.

Hrdy, S. B. (1999). *Mother Nature: A history of mothers, infants and natural selection*. NY: Pantheon Books. 황희선 역(2010). 어머니의 탄생: 모성, 여성, 그리고 가족의 기원과 진화. 사이언스북스.

James, M., & Jongeward, D. (1978). *Born to win: Transactional analysis with gestalt experiments*. New York: SIGNET. 이원영 역(2005). 아이는 성공하기 위해 태어난다. 샘터.

Jensen, E. (1998). *Teaching with the brain in mind*. Alexandria, Va: Association for Supervision and Curriculum Development. 김유미 역(2000). 두뇌기반 교수. 푸른세상.

Jung, C. G. (1968). *Analytical Psychology-Its Theory and Practice*. Routledge & Kegan Paul, London.

Katz L. F., & Hunter, E. C. (2007). Maternal meta-emotion philosophy and adolescent depressive symptomatology. *Social Development, 16*, 343-360.

Kirchner E. P., & Seaver B. (1977). *Developing measures of parenthood motivation*. University Park: Institute for Research on Human Resources, Pennsylvania State University.

Kostelnik, M. J., Whiren, A. P., Soderman, A. K., Stein L. C., & Gregory, K. (2002). *Guiding children's social development: Theory to practice* (4th ed.). Albany, NY: Delmar. 박경자, 김송이, 권연희 공역(2005). 유아를 위한 사회정서지도. 교문사.

Kretchmar, M. D., & Jacobvitz, D. B. (2002). Observing mother-child relationships across generations: Boundary patterns, attachment, and the transmission of caregiving. *Family Process, 41*(3), 351-374.

LaRossa, R. (1986). *Becoming a parent*. Beverly Hills, CA: Sage Publications.

LeDoux, J. E. (1996). *The emotional brain: The Mysterious Underpinnings of Emotional Life*. NY: Simon and Schuster. 최준식 역(1998). 느끼는 뇌. 학지사.

Lieberman, M. D. (2013). *Social*. 최호영 역(2015). 사회적 뇌: 인류 성공의 비밀. 시공사.

Liedloff, J. (1985). *The continuum concept: In search of happiness lost*. NY: Da Capo Press. 강미경 역(2011). 잃어버린 육아의 원형을 찾아서. 양철북.

Loyd, A., & Johnson, B. (2010). *The healing code*. Peoria: Intermedia Publishing Group. 이문영 역(2015). 힐링 코드. 시공사.

Lynch, M., & Cicchetti, D. (1997). Children's relationships with adults and peers: An examination of elementary and junior high school students. *Journal of School Psychology, 35*(1), 81-99.

Maccoby, E. E., & Martin, J. A. (1983). Socialization in the context of the family: Parent-Child interaction. In P. H. Mussen, & E. M. Hetherington (Eds.), *Handbook of Child Psychology: Vol. 4. Socialization, Personality, and Social Development* (pp. 1-101). NY: Wiley.

Martin, C. (2012). Genealogie et contours d'une politique publique emergente. Centre d'analyse strategique. Aider les parents a etre parents. Paris: La documentation Francaise.

Masten, A. S. (2001). Ordinary magic: Resilience processes in development. *American Psychologist, 56*(3), 227-238.

Moalem, S. (2014). *How Our Genes Change Our Lives-and Our Lives Change Our Genes*. NY: Grand Central Publishing. 정경 역(2015). 유전자, 당신이 결정한다. 김영사.

Nash, J. M. (1997). Fertile Minds. *Time, 149*(5), 49-56.

National Institute of Early Education Research online news(NIEER)(2017. 6. 23.). First five years fund. Washington, DC.

Nelson, S. K., Kushlev, K., English, T., Dunn, E. W., & Lyubomirsky, S. (2013). In defense of parenthood: Children are associated with more joy than misery. *Psychological Science, 24*(1), 3-10.

Noddings, N. (2003). *Happiness and Education*. Cambridge University Press.

Oswald, M., Johnson, B., & Howard, S. (2003). Quantifying and evaluating resilience-promoting factors: Teachers' beliefs and perceived roles. *Research in Education, 70*(1), 50-64.

Pakarinen, E., Kiuru, N., Lerkkanen, M.-K., Poikkeus, A.-M., Siekkinen, M., & Nurmi, J.-E. (2010). Classroom organization and teacher stress predict learning motivation in kindergarten children. *European Journal of the Psychology of Education, 25*(3), 281-300.

Patterson, J. H., Collins, L., & Abbott, G. (2004). A Study of teacher resilience in urban school. *Journal of Instrutional Psychology, 31*(1), 3-11.

Perry, B. D., & Szalavitz, M. (2006). *The boy who was raised as a dog: What traumatized children can teach us about loss, love and healing*. New York, NY: Basic Books. 황정하 역(2011). 개로 길러진 아이. 민음인.

Pleux, D. (2010). *Un enfant heureux*. ODILE JACOB. 박주영 역(2012). 아이의 회복탄력성. 글담.

Rabin, A. (1965). Motivation for parenthood. *Journal of Projective Techniques, 29*, 405-411.

Raine, A. (2013). *The anatomy of violence: The biological roots of crime*. NY: Vintage Books. 이윤호 역(2015). 폭력의 해부. 흐름출판.

Roberts, J. M., & Masten, A. S. (2004). Resilience in context. In R. DeVPeters, R. McMahon & B. Leadbeater (Eds.), *Resilience in children, families, communities: Linking context to practice and policy* (pp. 13-25). NY: Kluwer Academic/Plenum.

Rosenberg, E. B. (1992). *The adoption life cycle*. New York: The Free Press/Macmillan. 이윤로, 이미선 공역(2007). 입양의 생애주기. 신정.

Rossi, A. S. (1968). Transition to parenthood. *Journal of Marriage and the Family, 30*, 26-39.

Rudolf, S. (2015). 건강과 식사. e-book. 서울: GRENOBLE.

Seligman, M. E. P. (1995). *The optimistic child: A proven program to safeguard children against depression and build lifelong resilience*. NY: Mariner Books.

Seligman, M. E. P. (2003). *Authentic happiness: Using the new positive psychology to realize your potential for lasting fulfillment*. NY: Free Press. 김인자 역(2009). 긍정심리학. 도서출판 물푸레.

Sylva, K., Melhuish, E., Sammons, P., Siraj-Blatchford, I., & Taggart, B. (2007). *Promoting equality in the early years: Report to the equalities review*. London.

Taylor, S. E. (2002). *The tending instinct: How nurturing is essential to who we are and how we live*. New York, NY: Times Books. 임지원 역(2008). 보살핌: 너와 나를 묶어 주는 힘. 사이언스북스.

Tolle, E. (1997). *The Power of Now*. 노혜숙, 유영일 공역(2001). 지금 이 순간을 살아라. 양문.

Trommsdoff, G., & Nauck, B. (2001). Value of children in six cultures: Eine Replikation und Erweiterung der

"Value-of-children-Studies"in Bezug auf generatives Verhalten und Eltern-Kind-Beziehungen. Antrag an die DFG 〈Value of children in six cultures: A replication and extension of the "Value-of-children-Studies"with respect to generative behavior and parent-child-relationships. Proposal to the German Research Council (DFG)〉. Unpublished manuscript.

Urban, A. (2006). Mein Lieblingspsychologe: Von Freud bis Watzlawick-die grossen Psychologen richtig verstehen. Deutsch: Gütersloher Verlagshaus. 조희진 역(2007). 내가 사랑하는 심리학자. 말글빛냄.

Veevers, J. E. (1973). The social meaning of parenthood. *Psychiatry, 36*, 291-310.

Verjus A., & Vogel, M. (2009). Introduction, Le travail parental. *Informations Sociales, 154*, 4-6.

Visher, E. B., Visher, J. S., & Pasley, K. (2003). Remarriage Families and Stepparenting. *Normal family Processes: Growing Diversity and Complexity, 3*, 153-175.

Wallin, P. (2001). *Taming Your Inner Brat: A Guide for Transforming Self-Defeating Behavior.* OG: Beyond Words Publishing. 박미낭 역(2007). 나를 망가뜨리는 내 안의 말썽쟁이 길들이기. 젠북.

Watson, J. B. (1928). *Psychological care of infant and child.* New York: W.W. Norton.

Werner, E. E., Bierman, J. M., & French, F. E. (1971). *The children of Kauai: A longitudinal study from the prenatal period to age ten.* Honolulu: University of Hawaii Press.

WestEd. (2003). California Healthy Kids Survey: Using the Resilience & Youth Development Module. Retrieved February 06, 2013, from http://chks.wested.org/ resources/rydm_presentation.pdf

WestEd. (2009b). Resilience youth Development Module B report. Retrieved, June 26, 2009, from www.wested.org/chks/pdf/narrative_0809_modB.pdf

Wong, M. S., McElwain, N. L., & Halberstadt, A. G. (2009). Parent, family, and child characteristics: Associations with mother-and father-reported emotion socialization practices. *Journal of Family Psychology, 43*(23), 452-463.

Zeldin, T. (1994). *An intimate History of Humanity.* NY: Haper Collins.

찾아보기

내용

저자 소개

■ 이원영(Rhee Won-young)

이화여자대학교 사범대학 유아교육과 졸업

이화여자대학교 대학원 유아교육학(문학석사)

워싱턴 대학교 대학원 교육학 석사

이화여자대학교 대학원 유아교육학(문학박사)

중앙대학교 사범대학 유아교육학과 교수 역임

한국유아교육학회장

대통령자문기구 교육개혁위원회 위원

대통령자문기구 교육인적자원 정책위원회 위원

PECERA(Pacific Early Childhood Education Research Association) 본회회장

현) 중앙대학교 명예교수

   교육부 중앙유아교육위원회 부위원장

   PECERA Executive Committee 위원

   Yew Chung College of Early Childhood Education Limited(Hong Kong) 재단이사

저서 및 역서: 100년 후에도 변하지 않는 소중한 육아지혜, 부모교육론, 우리 아이 좋은 버릇

   들이기, 대학생을 위한 예비부모교육(공저), 딥스(공역), 유아학교(공역), 인간의 교육

   (공역), 아이는 성공하기 위해 태어난다(역), 미국의 유아교육사(역) 등

■ 이태영(Rhee Tai-young)

중앙대학교 사범대학 유아교육과 졸업
숙명여자대학교 대학원 인간관리학(가정학석사)
중앙대학교 교육대학원 유아교육학(석사과정수료)
서울여자대학교 대학원 유아교육학(문학박사)
배화여자대학교 유아교육과 교수 역임
교육부 교육과정심의위원회 위원
교육부 교육규제완화위원회 위원
유치원 평가 평가위원
현) 배화여자대학교 명예교수
저서: 유아・부모・교사를 위한 유치원 부모교육 프로그램(공저), 유아사회교육, 유아교육
　　　개론(공저) 등

■ 전우경(Chun Woo-kyung)

중앙대학교 사범대학 유아교육과 졸업
중앙대학교 대학원 유아교육학(문학석사)
중앙대학교 대학원 유아교육학(문학박사)
중앙대학교 부모교육아카데미 주임교수
현) 아이⁺부모교육연구소장
저서: 유아・부모・교사를 위한 유치원 부모교육 프로그램(공저), 교류분석 부모훈련(공저)

■ 강정원(Kang Jeong-won)

중앙대학교 사범대학 유아교육과 졸업
중앙대학교 대학원 유아교육학(문학석사)
중앙대학교 대학원 유아교육학(문학박사)
현) 한국성서대학교 영유아보육과 교수
저서: 영유아교사를 위한 아동상담(공저), 유아교사를 위한 교직실무(공저)

영유아교사를 위한

부모교육(2판)
Parent Education (2nd ed.)

2008년 11월 10일 1판 1쇄 발행
2017년 2월 15일 1판 6쇄 발행
2017년 9월 25일 2판 1쇄 발행
2023년 8월 10일 2판 6쇄 발행

지은이 • 이원영 · 이태영 · 전우경 · 강정원
펴낸이 • 김 진 환
펴낸곳 • (주) **학지사**

04031 서울특별시 마포구 양화로 15길 20 마인드월드빌딩 5층
대표전화 • 02) 330-5114   팩스 • 02) 324-2345

등록번호 • 제313-2006-000265호

홈페이지 • http://www.hakjisa.co.kr
인스타그램 • https://www.instagram.com/hakjisabook/

ISBN 978-89-997-1384-2 93370

정가 **19,000**원

출판미디어기업 **학지사**

간호보건의학출판 **학지사메디컬** www.hakjisamd.co.kr
심리검사연구소 **인싸이트** www.inpsyt.co.kr
학술논문서비스 **뉴논문** www.newnonmun.com
원격교육연수원 **카운피아** www.counpia.com